Die Bewerbung zur Ausbildung
bei Polizei und Zoll

Kurt Guth
Marcus Mery
Andreas Mohr

Die Bewerbung zur Ausbildung bei Polizei und Zoll

Bewerbung, Einstellungstest, Vorstellungsgespräch, Sporttest und Assessment Center

Kurt Guth · Marcus Mery · Andreas Mohr
Die Bewerbung zur Ausbildung bei Polizei und Zoll
Bewerbung, Einstellungstest, Vorstellungsgespräch, Sporttest und Assessment Center

Ausgabe 2017

2. Auflage

Herausgeber: Ausbildungspark Verlag,
Gültekin & Mery GbR, Offenbach, 2017.

Gestaltung: s.b.design, bitpublishing

Bildnachweis:
Archiv des Verlages
S. 82: © mars – Fotolia.com
S. 83: © Fotostudio Pfeiffer, Offenbach
S. 200 f. (Ute Ackermann): © Yuri Arcurs – Fotolia.com
S. 200 (Eveline Fritsch): © creative studio – Fotolia.com
S. 200 (Peter Reinken): © FOTO-RAMMINGER – Fotolia.com
S. 200 (Tim Lorenz): © drubig-photo – Fotolia.com
S. 200 (Silke Männing): © fotum – Fotolia.com
S. 202 ff. (Olav Füllers), S. 202 ff. (Laurentia Merbel): © iofoto – Fotolia.com
S. 202 ff. (Christa Streile, Salvator Lyko, Gabriel Cuno): © Robert Kneschke – Fotolia.com
S. 202 ff. (Konrad Bautzen): © Stephen Orsillo – Fotolia.com
S. 202 ff. (Helene Schumer): © Dron – Fotolia.com
S. 202 ff. (Valeria Pelka): © Jonas Glaubitz – Fotolia.com
S. 202 ff. (Benedikt Hartweg): © Andrew Lever – Fotolia.com
S. 202 ff. (Natalia Ketzer): © Manuel Tennert – Fotolia.com

Gedruckt auf chlorfrei gebleichtem Papier

© 2017 Ausbildungspark Verlag
Bettinastraße 69, 63067 Offenbach
Gedruckt in Deutschland

Satz: bitpublishing, Schwalbach
Druck: Druckerei Sulzmann, Obertshausen

ISBN 978-3-95624-022-5

Bibliografische Information der Deutschen Nationalbibliothek

Die Deutsche Nationalbibliothek verzeichnet diese Publikation in der Deutschen Nationalbibliografie; detaillierte bibliografische Daten sind im Internet über http://dnb.dnb.de abrufbar.

Das Werk, einschließlich aller seiner Teile, ist urheberrechtlich geschützt. Jede Verwertung außerhalb der engen Grenzen des Urheberrechtsgesetzes ist ohne Zustimmung des Verlages unzulässig und strafbar. Das gilt insbesondere für Vervielfältigungen, Übersetzungen, Mikroverfilmungen und die Einspeicherung und Verarbeitung in elektronischen Systemen.

Inhaltsverzeichnis

Vorwort: Für Recht und Gesetz 16
    Nadelöhr Auswahlverfahren 16
    Was bietet Ihnen dieses Handbuch? 17

Ihr Weg zu Polizei, Bundespolizei und Zoll 19

Ein ganz besonderer Beruf: Beamter 20
    Welche Rechte und Pflichten übernehmen Beamte? 20
    Was sind Laufbahnen? 21
    Wie verläuft die Verbeamtung? 22
    Hintergrund: Der Staat, die innere Sicherheit und das Grundgesetz 23

Die Polizei: Einsatz für Sicherheit und Ordnung 25
    Eine kurze Geschichte der Polizei 25
    Die Polizei im 21. Jahrhundert 29
    Einstellungskriterien und Auswahlverfahren 32
        Baden-Württemberg 33
        Bayern 34
        Berlin 36
        Brandenburg 37
        Bremen 38
        Hamburg 39
        Hessen 40
        Mecklenburg-Vorpommern 41
        Niedersachsen 42
        Nordrhein-Westfalen 43
        Rheinland-Pfalz 44
        Saarland 45
        Sachsen 46
        Sachsen-Anhalt 47

Schleswig-Holstein 48

Thüringen 49

Die Bundespolizei: Früher Grenzschutz, heute Polizei 50

Neue Aufgaben, neuer Name 50

Die Organisation... 51

Die Laufbahnausbildung 52

Die Bewerberauswahl 54

Der Zoll: Die „Wirtschafts- und Einnahmeverwaltung" des Bundes 56

Aufbau und Auftrag 56

Gegen Wirtschafts- und Steuerkriminalität 57

Die Laufbahnausbildung 58

Die Bewerberauswahl 60

Die Bewerbung 63

Von der Stellenrecherche zum Aufbau der Bewerbung 64

Stellenangebote finden 64

Die Anzeigenanalyse... 65

Die Selbsteinschätzung 67

Unterlagen und Bewerbungswege 68

Stolperstein Social Media 70

Die Bewerbung gestalten 71

Das Anschreiben 72

Der Kopf des Anschreibens 73

Die Einleitung.. 74

Der Hauptteil 74

Der Abschluss 75

Muster-Anschreiben Polizei 76

Muster-Anschreiben Zoll... 78

Der Lebenslauf 79
- Was muss rein, was kann rein? 79
- Der Aufbau 80
- Der letzte Schliff 81
- Beispiel-Lebenslauf 1 (Mittlere Reife) 82
- Beispiel-Lebenslauf 2 (Hochschulreife) 83

Das Bewerbungsfoto 85
- Kleidung und Auftreten 85

Zeugnisse, Nachweise, Zertifikate 86
- Schule und Beruf 86
- Sonstige Nachweise 87
- Zeugniscodes: Die feinen Unterschiede 87

Die Online-Bewerbung 88
- Bewerben per E-Mail 88
- Bewerbungs-Websites 89

Keine Reaktion? So haken Sie nach! 90
- Das Timing 90
- Der Tonfall 91

Der Einstellungstest 93

Auswahltests bei Polizei und Zoll 94
- Der Testablauf 94
- Ihr Fahrplan für den Test 95

Die Aufgaben 97
- Allgemeinwissen und fachbezogenes Wissen 98
- Sprachbeherrschung 114
- Mathematik 142
- Logisches Denkvermögen 161
- Visuelles Denkvermögen 177
- Konzentrationsvermögen 187

Inhaltsverzeichnis

Erinnerungsvermögen 195
Orientierungsvermögen 210
Die Lösungen im Überblick 215

Persönlichkeitstests 217
Die Vorbereitung 217
Die Testsimulation 219
Auswertung 231

Der Wiener Test 238
Der Ablauf 238
Die Vorbereitung 240

Der Sporttest 243

Die Disziplinen 244
Achterlauf 244
Ausdauerlauf 245
Bankdrücken 245
Cooper-Test 246
Dreierhop 247
Fünfer-Sprunglauf 247
Hindernisparcours/Konditionstest 248
Kasten-Bumerang-Test/Koordinationstest 249
Klimmzüge/Klimmzughang 250
Liegestütze 251
Pendellauf 252
Schwimmen (100 m) 252
Sitzhocke (Wandsitztest) 253
Springen über Kleinbank 254
Sprint (35 m) 254
Standweitsprung 255
Wendelauf 255

Die Vorbereitung: So bauen Sie Ihr Training auf 256
- Fitnessgerecht ernähren 256
- Das Einmaleins der Trainingsplanung 260
- Ausdauertraining 262
- Intervalltraining 264
- Krafttraining 265
- Test-Countdown: Die letzten Tage und Stunden 272

Die ärztliche Untersuchung 273
- Diagnose: Diensttauglich 274
- Gut in Form zum Arztbesuch 275
- Die Untersuchung beim Zoll 276

Das Vorstellungsgespräch 279

Gut vorbereitet? 280
- Information ist Trumpf 280
- Das Outfit 281
- Die Anreise 282
- Die richtige Gesprächseinstellung 283
- Körpersprache und Verhalten 283

Das Interview im Überblick 284
- Begrüßung und Einstieg 285
- Der Kern des Gesprächs 286
- Ausklang und Abschied 286
- Die Interviewtypen 287
- Die Fragentypen 288
- Die Interview-Vorbereitung mit diesem Buch 293

Warming-up: Eröffnungsfragen 295
- „Wie war Ihre Anreise, haben Sie den Weg gut gefunden?" 295
- „Mit dem Wetter haben wir ja richtig Glück heute, oder?" 296
- „Möchten Sie etwas trinken, darf ich Ihnen ein Glas Wasser oder einen Kaffee anbieten?" 298

Fragen zu Freunden, Freizeit, Interessen 299
„Haben Sie Hobbys?" 299
„Verbringen Sie Ihre Freizeit lieber in Gesellschaft oder lieber alleine?" 301
„Haben Sie einen großen Freundeskreis?" 302
„Was schätzen Sie an Ihren Freunden?" 303
„Treiben Sie Sport?" 304
„Was sind Ihre Lieblingssportarten?" 305
„Lesen Sie gern, haben Sie Interesse an Literatur?" 307
„Was genau lesen Sie denn? Können Sie uns ein Buch empfehlen?" 308
„Was machen Sie, um mal so richtig zu entspannen, wie bauen Sie Stress ab?" 309
„Wie machen Sie am liebsten Urlaub? Reisen Sie gern oder bleiben Sie lieber daheim?" 310
„Sind Sie Mitglied in einem Verein?" 311
„Wie würden Sie sich selbst charakterisieren?" 312

Fragen zu Schule und Werdegang 313
„Erzählen Sie uns doch bitte kurz etwas über Ihren Werdegang!" ... 313
„Was haben Sie denn eigentlich im Zeitraum zwischen … und … gemacht? In Ihrem Lebenslauf haben wir dazu gar nichts gefunden." 315
„Welche Rolle haben Sie in der Klasse eingenommen?" 316
„Was waren Ihre Lieblingsfächer?" 317
„In Geschichte steht eine 5 in Ihrem Zeugnis. Wie erklären Sie sich das?" 318
„Wie wollen Sie Ihre Schwächen in Englisch ausgleichen?" 319
„Warum haben Sie kein Abitur gemacht/nicht studiert?" 320
„Haben Sie während Ihrer Schulzeit bereits Berufserfahrung gesammelt?" 321

Fragen zur Berufswahl 323
„Warum haben Sie sich gerade für den Polizeiberuf/Zollberuf entschieden?" 323
„Wo und wie haben Sie sich über den Polizeiberuf/Zollberuf informiert?" 325
„Haben Sie sich auch auf andere Stellen beworben?" 326

„Wie steht Ihr Partner, wie stehen Ihre Eltern und Freunde zu
Ihrer Bewerbung?" 328
„Was wissen Sie über den Polizeiberuf/Zollberuf?" 329
„Welche Tätigkeiten sind typisch für den Polizeiberuf/Zollberuf?" 330
„Was sind Ihrer Meinung nach die Vor- und Nachteile des
Polizeiberufs/Zollberufs?" 332
„Was qualifiziert Sie denn für den Polizeiberuf/Zollberuf?" 333

Fragen zur Behörde und zum Ausbildungsverlauf 335

„Wie ist unsere Behörde organisiert? Wem untersteht sie?" 335
„Wissen Sie, welches Waffenmodell wir als Dienstwaffe nutzen?" 337
„Was wissen Sie über die Geschichte der Bundespolizei?" 338
„Erklären Sie doch bitte einmal den Begriff ‚Zoll' – schließlich dreht
sich die Arbeit der Zollverwaltung doch vor allem darum,
oder nicht!?" 339
„Wie stellen Sie sich die Ausbildung bei uns vor? Haben Sie sich über
die Lehrfächer informiert?" 340
„Welche Ausbildungsinhalte würden Sie denn besonders
interessieren?" 342

Fragen zur Arbeitseinstellung 343

„Welche Werte und Eigenschaften sind für Sie besonders wichtig
im Beruf, und warum ist das so?" 343
„Nennen Sie mir bitte drei Eigenschaften, die auf Ihre Person
zutreffen. Wie zeigen sich diese Eigenschaften?" 345
„Gibt es Tätigkeiten, die Sie gar nicht mögen?" 346
„Können Sie mir eine Situation schildern, in der Sie sehr gestresst
waren? Wie sind Sie damit umgegangen?" 347
„Wie handeln Sie, wenn ein Kollege gefährlich bedroht wird?" 348
„Wie stehen Sie zum Tragen einer Dienstwaffe? In welchen
Situationen können Sie sich vorstellen, sie einzusetzen?" 349

Fragen zur Teamfähigkeit (Sozialkompetenz) 350

„Wie werden Sie von anderen Leuten eingeschätzt, zum Beispiel
von Ihren Klassenkameraden?" 350

Inhaltsverzeichnis

„Arbeiten Sie lieber im Team oder lieber alleine?"..........................352
„Irren ist menschlich – jeder macht doch mal einen Fehler, oder nicht?! Sind Sie deswegen schon einmal in Konflikt mit anderen geraten?"..........................353
„Was bedeutet Kritik für Sie?"..........................354
„Wie reagieren Sie auf Kritik? Was ist, wenn man Sie zu Unrecht kritisiert?"..........................355

Fragen zu Stärken und Schwächen.......................... 356
„Welche Stärken haben Sie, und in welchen Situationen zeigt sich das?"..........................356
„Wo sehen Sie Ihre Schwächen?"..........................358
„Was macht Sie an sich unzufrieden, wie würden Sie sich gern verändern?"..........................359
„Wie gehen Sie mit eigenen Fehlern um? Können Sie mir ein Beispiel geben?"..........................360
„Was würden Sie als Ihren größten Misserfolg, als Ihre größte Niederlage bezeichnen? Wie sind Sie damit umgegangen?"..........................361

Fragen zu besonderen Qualifikationen 363
„Was sagen Sie zu Ihren Fremdsprachenkenntnissen? Können Sie sich auf Englisch verständigen?"..........................363
„Wie haben Sie sich Ihre PC-Kenntnisse angeeignet?"..........................364

Stressfragen.......................... 365
„Können Sie uns sagen, warum wir uns für Sie entscheiden sollten? Bis jetzt sind wir noch nicht überzeugt."..........................366
„Wer hat Ihnen denn diese Hose ausgesucht?"..........................367
„Warum stellen Sie sich so in den Vordergrund? Machen Sie das immer so?"..........................369
„Ihr Schulabschluss ist schon ein halbes Jahr her. Warum haben Sie sich nicht schon bei der letzten Einstellungsrunde beworben?"..........................370
„Sie legen Wert auf Teamwork, sagen Sie. Warum können Sie nicht selbstständig arbeiten?"..........................371

Fragen zur beruflichen Zukunft 372
„Wo sehen Sie sich in drei bis fünf Jahren?" 372
„Haben Sie einen Plan B, wenn es mit der Ausbildung bei uns nicht klappt?" 373

Fragen zum Gesprächsausklang 374
„Welchen Eindruck haben Sie im Auswahlverfahren von unserer Behörde gewonnen?" 375
„Haben Sie sich vor der aktuellen Bewerbung schon einmal bei uns beworben?" 376
„Kennen Sie jemanden, der bei uns arbeitet? Was haben Sie denn von ihm erfahren?" 377

Fragen, die Sie selbst stellen können 378
Unproblematische Themen 379

Unerlaubte Fragen und heikle Situationen 380
Wie retten Sie sich aus der Klemme? 383

Das Assessment Center 385

Assessment Center – was ist das? 386
Die Bausteine eines ACs 386
Worauf achten die Prüfer? 387

AC-Aufgabenblock 1: Kurzvorträge und Präsentationen 388
Die Selbstvorstellung 388
Ergebnis- und Themenpräsentationen 389
„Ähm, also …" – 10 Tipps für eine überzeugende Rede 389

AC-Aufgabenblock 2: Gruppenaufgaben 394
Die richtige Strategie: Zielorientiertes Teamwork 394
Die Vorstellungsrunde 396
Die Gruppendiskussion 396
Die Gruppenarbeit 398

Inhaltsverzeichnis

    Das Rollenspiel 399
    Das Mittagessen 401

AC-Aufgabenblock 3: Einzelaufgaben 401
    Die Postkorbübung 401
    Das Abschlussgespräch 402

Aufgaben zum Üben 404
    Gruppendiskussion: Themenbeispiel mit Argumentation 404
    Gruppenarbeit: Fallbeispiel mit Musterlösung 406
    Rollenspiel: Beispielszenario mit Strategieplan 413
    Postkorbübung: Beispielaufgabe mit Musterlösung 416

Gute Tage, schlechte Tage: Absage, und jetzt? 421
    Wie gehe ich mit einer Absage um? 421
    Wie sage ich einer Behörde ab? 422

Anhang 425

Erfahrungsbericht zum Auswahlverfahren der Polizei Bayern 426
    Tag 1: Schriftliche Prüfung, Sporttest, Gruppenaufgabe 426
    Tag 2: Auswahlgespräch und polizeiärztliche Untersuchung ... 429

Erfahrungsbericht zum Eignungsauswahlverfahren der Polizei Hessen 431
    Psychologisches Testverfahren 431
    Sporttest 433
    Gruppenaufgabe 434
    Einzelgespräch 435
    Polizeiärztliche Untersuchung 436

Erfahrungsbericht zum Auswahlverfahren beim Zoll 438
    Schriftliche Prüfung 438
    Mündliche Prüfung 439
    Sporttest 439

Inhaltsverzeichnis

Vorwort: Für Recht und Gesetz

Auf der Beliebtheitsskala von Schulabgängern steht der Polizeiberuf traditionell ganz weit vorne. Je nach Behörde kommen auf einen Ausbildungsplatz regelmäßig zwischen 5 und 15 Bewerber – ähnliche Verhältnisse herrschen beim Zoll. Umständlich erklären muss man diese Popularität nicht. Der Einsatz für Sicherheit und Ordnung ist menschennah, teambezogen, verantwortungsvoll und darüber hinaus extrem vielseitig. Was Entwicklungswege und Spezialisierungsmöglichkeiten angeht, stehen Berufseinsteigern zahllose Wege offen: Ob Hubschrauberpilot, Kripo-Ermittler, Polizeitaucher, Mitglied eines Spezialkommandos oder ganz „normaler" Schutzpolizist – vieles ist möglich.

Nadelöhr Auswahlverfahren

Als Vertreter der Staatsgewalt erhält man weitreichende Befugnisse. Im Gegenzug erwarten die Behörden Verantwortungsbewusstsein, Teamfähigkeit und Leistungsbereitschaft. Die mitunter gefährliche Arbeit im anstrengenden Schichtdienst erfordert obendrein viel Zivilcourage und eine ausgeprägte Belastbarkeit – körperlich wie geistig. Gesucht werden charakterfeste, engagierte Nachwuchskräfte, die jederzeit zuverlässig für die freiheitlich-demokratische Grundordnung des Staatswesens eintreten.

Ob ein Bewerber den hohen Anforderungen gewachsen ist, zeigt sich im Eignungs-Auswahlverfahren (EAV). In dieser mehrstufigen Prozedur muss man als Teilnehmer sämtliche Register ziehen: Bei den meisten Behörden umfasst das Programm mindestens einen schriftlichen/computergestützten Eignungstest, einen Sporttest, ein Vorstellungsgespräch („Interview") und eine ärztliche Tauglichkeitsuntersuchung. Vor allem in gehobenen Laufbahnen kommen meist noch Assessment Center mit Präsentationen, Gruppendiskussionen oder Rollenspielen hinzu. Die Personalauswahl bei Polizei und Zoll setzt hohe Hürden – ist aber immer gerecht! Prinzipiell hat jeder Kandidat die gleichen Chancen: Wie überall im öffentlichen Dienst zählen allein die Eignung, die Befähigung und die fachliche Leistung.

Was bietet Ihnen dieses Handbuch?

Bewerben heißt, für sich zu werben. Über Erfolg oder Misserfolg entscheidet dabei nicht der Zufall: Wer etwas Zeit und Mühe investiert, wird dafür in der Regel auch belohnt. Dieses Handbuch begleitet Sie durch alle Etappen Ihres Berufseinstiegs, von der ersten Stellenrecherche bis zum finalen Abschlussgespräch.

Sie wollen wissen, welche Zugangsvoraussetzungen bei Ihrer Wunschbehörde gelten? Dann blättern Sie um zum Einführungskapitel „Ihr Weg zu Polizei und Zoll". Wie verfassen Sie aussagekräftige Bewerbungsunterlagen? Die Antwort finden Sie im Abschnitt „Die Bewerbung". Wie bereiten Sie sich vor auf Eignungs- und Persönlichkeitstests, auf Sporttests, Vorstellungsgespräche und die diversen Assessment Center-Aufgaben? Und was passiert in der ärztlichen Untersuchung? Dieses Buch verrät es.

Gut vorbereitet, können Sie Ihre Stärken im Auswahlverfahren jederzeit ins rechte Licht rücken. Freilich sind die Bewerberzahlen bei Polizei und Zoll generell hoch, und die endgültige Auswahl fällt keinem Personalverantwortlichen leicht. Letzten Endes können Nuancen entscheiden, ob man die begehrte Stelle bekommt oder nicht. Das bedeutet auch, dass Sie sich von einer eventuellen Absage nicht entmutigen lassen müssen: Analysieren Sie Ihr Vorgehen und passen Sie es gegebenenfalls an. Damit steigern Sie Ihre Chancen bei einem zweiten Versuch.

Wir wünschen Ihnen viel Erfolg für Ihre Bewerbung!

Ihr Ausbildungspark-Team

Kapitel 1

Ihr Weg zu Polizei, Bundespolizei und Zoll

Ein ganz besonderer Beruf: Beamter 20

Die Polizei: Im Dienst zum Wohl der Bürger 25

Die Bundespolizei: Früher Grenzschutz,
heute Polizei 50

Der Zoll: Die „Wirtschafts- und
Einnahmeverwaltung" des Bundes 56

Ihr Weg zu Polizei, Bundespolizei und Zoll

Ein ganz besonderer Beruf: Beamter

Beamter sein, was heißt das eigentlich? Eine knappe Antwort: Beamter zu sein bedeutet, als verlängerter Arm des Staates dessen Aufgaben zu übernehmen. Beamte führen Gesetze aus und überwachen ihre Einhaltung zum Wohle der Allgemeinheit. Dafür verleiht ihnen der Staat besondere Rechte und Pflichten.

Welche Rechte und Pflichten übernehmen Beamte?

Artikel 33, Absatz 5 des Grundgesetzes besagt: „Das Recht des öffentlichen Dienstes ist unter Berücksichtigung der hergebrachten Grundsätze des Berufsbeamtentums zu regeln und fortzuentwickeln." Mit diesen „hergebrachten Grundsätzen" sind bestimmte Prinzipien gemeint, die sich größtenteils vor über 200 Jahren in Preußen herausgebildet haben.

> **Einige „hergebrachte Grundsätze des Berufsbeamtentums":**
>
> **Die Anstellung auf Lebenszeit.** Zwar gibt es auch befristete Ernennungen, doch in der Regel wird auf Lebenszeit verbeamtet. Beamte können nicht einfach entlassen werden – dazu müssen schwerwiegende Gründe wie Dienstvergehen, Straftaten oder die Dienstunfähigkeit vorliegen.
>
> **Die Treue- und Gehorsamspflicht.** Staatsdiener müssen stets loyal zu ihrem Dienstherrn stehen und ihre Dienstpflichten zuverlässig und gesetzestreu erfüllen. Streiks und auffällige politische Engagements sind verboten.
>
> **Die Fürsorgepflicht.** Der Staat muss seine Bediensteten absichern – durch eine angemessene Besoldung und, im Ruhestand, durch Pensionen. Beamte unterliegen nicht der gesetzlichen Renten-, Arbeitslosen- und Krankenversicherung. Im Krankheitsfall zahlt der Staat die Bezüge weiter und übernimmt die Krankheitskosten teilweise (Beihilfe) oder voll (Heilfürsorge).

Die Hingabe an den Beruf. Beamte müssen dem Dienstherrn ihre volle Arbeitskraft zur Verfügung stellen. Als Repräsentanten des Staates sind sie auch außerhalb der Dienstzeit zu amtswürdigem Verhalten verpflichtet.

Das Laufbahnprinzip. Was es mit den Beamtenlaufbahnen auf sich hat, erfahren Sie im nächsten Kapitel.

Was sind Laufbahnen?

Laufbahnen heißen die Karrierewege des öffentlichen Dienstes. Nach dem klassischen Laufbahnschema konnte man je nach Bildungsqualifikation in den einfachen, mittleren, gehobenen oder höheren Dienst einsteigen. Mittlerweile hat sich daran jedoch einiges geändert. Der einfache Dienst ist weithin den gestiegenen Ansprüchen zum Opfer gefallen, manche Polizeien bieten inzwischen nicht einmal mehr für den mittleren Dienst Ausbildungsplätze an.

Abgesehen davon haben einige Bundesländer ihr Karrieresystem reformiert und neue Laufbahnbezeichnungen eingeführt: Bayern unterteilt nun in durchnummerierte Qualifikationsebenen, Hamburg in Laufbahnabschnitte. In Bremen, Mecklenburg-Vorpommern, Niedersachsen, Sachsen-Anhalt und Schleswig-Holstein gibt es neuerdings zwei Laufbahngruppen mit jeweils zwei Einstiegsämtern. Aufstiegsprüfungen finden hier nur noch beim Wechsel der Laufbahngruppen statt – so sollen die Karrierewege flexibler werden.

Wer den Laufbahneinstieg geschafft hat, durchläuft in seiner Dienstzeit die Beförderungsstufen der jeweiligen Laufbahn: beispielsweise vom Polizeimeister bis zum Polizeihauptmeister im mittleren Polizeivollzugsdienst. Prinzipiell sind alle Laufbahnen nach oben hin durchlässig. Bei sehr guten Beurteilungen und den entsprechenden Weiterqualifikationen – Lehrgänge, Aufstiegsprüfungen – ist der Weg vom Polizeimeister-Anwärter in ein Spitzenamt der Polizeiführung also nicht ausgeschlossen. Mit den Dienstgraden steigt neben dem Gehalt natürlich auch die Verantwortung, bereits im gehobenen Dienst sind Organisations- und Führungsqualitäten gefragt. Diese Fähigkeiten werden im Auswahlverfahren häufig mithilfe eines Assessment Centers geprüft.

Ihr Weg zu Polizei, Bundespolizei und Zoll

> **Alternative Laufbahnnamen**
> - **Mittlerer Dienst**: 2. Einstiegsamt/2. Einstiegsebene der Laufbahngruppe 1, Laufbahnabschnitt I, 2. Qualifikationsebene, 2. Einstiegsamt
> - **Gehobener Dienst**: 1. Einstiegsamt/1. Einstiegsebene der Laufbahngruppe 2, Laufbahnabschnitt II, 3. Qualifikationsebene, 3. Einstiegsamt
> - **Höherer Dienst**: 2. Einstiegsamt der Laufbahngruppe 2, Laufbahnabschnitt III, 4. Qualifikationsebene, 4. Einstiegsamt

Wie verläuft die Verbeamtung?

Wenn Sie das Auswahlverfahren erfolgreich überstanden haben, werden Sie zum jeweiligen Einstiegsdatum als Beamten-Anwärter eingestellt. Damit beginnt Ihr Vorbereitungsdienst: Im mittleren Dienst umfasst dieser eine zweijährige Ausbildung, im gehobenen Dienst ein dreijähriges Studium, im höheren Dienst ein Referendariat über (normalerweise) zwei bis zweieinhalb Jahre. Der Weg zur Verbeamtung besteht aus drei Etappen:

- Im Vorbereitungsdienst sind Sie **Beamter auf Widerruf**.
  Ihr Dienstherr kann das Ausbildungsverhältnis kurzfristig beenden, wenn er Zweifel an Ihrer Leistungsbereitschaft oder charakterlichen Tauglichkeit hat. Als Anwärter auf eine Beamtenstelle tragen Sie in dieser Phase eine besondere Dienstbezeichnung (z. B. Polizeimeister-Anwärter, Polizeikommissar-Anwärter, Polizeireferendar). Die Vorbereitungsphase wird mit der Laufbahnprüfung abgeschlossen.

- Anschließend werden Sie als **Beamter auf Probe** eingestellt.
  Sie erhalten reguläre Beamtenbezüge und dürfen sich mit Ihrer ersten „richtigen" Amtsbezeichnung schmücken. Während der Probezeit (mindestens 2 Jahre) kann das Dienstverhältnis bei leichteren Vergehen noch gekündigt werden.

- Nach Ablauf der Probezeit sind Sie **Beamter auf Lebenszeit**.
  Damit gelten die Sicherheiten der „hergebrachten Grundsätze des Beamtentums", die Sie vor einigen Seiten kennen gelernt haben, in vollem Umfang.

Hintergrund: Der Staat, die innere Sicherheit und das Grundgesetz

Man kann sich nicht aussuchen, ob man geltende Gesetze beachtet oder nicht – sie sind bindend, egal wie sinnvoll man eine Vorschrift findet. Es gibt nämlich eine Bürgerpflicht zum Rechtsgehorsam. Allerdings muss sich in einem demokratischen Rechtsstaat auch der Staat selbst an Recht und Gesetz halten. Sein Dasein ist kein Selbstzweck: Er soll dem Wohle des Volkes dienen.

Staat und Polizei – wozu?

Wozu braucht man überhaupt einen Staat? Mit dieser Frage haben sich schon etliche kluge Köpfe beschäftigt, und sie beantwortet sich nicht von alleine. Immerhin mutet der Staat seinen Bürgern einiges zu, indem er Verbote und Pflichten in Gesetze fasst, deren Einhaltung er wiederum überwacht.

Eine vielzitierte Antwort geht zurück auf den englischen Staatstheoretiker Thomas Hobbes (1588–1679) und lautet im Kern so: Wenn jeder selbst für seine Freiheit und Sicherheit verantwortlich wäre, gäbe es sie bald nicht mehr. Dann nämlich herrschte ein Kampf aller gegen alle, bei dem sich die Stärksten und Gewalttätigsten durchsetzen würden. Die innere Sicherheit wäre akut in Gefahr. Und auch die äußere Sicherheit wäre bedroht, denn eine derart zersplitterte Gemeinschaft könnte sich gegen Angriffe von außen wohl kaum wehren. Also übertragen die Bürger die Verantwortung für ihre Sicherheit dem Staat, der das Gewaltmonopol erhält, allgemeine Grundregeln des Zusammenlebens festlegt und sie durchsetzt – zu dem Preis, dass jeder etwas an Freiheit einbüßt.

Wovon handelt das Grundgesetz?

Das Grundgesetz ist der grundlegende Katalog von Werten, Regeln und Ordnungsvorstellungen in Deutschland. Es wurde am 23. Mai 1949 verabschiedet und ist seitdem die verfassungsmäßige Grundlage der Bundesrepublik Deutschland. Warum „verfassungsmäßige Grundlage" und nicht „Verfassung"? Weil es ursprünglich nur als Provisorium gedacht war, solange der Eiserne Vorhang die beiden deutschen Staaten BRD und DDR trennte. Als 1990 die Wiedervereinigung bevorstand, setzten sich allerdings diejenigen durch, die das Grundgesetz beibehalten wollten. Ihr Argument: Es hatte sich bewährt – immerhin bildete es das Fundament der ersten geglückten deutschen Demokratie. Schließlich trat die DDR dem Geltungsbereich des Grundgesetzes bei.

Der erste Hauptabschnitt des Regelwerks schreibt unveräußerliche Grundrechte fest, die nicht oder nur unter strengsten Auflagen eingeschränkt werden dürfen: etwa die Garantie der Menschenwürde (Artikel 1), das Recht auf körperliche Unversehrtheit (Artikel 2) oder die Meinungs-, Gedanken- und Pressefreiheit (Artikel 5). Der zweite Hauptteil behandelt das Staatsorganisationsrecht, also die Bestimmungen zum Aufbau und zur Aufgabenverteilung der Staatsorgane gemäß den Leitlinien des Staatsprinzips: Demokratie, Republik, Sozialstaatlichkeit, Föderalismus (Teilautonomie der Bundesländer), Gewaltenteilung und Gesetzmäßigkeit aller Staatsorgane.

Was darf der Staat, was darf er nicht?

Die Schrecken der NS-Diktatur hatten die Verfassungsväter noch deutlich vor Augen: Ein Staat, der alles darf, kann für seine Bürger selbst zur Bedrohung werden. Dem Bedürfnis nach Schutz durch den Staat steht also ein Bedürfnis nach Schutz vor dem Staat gegenüber. Das Grundgesetz soll gewährleisten, dass staatliche Willkür in Deutschland nie wieder Fuß fassen kann. Daher bestimmt es nicht nur, welche Aufgaben der Staat hat – sondern zugleich, welche Befugnisse er nicht hat. Laut Artikel 20, Absatz 3 des Grundgesetzes ist die vollziehende Gewalt – darunter fällt auch die Polizei – ausdrücklich an Recht und Gesetz gebunden.

Recht und Gesetz bilden also sowohl die Grundlage als auch die Grenze des staatlichen Handelns. Zur Abwehr großer, akuter Gefahren darf der Staat auch wichtige Rechte seiner Bürger einschränken. Allerdings muss er dabei stets auf rechtlicher Basis handeln und das Prinzip der Verhältnismäßigkeit beachten. Wie weit der Staat im Einzelnen gehen darf, ist oft umstritten. Ist es zum Beispiel rechtens, ein von Terroristen entführtes Passagierflugzeug abzuschießen, das als Waffe für einen Anschlag missbraucht werden könnte? Nein, urteilte das Bundesverfassungsgericht: Den Tod unschuldiger Passagiere als „Kollateralschaden" in Kauf zu nehmen, verstoße gegen ihre Grundrechte. Dürfen Geiselnehmer erschossen werden, wenn nur so das Leben der Geiseln noch zu retten ist („finaler Rettungsschuss")? Hier bejahte das Gericht: Der Schutzanspruch der Geiseln gehe vor, der Geiselnehmer habe in diesem Fall sein Grundrecht auf körperliche Unversehrtheit verwirkt.

In jüngster Vergangenheit wurden unter anderem Regierungspläne zur Vorratsdatenspeicherung oder zum Aufbau von Antiterrordateien vom Bundesverfassungsgericht gebremst. Die Konkurrenz der Staatsorgane ist wiederum ein gewollter Effekt der verfassungsmäßigen Gewaltenteilung: Um Machtballungen zu verhindern, verteilt das Grundgesetz staatliche Aufgaben auf verschiedene Stellen. Auch deshalb verfügt heute jedes Bundesland – in Anknüpfung an die Zeit vor dem „Dritten Reich" – über eine eigene Polizei.

Die Polizei: Einsatz für Sicherheit und Ordnung

Ein gestohlenes Fahrrad, ein Verkehrsunfall, eine Kneipenschlägerei und eine Großdemonstration – völlig verschiedene Paar Schuhe? Einerseits ja. Andererseits haben all diese Ereignisse etwas Wesentliches gemeinsam: Sie fallen in den Zuständigkeitsbereich der Polizei. Der Wunsch nach Sicherheit ist wahrscheinlich so alt wie die Menschheit.

Eine kurze Geschichte der Polizei

Begriffsmäßig wurzelt das Polizeiwesen im antiken Griechenland. Die Hellenen nannten die gesamte verwaltungsmäßige Ordnung ihres Stadtstaats (der „Polis") „politeia". Im Deutschland der frühen Neuzeit wurde daraus „Polizey" als Oberbezeichnung für die rechtmäßige Ordnung des Zusammenlebens. Darunter fielen neben dem Sicherheitsbereich auch das Finanz-, das Rechts- und das Heereswesen.

Ihr Weg zu Polizei, Bundespolizei und Zoll

„Innere Sicherheit" im Mittelalter und in der frühen Neuzeit

Ab dem Beginn des 2. Jahrtausends n. Chr. trotzten die deutschen Landesfürsten dem Kaiser des Heiligen Römischen Reiches Deutscher Nation immer mehr Befugnisse ab. Bis zum 14. Jahrhundert gelang es ihnen, die Zuständigkeit für Recht und Ordnung in ihren Landstrichen weitgehend an sich zu reißen. So entstand auf dem Reichsgebiet ein ordnungspolitischer Flickenteppich. Und selbst innerhalb der einzelnen Herrschaftsgebiete war die Lage kompliziert: Die Fürsten beschäftigten „Landreiter" oder „reitende Knechte", um wichtige Handelswege zu schützen. Die Städte rekrutierten eigene Sicherheitskräfte, die sich auch um den Brandschutz, um Gesundheitsfragen und um Bauvorschriften kümmerten. Auf dem Land sorgten Dorfschulzen für geregelte Verhältnisse.

Im Laufe der Zeit festigten die Fürsten ihre Macht und griffen immer stärker in die Lebensgestaltung ihrer Untertanen ein. Unter dem Deckmantel von Ordnung und Wohlfahrtspflege regierten die Landesväter im 17. und 18. Jahrhundert weit in die Privatsphäre hinein. Ernährung, Kleidung, sogar das Tragen von Schmuck – alles konnte von der Obrigkeit reglementiert und polizeilich überwacht werden. Der Staat kümmerte sich nicht nur um Ordnung und Sicherheit, sondern auch darum, dass die Untertanen (im Sinne des Herrschers) „richtig" lebten.

Der Weg in die Moderne

Als die Monarchen im 17. und 18. Jahrhundert ihre Verwaltungssysteme modernisierten, wurde das Polizeiwesen von der Rechtspflege, der Finanz- und der Kriegsverwaltung getrennt. Beispielhaft begrenzte das Preußische Allgemeine Landrecht von 1794 den polizeilichen Aufgabenbereich auf die Gefahrenabwehr und den Erhalt der öffentlichen Ruhe, Sicherheit und Ordnung.

Die Polizei blieb jedoch vor allem ein Herrschaftsinstrument und wurde so zum Inbegriff der Staatsgewalt im Innern. Nachdem 1789 die Französische Revolution die absolutistische Monarchie in Frankreich hinweggefegt hatte, gingen die verängstigten deutschen Fürsten umso repressiver zu Werke. Sie errichteten Polizeistaaten, in denen jede Kritik im Keim erstickt wurde. Polizei und Armee

waren immer noch eng verbunden: Eigenständige Polizeibehörden gab es bis zur Mitte des 19. Jahrhunderts nur in den größeren Städten.

Die deutsche Kleinstaaterei endete 1871 mit der Gründung des Deutschen Reichs. Auf Grundlage der Bismarckschen Reichsverfassung wurden die deutschen Fürstentümer unter Kaiser Wilhelm I. – dem preußischen König – geeint. Die Polizeihoheit blieb zwar weitgehend in der Hand der Bundesstaaten, ansonsten sollte sich aber vieles ändern: Die Polizei wurde an rechtsstaatliche Normen gebunden, zur Verhältnismäßigkeit von Zweck und Mittel verpflichtet und auf die Gefahrenabwehr beschränkt. Organisatorisch herrschte weiterhin ein Nebenher verschiedener Kräfte. In den Städten wachten neben den bundesstaatlichen auch kommunale Polizeien, auf dem Land patrouillierte die dem Heer angegliederte Gendarmerie.

Weimarer Republik: Aufbruch in die Demokratie

Mit der deutschen Niederlage im Ersten Weltkrieg (1914–1918) und der Novemberrevolution von 1918 war das Ende des Deutschen Kaiserreichs besiegelt. Der Versailler Friedensvertrag verlangte, Deutschland zu demokratisieren und zu entmilitarisieren. In den bürgerkriegsartigen Unruhen der Nachkriegszeit hatten allerdings erst einmal Soldaten das Sagen; die Polizei war weitgehend ausgeschaltet.

Beim allmählichen Wiederaufbau des Polizeiapparats in der Weimarer Republik wurde das preußische Modell zum landesweiten Vorbild. Der preußische Innenminister Carl Severing (im Amt von 1920–1926) verfolgte das Ideal einer schlagkräftigen, gut ausgebildeten, effizient organisierten, mit moderner Technik ausgestatteten und vor allem demokratietauglichen Behörde. Severing und sein Ministerialdirektor Wilhelm Abegg gelten heute als Wegbereiter des modernen deutschen Polizeiwesens. Auf Severing geht auch der berühmte Leitspruch vom „Freund und Helfer" zurück: In der Weimarer Republik sollte sich der Polizist als Partner der Bürger verstehen, der für ihre Sicherheit sorgt und ihre Grundrechte achtet. Um dieses Ideal in den Köpfen der Ordnungshüter zu verankern, reformierten Severing und seine Mitstreiter die Polizeiausbildung gründlich.

Ihr Weg zu Polizei, Bundespolizei und Zoll

Gleichschaltung im „Dritten Reich"

Nach der Machterlangung der Nationalsozialisten 1933 war es mit den hehren Grundsätzen von Rechtsstaat und Demokratie schnell wieder vorbei. Leitende Positionen wurden mit NSDAP-Mitgliedern besetzt, unerwünschte Beamte entlassen. Mit der Gestapo („Geheime Staatspolizei") entstand 1933 eine politische Geheimpolizei, die aus dem Polizeiapparat ausgegliedert und direkt dem damaligen preußischen Ministerpräsidenten Hermann Göring unterstellt wurde.

Mitte der 30er-Jahre folgte nach der personellen auch die strukturelle Gleichschaltung. Per „Führererlass" ging die Polizeihoheit von den Ländern auf das Reich über, und unter dem Dach des Reichssicherheitshauptamts wurde die Polizei mit der SS verklammert. Der „Reichsführer-SS", Heinrich Himmler, trug nun auch den Titel „Chef der Deutschen Polizei". Die Polizeiaufgaben teilten sich fortan die Ordnungspolizei unter dem Polizeigeneral (und späteren SS-Obergruppenführer) Kurt Daluege und die Sicherheitspolizei unter SS-Gruppenführer Reinhard Heydrich.

Der letzte Rest an Rechtsstaatlichkeit schwand 1939, als die Polizei der ordentlichen Gerichtsbarkeit entzogen und speziellen SS-Richtlinien unterstellt wurde. Das „Dritte Reich" war auch polizeigeschichtlich ein dunkles Kapitel. Als Teil des NS-Herrschaftssystems war die Polizei vor und während des Zweiten Weltkriegs in zahlreiche Verbrechen verstrickt.

Neuaufbau in der Nachkriegszeit

Nach dem Kriegsende 1945 teilten die Alliierten – USA, Großbritannien, Frankreich und Sowjetunion (UdSSR) – Deutschland in vier Besatzungszonen auf. Jede Siegermacht erhielt ein Verwaltungsgebiet und übertrug die Polizeiaufgaben zunächst größtenteils der eigenen Militärpolizei, die meist nach und nach von kommunalen Polizeien unterstützt wurde.

Die wachsenden Spannungen zwischen den Westmächten und der UdSSR mündeten 1949 in der deutschen Teilung. Im Westen entstand auf US-amerikanischem, französischem und britischem Gebiet die Bundesrepublik

Deutschland (BRD), im sowjetischen Bereich die Deutsche Demokratische Republik (DDR). Um einer Machtkonzentration wie im „Dritten Reich" vorzubeugen, traten die Westmächte für eine föderale Organisation der Bundesrepublik ein: Jedes Bundesland sollte als teilsouveräner Gliedstaat bestimmte Aufgaben eigenständig übernehmen – auch die Polizei wurde Ländersache!

Die Polizei im 21. Jahrhundert

Mit der Wiedervereinigung 1990 wurde die zentralistisch gelenkte DDR-Volkspolizei aufgelöst und in bundestaatliche Behörden nach westdeutschem Vorbild überführt. Seitdem gibt es in Deutschland 16 Landespolizeien. Die größte davon ist die Polizei Nordrhein-Westfalens mit rund 42.000 Bediensteten – rund 18-mal so viele wie bei der kleinsten Landespolizei in Bremen.

Die Organisation

Eine Landespolizei untersteht dem jeweiligen Landesinnenministerium und gliedert sich in verschiedene Einrichtungen mit speziellen Zuständigkeitsbereichen. Für Bewerber bieten sich entsprechend vielfältige Einsatzmöglichkeiten: zum Beispiel im Wach- oder Streifendienst der Schutzpolizei, in den Ermittlerteams der Kriminalpolizei, im Landeskriminalamt, bei der Verkehrspolizei, der Wasserschutzpolizei, der Bereitschaftspolizei oder auch den Spezialkräften des Sondereinsatzkommandos (SEK). Nicht zu vergessen die Spezialisierungschancen etwa in den Reiter-, Hubschrauber- oder Hundestaffeln.

Polizei ist in Deutschland allerdings nicht nur Ländersache: Es gibt auch bundeseigene Polizeikräfte. 1951 erhielt der Bund mit dem Bundeskriminalamt eine zentrale Kriminalpolizeistelle und mit dem Bundesgrenzschutz – dem Vorläufer der Bundespolizei – eine Sonderpolizei speziell zur Grenzsicherung.

Der Auftrag

Als wichtiger Teil der Staatsgewalt ist die Polizei mit weitreichenden Befugnissen ausgestattet. Allerdings steht sie weder über dem Gesetz, noch ist sie selbst das Gesetz. Im Grundgesetz heißt es, dass die Polizei als Teil der „vollziehenden

Ihr Weg zu Polizei, Bundespolizei und Zoll

Gewalt ... an Recht und Gesetz gebunden" ist. Wofür sie genau zuständig ist, regelt das jeweilige Polizeiaufgabengesetz (oder ein ähnlich lautendes Gesetz). Darin findet sich auch die allgemeine polizeiliche Handlungsrundlage, nämlich die „polizeirechtliche Generalklausel" bzw. „polizei- und ordnungsrechtliche Generalklausel". Ein Beispiel aus dem Polizeigesetz Baden-Württembergs:

> § 1 Allgemeines
>
> (1) Die Polizei hat die Aufgabe, von dem einzelnen und dem Gemeinwesen Gefahren abzuwehren, durch die die öffentliche Sicherheit oder Ordnung bedroht wird, und Störungen der öffentlichen Sicherheit oder Ordnung zu beseitigen, soweit es im öffentlichen Interesse geboten ist. Sie hat insbesondere die verfassungsmäßige Ordnung und die ungehinderte Ausübung der staatsbürgerlichen Rechte zu gewährleisten. [...]
>
> § 3 Polizeiliche Maßnahmen
>
> Die Polizei hat innerhalb der durch das Recht gesetzten Schranken zur Wahrnehmung ihrer Aufgaben diejenigen Maßnahmen zu treffen, die ihr nach pflichtmäßigem Ermessen erforderlich erscheinen.

Der polizeiliche Kernauftrag besteht also darin, Gefahren für die öffentliche Sicherheit und Ordnung abzuwehren. Konkret ergeben sich daraus Aufgaben in der Regelung und Sicherung des Straßenverkehrs, bei der Verfolgung von Ordnungswidrigkeiten, bei der Amts- und Vollzugshilfe (Zusammenarbeit mit anderen Behörden wie Zoll, Katastrophenschutz ...), bei der Strafverfolgung (unter Aufsicht der Staatsanwaltschaft) und zum Schutz privater Rechte, wenn dieser nicht anders gewährleistet werden kann.

Eine zunehmend größere Rolle spielt mittlerweile die Gefahrenprävention, das heißt die vorbeugende Gefahrenverhütung. Infolgedessen wurden in jüngster Vergangenheit wiederholt Bestrebungen laut, polizeiliche Befugnisse auszuweiten, beispielsweise unter dem Banner der Bekämpfung der Internetkriminalität. In der Öffentlichkeit führen solche Vorhaben regelmäßig zu kontroversen Debatten.

Die Perspektiven

Viele Beamte gehen in Kürze in Pension, gleichzeitig lässt der demografische Wandel die Schulabgänger-Zahlen sinken. Daher werben die Behörden aktuell rege um Nachwuchs, um aus einem möglichst großen Bewerberpool wählen zu können. Längst stehen die Türen auch für Interessenten mit Migrationshintergrund weit offen. Wie attraktiv der Polizeiberuf bei Berufseinsteigern ist, belegt die jährliche „Schülerbarometer"-Studie des Marktforschungsunternehmens „trendence": Im Ranking der beliebtesten Arbeitgeber belegt die Polizei regelmäßig einen Spitzenplatz.

Auch in der Bevölkerung genießt der Beruf nach wie vor hohes Ansehen. Bei einer Studie des Polizeipräsidiums Bonn vor einigen Jahren betonten die Befragten die Bürgerfreundlichkeit, die Vertrauenswürdigkeit und die gepflegte Erscheinung der Polizeibeamten. Aus der Innensicht ergibt sich ein gemischtes Bild, wenn man den Ergebnissen einer Mitarbeiterbefragung der Brandenburger Polizei vor einigen Jahren folgt. Die Beamten lobten besonders die Teamarbeit, zeigten sich mehrheitlich zufrieden mit den Arbeitsbedingungen und den ausgeführten Tätigkeiten. Weniger gut schnitten die persönlichen Entwicklungschancen ab – wohl auch ein Resultat der wenigen freien Stellen in höheren Positionen.

Die Ausbildung

Internationaler Terrorismus, Internet-Kriminalität, Großdemonstrationen und Bürgerproteste: Die Polizisten des 21. Jahrhunderts arbeiten in komplizierten Gemengelagen. Daher sollten sie in der Lage sein, auch unübersichtliche Situationen vernünftig und eigenverantwortlich zu meistern.

Um dem anspruchsvollen Dienstalltag gewachsen zu sein, absolvieren Polizei-Anwärter eine vielseitige duale Ausbildung (mittlerer Dienst) bzw. ein umfassendes duales Studium (gehobener Dienst). „Dual" bedeutet: Man lernt sowohl die Theorie als auch die Praxis kennen. Praktische Erfahrungen sammelt man beim Einsatz in einer Dienststelle und/oder in speziellen Praxistrainings. Die theoretischen Schulungen finden an Polizeischulen (mittlerer Dienst), Polizeiakademien (gehobener Dienst) oder ähnlichen Einrichtungen statt. Vermittelt werden unter anderem Kenntnisse in Rechtsbereichen wie Staatsrecht, Eingriffsrecht, Kriminalistik und Öffentliches Dienstrecht vermittelt. Ein Beispiel für einen Ausbildungsplan finden Sie im Kapitel zur Bundespolizei.

Für Spitzensportler gibt es oft besondere Ausbildungsprogramme, die es erlauben, Berufstätigkeit und Training miteinander zu verbinden.

Einstellungskriterien und Auswahlverfahren

Um die Nachwuchsgewinnung kümmert sich jede Landespolizei in Eigenregie. Einige allgemeine Bedingungen gelten allerdings an jedem Bewerbungsort:

Allgemeine Einstellungsvoraussetzungen

- Sie sind **Deutscher im Sinne von Artikel 116 des Grundgesetzes**. EU-Staatsbürger haben oft die gleichen Einstiegschancen. Angehörige anderer Nationen können unter bestimmten Umständen (z. B. ab einer bestimmten Mindestaufenthaltsdauer) eingestellt werden.

- Sie treten für die **im Grundgesetz festgeschriebenen Ordnungs- und Wertevorstellungen** ein. Auf der Homepage der TU Kaiserslautern finden Sie eine typische Belehrung zur Verfassungstreue: https://www.uni-kl.de/fileadmin/ha-3/PDF/Verfassungstreue.pdf

- Sie verfügen über **geordnete wirtschaftliche Verhältnisse**. Das heißt: Sie sind nicht überschuldet.

- Sie sind **nicht mit dem Gesetz in Konflikt** gekommen (im Sinne einer strafbaren Handlung).

- Ihr **Auftreten und Ihr Erscheinungsbild** entsprechen dem polizeilichen Berufsbild (was das in Bezug auf Piercings und Tätowierungen bedeuten kann, lesen Sie im Kapitel „Die ärztliche Untersuchung").

Natürlich sollten Polizeibeamte auch charakterlich für den Dienst geeignet sein. Was die ideale Bewerberpersönlichkeit ausmacht, lässt sich anhand der Stellenausschreibungen erahnen, in denen immer wieder dieselben Adjektive auftauchen: sozialkompetent, teamfähig, flexibel, durchsetzungsfähig, leistungsbereit, entscheidungsfreudig, verantwortungsbewusst, zuverlässig, konfliktfähig, körperlich und geistig robust.

Was passiert im Eignungs-Auswahlverfahren?

Das Eignungs-Auswahlverfahren (EAV) prüft die körperliche und geistige Tauglichkeit der Bewerber. Eingeplant sind in der Regel ein computergestützter Eignungstest, ein Sporttest, ein Vorstellungsgespräch („Interview") und eine polizeiärztliche Tauglichkeitsuntersuchung. Vor allem in gehobenen Laufbahnen kommen häufig Assessment-Center-Aufgaben wie Präsentationen, Vorträge oder Gruppengespräche hinzu. Bei manchen Stationen gelten feste Mindestkriterien, die unbedingt erfüllt werden müssen.

Nachdem alle Ergebnisse ausgewertet worden sind, erstellen die Prüfer in der Regel ein Ranking der Teilnehmer. Bei der Stellenvergabe gehen die Personalverantwortlichen diese Liste dann von oben nach unten durch. Ein Platz im Mittelfeld bedeutet dabei nicht automatisch das Aus: Viele Kandidaten bewerben sich bei mehreren Behörden, um ihre Ausbildungschancen zu erhöhen. Falls sich erfolgreiche Teilnehmer für andere Dienstorte entscheiden, kann man als Nachrücker doch noch zum Zuge kommen.

Baden-Württemberg

Die Polizei Baden-Württemberg bildet Nachwuchskräfte für den mittleren und den gehobenen Polizeivollzugsdienst aus. Zugang zum höheren Dienst haben Laufbahnaufsteiger aus dem gehobenen Dienst, die eine spezielle Auswahlprüfung bestehen.

Die eintägige Eignungsprüfung für den mittleren und den gehobenen Dienst besteht aus einem computergestützten theoretischen Test und einem standardisierten Auswahlgespräch an der landeseigenen Hochschule für Polizei (Standort Böblingen oder Lahr/Schwarzwald). Wer seiner Bewerbung kein Sportabzeichen beigelegt hat, absolviert zwischen Test und Interview noch einen 3.000-Meter-Lauf, um seine Fitness nachzuweisen. In den folgenden Wochen geht es dann für alle Kandidaten zur polizeiärztlichen Untersuchung.

Ihr Weg zu Polizei, Bundespolizei und Zoll

	Mittlerer Dienst	**Gehobener Dienst**
	Die Voraussetzungen	
Bildungsqualifikation	mittlerer Bildungsabschluss (Notenschnitt mind. 3,2)	Abitur, Fachhochschulreife (Notenschnitt mind. 3,0) oder gleichwertig
Alter am Tag d. Einstellung	16,5–30 Jahre*	max. 31 Jahre*
Größe	mind. 1,60 m	
Sonstiges	Deutsches (Jugend-)Sportabzeichen „Silber" (oder 3.000-m-Lauf am 1. Auswahltag); Schwimmnachweis; BMI 18–27,5; Führerschein Kl. B bzw. Fahrerlaubnis zum begleiteten Fahren ab 17**	
	Das Auswahlverfahren	
Computergestützter theoretischer Test	Sprachverständnistest (15 Min.), Rechtschreibungstest (ca. 30 Min.), Intelligenztest (verbale, rechnerische und abstrakt-logische Intelligenz, ca. 90 Min.)	
(3.000-m-Lauf)	(falls zum Bewerbungszeitpunkt kein Sportabzeichen vorlag)	
Auswahlgespräch	standardisiertes, multimodales Interview (strukturiertes Interview)	
Polizeiärztliche Untersuchung	Ärztliche Untersuchung zur Überprüfung der Polizeidiensttauglichkeit	

Stand 02/2017; *Sonderregelung für Soldaten (SaZ 12), **Von am Einstellungstag Minderjährigen bis zu einem bestimmten Ausbildungsabschnitt vorzulegen

www.polizei-bw.de

nachwuchswerbung.polizei-bw.de

Bayern

Die bayerische Polizei bildet für die 2. und 3. Qualifikationsebene aus. Wer in der 2. Qualifikationsebene einsteigen und langfristig in der Landeshauptstadt Dienst tun möchte, kommt für das Sonderprogramm München infrage: Hier durchläuft man eine verkürzte Ausbildung und der Einsatz ist auf den Bereich des Polizeipräsidiums München beschränkt. Das Auswahlverfahren findet in München oder Nürnberg statt und dauert zwei Tage.

Den Anfang macht die schriftliche Auswahlprüfung, die Bewerber der 3. Qualifikationsebene beim bayerischen Landespersonalausschuss (LPA) absolvieren.

Die weiteren Stationen sind für beide Laufbahnen gleich: Auf dem Programm stehen eine Sportprüfung, eine Gruppenaufgabe, ein Bewerbungsgespräch und eine ärztliche Untersuchung.

	2. Qualifikationsebene	3. Qualifikationsebene
	Die Voraussetzungen	
Bildungsqualifikation	mind. Qualifiz. Hauptschulabschl. (Quali) + abgeschl. Berufsausbildung oder mittlerer Bildungsabschl.	Abitur, Fachabitur oder Meisterprüfung + Beratungsgespräch an der FH für öffentliche Verwaltung und Rechtspflege in Bayern
Alter am Tag d. Einstellung	17–25 Jahre (Sonderprogramm München: 24–34 Jahre)*	17–25 Jahre*
Größe	mind. 1,65 m**	
	Das Auswahlverfahren	
Schriftliche Prüfung	Sprachtest am PC: Rechtschreibung, Wortverständnis, Sprachgefühl, Grammatik (Lückendiktat, Multiple-Choice, Freitext, ca. 90 Min.) Grundfähigkeitstest am PC: Bearbeitungsgeschwindigkeit, Verarbeitungskapazität und Gedächtnisleistung (Texte, Zahlen, Formen, Figuren, ca. 50 Min.)	Prüfung beim LPA: Deutsch, Erdkunde, Wirtschaft und Recht, staatliche und politische Grundlagen Bayerns, Deutschlands und der EU, Zeitgeschichte/Kultur und Politik (ca. 4 Stunden) Die Gesamtnote ergibt sich aus der Prüfungsnote und den Schulnoten in Deutsch, Mathematik und einer Fremdsprache
Sportprüfung	Springen über Kleinbank, Bankdrücken, Pendellauf, Cooper-Test, 100-m-Schwimmen	
Gruppendiskussion	Kommunikative Fähigkeiten und Kooperationsvermögen (4–8 Teilnehmer, ca. 45 Min.)	
Bewerbungsgespräch	strukturiertes Interview (Überprüfung von Belastbarkeit, Leistungsmotivation und sozialer Kompetenz, ca. 45 Min.)	
Polizeiärztliche Untersuchung	Ärztliche Untersuchung auf Polizeidiensttauglichkeit	

Stand 02/2017; *Ausnahmen beim Höchstalter möglich (ab 2018 Anhebung auf 30 Jahre geplant), **Ausnahmen möglich

www.polizei.bayern.de

www.mit-sicherheit-anders.de

Ihr Weg zu Polizei, Bundespolizei und Zoll

Berlin

Die Berliner Polizei bietet Ausbildungsplätze im mittleren Dienst und im gehobenen Dienst an. Wer nicht auf eine Beamtenlaufbahn fixiert ist, kann sich auch tariflich beschäftigt im zentralen Objektschutz ausbilden lassen. Volljuristen haben Chancen zum Direkteinstieg in den höheren Dienst.

Bewerber in Berlin müssen zunächst einen Vortest am PC bestehen, bevor sie zum Auswahlverfahren eingeladen werden. Die Prüfungen erstrecken sich über zwei Tage: Am ersten Tag warten der PC-gestützte Einstellungstest und der Sporttest, am zweiten Tag erscheint man auf dem Polizeischulgelände in Spandau zum Einzelinterview und zur polizeiärztlichen Untersuchung.

	Mittlerer Dienst	**Gehobener Dienst**
	Die Voraussetzungen	
Bildungsqualifikation	erweiterte Berufsbildungsreife	Fachhochschulreife oder vergleichbar
Alter am Tag d. Einstellung	16–29 Jahre*	max. 31 Jahre
Größe	mind. 1,60 m (Frauen)/1,65 m (Männer)	
Sonstiges	Fahrerlaubnis für Personenkraftwagen mit Schaltgetriebe; Schwimmnachweis (z. B. Schwimmabzeichen „Bronze")	
	Das Auswahlverfahren	
Vortest am PC	Auswahl von Aufgaben aus dem PC-gestützten Einstellungstest	
PC-gestützter Einstellungstest	Intelligenz- und Persönlichkeitsstrukturtest, Sprachtest, Deutschtest, Politik und Gesellschaft	
Sporttest	Hindernisparcours, 2.000-m-Lauf	
Persönliche Vorstellung	Einzelinterview	
Polizeiärztliche Untersuchung	Ärztliche Untersuchung auf Polizeidiensttauglichkeit	

Stand 02/2017; *30–39 Jahre mit mindestens 2-jähriger abgeschlossener Ausbildung und mindestens 2-jähriger Berufstätigkeit

 www.berlin.de/polizei

Brandenburg

Die Polizei Brandenburg bildet Nachwuchskräfte für den mittleren und gehobenen Dienst aus. Schauplatz des zweitägigen Auswahlverfahrens ist das Gelände der Fachhochschule der Brandenburger Polizei in Oranienburg. Am ersten Tag finden das psychologische Messverfahren, das Diktat und der Sport- und Körpereignungstest statt. Die polizeiärztliche Untersuchung, das Rollenspiel und das Einzelgespräch folgen tags darauf. Der Zugang zum höheren Dienst ist für erfahrene Beamte aus dem gehobenen Dienst möglich.

	Mittlerer Dienst	**Gehobener Dienst**
	Die Voraussetzungen	
Bildungsqualifikation	Hauptschulabschl. + abgeschl. 3-jährige, Fachoberschulreife oder Realschulabschluss	Fachabitur, Abitur oder vergleichbar
Alter am Tag d. Einstellung	mind. 16 Jahre	max. 31 Jahre*
Größe	mind. 1,60 m	
Sonstiges	Deutsches (Jugend-)Schwimmabzeichen „Silber" (Schwimmnachweis zum Einstellungstag nicht älter als drei Jahre)	
	Das Auswahlverfahren	
Psychologisches Messverfahren	Psychologischer Eignungstest	
Diktat	Sprachbeherrschung	
Sport- u. Körpereignungstest	Körperkraft (Bankdrücken, Liegestütz, Unterarmstütz oder Medizinballstoßen), Flexibilität/Schnelligkeit (Kasten-Bumerang-Test, Sitzhocke, Standweitsprung oder Seilspringen), Turnen (Balanceübung, Kopfstand, Reck-/Hüftaufzug oder Seil hochklettern), Cooper-Test, Umgang mit ausgewählten Einsatzmitteln	
Polizeiärztliche Untersuchung	Ärztliche Untersuchung auf Polizeidiensttauglichkeit	
Rollenspiel und Einzelgespräch	Kommunikationsfähigkeit, Fragen zur Person	

Stand 02/2017; *Ausnahmen für Soldaten möglich (SaZ 12)

polizei.brandenburg.de

polizei-brandenburg-karriere.de

Bremen

Bei der Polizei Bremen kann man sich für das 1. Einstiegsamt der Laufbahngruppe 2 (ehemals gehobener Dienst) bewerben. Die Eignungsauswahl geschieht auf dem Gelände der Bereitschaftspolizei in Huckelriede, aufgeteilt in zwei Etappen: Für die schriftliche Prüfung und den Sporttest ist der erste Tag reserviert, für die mündliche Prüfung und die ärztliche Untersuchung der zweite. Der Direkteinstieg in das 2. Einstiegsamt dieser Laufbahngruppe ist nicht vorgesehen; Zugangsmöglichkeiten haben Laufbahnaufsteiger, die eine spezielle Auswahlprüfung bestehen.

	Laufbahngruppe 2, 1. Einstiegsamt
	Die Voraussetzungen
Bildungs-qualifikation	Abitur, Fachhochschulreife oder Befähigung zum Besuch d. Sekundarstufe II + abgeschlossene mind. 2-jährige Berufsausbildung + 3 Jahre Berufserfahrung (= fachgebundene Hochschulreife der Hochschule für Öffentliche Verwaltung nach Einstufungsprüfung)
Alter am Tag d. Einstellung	Verbeamtung bis zum 45. Lebensjahr möglich
Größe	derzeit keine Einschränkungen
Sonstiges	Deutsches Schwimmabzeichen „Bronze"; Führerschein Kl. B*
	Das Auswahlverfahren
Schriftliche Prüfung	Rechtschreibtest (Lückendiktat), Intelligenzstrukturtest (verbales, numerisches und figurales Denken, Merkfähigkeit)
Sportprüfung	Sprint, Konditionstest (Hindernisparcours), Cooper-Test
Mündliche Prüfung	Teilstrukturiertes Interview (u. a. Fragen zu Selbstbewusstsein, Einfühlungsvermögen, Team- u. Kritikfähigkeit, analytischem Denken)
Polizeiärztliche Untersuchung	Ärztliche Untersuchung auf Polizeidiensttauglichkeit (ca. 2 Stunden)

Stand 02/2017; *Spätestens zum Ende des Einstellungsjahrs

www.polizei.bremen.de

Hamburg

Die Polizei Hamburg sucht Nachwuchs für die Laufbahnabschnitte I und II. Das Auswahlverfahren erstreckt sich über drei nicht aufeinanderfolgende Tage. Am ersten Tag sind ein Diktat, eine Sachverhaltsschilderung, ein kognitiver Leistungstest und ein Sporttest eingeplant. Am zweiten Tag stellt man sich einem Einzelgespräch und (nur Laufbahnabschnitt II) einem Rollenspiel. An einem dritten Tag geht es dann zur polizeiärztlichen Untersuchung. Der Zugang zum Laufbahnabschnitt III ist für erfahrene Beamte des Laufbahnabschnitts II möglich, die eine Aufstiegsprüfung bestehen.

	Laufbahnabschnitt I	Laufbahnabschnitt II
	Die Voraussetzungen	
Bildungs-qualifikation	mind. Hauptschulabschluss + abgeschl. Berufsausbildung oder Realschulabschluss	Fachhochschulreife oder Abitur
Alter am Tag d. Einstellung	16–34 Jahre	max. 34 Jahre
Größe	mind. 1,60 m*	
Sonstiges	Abschlusszeugnis-Noten in Deutsch, Mathematik, Englisch, Geschichte, Politik u. Sport mind. „ausreichend"*; BMI 18–27,5; Führerschein Kl. B**; Schwimmabzeichen „Bronze"	
	Das Auswahlverfahren	
Diktat	Lückendiktat (Rechtschreibfähigkeit)	
Kognitiver Leistungstest	Sprache, Mathematik, abstraktes und logisches Denken	
Sporttest	Wendelauf, Kasten-Bumerang-Test, Cooper-Test	
Einzelgespräch	persönliche Fähigkeiten und Kompetenzen, berufliche Motivation, Auseinandersetzung mit dem Polizeiberuf	
Rollenspiel	–	Konfliktmanagement
Polizeiärztliche Untersuchung	Personalärztliche Untersuchung auf Polizeidiensttauglichkeit	

Stand 02/2017; *Ausnahmen möglich, **Spätestens zum Ende der Ausbildung

www.hamburg.de/polizei
akademie-der-polizei.hamburg.de

Ihr Weg zu Polizei, Bundespolizei und Zoll

Hessen

Die Polizei Hessen bildet Nachwuchskräfte im gehobenen Dienst aus. Das Auswahlverfahren an der Wiesbadener Polizeiakademie geht über anderthalb Tage. Am ersten Tag stehen ein Computertest, ein Sporttest, eine Gruppenaufgabe und ein Einzelinterview auf dem Programm, tags darauf folgt die polizeiärztliche Untersuchung. Der Zugang zum höheren Dienst ist für erfahrene Beamte aus dem gehobenen Dienst möglich, die gute Leistungen und entsprechende Beurteilungen vorweisen können.

	Gehobener Dienst
	Die Voraussetzungen
Bildungsqualifikation	Abitur, Fachabitur, Meisterprüfung oder vergleichbar*
Alter am Tag d. Einstellung	max. 32 Jahre**
Größe	mind. 1,60 m
Sonstiges	BMI 18–27,5; Führerschein Kl. B
	Das Auswahlverfahren
Computertest	Intelligenz, Wahrnehmungs- und Konzentrationsfähigkeit, Rechtschreibung (ca. 2,5–3 Stunden)
Sporttest	Achterlauf, Bankdrücken, Fünfer-Sprunglauf, 500-m-Wendelauf
Gruppenaufgabe	Verhaltensbeobachtung in einer Gruppensituation (ca. 60 Min.)
Einzelinterview	Strukturiert, teilstandardisiert (ca. 30 Min.)
Polizeiärztliche Untersuchung	Ärztliche Untersuchung auf Polizeidiensttauglichkeit

Stand 02/2017; *Teilnahme am Auswahlverfahren unter bestimmten Voraussetzungen auch mit (angestrebtem) mittlerem Bildungsabschluss möglich, **Ausnahmen möglich

 www.polizei.hessen.de

Mecklenburg-Vorpommern

Die Polizei Mecklenburg-Vorpommern bietet Ausbildungen in der Laufbahngruppe 1 (2. Einstiegsamt) und der Laufbahngruppe 2 (1. Einstiegsamt) an. Die Diensteignung wird mit einem Diktat, einem psychologischen Leistungstest, einem Sportleistungstest, der ärztlichen Untersuchung und einem Vorstellungsgespräch geprüft. Kandidaten der Laufbahngruppe 2 erscheinen außerdem zu einer Gruppendiskussion. Die Tür zum 2. Einstiegsamt der Laufbahngruppe 2 steht Laufbahnaufsteigern nach bestandener Aufstiegsprüfung offen.

	Laufbahngr. 1, 2. Einstiegsamt	Laufbahngr. 2, 1. Einstiegsamt
	Die Voraussetzungen	
Bildungsqualifikation	Mittlere Reife, Berufsreife, förderliche Berufsausbildung oder Ausbildung im öffentl. Dienst + Berufsreife oder vergleichbar	Zum Hochschulstudium berechtigende Schulbildung
Alter am Tag d. Einstellung	16–29 Jahre*	max. 33 Jahre*
Größe	derzeit keine Einschränkungen	
Sonstiges	evtl. Notenschnitt und Deutschnote im Zugangszeugnis (wird von Jahr zu Jahr flexibel gehandhabt)	
	Das Auswahlverfahren	
Diktat	250 Wörter in 45 Min. (Niveau etwa 10. Realschulklasse)	
Psychologischer Leistungstest	Verbales, numerisches und figurales Denken, Merkfähigkeit	
Sportleistungstest	Wendelauf, Dreierhop, Klimmzüge, Konditionstest (Hindernisparcours)	
Polizeiärztliche Untersuchung	Ärztliche Untersuchung auf Polizeidiensttauglichkeit	
Vorstellungsgespräch	Einzelgespräch (analytische Fähigkeiten, sprachliche und soziale Kompetenz, Berufswunsch); mit Referat verknüpft	
Gruppendiskussion	–	Kooperationsfähigkeit

Stand 02/2017; *Ausnahmen für Zeitsoldaten möglich (SaZ 12)

www.polizei.mvnet.de

Ihr Weg zu Polizei, Bundespolizei und Zoll

Niedersachsen

Die Polizei Niedersachsen bietet Ausbildungsplätze für das 1. Einstiegsamt der Laufbahngruppe 2 an. Die Prüfungen verteilen sich auf zwei Tage. Am ersten Tag absolvieren die Bewerber einen PC-Test und einen Sporttest in Hann. Münden. Am zweiten Tag geht es zum Interview und zur polizeiärztlichen Untersuchung, je nach angegebener Wunschbehörde in Braunschweig, Göttingen, Hannover, Lüneburg, Oldenburg oder Osnabrück. Der Direkteinstieg in den höheren Dienst ist für Juristen prinzipiell möglich.

	Laufbahngruppe 2, 1. Einstiegsamt
	Die Voraussetzungen
Bildungsqualifikation	Abitur, Fachabitur oder vergleichbar*
Alter am Tag d. Einstellung	max. 31 Jahre
Größe	mind. 1,63 m (Frauen)/1,68 m (Männer)**
Sonstiges	6 Jahre Englischunterricht od. Prüfung Sprachlevel B 1; (Jugend-)Schwimmabzeichen „Bronze"; Führerschein Kl. B
	Das Auswahlverfahren
PC-unterstützter Eignungstest	Sprache, Ausdruck, Denken, Problemlösen (Zahlenreihen, Gedächtnisübungen, Postkorbübungen, Rechtschreibtest, ca. 4 Stunden)
Sportprüfung	5.000-m-Lauf
Strukturiertes Interview	Fragen zur Person, Berufswunsch, situative Fragen (45–60 Min.)
Polizeiärztliche Untersuchung	Ärztliche Untersuchung auf Polizeidiensttauglichkeit

Stand 02/2017; *Teilnahme am Auswahlverfahren unter bestimmten Voraussetzungen auch mit (angestrebtem) mittlerem Bildungsabschluss möglich, **Ausnahmen möglich

www.polizei.niedersachsen.de
www.polizei-studium.de

Nordrhein-Westfalen

Die Polizei Nordrhein-Westfalen bildet im gehobenen Dienst aus. Das Auswahlverfahren gliedert sich in drei Teile. Am ersten Tag geht es zum PC-Test, an einem zweiten Tag zur polizeiärztlichen Untersuchung – beide Prüfungsteile finden in Münster statt. An einem weiteren Tag absolviert man das Assessment Center an einem wohnortnahen Standort. Für den Direkteinstieg in den höheren Dienst kommen Juristen oder Absolventen der zweiten Staatsprüfung für den höheren allgemeinen Verwaltungsdienst infrage.

	Gehobener Dienst
	Die Voraussetzungen
Bildungs-qualifikation	Abitur, Fachabitur oder abgeschlossene berufl. Aufstiegsfortbildung
Alter am Tag d. Einstellung	max. 36 Jahre*
Größe	mind. 1,63 m (Frauen)/1,68 m (Männer)
Sonstiges	6 Jahre Schulenglisch od. Prüfung Sprachlevel B 1; Deutsches Sportabzeichen „Bronze"**; Deutsches Rettungsschwimmabzeichen „Bronze" oder Deutsches (Jugend-)Schwimmabzeichen „Gold"***; BMI 18–27,5; Führerschein Kl. B bzw. Fahrerlaubnis zum begleiteten Fahren ab 17****
	Das Auswahlverfahren
PC-Test (1. Teil)	1. Teil: Logisch-analytisches Denken, Problemlösung, Abstraktionsvermögen, Gedächtnisleistung, Rechtschreibung und Interpunktion
Formalgespräch	Prüfung und ggf. Ergänzung der Bewerbungsunterlagen
PC-Test (2. Teil)	Wiener Test (Reaktionsvermögen, Aufmerksamkeit, Konzentration)
Assessment Center	Konfliktgespräch, Vortrag, Rollenspiel, Interview (Berufsmotivation, Fragen zur Person)
Polizeiärztliche Untersuchung	Ärztliche Untersuchung auf Polizeidiensttauglichkeit

Stand 02/2017; *Ausnahmen möglich, **Zum Bewerbungsdatum nicht älter als 1 Jahr, ***Zum 1.7. des Einstellungsjahrs nicht älter als 2 Jahre, ****Spätestens zum 1.7. des Einstellungsjahrs

www.polizei-nrw.de
www.genau-mein-fall.de

Ihr Weg zu Polizei, Bundespolizei und Zoll

Rheinland-Pfalz

Die Polizei Rheinland-Pfalz qualifiziert Nachwuchskräfte für das 3. Einstiegsamt (früher gehobener Dienst) im Bachelorstudiengang „Polizeidienst". Kandidaten mit mittlerer Reife können sich an ausgewählten Höheren Berufsfachschulen im zweijährigen Bildungsgang „Polizeidienst und Verwaltung" zum staatlich geprüften Assistenten für Polizeidienst und Verwaltung ausbilden lassen. Erfolgreichen Absolventen wird die Übernahme ins 3. Einstiegsamt garantiert.

Für beide Ausbildungswege ist ein zweitägiges Auswahlverfahren in Mainz, Enkenbach-Alsenborn oder Wittlich vorgesehen. Es besteht aus einem schriftlichen PC-Test, einem Sporttest, einem Einzelgespräch und der polizeiärztlichen Untersuchung.

	Bildungsgang „Polizeidienst ..."	3. Einstiegsamt
Die Voraussetzungen		
Bildungs-qualifikation	Mittlere Reife	Abitur, Fachhochschulreife, Meisterbrief oder mittlere Reife + Berufsausbildung
Alter	max. 24 Jahre zu Beginn des Bildungsgangs	max. 33 Jahre am Einstellungstag*
Größe	mind. 1,62 m**	
Sonstiges	Notenschnitt mind. 3,0	zufriedenstellender Notenschnitt (Deutsch mind. 5 Punkte)
	Deutsches Sportabzeichen „Bronze"; Erste-Hilfe-Kursnachweis; Fahrerlaubnis Klasse B	
Das Auswahlverfahren		
Schriftlicher Test am PC	Diktat (Rechtschreibung und Zeichensetzung, 150 Wörter), Konzentrationstest, Intelligenztest (Logik, Merkfähigkeit)	
Sporttest	Klimmzughang, Kasten-Bumerang-Test, Cooper-Test	
Einzelgespräch	Biografie, Berufswunsch, Interessen, Allgemeinwissen (ca. 45 Min.)	
Polizeiärztliche Untersuchung	Ärztliche Untersuchung auf Polizeidiensttauglichkeit	

Stand 02/2017; *Ausnahmen möglich, **Ausnahmen möglich

 www.polizei.rlp.de

Saarland

Die saarländische Polizei bildet Nachwuchskräfte in der Laufbahn des gehobenen Polizeivollzugsdienstes aus. Das Eignungsauswahlverfahren besteht aus einer Sportprüfung, einem schriftlichen Multiple-Choice-Test, einer mündlichen Prüfung in Form eines Vorstellungsgesprächs und einer polizeiärztlichen Untersuchung.

	Gehobener Dienst
	Die Voraussetzungen
Bildungs-qualifikation	Abitur, Fachabitur oder abgeschlossene Ausbildung in einem förderlichen Beruf (Notenschnitt mind. 3,0 und mind. 2 Jahre Berufspraxis)
Alter am Tag d. Einstellung	max. 34 Jahre
Größe	mind. 1,62 m (Frauen)/1,65 m (Männer)
Sonstiges	Deutsches (Jugend-)Schwimmabzeichen „Bronze"
	Das Auswahlverfahren
Sportprüfung	Standweitsprung, Kasten-Bumerang-Test (Hindernislauf), Klimmzughang, Cooper-Test (12-Minuten-Lauf)
Schriftliche Prüfung	Multiple-Choice-Test (Sprache, Allgemeinwissen, politische Bildung, Logik, Konzentration)
Mündliche Prüfung	Interview (Selbsteinschätzung, Zielstrebigkeit und Engagement)
Polizeiärztliche Untersuchung	Ärztliche Untersuchung auf Polizeidiensttauglichkeit

Stand 02/2017

www.saarland.de/polizei.htm

Ihr Weg zu Polizei, Bundespolizei und Zoll

Sachsen

In Sachsen kann man sich für die 2. Einstiegsebene der Laufbahngruppe 1 und für die 1. Einstiegsebene der Laufbahngruppe 2 bewerben. Die Auswahlprüfungen verteilen sich auf drei Tage. Zunächst geht es nach Leipzig: Am ersten Tag absolviert man hier einen computergestützten Fähigkeitstest und einen Sporttest, am zweiten finden die mündlichen Prüfungen statt. Am Ende des ersten Tages erfährt man bei einem Beratungsgespräch, wie der Berufseinstieg bei der sächsischen Polizei – mit Blick auf die bisherigen Leistungen – am besten gelingt. Am dritten Tag stellt man sich der ärztlichen Untersuchung in Dresden, Leipzig oder Chemnitz. Der Zugang zum höheren Dienst ist für Laufbahnaufsteiger aus dem gehobenen Dienst möglich.

	Laufbahngr. 1, 2. Einstiegsebene	Laufbahngr. 2, 1. Einstiegsebene
Die Voraussetzungen		
Bildungsqualifikation	Realschulabschluss oder vergleichbar	Fachabitur, Abitur oder vergleichbar
Alter am Tag d. Einstellung	16–34 Jahre*	max. 34 Jahre*
Größe	mind. 1,60 m	
Sonstiges	Schwimmbescheinigung; BMI 18–27,5	Schwimmbescheinigung; BMI 18–27,5; Fahrerlaubnis Kl. B
Das Auswahlverfahren		
PC-gestützter Fähigkeitstest	Intelligenz, Deutschkenntnisse, berufsbezogener Persönlichkeitstest	
Physischer Eignungstest	Kasten-Bumerang-Test, Liegestütze, Ausdauerlauf	
Mündlicher Eignungstest	Gruppengespräch (Kommunikationsfähigkeit, Team- und Kooperationsfähigkeit, Durchsetzungsfähigkeit), Einzelinterview (Motivation, Belastbarkeit, Einfühlungsvermögen)	
Polizeiärztliche Untersuchung	Ärztliche Untersuchung auf Polizeidiensttauglichkeit	

Stand 02/2017; *Ausnahmen möglich

 www.polizei.sachsen.de

Sachsen-Anhalt

Die Polizei Sachsen-Anhalt bietet Ausbildungsplätze für die Laufbahngruppe 1 (2. Einstiegsamt) und die Laufbahngruppe 2 (1. Einstiegsamt) an. Das Auswahlverfahren gliedert sich in zwei Teile: Ein Tag ist für den Rechtschreibtest, den PC-gestützten Eignungstest und das Vorstellungsgespräch eingeplant. Am zweiten Tag – unmittelbar darauf oder etwas später – findet die polizeiärztliche Untersuchung statt.

	Laufbahngr. 1, 2. Einstiegsamt	Laufbahngr. 2, 1. Einstiegsamt
	Die Voraussetzungen	
Bildungsqualifikation	Realschulabschl. od. Hauptschulabschl. + qualifiz. Berufsausbildung/Ausbildg. im öffentl. Dienst	Abitur, Fachabitur oder vergleichbar
Alter am Tag d. Einstellung	16–34 Jahre*	max. 34 Jahre*
Größe	mind. 1,60 m	
Sonstiges	Deutsches Sportabzeichen „Silber"; Deutsches Rettungsschwimmabzeichen „Bronze"; BMI 18–27,5; Führerschein Kl. B	Nachweis d. Englischkenntnisse; Deutsches Sportabzeichen „Silber"; Deutsches Rettungsschwimmabzeichen „Bronze"; BMI 18–27,5; Führerschein Kl. B
	Das Auswahlverfahren	
Rechtschreibtest	Lückendiktat	
PC-gestützter Eignungstest	Intelligenzstrukturtest: verbale, numerische, figurale Intelligenz, schlussfolgerndes Denken, Merkfähigkeit, Allgemeinwissen	
Einzelgespräch	Strukturiertes Interview vor der Auswahlkommission	
Polizeiärztliche Untersuchung	Ärztliche Untersuchung auf Polizeidiensttauglichkeit	

Stand 02/2017; *Ausnahmen möglich

www.polizei.sachsen-anhalt.de
www.fh-polizei.sachsen-anhalt.de

Schleswig-Holstein

Die Polizei Schleswig-Holstein sucht Nachwuchs für die Laufbahngruppe 1 (2. Einstiegsamt) und die Laufbahngruppe 2 (1. Einstiegsamt). Das Auswahlverfahren in Eutin dauert zwei Tage: Der erste Tag umfasst den PC-Eignungstest und den Sporttest, der zweite Tag ein Interview, eine mündliche Prüfung, ein Kurzreferat (nur Laufbahngruppe 2) und die polizeiärztliche Untersuchung.

	Laufbahngr. 1, 2. Einstiegsamt	Laufbahngr. 2, 1. Einstiegsamt
Die Voraussetzungen		
Bildungsqualifikation	Realschulabschluss od. Hauptschulabschluss + abgeschl. Berufsausbildung	Fachhochschulreife, Abitur, anderer Nachweis der Studierbefähigung (z. B. Meisterbrief)
Alter am Tag d. Einstellung*	16–31 Jahre*	max. 31 Jahre*
Größe	mind. 1,60 m (Frauen)/1,65 m (Männer)	
Sonstiges	Vorauswahl nach Schulnoten (Deutsch, Englisch, Wirtschaft/Politik (alternativ Geschichte) und Sport mindestens 4)**; Deutsches (Jugend-)Schwimmabzeichen „Bronze"	
Das Auswahlverfahren		
Eignungstest	Diktat (ca. 250 Wörter), Intelligenzleistungstest	Sprach- und Bildungstest (Multiple-Choice: Deutsch, Politische Bildung, Natur und Technik), Diktat (ca. 250 Wörter), Intelligenzleistungstest
Sportprüfung	Hindernisparcours	
Kurzreferat	–	Bereiche Gesellschaft, Wirtschaft/Politik oder Natur/Technik (ca. 5–7 Min.)
Vorstellungsgespräch	Auftreten, Allgemeinbildung, Ausdrucksvermögen, äußeres Erscheinungsbild, Kenntnis des Polizeiberufs (ca. 30 Min.)	
Polizeiärztliche Untersuchung	Ärztliche Untersuchung auf Polizeidiensttauglichkeit	

Stand 02/2017; *Ausnahmen möglich, **Entfällt für Bewerber mit abgeschl. Berufsausbildung, Soldaten ab SaZ 4 und Kandidaten für Laufbahngruppe 1, 2. Einstiegsamt mit Fachhochschulreife od. Abitur

 www.schleswig-holstein.de/DE/Landesregierung/LPA/lpa_node.html

Thüringen

Die Polizei Thüringen bildet im mittleren und gehobenen Dienst aus. Das Auswahlverfahren umfasst zwei nicht aufeinanderfolgende Tage. Am ersten Tag findet man sich am Polizei-Bildungszentrum in Meiningen ein: Hier absolviert man zwei computergestützte Tests, die Sportprüfung und ein Interview. Am zweiten Tag geht es nach Erfurt zur polizeiärztlichen Untersuchung. Der Zugang zum höheren Dienst ist für Laufbahnaufsteiger aus dem gehobenen Dienst möglich, die eine Auswahlprüfung bestehen.

	Mittlerer Dienst	**Gehobener Dienst**
	Die Voraussetzungen	
Bildungs-qualifikation	Realschulabschl. od. Hauptschulabschl. mit abgeschl. Berufsausbildung	Abitur, Fachabitur, andere zum Hochschulstudium berechtigende Schulbildung
Alter am Tag d. Einstellung	max. 34 Jahre	
Größe	mind. 1,60 m	
Sonstiges	Schulleistung in Deutsch mind. Note 3 bzw. 7 Punkte	
	Das Auswahlverfahren	
PC-gestützte Eignungstests	Leistungstest (verbale, numerische und figurale Intelligenz, Allgemeinwissen); Deutschtest (Rechtschreibung, Grammatik, Sinnverständnis/Wortbedeutung)	
Sportprüfung	Cooper-Test	
Interview	Berufswahl, Entscheidungsvermögen, Argumentationsfähigkeit	
Polizeiärztliche Untersuchung	Ärztliche Untersuchung auf Polizeidiensttauglichkeit	

Stand 02/2017

www.polizei.thueringen.de

Ihr Weg zu Polizei, Bundespolizei und Zoll

Die Bundespolizei: Früher Grenzschutz, heute Polizei

Als die Bundesrepublik Deutschland 1949 gegründet wurde, besaß sie noch keine volle staatliche Souveränität: Vier Jahre nach Ende des Zweiten Weltkriegs wachten weiterhin die Siegermächte über ihre politische Entwicklung. Über eine eigene Armee durfte (und wollte) der junge westdeutsche Staat zunächst noch nicht verfügen. Vor dem Hintergrund des Kalten Krieges erlaubten die Alliierten allerdings die Aufstellung einer quasi-militärischen Grenzschutztruppe. Der Bundesgrenzschutz wurde 1951 als Sonderbehörde des Bundes gegründet und erhielt den Auftrag, die Außengrenzen der Bundesrepublik zu überwachen.

Neue Aufgaben, neuer Name

Die militärischen Züge des Bundesgrenzschutzes verblassten allmählich nach der Gründung der Bundeswehr 1955. Das Tätigkeitsfeld verlagerte sich im Laufe der Zeit weg vom reinen Grenzschutz hin zu „normalen" Polizeiaufgaben. Das Bundesgrenzschutzgesetz schrieb der Behörde 1972 weitgehende Befugnisse im Landesinneren zu. Im gleichen Jahr erhielt der BGS mit der Antiterror-Spezialtruppe Grenzschutzgruppe 9 (GSG 9) seine wohl bekannteste (und noch heute aktive) Einheit.

Zu Beginn der 90er-Jahre war vom angestammten Betätigungsfeld des BGS nicht mehr viel übrig geblieben: Deutschland wurde wiedervereinigt, der Kalte Krieg ging zu Ende, das Schengener Abkommen beseitigte die Personenkontrollen an den europäischen Binnengrenzen. Somit waren die jahrzehntelang prägenden Grenzlinien entweder durchlässig geworden oder ganz verschwunden. In der Folge entwickelte sich die inländische Infrastruktur zum neuen Einsatzschwerpunkt der Behörde. Seitdem sichert sie hauptsächlich den Bahnverkehr (durch Präsenzstreifen in Zügen und Bahnhöfen), den Flugverkehr (durch Flughafenpatrouillen, Passagier- und Gepäckkontrollen) und den Seeverkehr (als Teil der deutschen Küstenwache). Außerdem bewacht sie Verfassungsorgane und Amtsgebäude des Bundes, etwa das Bundespräsidialamt oder das Bundeskanzleramt.

Zum neuen, typisch polizeilichen Aufgabenprofil passte der alte Behördenname natürlich nicht mehr. Konsequenterweise erfolgte 2005 die Umbenennung in Bundespolizei (BPOL). Was nicht heißt, dass der Grenzschutz heute überhaupt keine Rolle mehr spielt: Im Kampf gegen die organisierte Kriminalität – zum Beispiel Schleuserbanden – sichert die BPOL die deutschen Grenzen nach wie vor. Außerdem stellt sie Technik und Personal für die europäische Agentur FRONTEX bereit, die die Außengrenzen der Europäischen Union kontrolliert.

Die Organisation

Wie die Bundespolizei aufgebaut und wofür sie zuständig sein soll, definiert das Bundespolizeigesetz. Die letzte größere Gesetzesreform 2008 zielte darauf ab, den Behördenaufbau schlanker und effizienter zu machen: Aus den bis dahin 19 Polizeiämtern formte man zehn Polizeidirektionen, die direkt dem neu geschaffenen Bundespolizeipräsidium in Potsdam unterstellt wurden. 1.000 Beamte konnten danach den operativen Dienst verstärken. Insgesamt zählt die Bundespolizei heute gut 40.000 Beschäftigte, darunter 33.000 Vollzugsbeamte.

Als Polizei des Bundes untersteht die Bundespolizei dem Bundesinnenministerium. Die BPOL agiert unabhängig von den Landespolizeien, welche sie jedoch bei Großeinsätzen (Naturkatastrophen, Demonstrationen) regelmäßig unterstützt. Die Behörde ist breit aufgestellt, um ihre Aufgaben zu Lande, zu Wasser und in der Luft übernehmen zu können. Berufseinsteigern bieten sich entsprechend vielfältige Einsatzgebiete und Qualifizierungsmöglichkeiten: Die BPOL verfügt unter anderem über eine eigene Hubschrauber- und eine Hundestaffel, eine kleine Schiffsflottille und eine Bereitschaftspolizei. Sie bildet Spezialisten wie Entschärfer, Bootsfahrlehrer und Polizeitaucher aus.

Unter bestimmten Bedingungen können BPOL-Beamte auch im Ausland eingesetzt werden. Bundespolizisten sichern zahlreiche deutsche Botschaften rund um den Globus und beteiligen sich häufig an internationalen Polizei-Ausbildungsmissionen wie zuletzt im Kosovo oder in Afghanistan.

Die Laufbahnausbildung

Die Personalauswahl und -qualifikation liegt in den Händen der Lübecker Bundespolizeiakademie (BPOLAK) mit ihren angegliederten Aus- und Fortbildungszentren (AFZ) in Eschwege (Hessen), Neustrelitz (Mecklenburg-Vorpommern), Swisttal (Nordrhein-Westfalen), Walsrode (Niedersachsen) sowie Bamberg und Oerlenbach (Bayern). Die Laufbahnausbildungen für den mittleren Dienst (2,5 Jahre) und den gehobenen Dienst (3 Jahre) verlaufen wie in den Bundesländern dual – theoretische und praktische Inhalte wechseln sich ab und bauen aufeinander auf. Spitzensportler im Bereich der olympischen Sportarten unterstützt die Bundespolizei durch ein eigenes Förderprogramm.

Ausbildungsverlauf mittlerer Dienst (Polizeimeister/in)		
Grundausbildung an den AFZ	Wissensvermittlung: Staats- und Verfassungsrecht/politische Bildung, Einsatz- und Verkehrsrecht, öffentliches Dienstrecht, Führungslehre/Psychologie, Einsatzlehre/Polizeidienstkunde/Verkehrslehre, Kriminalistik, Deutsch, Englisch; Praktische Ausbildung: Einsatzausbildung, Zwangsmitteleinsatz, Polizeitechnik, erste Hilfe; Dienstsport; Verhaltenstraining; Fragen der Berufsethik; Projektwoche; Informationspraktikum in Dienststellen der BPOL	12 Monate
Zwischenprüfung	Eine schriftliche, eine mündliche und eine praktische Prüfung zu den Inhalten der Grundausbildung	
Fachtheoretische u. -praktische Ausbildung in den Dienststellen	Weiterführende fachliche Ausbildung, beinhaltet 22 Wochen Einsatzpraktika an verschiedenen Dienststellen der Bundespolizei	12 Monate
Laufbahnlehrgang an den AFZ	Vertiefung und Erweiterung der bisher erworbenen Kompetenzen: Staats- und Verfassungsrecht/politische Bildung, Einsatzrecht/Verkehrsrecht, öffentliches Dienstrecht, Führungslehre/Psychologie, Einsatzlehre/Polizeidienstkunde/Verkehrslehre, Kriminalistik, Englisch, Zwangsmitteleinsatz, Dienstsport	6 Monate
Laufbahnprüfung	Eine schriftliche und eine mündliche Prüfung zu den Fächern: Einsatzrecht/Verkehrsrecht, Einsatzlehre/Polizeidienstkunde/Verkehrslehre, Staats- und Verfassungsrecht/politische Bildung, Kriminalistik	

Stand 02/2017

Einsteiger in den gehobenen Dienst absolvieren zunächst ein Grundstudium an der FH des Bundes in Brühl, bevor es in den hohen Norden geht: Schauplatz des Hauptstudiums ist der Fachbereich „Bundespolizei" der FH des Bundes für öffentliche Verwaltung, angesiedelt in der Bundespolizeiakademie in Lübeck.

Ausbildungsverlauf gehobener Dienst (Polizeikommissar/in)		
Basisausbildung in den AFZ	Polizei und Bürgerinnen und Bürger; Grundlagen des polizeilichen Handelns; Polizeitraining	4 Monate
Grundstudium an der FH des Bundes in Brühl	Rolle der Bundesbeamtinnen und -beamten im freiheitlichen, demokratischen und sozialen Rechtsstaat; nationale und internationale Aufgaben der Polizei; Grundlagen des öffentlichen Dienstes; Grundlagen des Verwaltungshandelns	6 Monate
Praxisorientierte Lehrveranstaltung I in den AFZ	Polizeivollzugsbeamtinnen und -beamte im Kontroll- und Streifendienst	3 Monate
Praktische Verwendung I in den Dienststellen	Polizeivollzugsbeamtinnen und -beamte im Kontroll- und Streifendienst im bahnpolizeilichen Aufgabenbereich	3 Monate
Hauptstudium I am Fachbereich Bundespolizei der FH des Bundes in Lübeck	Wissenschaftliche Grundlagen der Polizeiarbeit; bundespolizeiliche Spektren der Prävention und Repression I: Kontrolltätigkeiten und Fahndungsmaßnahmen	4 Monate
Praxisorientierte Lehrveranstaltung II in den AFZ	Führungslehrgang: Vorbereitung auf die Verwendung als Gruppenleiter/in und Gruppenführer/in	2 Monate
Praktische Verwendung II in den Dienststellen	Polizeivollzugsbeamtinnen und -beamte im Kontroll-, Streifen- und Ermittlungsdienst im grenzpolizeilichen Aufgabenbereich	2 Monate
Hauptstudium II am Fachbereich Bundespolizei der FH des Bundes in Lübeck	Bundespolizeiliche Spektren der Prävention und Repression II: Überwachungsmaßnahmen und Ermittlungstätigkeiten; Polizeiführung	4 Monate
Praktische Verwendung III in den Dienststellen	Führungspraktikum: Verwendung als Gruppenleiter/in und Gruppenführer/in	4 Monate
Hauptstudium III am Fachbereich Bundespolizei der FH des Bundes in Lübeck	Polizeiarbeit auf internationaler Ebene; Polizeiarbeit in besonderen Einsatzsituationen; Diplomarbeit; Polizeitraining	4 Monate

Stand 02/2017

Ihr Weg zu Polizei, Bundespolizei und Zoll

Die Bewerberauswahl

Die Bundespolizei bildet Nachwuchskräfte im mittleren und gehobenen Polizeivollzugsdienst aus. Gesucht werden Kandidaten mit Sozialkompetenz, Leistungsbereitschaft, Flexibilität und Mobilität, geistiger und körperlicher Fitness, Demokratieverständnis, physischer und psychischer Belastbarkeit, Teamfähigkeit, Zivilcourage, Entscheidungsvermögen und einem positiven Erscheinungsbild (keine sichtbaren Tätowierungen oder Piercings).

Das Auswahlverfahren für den mittleren Dienst findet im Bereich eines der Aus- und Fortbildungszentren der Bundespolizei statt. Vorgesehen sind eine schriftliche Prüfung, ein Sporttest, ein Vorstellungsgespräch und eine polizeiärztliche Untersuchung. Die Stationen verteilen sich auf zwei bis drei Tage.

Die Prüfung für den gehobenen Dienst nimmt bis zu vier Tage in Anspruch. Den Auftakt macht ein schriftlicher Test, entweder im Bereich einer AFZ oder direkt bei der BPOLAK in Lübeck. Alle erfolgreichen Kandidaten dürfen etwas später zum zweitägigen zweiten Prüfungsabschnitt in Lübeck antreten: Hier stellen sie sich dem Sporttest und dem dreiteiligen Assessment Center, bestehend aus einer Gruppendiskussion, einem Kurzvortrag und einem Interview. Die polizeiärztliche Untersuchung bei der BPOLAK oder an einem AFZ bildet den Abschluss des Verfahrens.

Interessenten für die zweijährige Laufbahnausbildung im höheren Dienst sollten höchstens 33 Jahre alt sein, ein mindestens befriedigend abgeschlossenes Hochschulstudium vorweisen und über berufsrelevante Kenntnisse verfügen.

	Mittlerer Dienst	**Gehobener Dienst**
	Die Voraussetzungen	
Staatsbürgerschaft	Deutscher im Sinne von Artikel 116 des Grundgesetzes oder andere EU-Staatsangehörigkeit	
Bildungsqualifikation	Hauptschulabschluss + anerkannte, mind. 2-jährige abgeschlossene Berufsausbildung, mittlerer Bildungsabschluss oder vergleichbar	Fachabitur mit bundesweiter Studienberechtigung, Abitur

Alter am Tag d. Einstellung	16–27 Jahre*	max. 33 Jahre*
Größe	derzeit keine Einschränkungen	
Sonstiges	Gewähr, jederzeit für die freiheitlich-demokratische Grundordnung einzutreten; keine gerichtliche Vorstrafe; geordnete wirtschaftliche Verhältnisse (nicht überschuldet); Deutsches (Jugend-)Schwimmabzeichen „Bronze" oder vergleichbarer Schwimmnachweis; Bereitschaft zur bundesweiten Verwendung; Führerschein Kl. B**	
	Kommunikationsvermögen in Englisch; Schulleistung in Deutsch und Englisch jeweils mind. Note 4, Sport mind. Note 3	Kommunikationsvermögen in Englisch (idealerweise weitere Fremdsprachen); Schulleistung in Deutsch und Englisch jeweils mind. Note 4, Sport mind. 3
Das Auswahlverfahren		
Schriftliches Testverfahren	Diktat	Intelligenztest, Deutschprüfung (derzeit Kurzaufsatz)
Sporttest	Kasten-Bumerang-Test, Standweitsprung, Liegestütze, Cooper-Test	
Mündliche Prüfung	Vorstellungsgespräch	–
Assessment Center	–	Gruppendiskussion, Kurzvortrag, Interview
Polizeiärztliche Untersuchung	Ärztliche Untersuchung auf Polizeidiensttauglichkeit	

Stand 02/2017; *Ausnahmen möglich; **Unter bestimmten Voraussetzungen (z. B. Lebensalter) bis spätestens zum Abschluss der Laufbahnausbildung bzw. des Grundstudiums zu erwerben

www.bundespolizei.de
www.komm-zur-bundespolizei.de

Der Zoll: Die „Wirtschafts- und Einnahmeverwaltung" des Bundes

Kaum ein Herrscher der Geschichte wollte je darauf verzichten, seine Haushaltskassen mithilfe von Zollabgaben zu füllen. Was unter anderem dazu führte, dass es im 17. Jahrhundert auf deutschem Territorium über 1.000 einzelne Zollgebiete gab: Jedes Fürstentum, jedes Herzogtum, jede noch so gering bevölkerte Markgrafschaft des Heiligen Römischen Reiches Deutscher Nation erhob mindestens einen eigenen Zoll.

Die Zeiten dieser Kleinstaaterei sind zum Glück lange vorbei. 1968 schufen die Staaten der Europäischen Gemeinschaft (EG) – Vorläuferin der Europäischen Union (EU) – eine Zollunion mit einheitlichen Binnenzöllen beim Warenverkehr zwischen den Mitgliedsländern. Nachdem 1993 der europäische Binnenmarkt verwirklicht wurde, verschwanden die Zollkontrollen beim innereuropäischen Handel sogar ganz. Die Zollbehörde gleich mit abzuschaffen, daran war natürlich nicht im Entferntesten zu denken: Sie sichert dem Staat einen Großteil seiner Einkünfte. Alles in allem verschaffte die Behörde der Staatskasse im Jahr 2015 rund 130 Milliarden Euro Einnahmen.

Aufbau und Auftrag

Manche der rund 35.000 deutschen Zoll-Bediensteten werden auch polizeilich oder in der Strafverfolgung tätig. Angesiedelt ist die Bundeszollverwaltung jedoch im Geschäftsbereich des Bundesministeriums der Finanzen, nicht umsonst bezeichnet sich der Zoll selbst auch als „Wirtschafts- und Einnahmeverwaltung des Bundes". Seit 2016 wird die Behörde zentral von der neu eingerichteten Generalzolldirektion (GZD) in Bonn geleitet. Die GZD untersteht direkt dem Finanzministerium und steuert die Arbeit in den Zollämtern, Hauptzollämtern und Zollfahndungsämtern, die die unterste Verwaltungsebene des Zolls ausmachen.

Das bekannteste Betätigungsfeld des Zolls ist wohl der Kampf gegen den Schmuggel – im Visier stehen unter anderem Waffen, Produktplagiate, Drogen und (unversteuerte) Zigaretten. Der Zoll gewährleistet, dass beim Warenimport und -export fällige Abgaben gezahlt, Ein- und Ausfuhrregelungen eingehalten und Artenschutzabkommen beachtet werden. Als Teil des Koordinierungsverbands Küstenwache zeigt er auch auf der Nord- und Ostsee Präsenz. Sogar auf dem Bodensee, einer EU-Außengrenze zur Schweiz, patrouillieren kleine Zollboote. Und damit sind die Zuständigkeiten der Zollverwaltung noch nicht erschöpft: Sie treibt auch Bundessteuern wie die Energie-, die Tabak- und die Stromsteuer ein.

Gegen Wirtschafts- und Steuerkriminalität

Wenn Steuergesetze oder Einfuhrverbote durch kriminelle Machenschaften umgangen zu werden drohen, greifen Zollbeamte zu härteren Bandagen. Und das nicht nur in Grenznähe: Seit dem Wegfall der Zollkontrollen an den EU-Binnengrenzen können sie auf Verdacht auch Fahrzeuge im Inland anhalten und auf unerlaubte Waren überprüfen. Zur Abwehr der organisierten Zoll- und Steuerkriminalität verfügt der Zoll über ein eigenes Zollkriminalamt (ZKA) mit bundesweit acht angeschlossenen Zollfahndungsämtern. Um gegen besonders gefährliche Menschenschlepper, Waffenhändler oder Drogenmafiosi einzuschreiten, können die Zollfahnder mit der Zentralen Unterstützungsgruppe Zoll (ZUZ) sogar ein eigenes Spezialeinsatzkommando anfordern.

Eine besonders personalstarke Abteilung des Zolls ist die Sondereinheit „Finanzkontrolle Schwarzarbeit". Sie geht mit rund 6.700 Beamten im gesamten Bundesgebiet gegen illegale Beschäftigung, Lohndumping und Schwarzarbeit vor. Die Einsatzkräfte können dabei polizeiliche Befugnisse übernehmen; sie dürfen Räume durchsuchen, Gegenstände beschlagnahmen und Personen festnehmen.

Blickt man aufs große Ganze, ist der Zoll jedoch keine „andere" Art von Polizei. Zollbeamte können auch als Schuldeneintreiber für die Bundesagentur für Arbeit und andere Bundeseinrichtungen arbeiten. Oder als Betriebsprüfer kontrollieren, ob ein Unternehmen die einschlägigen (steuer)rechtlichen Bestimmungen einhält. Alles in allem pflegt der Zoll das Selbstverständnis einer eher zivilen Behörde, was sich auch in der Berufsmontur niederschlägt: Auf der Zoll-Dienstkleidung finden sich keine Rangabzeichen.

Die Laufbahnausbildung

Die Laufbahnausbildungen beim Zoll sind dual angelegt – sie gliedern sich in Theorie- und Praxisabschnitte. Im mittleren Dienst besteht der Theorieteil aus Lehrgängen an den Ausbildungsstätten des Bildungs- und Wissenschaftszentrums der Bundesfinanzverwaltung (BWZ), zum Beispiel in Sigmaringen (Baden-Württemberg), Plessow (Brandenburg) oder Rostock (Mecklenburg-Vorpommern). Die praktische Seite des Zollberufs lernt man an Dienststellen des jeweils ausbildenden Hauptzollamts (HZA) kennen.

Ausbildungsverlauf mittlerer Dienst (Finanzwirt/in)		
Einführungspraktikum	Einblick in den Berufsalltag, Organisatorisches	ca. 1 Woche
Einführungslehrgang an einem BWZ	Berufliche Grundbildung inkl. Informationstechnik, Vollzugsrecht, Recht des grenzüberschreitenden Warenverkehrs, Zolltarifrecht, Verbrauchsteuerrecht, Allgemeines Steuerrecht, Vollstreckungsrecht, Strafrecht, Recht der Ordnungswidrigkeiten, Sozialversicherungsrecht, Ausländerrecht	ca. 6 Monate
Zwischenprüfung	Drei schriftliche Arbeiten zu den Inhalten des Einführungslehrgangs	
Praktische Ausbildung an Dienststellen des ausbildenden HZA	Praktisches Kennenlernen der Aufgaben der Zollverwaltung, Bearbeitung typischer Geschäftsvorgänge der Zollverwaltung, Anwendung des Fachwissens bei der selbstständigen Bearbeitung von Sachverhalten, begleitende praxisbezogene Lehrveranstaltungen an Dienstsitzen des BWZ	12 Monate
Abschlusslehrgang an einem BWZ	Wiederholung u. Vertiefung der Lerninhalte, Sporttest	ca. 6 Monate
Laufbahnprüfung	Vier schriftliche Arbeiten und eine mündliche Prüfung zu den Ausbildungsinhalten	

Stand 02/2017

Die Ausbildung im gehobenen Zolldienst kombiniert Studienabschnitte und Praktika, dauert drei Jahre und schließt mit der Prüfung zum Diplom-Finanzwirt (FH) ab. Studienort ist das Bildungs- und Wissenschaftszentrum (BWZ) im westfälischen Münster, das zum Fachbereich „Finanzen" der FH des Bundes gehört.

Ausbildungsverlauf gehobener Dienst (Diplom-Finanzwirt/in (FH))		
Grundstudium am BWZ Münster	Staatsrechtliche und -politische Grundlagen, rechtliche Grundlagen, volks- und finanzwirtschaftliche Grundlagen, betriebswirtschaftliche Grundlagen, Organisation und Informationsverarbeitung, sozialwissenschaftliche Grundlagen in den Bereichen Psychologie, Soziologie und Pädagogik	6 Monate
Zwischenprüfung	Vier Klausuren zu den Inhalten des Grundstudiums	
Praktikum I an Dienststellen des ausbildenden HZA	Einsatz in Zolldienststellen, Bearbeitung von Geschäftsvorgängen, praxisbezogene Lehrveranstaltungen an Standorten des BWZ (Abschluss mit Klausur)	5 Monate
Hauptstudium I am BWZ Münster	Schwerpunkte: Allgemeines Steuerrecht, Allgemeines und Besonderes Zollrecht, Recht der sozialen Sicherung, Verbrauchsteuerrecht, Verkehrssteuerrecht, Betriebswirtschaftslehre, Rechnungswesen der öffentlichen Verwaltung, Managementlehre, zusätzliche Wahlpflichtfächer Begleitend: eine Hausarbeit; abschließend: Klausuren zum Ende des Studienabschnitts	5 Monate
Praktikum II an Dienststellen des ausbildenden HZA	Anwendung gelernten Wissens, Erwerben praktischer Kompetenzen, praxisbezogene Lehrveranstaltungen an Standorten des BWZ (Abschluss mit Klausur)	3 Monate
Hauptstudium II am BWZ Münster	Fortsetzung des Hauptstudiums, abschließend: Klausuren zum Ende des Studienabschnitts	4 Monate
Praktikum III an Dienststellen des ausbildenden HZA	Anwendung gelernten Wissens, Erwerben praktischer Kompetenzen, praxisbezogene Lehrveranstaltungen an Standorten des BWZ (Abschluss mit Klausur)	10 Monate
Hauptstudium III am BWZ Münster	Fortsetzung des Hauptstudiums	3 Monate
Laufbahnprüfung	Sechs Klausuren und eine mündliche Prüfung	

Stand 02/2017

Ihr Weg zu Polizei, Bundespolizei und Zoll

Die Bewerberauswahl

Die Bundeszollverwaltung bildet für den mittleren Dienst und den gehobenen Dienst aus. Charakterlich legen die Personalverantwortlichen Wert auf Leistungsmotivation, Kontakt- und Kommunikationsfähigkeit, Flexibilität, Durchsetzungsfähigkeit, emotionale Stabilität, Belastbarkeit, zielorientiertes Arbeitsverhalten und Teamfähigkeit. Das Auswahlverfahren umfasst für beide Laufbahnen eine schriftliche Prüfung, mehrere mündliche Prüfungen im Rahmen eines Assessment Centers und eine ärztliche Untersuchung.

Bewerbungen für den Direkteinstieg in den höheren Dienst nimmt das Bundesministerium der Finanzen entgegen. Chancen können sich am ehesten Uni-Absolventen (Master oder Diplom) ausrechnen, insbesondere Wirtschaftswissenschaftler oder Juristen mit Zweitem Staatsexamen.

	Mittlerer Dienst	**Gehobener Dienst**
	Die Voraussetzungen*	
Staatsbürgerschaft	Deutscher im Sinne von Artikel 116 des Grundgesetzes oder Staatsangehörigkeit eines anderen EU-Staates bzw. von Island, Liechtenstein oder Norwegen	
Bildungsqualifikation	Hauptschulabschluss + förderliche Berufsausbildung, Realschulabschluss oder gleichwertig	Abitur, vollständige Fachhochschulreife oder gleichwertig
Alter am Tag d. Einstellung	derzeit keine Einschränkungen	
Größe	derzeit keine Einschränkungen	
Sonstiges	Gewähr, jederzeit für die freiheitlich-demokratische Grundordnung einzutreten; keine Vorstrafen; geordnete wirtschaftliche Verhältnisse (nicht überschuldet); Bereitschaft, sich bundesweit versetzen zu lassen, im Schichtdienst zu arbeiten und Dienstkleidung und Waffe zu tragen	
	Deutsches Sportabzeichen „Bronze"**, Kurzsichtigkeit max. −3,0 Dioptrien, Weitsichtigkeit max. +2,0 Dioptrien, einfache Stabsichtigkeit max. 1,0 Dioptrien	Kurzsichtigkeit max. −3,0 (ab 20 Jahre: −10,0) Dioptrien, Weitsichtigkeit max. +2,0 (ab 20 Jahre: +6,0) Dioptrien, einfache Stabsichtigkeit max. 1,0 (ab 20 Jahre: 4,0) Dioptrien

	Das Auswahlverfahren	
Schriftliches Auswahlverf.	Zahlenverständnis, Sprachverständnis, Arbeitsprobe, Wissenstest (ca. 3,5 Stunden)	Zahlenverständnis, Sprachverständnis, Arbeitsprobe, Wissenstest (ca. 4 Stunden)
Mündliches Auswahlverf. (Assessment Center)	Gruppenübung mit Diskussion, Rollenspiel, Interview	Gruppenübung mit Diskussion, Rollenspiel, Kurzvortrag (Erläuterung eines Sachverhalts), Interview
Ärztliche Untersuchung	Ärztliche Untersuchung auf Diensttauglichkeit	

Stand 02/2017; *Ohne besondere Voraussetzungen für den Wasserzoll, **Vorlage bis spätestens zum 15. Juni des Einstellungsjahrs (nicht älter als 12 Monate)

www.zoll.de

Kapitel 2

Die Bewerbung

Von der Stellenrecherche zum Aufbau
der Bewerbung 64

Das Anschreiben 72

Der Lebenslauf 79

Das Bewerbungsfoto 85

Zeugnisse, Nachweise, Zertifikate 86

Die Online-Bewerbung 88

Keine Reaktion? So haken Sie nach! 90

Von der Stellenrecherche zum Aufbau der Bewerbung

Eine Bewerbung lässt sich als eine Art Prospekt verstehen, in dem ein Bewerber seine Fähigkeiten und Kenntnisse anschaulich darstellt. Der Adressat dieses Prospekts ist der jeweilige Personalverantwortliche, der sich anhand der Unterlagen ein Bild vom Kandidaten macht. Bei den Polizeien und beim Zoll werden die Dokumente oft etwas weniger penibel studiert als in der Privatwirtschaft. Häufig stehen erst einmal die Formalkriterien (Bildungsqualifikation, Alter, Größe …) im Vordergrund, die in der Stellenausschreibung genannt werden.

Stellenangebote finden

Der komfortabelste Weg zur Wunschausbildung führt heute über das Internet: Alle Landespolizeien, die Bundespolizei und der Zoll präsentieren sich ausführlich auf eigenen Websites. Hier findet man allerlei Wissenswertes zur jeweiligen Behörde – und natürlich die aktuellen Stellenausschreibungen mitsamt Bewerbungswegen und -fristen. Oft stehen spezielle Ausbildungsbroschüren bereit, die einen kompakten Überblick über die Bewerbungsprozedur geben. Mit wenigen Mausklicks gelangt man an die Kontaktdaten der zuständigen Einstellungsberater, die alle Fragen rund um die Ausbildung und das Auswahlverfahren beantworten. Ein Anruf zahlt sich immer aus: Zum einen machen Sie dadurch schon einmal auf sich aufmerksam, zum anderen können Sie nützliche Informationen erhalten, die nicht in der Anzeige stehen.

Daneben lohnt sich auch der Blick in das Online- oder Printangebot der Tageszeitungen. Vor allem die Regionalpresse veröffentlicht häufig Stellengesuche der Behörden vor Ort und widmet deren Ausbildungsaktivitäten mitunter sogar ausführliche Berichte.

Die Anzeigenanalyse

Neben den Rahmendaten – Laufbahn, Ausbildungsbeginn, Adressen – enthält eine Stellenanzeige noch viele weitere Angaben, die Sie sich als Bewerber zunutze machen können: zum Beispiel Fakten zum Ausbildungsablauf, Details zum Anforderungsprofil und Hinweise zum Selbstbild der Behörde. Jede Stellenanzeige ist zugleich eine Art Visitenkarte des Stellenanbieters. Filtern Sie möglichst viele Informationen aus der Anzeige heraus, damit Sie maßgeschneiderte Unterlagen verfassen können.

Eine klassische Stellenanzeige gliedert sich in mehrere Informationsblöcke:

a. **Angaben zur Behörde**
   Wer bietet die Stelle an? Zu Beginn stellt sich Ihr potenzieller neuer Arbeitgeber kurz vor.

b. **Angaben zur Ausbildung**
   Wann beginnt die Ausbildung, welche Aufgaben übernehmen Sie als Azubi, welche Arbeitsbereiche lernen Sie kennen?

c. **Anforderungsprofil**
   Welche schulischen bzw. persönlichen Qualifikationen werden vorausgesetzt? Manche Anforderungen müssen Sie unbedingt erfüllen (Muss-Kriterien), andere sind eher willkommene Extras (Kann-Kriterien). Gleichen Sie die Angaben mit Ihren Interessen und Vorstellungen ab, um herauszufinden, ob Ihnen die Ausbildung liegt.

d. **Bewerbungswege und -fristen, Kontaktmöglichkeiten**
   Am Ende einer Stellenanzeige werden meist die Formalitäten geklärt: Ansprechpartner und Adressen, benötigte Unterlagen, Bewerbungswege und -fristen. Apropos Fristen: Es gilt der Posteingang, nicht das Datum, an dem Sie Ihre Bewerbung abschicken.

Die Polizei Musterland – Partner für die Sicherheit!
Die Polizei Musterland ist mit rund 35.000 Beschäftigten einer der größten Polizeiverbände in Deutschland. Als offene und moderne Landespolizei stellen wir uns den vielfältigen Anforderungen einer multikulturellen Gesellschaft. Dazu gehören Großveranstaltungen wie zum Beispiel Demonstrationen, Sportveranstaltungen und Straßenfeste.

⎫ a. Informationen zur Behörde

Ausbildung im mittleren Polizeivollzugsdienst (Polizeimeister/in)

Die Ausbildung für den mittleren Polizeivollzugsdienst findet bei der Polizeidirektion für Aus- und Fortbildung in Altstadt statt und dauert zweieinhalb Jahre. Die Ausbildung gliedert sich in drei Abschnitte: die Grundausbildung (1 Jahr), die Fachausbildung einschließlich des Berufspraktikums (1 Jahr) und die Abschlussausbildung mit der Fachprüfung (1/2 Jahr). Unterrichtsinhalte sind unter anderem Strafrecht, Eingriffsrecht, Umweltrecht und Verkehrsrecht. Der Ausbildungsplan umfasst außerdem allgemein bildenden Unterricht in Deutsch, Englisch und politischer Bildung. Ein Schwerpunkt ist die polizeipraktische Ausbildung, in der Sie polizeiliche Situationen durch Rollenspiele üben.

⎫ b. Informationen zur Ausbildung

Voraussetzungen
- Sie besitzen die deutsche Staatsangehörigkeit (Ausnahmen möglich)
- Sie verfügen über die Mittlere Reife oder einen gleichwertigen Bildungsabschluss
- Sie sind mindestens 165 cm groß und 17–25 Jahre alt (Ausnahmen möglich)
- Sie sind in charakterlicher, körperlicher, gesundheitlicher und intellektueller Hinsicht für den Polizeiberuf geeignet
- Sie verfügen über geordnete finanzielle Verhältnisse
- Sie sind nicht mit dem Gesetz in Konflikt gekommen (im Sinne einer strafbaren Handlung)
- Sie treten für die im Grundgesetz festgeschriebenen Werte und Ordnungsvorstellungen ein

⎫ c. Anforderungen an die Bewerber

Ihre Bewerbung
Der nächste Einstellungstermin ist der 1. August 20xx. Bitte laden Sie sich den Bewerbungsbogen auf der Homepage der Polizei Musterland herunter und schicken Sie ihn mitsamt den zusätzlich angeforderten Unterlagen bis zum 1. September 20xx an:

Polizeidirektion für Aus- und Fortbildung Musterland
Werbe- und Einstellungsstelle
Neustädter Straße 4
63673 Altstadt
Einstellungsberatung: ausbildung@polizei-musterland.de (069/40 56 49 73)
www.polizei-musterland.de

⎫ d. Bewerbungswege und -fristen, Kontaktmöglichkeiten

Muss- und Kann-Kriterien

Beim Verfassen der Bewerbung ist das Anforderungsprofil (Block c) besonders wichtig: Hier steht, über welche Qualifikationen Sie verfügen müssen oder sollten. Grundsätzlich lassen sich Muss- und Kann-Anforderungen unterscheiden. Muss-Kriterien sind unbedingt einzuhalten; typischerweise zählen dazu die

Staatsbürgerschaft, ein bestimmter Schulabschluss, oft auch Alter und Größe. Kann-Kriterien werden dagegen nur erwünscht und nicht zwingend vorausgesetzt. Häufig verraten sie sich durch relativierende Formulierungen wie „vorteilhaft sind ...", „idealerweise verfügen Sie ..." oder „hilfreich ist ...".

Nur wenige Kandidaten erfüllen alle angegebenen Kriterien hundertprozentig – meist ist das auch nicht nötig. Entscheidend sind die Kernkompetenzen und die Motivation, sich wichtige Fähigkeiten gegebenenfalls anzueignen. Im Zweifelsfall kontaktieren Sie Ihren Einstellungsberater: Im Gespräch können Sie Ihre Kenntnisse darstellen und erfragen, welche Chancen Ihre Bewerbung hat, auch wenn Ihnen eine bestimmte Qualifikation fehlen sollte.

Die Selbsteinschätzung

Anhand der Stellenausschreibung erkennen Sie, wie gut die angebotene Ausbildung zu Ihnen passt und worauf Sie in Ihrer Bewerbung eingehen sollten. Um die Schnittmenge zwischen Ihren Kompetenzen und den geforderten Voraussetzungen zu ermitteln, erstellen Sie am besten eine tabellarische Übersicht: Links stehen die Anforderungen der Stellenanzeige, rechts daneben notieren Sie stichpunktartig, inwiefern Sie die einzelnen Kriterien erfüllen (voll/teilweise/nicht) und wie Sie dies belegen könnten.

> **Traumberuf Polizist/in?**
> **Machen Sie den Selbsttest!**
> Sind Sie der geborene Polizist? Auf den Homepages der Landespolizeien NRW und Berlin können Sie den **Selbst-Check** machen:
> http://selbstcheck.polizeibewerbung.nrw.de/selbstcheck/main.php
> http://www.berlin.de/polizei/selbstcheck/

Überlegen Sie gründlich, welche Kenntnisse und Fähigkeiten Sie in Ihre Bewerbung einbringen können. Bei der Suche nach den eigenen Talenten hilft nicht nur die Rückschau auf den schulischen und beruflichen Werdegang, sondern auch der Blick auf den Privatbereich. Wer zu Hause immer schon die kleineren Geschwister beaufsichtigt hat, darf sich mit Fug und Recht Verantwortungsbewusstsein attestieren. Ist man ehrenamtlich als Kassenwart im Sportverein tätig, lässt das auf Zuverlässigkeit, Zahlensicherheit und Vertrauenswürdigkeit schließen.

Die Bewerbung

> **Leitfragen zur Selbsteinschätzung**
>
> ¬ Welche wichtigen **Kenntnisse und Fähigkeiten** habe ich? Wie lassen sie sich belegen (Schulzeugnis, Schwimmnachweis, Computerkurs-Zertifikat …)?
>
> ¬ Welche **Schulfächer** liegen mir besonders, worin erziele ich gute oder wenigstens befriedigende Noten?
>
> ¬ Welche **praktischen Erfahrungen** habe ich gemacht (Schule, Ausbildung, Praktika, Nebenjobs, Ehrenämter …)? Welche Tätigkeiten haben mir dabei besonders gefallen?
>
> ¬ Worin liegen meine **besonderen Stärken?** Kann ich mich gut ausdrücken, komme ich leicht mit Fremden ins Gespräch, habe ich ein gutes Zahlenverständnis, bin ich entscheidungsfreudig, übernehme ich gern Verantwortung …?
>
> ¬ Welche **Interessen** verfolge ich in meiner Freizeit (Hobby, Sportverein, Schul-AG …)? Wie könnte ich beruflich davon profitieren?

Neben der Selbstbewertung sind auch ehrliche Rückmeldungen aus dem näheren Umfeld aufschlussreich. Wie werden Sie von Ihren Eltern, Geschwistern, Freunden oder Lehrern eingeschätzt?

Unterlagen und Bewerbungswege

Falls Sie eine Bewerbungsmappe einreichen sollen, greifen Sie am besten zu einer stabilen Kartonmappe in dezenten Farben. Allerdings werden solche Mappen nur äußerst selten verlangt. Mehr noch: Meist sind sie sogar ausdrücklich unerwünscht! Oft brauchen Sie nicht einmal ein eigenes Anschreiben, vielerorts genügt stattdessen ein standardisierter Bewerbungsbogen. Den erhalten Sie entweder – wie in Bayern oder Baden-Württemberg – von Ihrem Einstellungsberater, oder Sie laden ihn auf der jeweiligen Behördenhomepage herunter. Den ausgefüllten Bewerbungsbogen senden Sie dann zusammen mit den übrigen verlangten Unterlagen per Post an die angegebene Adresse.

Unter anderem in Nordrhein-Westfalen vertraut man dagegen auf die Online-Bewerbung per Webformular: Hier tragen Sie Ihre Angaben auf einem speziellen Bewerbungsportal in eine Eingabemaske ein. Zusätzliche Dokumente (Lebenslauf, Zeugnisse) müssen auf dem Postweg nachgereicht werden. Bei einer anderen Online-Bewerbungsvariante verschicken Sie sämtliche Unterlagen per E-Mail (siehe Kapitel „Die Online-Bewerbung").

Welche Dokumente Ihre Ausbildungsbehörde erwartet – und auf welchem Weg Sie die Papiere einreichen müssen –, entnehmen Sie der Stellenausschreibung. Eventuelle Unklarheiten räumen Sie am besten im Gespräch mit dem Einstellungsberater aus.

Halten Sie sich unbedingt an die Vorgaben der Behörde. Wer davon abweicht, riskiert, dass seine Bewerbung nicht beachtet wird!

Eine typische Bewerbung besteht aus folgenden Elementen:

- **Bewerbungsbogen/Anschreiben**
  Der ausgefüllte Bewerbungsbogen – beziehungsweise das Anschreiben – sollte als erstes ins Auge fallen.

- **Lebenslauf**
  Ordnen Sie das Herzstück Ihrer Bewerbung direkt hinter dem Bewerbungsbogen oder dem Anschreiben ein. In der Regel prangt das Bewerbungsfoto auf Seite 1 des Lebenslaufs.

- **Zeugnisse, Nachweise, Zertifikate**
  Der dritte Teil der Bewerbung – hinter den Lebenslauf einzusortieren – enthält alle weiteren Dokumente, die die Behörde verlangt: also zum Beispiel Schul-, Praktikums- und andere Arbeitszeugnisse, die Geburtsurkunde, eine Bescheinigung des Hausarztes, gelegentlich ein Schwimmnachweis, gegebenenfalls die Einbürgerungsurkunde …

Vergessen Sie nicht, Ihre Unterlagen vor dem Abschicken zu kopieren; ausgefüllte Online-Formulare drucken Sie sich am besten aus. So wissen Sie auch später noch genau, was die Personalverantwortlichen von Ihnen wissen und worauf sie im Verlauf des Auswahlverfahrens Bezug nehmen könnten.

Stolperstein Social Media

Online unterwegs zu sein, zählt zu den beliebtesten Freizeitbeschäftigungen von Berufseinsteigern. Die Fingerfertigkeit im Umgang mit PC und Internet weiß man bei den Polizeien und beim Zoll durchaus zu schätzen. Rege Social-Media-Aktivitäten können für Bewerber jedoch zum Stolperstein werden. Das Grundproblem: Soziale Netzwerke sind gleichzeitig privat und öffentlich. Was eigentlich für Freunde gedacht ist, steht ohne beschränkende Konfigurationen jedem zur Verfügung. Auch Extremisten oder Kriminellen, die Informationen über Beamte auskundschaften möchten, um dienstliche Vorgänge zu beeinflussen.

Wer sich und sein privates Umfeld freimütig im Netz zur Schau stellt, kommt für viele Einsatzbereiche – zum Beispiel bei den SEKs – nicht mehr infrage. Prüfen Sie vor der Bewerbung, welche persönlichen Inhalte (Adressdaten, Bilder, Kommentare ...) öffentlich zugänglich sind. Ideal ist es natürlich, wenn Sie Ihre Social-Media-Profile löschen oder erst gar keine anlegen. Zumindest sollten Sie Ihre Privatsphäre-Einstellungen so konfigurieren, dass nur bestätigte Freunde persönliche Angaben sehen können. Nehmen Sie auch Blogkommentare und Forenbeiträge unter die Lupe, die Sie unter Klarnamen veröffentlicht haben.

Übrigens: Auch so mancher Arbeitgeber durchstöbert heutzutage die Social-Media-Auftritte seiner Bewerber. Welche Punkte die Personalverantwortlichen interessieren, hat vor einigen Jahren die US-Stellenbörse careerbuilder.com untersucht: 41 % der Personaler fahnden nach Anzeichen für Alkohol- oder Drogenkonsum; 40 % suchen nach unangemessenen Fotos oder Beiträgen; 29 % nutzen den Online-Auftritt eines Bewerbers, um seine kommunikativen Fähigkeiten einzuschätzen; 28 % prüfen, ob über Ex-Arbeitgeber oder frühere Kollegen gelästert wird; 27 % achten auf unpassende Qualifikationen; 22 % stören sich an unprofessionellen Profilnamen; 21 % forschen nach Hinweisen auf kriminelles Verhalten und 19 % recherchieren, ob der Kandidat vertrauliche Informationen über ehemalige Arbeitgeber preisgibt.

Die Bewerbung gestalten

Generell sind Bewerbungen formfrei; für das Aussehen von Anschreiben und Lebenslauf gibt es keine verbindlichen Vorgaben. In Gestaltungsfragen haben Sie also freie Hand. Schriftarten, Schriftgrößen, Farben, Rahmen, Unterstreichungen, Seitenränder – vieles ist möglich. Aber nicht alles vorbehaltlos empfehlenswert: Bewerbungsunterlagen sind nun einmal „seriöse" Schriftstücke, und viele Personaler haben es lieber etwas konservativer, das heißt sachlich und klar. Farbiges Papier ist daher riskant, ebenso wie extravagante Schattierungen, Einfärbungen oder andere Schmuckelemente.

Was die Schriftart betrifft, liegen Sie mit den bewährten Standardschriften immer richtig – sie lassen sich leicht lesen, sind nicht verspielt oder verschnörkelt. Die optimale Schriftgröße liegt je nach Schriftart zwischen 10 und 12. Achten Sie auf eine übersichtliche Gliederung und ein sauberes Schriftbild. Damit die Wortabstände innerhalb einer Zeile nicht zu groß werden, können Sie die Silbentrennungsfunktion Ihrer Textverarbeitung aktivieren. Stellen Sie dann allerdings sicher, dass am Zeilenende keine unschönen Worttrennungen entstehen.

Gestaltungsempfehlungen
- Verwenden Sie **festes DIN-A4-Papier** (Papiergewicht 90–100 g/m²)
- Nutzen Sie eine **Standardschriftart** wie Times New Roman, Arial, Calibri oder Helvetica (Schriftgröße 10–12 Punkt)
- Richten Sie die **Seitenränder** angemessen ein (z. B. links 24,1 mm, rechts mindestens 8,1 mm, oben und unten jeweils 16,9 mm)

Ein elegantes Mittel, Bewerbungsunterlagen eine individuelle Note zu verleihen, sind Briefköpfe: Sie werden üblicherweise am oberen Seitenrand platziert und enthalten den Absendernamen und alle wichtigen Kontaktdaten in optisch ansprechender Form. Natürlich steht bei allem Gestaltungsdrang der Inhalt immer im Vordergrund. Und um den Wiedererkennungswert zu erhalten, sollten Sie stets das Gesamtbild im Auge haben: Nutzen Sie innerhalb einer Bewerbung für alle selbst verfassten Dokumente das gleiche Papier, die gleiche Schrift, die gleichen Seitenränder und – falls vorhanden – den gleichen Briefkopf.

5 Tipps für Ihre Bewerbungsplanung

- **Behalten Sie den Überblick.** Dabei hilft eine tabellarische Übersicht, in der Sie Ihre Bewerbungsaktivitäten lückenlos festhalten: Bis wann wollen Sie sich wo bewerben, wann haben Sie welche Unterlagen abgeschickt, wann haben Sie mit wem gesprochen?
- **Sammeln Sie wichtige Belege.** Fehlt Ihnen noch das Zeugnis zu Ihrem letzten Praktikum? Oder Ihr Schwimmnachweis? Kümmern Sie sich rechtzeitig darum. Verschicken Sie Kopien, keine Originale!
- **Suchen Sie Korrekturleser.** Rechtschreib- und Grammatikmuffel haben im Bewerbungsverfahren schlechte Karten. Lassen Sie alle selbst verfassten Texte von Freunden, Familienmitgliedern und/oder Lehrern Korrektur lesen.
- **Achten Sie auf Sauberkeit.** Sind alle Unterlagen ordentlich, gut lesbar, flecken- und knickfrei? Haben die Kopien eine gute Qualität? Verwenden Sie keine bereits benutzten Unterlagen, die Gebrauchsspuren aufweisen.
- **Verzichten Sie auf Klarsichthüllen.** Hülle in die Hand, Dokument raus, Dokument wieder rein, Hülle zurück – eine ziemlich umständliche Prozedur, die kein Personaler gern mitmacht.

Das Anschreiben

Bei den Polizeien wurde das Bewerbungsschreiben inzwischen weitgehend von standardisierten Formularen verdrängt. Vielen Bewerbern dürfte der Abschied vom Anschreiben nicht schwerfallen: An Sätzen feilen und schlagkräftige Argumente finden, das bedeutet Arbeit. Auf der anderen Seite kann man sich mit einem Text aus eigener Hand wesentlich eindrucksvoller und persönlicher präsentieren als mit jedem Standardvordruck. Fragen Sie also gegebenenfalls nach, ob Sie bei Ihrer Ausbildungsbehörde ein Bewerbungsschreiben einreichen dürfen.

Wenn Sie ein Anschreiben verfassen, bringen Sie Ihr Anliegen auf den Punkt – mehr als eine Seite sollte es nicht in Anspruch nehmen!

Der Kopf des Anschreibens

Der Kopfbereich besteht aus Absender- und Empfängeradresse, Betreffzeile und Anrede. Falls Sie einen Briefkopf anlegen, müssen Sie Ihre eigenen Angaben nicht noch einmal in einem voluminösen Block wiederholen, sondern führen sie im Kleinformat (z. B. Schriftgröße 8) einzeilig über dem Empfänger auf. Andernfalls geben Sie Ihre kompletten Daten an:

- Vorname und Name
- Straße und Hausnummer
- Postleitzahl und Wohnort
- Telefonnummer
- ggf. E-Mail-Adresse – geben Sie eine seriöse Adresse an (z. B. Vorname.Nachname@Anbieter.de, nicht: biggimaus@flirtbox.com)

Ort und Datum fügen Sie rechtsbündig ein: entweder in der Adresszeile mit Ihrem Namen, oder zwischen Empfängeradresse und Betreffzeile. Unter Ihrem Adressblock lassen Sie vier Zeilen frei, anschließend fügen Sie die Anschrift des Empfängers hinzu:

- vollständiger Name der Ausbildungsbehörde
- Abteilung
- falls bekannt: Name des Empfängers (z. Hd. Herrn/Frau …)
- bei Mail-Bewerbungen ggf. E-Mail-Adresse des Empfängers
- Straße und Hausnummer oder Postfach
- Postleitzahl und Ort

Lassen Sie darunter weitere vier Zeilen frei und widmen Sie sich dann der Betreffzeile. Diese mit „Betreff" oder „Betr." einzuleiten, gilt heute als veraltet.

Die Bewerbung

Heben Sie die Betreffzeile durch Kursiv- oder Fettschrift hervor und machen Sie schnörkellos deutlich, worauf sich Ihre Bewerbung bezieht. Ein Beispiel:

Bewerbung um eine Ausbildung im gehobenen Polizeivollzugsdienst

Nach weiteren zwei Leerzeilen folgt die Anrede. Haben Sie – anhand der Stellenanzeige, per Telefon oder Mail – in Erfahrung gebracht, wer Ihre Bewerbung entgegennimmt? Wenn ja, dann sprechen Sie denjenigen direkt an („Sehr geehrte Frau …" / „Sehr geehrter Herr …"). Falls nicht, greifen Sie zur neutralen Notlösung „Sehr geehrte Damen und Herren". Briefe an die „Sehr geehrte Bundespolizei" oder ähnlich originelle Adressaten verbieten sich. Die Anrede schließen Sie mit einem Komma ab, danach lassen Sie wieder eine Zeile frei.

Die Einleitung

Personaler wühlen sich für ein Bewerbungsverfahren oft durch regelrechte Unterlagenstapel und freuen sich, dabei nicht ständig auf Satzbausteine wie „Hiermit bewerbe ich mich" oder „Mit großem Interesse habe ich Ihre Anzeige gelesen" zu stoßen. In der Einleitung kommen Sie also am besten direkt zur Sache. Wecken Sie Interesse, zum Beispiel mit besonderen Stärken oder herausragenden Qualifikationen. Alternativ können Sie auch auf ein eventuelles Vorab-Telefonat mit Ihrem Ansprechpartner zurückkommen („Vielen Dank für das informative Gespräch"). Falls Ihnen kein überzeugender individueller Einstiegssatz gelingt, stellen Sie zu Beginn einfach Ihre aktuelle schulische oder berufliche Situation dar („Im Juni nächsten Jahres schließe ich die Realschule mit der Mittleren Reife ab"). Ansonsten bringen Sie diese Information im Hauptteil unter.

Der Hauptteil

Dieser Abschnitt gibt Ihnen den Raum, Ihre Fähigkeiten, Kenntnisse und Beweggründe eingehend zu beleuchten. Helfen Sie dem Personalverantwortlichen auf die Sprünge: Was interessiert Sie an der Ausbildung? Warum haben Sie sich für den gewählten Beruf entschieden? Welche ausbildungsrelevanten

Qualifikationen bringen Sie mit? Unspezialisierte Serienbewerbungen, die wortgleich an alle möglichen Empfänger verschickt werden, können diese Fragen verständlicherweise nicht beantworten. Beziehen Sie sich genau auf die jeweilige Position und die betreffende Stellenausschreibung. Rücken Sie Ihre Kenntnisse in ein positives Licht: „Ich verfüge über gute MS-Office-Grundlagen" klingt besser als „Ich habe nur geringe MS-Office Kenntnisse". Wenn es gelingt, ein bis zwei weitere vorteilhafte Punkte anzusprechen, die über die Anzeige hinausgehen: umso besser. Natürlich sollten sich alle Angaben mit den beigefügten Unterlagen decken und nicht unrealistisch schöngefärbt sein.

> **Der richtige Tonfall: Stilregeln**
> - Bewerbung ist Werbung, aber **keine plumpe Prahlerei**: Formulieren Sie ausgewogen
> - **Vermeiden Sie Relativierungen** („hätte Interesse", „würde mich freuen", „könnte mir vorstellen")
> - Nutzen Sie starke, **aktive Verben** („Ich habe gelernt", „Ich erfuhr" statt „Mir wurde beigebracht", „Ich durfte erfahren")
> - **Nicht zu viel „ich"**: Vergessen Sie bei aller Selbstdarstellung die Perspektive des Personalers nicht. Worauf wird er Wert legen?

Am Ende des Hauptteils können Sie auf den möglichen Starttermin Ihrer Ausbildung hinweisen bzw. das vorgegebene Einstiegsdatum bestätigen. Zu guter Letzt deuten Sie den nächsten Schritt an: Erwähnen Sie selbstbewusst, sich auf die Einladung zum Auswahlverfahren zu freuen.

Der Abschluss

Nachdem Sie den Hauptteil abgeschlossen haben, fügen Sie eine Leerzeile ein und bringen dann die Grußformel zu Papier. Der nahezu alternativlose Klassiker lautet „Mit freundlichen Grüßen". „Viele Grüße", „herzliche Grüße" oder gar „liebe Grüße" akzeptieren auch Personaler in der Regel nur von wirklich guten Freunden. Mit einer Leerzeile Abstand folgt die (bei Post-Bewerbungen obligatorische) eigenhändige Unterschrift, darunter können Sie Ihren Namen noch einmal computerschriftlich wiederholen. Im Abstand von weiteren drei Leerzeilen verweisen Sie schließlich auf das beigefügte Begleitmaterial (Lebenslauf, Zeugnisse …). Der schlichte Hinweis „Anlagen" genügt bereits voll und ganz, die Dokumente werden heute nicht mehr einzeln aufgelistet. Bei Online-Bewerbungen entfällt der Anlagenvermerk.

Muster-Anschreiben Polizei

Jana Pacelli
Johannes-Rau-Straße 25
42275 Musterstadt
06121-12 34 56 78
janapacelli@beispiel.tld

Musterstadt, 20.6.20XX

Polizeidirektion Aus- und Fortbildung Musterland
Werbe- und Einstellungsstelle
z. Hd. Herrn Achim Brylkow
Neustädter Straße 4
63673 Altstadt

Bewerbung um eine Ausbildung im mittleren Polizeivollzugsdienst

Sehr geehrter Herr Brylkow,

vielen Dank für das informative Gespräch mit Ihnen. Ich bin 17 Jahre alt und werde im kommenden Jahr die Fachoberschulreife erwerben. Beim Tag der offenen Tür der Musterländer Polizei am 17. Juni in Musterstadt konnte ich bereits interessante Einblicke in die Polizeiarbeit gewinnen und mich über die Ausbildungsinhalte und -abläufe informieren. Dadurch hat sich mein Berufswunsch verfestigt.

Die Aussicht, als Polizeibeamtin für die Sicherheit und Ordnung unseres Staatswesens einzutreten, finde ich spannend und herausfordernd. Die Themen Rechtsstaat und Demokratie habe ich stets mit großem Interesse im Politikunterricht verfolgt, in dem ich konstant gute Leistungen erziele. Meine Noten in Deutsch, Sport und Englisch liegen im befriedigenden bis sehr guten Bereich, der Notenschnitt meines aktuellen Schulzeugnisses beträgt 2,3.

Für die Ausbildung im mittleren Polizeivollzugsdienst bringe ich Zuverlässigkeit, Verantwortungsbewusstsein und Belastbarkeit mit. Als langjährige Klassensprecherin habe ich gelernt, Entscheidungen zu treffen und zu vertreten. Sportlich bin ich sehr aktiv, innerhalb der letzten zwölf Monate habe ich das Deutsche Sportabzeichen in Bronze und das Deutsche Schwimmabzeichen in Bronze erworben. Die Ausbildung bei der Polizei Musterland könnte ich wie vorgesehen zum 1. September 20XX beginnen. Gerne stelle ich mich dem Auswahlverfahren für den mittleren Polizeivollzugsdienst und freue mich auf Ihre Einladung.

Mit freundlichen Grüßen
Jana Pacelli

Anlagen

Abstände und Seitenränder

Muster-Anschreiben Zoll

Jan-Philipp Metzger

Dürener Wiesengasse 12 • 21137 Burghausen
Tel.: 06121 – 12 34 56 78 • E-Mail: jan_metzger@online.tld

J.-P. Metzger • Dürener Wiesengasse 12 • 21137 Burghausen

Hauptzollamt Niederburg
Abteilung Personal
Rolf-Kahn-Allee 20
21042 Niederburg

Burghausen, 20.5.20XX

Bewerbung um eine Ausbildung im gehobenen Zolldienst

Sehr geehrte Damen und Herren,

ein Gespräch mit Ihrer Kollegin, Frau Waltz, auf der Ausbildungsmesse „Fit for Job" am 3. Mai in Wörrisburg hat mich darin bestärkt, dass ich meine Stärken bei der Bundeszollverwaltung sehr gut einbringen kann. Das duale Studium zum Diplom-Finanzwirt entspricht sowohl in theoretischer als auch in praktischer Hinsicht genau meinen Interessen und Fähigkeiten.

Momentan besuche ich das Wirtschaftsgymnasium Bad Schwalmstedt, das ich im Juni nächsten Jahres mit der allgemeinen Hochschulreife abschließen werde. In meinen Leistungskursen Betriebswirtschaftslehre und Mathematik erziele ich gute Noten. In Englisch und Deutsch zählt das Verfassen von Aufsätzen zu meinen besonderen Stärken. Spannende Einblicke in den Bereich des deutschen Steuerrechts erhielt ich während meines dreiwöchigen Schulpraktikums bei der Steuerberatung „Bluhm & Partner". Zu meinen Aufgaben gehörten unter anderem die Aktenführung, die Terminverwaltung, die Teilnahme an Mandantengesprächen und die Prüfung von Steuerberechnungen.

Für eine erfolgreiche Ausbildung bringe ich neben Zahlenverständnis und Ausdrucksvermögen auch gute MS-Office-Kenntnisse mit. Zuverlässigkeit, körperliche Fitness und Kommunikationsfähigkeit stelle ich darüber hinaus als ehrenamtlicher Trainer der E-Jugend-Handballer des BSV Burghausen unter Beweis. Ich freue mich über eine Einladung zu Ihrem Auswahlverfahren.

Mit freundlichen Grüßen

Jan-Philipp Metzger

Der Lebenslauf

Der Lebenslauf ist das Herzstück Ihrer Bewerbung. Er gibt dem Personaler einen kompakten Überblick über Ihre Fähigkeiten, Erfahrungen und bisherigen Ausbildungsschritte. Die heute übliche Form ist der tabellarische Lebenslauf, in dem die einzelnen Stationen stichpunktartig aufgelistet werden. Natürlich sollte sich der Personaler nicht mit einem Wust an Daten und Zahlen konfrontiert fühlen. Verpassen Sie Ihrem Lebenslauf eine übersichtliche Struktur und stimmen Sie die Inhalte auf die Anforderungen ab: Worauf legt die Behörde Wert, welche Angaben sind für die anvisierte Ausbildung von Bedeutung?

Was muss rein, was kann rein?

Diese Elemente sollten in keinem Lebenslauf fehlen:

Persönliche Angaben	Name, Vorname, Anschrift, evtl. E-Mail-Adresse, Geburtsdatum und -ort, ggf. Familienstand und Staatsangehörigkeit.
Bewerbungsfoto	Was ein gelungenes Bewerbungsbild ausmacht, erfahren Sie im nächsten Kapitel.
Schulische Ausbildung	Welche Schulen haben Sie besucht, welche Abschlüsse haben Sie erworben (bzw. werden Sie voraussichtlich erwerben)?
Freiwillige Dienste	Wenn Sie im Rahmen eines Freiwilligen Wehrdiensts, des Bundesfreiwilligendiensts oder des Freiwilligen Sozialen Jahrs aktiv waren, geben Sie dies an.
Berufliche Erfahrung	Welche Praktika haben Sie wann und wo absolviert? Waren Sie sonst bereits beruflich tätig, zum Beispiel in einem Nebenjob?
Weiterbildung	Haben Sie parallel zur Schule bzw. zu beruflichen Aktivitäten weiterbildende Kurse (Fremdsprachen, PC …) besucht?
Besondere Kenntnisse	Welche besonderen Qualifikationen besitzen Sie? Typischerweise umfasst diese Kategorie Sprach- und Computerfertigkeiten. Werden Sie konkret: „PC-Kenntnisse" ist zu allgemein, besser ist „Kenntnisse in Word und Excel, Internetrecherche". Ihre Fähigkeiten können Sie z. B. in „Grundkenntnisse", „fortgeschrittene Kenntnisse", „gut" und „sehr gut" abstufen. Bei den Sprachkompetenzen reicht die Skala bis zu „verhandlungssicher" und „muttersprachlich".
Formale Angaben	Datum, Ort und eigenhändige Unterschrift (bei Online-Bewerbungen genügt der computergeschriebene Name).

Folgende Kategorien können Sie je nach Bedarf und Relevanz in Ihrem Lebenslauf unterbringen:

Interkulturelle Kompetenzen	Wann und wo haben Sie Zeit im Ausland verbracht (Schuljahr in den USA, Praktikum in Frankreich …)? Interessant, wenn sich daraus ein Anknüpfungspunkt zur Bewerbung ergibt.
Ehrenamtliche Aktivität	Soziales Engagement hinterlässt immer einen guten Eindruck, sofern es nicht zu viel Zeit beansprucht.
Hobbys und Interessen	Hobbys und Interessen verraten nicht nur etwas über Ihre Persönlichkeit; eventuell lassen die Freizeitaktivitäten auch auf beruflich nützliche Fähigkeiten schließen. Dieser Stichpunkt rundet einen Lebenslauf harmonisch ab, ist aber kein Muss.
Mitgliedschaften	Vorteil: Durch eine Vereinsmitgliedschaft können Sie wichtige Kompetenzen betonen. Nachteil: Der Arbeitgeber kann die Vereinstätigkeit als zeitraubende Nebenbeschäftigung werten. Parteimitgliedschaften behält man generell besser für sich.

Der Aufbau

Überschrieben wird das Dokument mit dem nüchternen Titel „Lebenslauf". Bei Stellen mit internationalem Flair kann man auch das im angloamerikanischen Sprachraum verbreitete Pendant „Curriculum Vitae" (kurz „CV") verwenden. Ob Sie den Lebenslauf besser rechts- oder linksbündig ausrichten, ist Geschmackssache – diese Entscheidung bleibt Ihnen überlassen. Für das Bewerbungsfoto, das seinen Platz üblicherweise in der rechten oberen Ecke des Lebenslaufs findet (alternativ links oben), sollte aber genug Raum bleiben. Je nachdem, wie viel man als Bewerber zu bieten hat, liegt der optimale Umfang des Lebenslaufs bei ein bis zwei Seiten.

Funktional, chronologisch oder gegenchronologisch?

Die Liste der Tätigkeiten im Lebenslauf kann man entweder chronologisch anlegen – und mit den frühesten Aktivitäten beginnen – oder in umgekehrter Zeitfolge (gegenchronologisch) vorgehen. Letzteres ist vor allem dann empfehlenswert, wenn die für die Ausbildung relevanten schulischen oder beruflichen Stationen bei der chronologischen Variante zu weit nach hinten rutschen würden.

Wer in puncto Schule, Beruf, Ausbildung und/oder Weiterbildung bereits mehrere Einträge vorzuweisen hat, kann alternativ einen funktionalen Lebenslauf einreichen. Dabei werden die verschiedenen Ausbildungsschritte, Tätigkeitsfelder und Kenntnisse zu übersichtlichen Themenblöcken zusammengefasst: Nebenjobs, Praktika und andere berufliche Aktivitäten lassen sich beispielsweise in der gemeinsamen Kategorie „Berufserfahrung" unterbringen. Dadurch können die Personaler die wichtigsten Informationen auch in einem umfangreicheren Lebenslauf schnell finden.

Um die Vorteile der verschiedenen Gliederungsvarianten zu vereinen, kann man funktionale und (gegen-)chronologische Elemente auch verbinden. Solche Lebenslauf-Mischformen sind heute mit Abstand am populärsten. Bereiche wie „Schulausbildung" und „Berufserfahrung" werden dabei klar voneinander abgegrenzt, innerhalb einer Rubrik stehen die einzelnen Stationen jedoch in einer zeitlichen Folge.

Der letzte Schliff

Prüfen Sie Ihren Lebenslauf zum Schluss noch einmal gründlich auf Ungereimtheiten oder unvollständige Angaben, die den Argwohn des Personalers wecken könnten. Achten Sie vor allem auf unerklärliche Zeitsprünge. Lästige Lücken, beispielsweise vom Schulabschluss bis zur Bewerbung ein Jahr später, lassen sich meist durch sinnvolle Tätigkeiten füllen (das Auslandsjahr, der Sprachkurs, der Nebenjob, die Bewerbungsvorbereitung). Erklären Sie eventuelle Auffälligkeiten nach Möglichkeit im Anschreiben. Aber legen Sie keine falschen Fährten: Hinzugedichtete Ehrenämter beispielsweise können nicht durch entsprechende Nachweise belegt werden und fliegen spätestens im Vorstellungsgespräch auf.

Auch zu unscharfe Zeitangaben wirken verdächtig – verbergen sich dahinter möglicherweise größere Zeitlöcher? Geben Sie den Beginn und das Ende einer Tätigkeit am besten auf den Monat genau an. Vergessen Sie nicht, Ihre Unterschrift unter das Dokument zu setzen.

Beispiel-Lebenslauf 1 (Mittlere Reife)

LEBENSLAUF

PERSÖNLICHE DATEN

Name:	Jana Pacelli
Wohnanschrift:	Johannes-Rau-Straße 25
	42275 Musterstadt
Geburtsdatum und -ort:	16. Oktober 19XX, Musterdorf
Familienstand:	ledig
Staatsangehörigkeit:	deutsch

SCHULAUSBILDUNG

08/20XX – 06/20XX	Wolf-Mayer-Realschule, Musterstadt
	Vorauss. Abschluss: Fachoberschulreife
	Aktuelle Leistungen: Politik (2), Deutsch (2), Englisch (3), Sport (2)
08/20XX – 06/20XX	Grundschule am Wiesenfeld, Musterdorf

PRAKTIKUM UND NEBENTÄTIGKEITEN

09/20XX – 10/20XX	Dreiwöchiges Schulpraktikum bei der Musterland Bank AG, Filiale Musterstadt-Süd
05/20XX – 08/20XX	Zeitungsbotin für das „Musterstädter Sonntagsblatt"
04/20XX – 11/20XX	Ehrenamtliche Mithilfe im Gemeindebüro der Auferstehungsgemeinde, Musterstadt

ZUSATZQUALIFIKATIONEN

PC-Kenntnisse	MS-Word und Excel: gute Kenntnisse
Fremdsprachen	Englisch: gute Kenntnisse in Wort und Schrift
	Französisch: erweiterte Kenntnisse
Sport	Deutsches Schwimmabzeichen „Bronze", Deutsches Rettungsschwimmabzeichen „Bronze"
Führerschein	Klasse B (Prüfung November 20XX)

INTERESSEN

Hobbys	Volleyball im Verein, Schach, Theater

Musterstadt, 20.6.20XX

Jana Pacelli

Beispiel-Lebenslauf 2 (Hochschulreife)

―――― **Jan-Philipp Metzger** ――――

Dürener Wiesengasse 12 • 21137 Burghausen
Tel.: 06121 – 12 34 56 78 • E-Mail: jan_metzger@online.tld

Lebenslauf

Zur Person

Jan-Philipp Metzger
Geburtsdatum: 24.7.19XX
Geburtsort: Burghausen
Familienstand: ledig
Staatsangehörigkeit: deutsch

Schulausbildung

08/20XX–06/20XX	**Wirtschaftsgymnasium Bad Schwalmstedt** Vorauss. Abschluss: Allgemeine Hochschulreife ¬ Leistungskurse: Betriebswirtschaftslehre und Mathematik
08/20XX–06/20XX	**Mörike-Gesamtschule, Burghausen** Mittlere Reife (Note 2,1)
07/20XX–06/20XX	**Sussex College, Hastings/England** Einjähriger Auslandsschulaufenthalt
08/20XX–06/20XX	**Grundschule Burghausen**

Berufserfahrung

08/20XX–09/20XX	**Steuerbüro „Bluhm & Partner", Bad Schwalmstedt** Dreiwöchiges Schülerpraktikum ¬ u.a. Aktenführung, Terminverwaltung, Teilnahme an Mandantengesprächen, Prüfung von Steuerberechnungen
seit 07/20XX	**Ehrenamtlicher Mitarbeiter des BSV Burghausen** Trainer der E-Handballjugend
05/20XX–08/20XX	**Restaurant „Wagner", Burghausen** Aushilfstätigkeit als Servicekraft

——— **Jan-Philipp Metzger** ———
Dürener Wiesengasse 12 • 21137 Burghausen
Tel.: 06121 – 12 34 56 78 • E-Mail: jan_metzger@online.tld

Besondere Kenntnisse

PC und Internet   Word: sehr gut
                       Excel: gut
                       PowerPoint: gut
                       Access: gut
                       Weiterbildungskurs: Grundkenntnisse Internet-Recherche,
                       Online-Kommunikation und soziale Netzwerke (VHS Niederkassel)

Sonstiges

Hobbys   Handball, Reisen, Theater

Führerschein   Klasse B

Burghausen, 20.5.20XX

Jan-Philipp Metzger

Das Bewerbungsfoto

Dank dem 2006 in Kraft getretenen Allgemeinen Gleichbehandlungsgesetz können Bewerber heute auch Unterlagen ohne Bild einreichen. Empfehlenswert ist das jedoch nicht unbedingt: Ein gut inszeniertes Foto hinterlässt beim Personaler einen nachhaltig positiven Eindruck. Klassischerweise wird die Aufnahme in der rechten, alternativ in der linken oberen Ecke des Lebenslaufs vorsichtig mit Klebestift oder doppelseitigem Klebeband platziert. Notieren Sie auf der Rückseite vorher gut leserlich Ihre Daten (Name, Vorname, Adresse) für den nicht ungewöhnlichen Fall, dass sich das Foto vom Untergrund löst.

Kleidung und Auftreten

Sympathisch oder nicht? Glaubt man Hirnforschern und Psychologen, steht unser Urteil über fremde Personen schon nach wenigen Augenblicken. Ob wir dafür nur eine Zehntelsekunde oder immerhin anderthalb Minuten brauchen, darüber streiten sich die Gelehrten zwar noch, aber klar ist: Für den ersten Eindruck gibt es keine zweite Chance! Schmücken Sie Ihre Bewerbung also besser nicht mit schlecht belichteten Automatenbildern oder verwackelten Party-Schnappschüssen. Auch ausdruckslose biometrische Passfotos sind absolut tabu. Investieren Sie lieber etwas Geld in einen professionellen Fotografen, der sein Handwerk versteht und kompetente Beratung anbietet.

Mit dem Fachmann können Sie nicht nur abstimmen, ob Sie in Schwarz-Weiß oder in Farbe besser zur Geltung kommen: Er gibt auch Tipps, wie Sie sich auf Ihrem Bewerbungsfoto offen und sympathisch präsentieren, ohne unseriös zu wirken. An Haartracht und Garderobe lässt sich im Fotostudio natürlich nur noch wenig ändern, erscheinen Sie daher sauber frisiert und angemessen gekleidet. Wählen Sie am besten ein Outfit, das Sie auch zum Vorstellungsgespräch tragen könnten. Im

> **Gut ins Bild gesetzt**
> - **Farbe oder Schwarzweiß?** Stimmen Sie mit dem Fotografen ab, wie Sie am besten zur Geltung kommen
> - **Wie groß?** Die Standardgröße liegt bei 6 x 4,5 cm, heute sind auch größere Bilder gängig
> - **Hoch- oder Querformat?** Hochformat (3:4) ist die sichere Wahl, mit dem Querformat (4:3) kann man sich abheben

Zweifel gilt die Faustregel: Lieber etwas zu fein als zu leger. Was die sonstige Aufmachung angeht, heißt die Devise wiederum „Weniger ist mehr" – Piercings, Tattoos und übertriebenes Make-up kommen meist nicht besonders gut an. Frauen sollten dezent geschminkt, Männer müssen sauber rasiert sein.

Planen Sie für Ihren Fototermin etwas Zeit ein; so können Sie in Ruhe mehrere Aufnahmen machen und das gelungenste Bild auswählen.

Zeugnisse, Nachweise, Zertifikate

Was im Anschreiben und im Lebenslauf steht, haben Sie selbst in der Hand. Den Inhalt von Zeugnissen und Zertifikaten nicht. Gerade deshalb sind solche Belege für den Personaler entscheidende Indizien bei der Bewerberauswahl. Schulzeugnisse dokumentieren Fähigkeiten in zentralen Qualifikationsbereichen wie Mathematik und Deutsch, Praktikums- und andere Arbeitsbeurteilungen geben Auskunft über Ihre Berufserfahrung. Grundsätzlich sollte der Personaler zu jeder wichtigen Angabe im Lebenslauf den entsprechenden Beleg erhalten. Weitere Dokumente sind manchmal ausdrücklich nötig, manchmal schmückendes Beiwerk – und gelegentlich überflüssig. Was gehört nun in die Mappe?

Schule und Beruf

Wenn nicht anders verlangt, sollten Sie nur den höchsten Schulabschluss nachweisen, nicht alle schulischen Etappen. Sind Sie gerade auf dem Weg vom Hauptschulabschluss zur mittleren Reife oder von der mittleren Reife zum Abitur? Dann fügen Sie dem aktuellen Jahreszeugnis noch das Abschlusszeugnis der 9. beziehungsweise 10. Klasse hinzu.

Ihre Berufsbiografie ist für zukünftige Arbeitgeber ebenfalls wichtig. Halten Sie daher für jede bisherige berufliche Tätigkeit den entsprechenden Nachweis bereit. Ein Praktikumszeugnis beispielsweise verrät selbst dann viel über Verhalten und Soft Skills, wenn das Praktikum in einer ganz anderen Branche stattgefunden hat. Auch die Beurteilung zum Nebenjob zeigt, dass man sich bereits ein wenig in der Arbeitswelt auskennt.

Sonstige Nachweise

Prüfen Sie, welche weiteren Unterlagen Ihre Einstellungsbehörde sehen möchte. Vielerorts erwartet man zum Beispiel die Geburtsurkunde, oft ein bestimmtes Sportabzeichen, hin und wieder einen Auszug aus dem Verkehrszentralregister, gegebenenfalls die Einbürgerungsurkunde. Sehbeeinträchtigte Kandidaten müssen meist ein augenärztliches Attest beifügen und Zeitsoldaten in der Regel ihr Dienstzeugnis.

Pluspunkte können natürlich auch Dokumente bringen, die nicht ausdrücklich angefordert werden: Dazu zählen insbesondere Belege zu Freiwilligendiensten (Bundesfreiwilligendienst, Freiwilliges Soziales Jahr, Freiwilliger Wehrdienst) und zu ausbildungsrelevanten Fortbildungen (Sprachkurse, Computerkurse und andere weiterbildende Seminare). Selbstverständliche Qualifikationen wie Office-Grundkenntnisse müssen aber nicht extra belegt werden.

> **Checkliste: Belege und Nachweise**
> ¬ Legen Sie **Kopien** bei, nicht die Originale
> ¬ Wenn beglaubigte Zeugniskopien verlangt werden, kümmern Sie sich rechtzeitig um die **Beglaubigung**
> ¬ Achten Sie auf **Vollständigkeit** bei allen verlangten Dokumenten
> ¬ Beantragen Sie **fehlende Nachweise** möglichst früh

Zeugniscodes: Die feinen Unterschiede

Aus den beigefügten Arbeitszeugnissen kann der Personaler viele Informationen über das Leistungsvermögen eines Bewerbers herausfiltern. Die aufschlussreichsten Angaben verstecken sich allerdings mithilfe spezieller Zeugniscodes zwischen den Zeilen und müssen erst einmal dechiffriert werden: „stets zu unserer vollsten Zufriedenheit" (sehr gut) ist besser als „stets zu unserer vollen Zufriedenheit" (gut), „zu unserer vollen Zufriedenheit" (befriedigend) oder „zu unserer Zufriedenheit" (ausreichend). Und wer nur „im Rahmen seiner

Die Bewerbung

Möglichkeiten bemüht" war, muss mit Fragen nach seinem Können und seiner Einsatzfreude rechnen.

Minimale Unterschiede können bei Zeugnissen also eine große Wirkung haben. Unter Umständen reicht schon ein Zahlendreher: Wenn der 28-monatige Nebenjob durch eine falsche Jahreszahl unversehens auf wenige Wochen schrumpft, bleibt von der mehrjährigen Berufserfahrung nicht mehr viel übrig. Sehen Sie daher Ihre Unterlagen vor dem Abschicken noch einmal genau durch – peinliche Rechtschreibfehler, unpassende Tätigkeitsbeschreibungen und fragwürdige Beurteilungen müssen Sie nicht hinnehmen. Bitten Sie den Aussteller gegebenenfalls um eine korrigierte Version. Gehen Sie keinesfalls mit Tipp-Ex und Kugelschreiber selbst ans Werk – das wäre Urkundenfälschung!

Die Online-Bewerbung

Laut aktuellen Umfragen hat die Online-Bewerbung ihr Papier-Gegenstück in der Gunst der Personalverantwortlichen mittlerweile überflügelt. Auch im öffentlichen Dienst gehört sie längst zum Standard. Etabliert haben sich zwei verschiedene digitale Bewerbungskanäle: Manche Behörden nehmen die Unterlagen per E-Mail entgegen, andere betreiben spezielle Bewerbungs-Websites.

Bewerben per E-Mail

Eine Mail-Bewerbung besteht aus denselben Bausteinen wie die Papiervariante: Bewerberbogen bzw. Anschreiben, Lebenslauf, Zeugnisse und Nachweise. Da Formatierungen in Word-Dateien leicht verloren gehen, wandeln Sie Ihre Unterlagen am besten ins robustere pdf-Format um. Am komfortabelsten geht das mithilfe spezieller Konvertierungs-Software (kostenlos im Internet verfügbar), alternativ auch durch das Einscannen ausgedruckter Papierdokumente. Computertechnisch Versierte können zusätzlich ihre Unterschrift in guter Auflösung einscannen und sie unter den Lebenslauf und gegebenenfalls das Anschreiben setzen – ein Muss ist das aber nicht.

Um Ihre Online-Bewerbung versandfertig zu machen, packen Sie alle benötigten Dokumente in eine Datei mit aussagekräftigem Namen (z. B. „Marie_Müller_Bewerbung.pdf"). Aus Rücksicht auf das Postfach des Personalers sollte sie nicht größer als 2–3 Megabyte sein. Anschließend schieben Sie die Datei in den Mail-Anhang. Im Textfeld der Mail kündigen Sie Ihre Bewerbung kurz und freundlich an, die Betreffzeile verweist auf die Ausbildungsstelle („Bewerbung um eine Ausbildung im mittleren Polizeivollzugsdienst").

Nutzen Sie unbedingt eine seriöse Adresse, die Ihren Klarnamen enthält. Und damit die Mail auch dort ankommt, wo sie beachtet wird: Schicken Sie sie nicht wahllos an anonyme Ziele (info@polizeinrw.de), sondern machen Sie den zuständigen Empfänger ausfindig. Mailbewerbungen sind zwar schnell verschickt, aber auch im Handumdrehen gelöscht.

> **Online-Fettnäpfchen vermeiden**
> - Manche kostenfreien Mailanbieter setzen **Werbung** unter den Mailtext – die hat in einer seriösen Bewerbung nichts verloren
> - Schicken Sie vorab eine **Testmail** an sich oder einen Bekannten. Wird die Mail einwandfrei übertragen?
> - Verwenden Sie **keine Komprimierungen** (.zip, .rar)

Die inhaltlichen und formalen Bewerbungsrichtlinien ändern sich online nicht – alles muss ordentlich, übersichtlich, fehlerlos und vollständig sein. Der Personaler macht zwischen den Bewerbungswegen ohnehin keinen großen Unterschied: Normalerweise druckt er sich die per Mail eingereichten Unterlagen aus und prüft sie dann genauso gründlich wie eine klassische Postbewerbung.

Bewerbungs-Websites

Einige Polizeien betreiben spezielle Online-Bewerbungsportale, über die die Stelleninteressenten ihre Daten übermitteln. In der Regel müssen Sie sich hier zunächst mit Ihrer Mailadresse anmelden, nach der Freischaltung tragen Sie dann alle benötigten Angaben in standardisierte Datenmasken ein. So erhalten die Personaler sämtliche relevanten Informationen in einheitlicher, computerlesbarer Form, was die Auswertung enorm erleichtert. Eventuell zusätzlich verlangte Unterlagen – Lebenslauf, Zeugnisse – sind entweder als Datei beizufügen (pdf!) oder in seltenen Fällen postalisch nachzureichen.

Keine Reaktion?
So haken Sie nach!

Wer sich bewirbt, erwartet auch eine Antwort. Bis die Einladungen zum Auswahlverfahren abgeschickt werden, dauert es in der Regel zwar einige Monate, aber kurze Zwischenbescheide gehören zum guten Ton. So ist die erste Reaktion auf eine Bewerbung üblicherweise eine kurze, formale Bestätigung, dass die eingereichten Unterlagen angekommen sind.

Manchmal bleibt die Rückmeldung allerdings aus. Vielversprechende Bewerber wird man wohl kaum vergessen, bedeutet ein Schweigen da nicht automatisch eine Absage? Nein. Wenn die Ausbildungsbehörde stumm bleibt, kann das viele Gründe haben: Die Unterlagen liegen noch in der Post, wurden falsch zugestellt oder die Personalabteilung hat – wie so ziemlich jede Personalabteilung – ganz einfach viel zu tun.

Ob Sie Ihre Bewerbung erneut absenden oder erst einmal Geduld bewahren sollten, erfahren Sie nur, wenn Sie bei Ihrem Ansprechpartner nachhaken. Die Initiative liegt also wieder bei Ihnen.

Das Timing

Die Frage nach dem Stand des laufenden Bewerbungsverfahrens bringt oft nicht mehr als die Standardantwort, dass man sich noch etwas gedulden möge. Geben Sie Ihrer Behörde also die Zeit, die sie braucht. Behalten Sie individuelle Fristen im Auge, die auf der Website genannt oder mündlich zugesagt wurden. Ein ungefährer Richtwert: Spätestens vier Wochen nach Bewerbungseingang sollte man sich bei Ihnen gemeldet haben.

Gestehen Sie den Verantwortlichen kleinere Verzögerungszeiten zu. Danach aber können Sie getrost höflich anfragen, ob Ihre Unterlagen eingetroffen sind und wann mit einer Antwort zu rechnen ist. Dadurch behalten Sie den Fuß in der Tür, beweisen zudem Engagement und Interesse.

Der Tonfall

In Erfahrung zu bringen, woran Sie mit Ihrer Bewerbung sind, ist Ihr gutes Recht. Sie können sich dazu telefonisch bei Ihrem Ansprechpartner melden oder eine Nachfassmail bzw. einen Nachfassbrief verfassen. Dabei müssen Sie nicht als Bittsteller auftreten, der sich unterwürfig nach dem Verbleib seiner Unterlagen erkundigt. Den Personaler durch Forderungen in die Ecke zu treiben, wäre andererseits auch wenig zielführend. Ärger und Frust sind schlechte Ratgeber, um Ihr Anliegen voranzubringen.

Das bringt das Nachfassen ...
- **per Telefon:** ermöglicht den Dialog, setzt gutes Gesprächsverhalten voraus
- **per Mail:** empfehlenswert, wenn die Mailadresse des zuständigen Ansprechpartners bekannt ist
- **per Brief:** lässt sich sorgfältig vorbereiten, braucht etwas Zeit

Selbst wenn die Situation unangenehm ist: Vermeiden Sie jede Form von Kritik an der vermeintlich trödelnden Personalstelle. Setzen Sie den Personalverantwortlichen nicht unter Druck, etwa indem Sie auf ein zweites, in Kürze auslaufendes Stellenangebot hinweisen. Und wenn Ihnen noch ein paar Zusatzkenntnisse einfallen, die Sie gern als „Joker" ausspielen würden – verzichten Sie darauf, erwähnen Sie sie lieber im Vorstellungsgespräch. Ein Nachfass-Schreiben ist kein neues Anschreiben. Falls Sie allerdings in der Zwischenzeit eine weitere wichtige Qualifikation erworben haben (Sprachkurs, PC-Seminar ...), können Sie dies Ihrem Ansprechpartner natürlich mitteilen.

Kapitel 3

Der Einstellungstest

Auswahltests bei Polizei und Zoll 94

Die Aufgaben 97

Persönlichkeitstests 217

Der Wiener Test 238

Der Einstellungstest

Auswahltests bei Polizei und Zoll

Die Beamtenausbildung baut auf den Kompetenzen auf, die Sie in der Schule erworben haben. Daher sind Zeugnisnoten ein sehr wichtiges Auswahlkriterium. Aber nicht das einzige: Denn die Zensuren verraten nicht alles über den tatsächlichen Leistungsstand eines Kandidaten, sie sagen wenig aus über schulische Besonderheiten oder den genauen Anspruch der Lehrer. Daher setzen die Behörden auf standardisierte Einstellungstests, um die Qualifikationen ihrer zahlreichen Bewerber einheitlich, fair und vergleichbar zu überprüfen.

> Musterprüfungen mit vielen weiteren Originalaufgaben, kommentierten Lösungen und vielen Tipps finden Sie in unserem Prüfungspaket **„Der Eignungstest / Einstellungstest zur Ausbildung bei Polizei und Zoll"** (ISBN 978-3-95624-040-9).

Der Testablauf

Mit der Einladung zum Eignungstest sind Sie Ihrem Wunschberuf einen großen Schritt näher gekommen. Inzwischen wissen Sie bestimmt schon ein wenig darüber, was im Auswahltest auf dem Prüfstand steht: die Schulkenntnisse und der Bildungsstand ebenso wie berufsrelevante persönliche Fähigkeiten. Doch wie läuft das Procedere konkret ab?

Die Prüfungssituation

Der Tag der Wahrheit ist endlich gekommen; Sie und Ihre Mitbewerber sammeln sich vor dem Prüfungsraum. Aufgeregt wird der eine oder andere von fiesen Trickfragen und unlösbaren Kniffeleien berichten – das meiste davon sind Gerüchte, die ausschließlich auf Hörensagen beruhen. Zwar werden Sie mit Sicherheit auf unbekannte Fragen stoßen und wahrscheinlich in der vorgegebenen Zeit nicht alle korrekten Lösungen finden. Das müssen Sie aber auch nicht, da nur ein bestimmter Prozentsatz der Maximalpunktzahl nötig ist, um den Test zu bestehen. Außerdem sind auch die unbekannten Aufgaben nach

eingängigen Schemas aufgebaut, die Ihnen nach der Bearbeitung dieses Kapitels ziemlich vertraut vorkommen dürften.

Wenn alle Bewerber eingetroffen sind, wird Sie der Prüfer begrüßen, sich kurz vorstellen und dann die Einzelheiten des Testablaufs klären: welche Hilfsmittel zugelassen sind – z. B. Taschenrechner und Lineal –, welche Zeitvorgaben es gibt usw. Fragen Sie vorab nach, welche Hilfsmittel Sie von zu Hause mitbringen dürfen oder sollen. Stift und Papier für Notizen und Nebenrechnungen werden meist gestellt.

Bei der Zeiteinteilung gibt es unterschiedliche Vorgehensweisen: Wenn es eine feste Bearbeitungsdauer für den gesamten Test gibt, dürfen Sie normalerweise hin- und herspringen, besonders unangenehmen Aufgaben ausweichen und zum nächsten Teil übergehen, wenn Sie wollen. Es kann aber auch vorkommen, dass man Sie Schritt für Schritt durch den Test begleitet und Ihnen vorgibt, wann und wie lange Sie einen bestimmten Abschnitt bearbeiten sollen. Halten Sie sich daran – ansonsten droht Ihnen schlimmstenfalls die Disqualifikation.

Ihr Fahrplan für den Test

▶ Fragen Sie frühzeitig nach: Welche Hilfsmittel (z. B. Taschenrechner) dürfen Sie benutzen? Welche Materialien (Stift, Papier, Lineal …) müssen Sie mitbringen, welche werden Ihnen gestellt?

▶ Verschieben Sie Ihren Prüfungstermin bei schwereren Erkrankungen.

▶ Erscheinen Sie ausgeschlafen und pünktlich, planen Sie genügend Zeitreserve für Verzögerungen ein. Und vergessen Sie das Frühstück nicht: Wer mit nüchternem Magen in die Prüfung geht, baut schneller ab und ist weniger leistungsfähig.

▶ Folgen Sie den Erklärungen der Prüfungsleiter aufmerksam. Nur so erfahren Sie, wie der Test abläuft und wie Sie dabei vorgehen müssen.

▶ Studieren Sie die allgemeinen Bearbeitungshinweise sorgfältig, klären Sie eventuelle Verständnisfragen nach Möglichkeit vor Testbeginn.

Der Einstellungstest

- Behalten Sie die Uhr im Auge und teilen Sie sich Ihre Zeit gut ein.
- Achten Sie jederzeit auf Hinweise Ihrer Prüfungsleiter.
- Wenn ein „Blackout" droht: durchatmen, einen Schluck Wasser trinken und erst einmal leichtere Aufgaben in Angriff nehmen.
- Lesen Sie jede Aufgabenstellung gründlich durch und halten Sie sich an vorgegebene Bearbeitungswege.
- In Multiple-Choice-Tests werden falsche Antworten in der Regel nicht bestraft. Setzen Sie auch dann ein Kreuz, wenn Sie nicht ganz sicher sind – einen Versuch ist es wert. (Achtung: Wenn mehrere richtige Lösungen anzugeben sind, gibt es für falsche Kreuze Abzüge!)
- Lassen Sie sich nicht aus der Ruhe bringen. Die Tests sind so konzipiert, dass kaum jemand im vorgegebenen Zeitrahmen alle Aufgaben korrekt lösen kann.
- Anstatt an einer Aufgabe zu verzweifeln, gehen Sie lieber zur nächsten über. Mit den übersprungenen Fragen können Sie sich – angefangen bei der leichtesten – später noch beschäftigen.
- Planen Sie etwas Zeit ein, um Ihre Lösungen auf Flüchtigkeitsfehler und andere kleine Patzer zu kontrollieren.
- Korrigieren Sie falsche Antworten stets eindeutig und nachvollziehbar.

Eines gilt es zu berücksichtigen: Jede Prüfung ist eine Momentaufnahme, die ausschließlich den augenblicklichen Leistungsstand eines Kandidaten wiedergibt – was, wenn man einfach einen schlechten Tag erwischt oder ein Verkehrsstau schon bei der Anfahrt unnötig Nerven gekostet hat? Auf solche individuellen Einflüsse nehmen die Tests keine Rücksicht. Im Umkehrschluss bedeutet ein unbefriedigendes Ergebnis daher nicht automatisch, „zu schlecht" zu sein.

Die Aufgaben

Die Polizei- und Zoll-Einstellungstests werden meist am Computer durchgeführt und schöpfen aus einem großen Reservoir an Themenbereichen: Wissen, Sprache, Mathematik, visuelles Denkvermögen, Logik, Orientierungsfähigkeit, Erinnerungs- und Konzentrationsvermögen. Je nach Standort und Stelle werden aus diesem Fundus unterschiedliche Aufgaben ausgesucht. Viele Fragen sind im Multiple-Choice-Verfahren durch Ankreuzen der richtigen Lösung zu beantworten, bei anderen – vor allem im sprachlichen Bereich – müssen Sie mehr oder weniger umfangreiche Antworten selbst formulieren.

Jede der folgenden Aufgabenkategorien enthält Beispielfragen aus den Einstellungstests der vergangenen Jahre, inklusive Antworten und Lösungskommentaren. Mit Sicherheit werden Sie im Test auf unbekannte Fragen stoßen. Der Schlüssel zum Erfolg liegt daher weniger im sturen Auswendiglernen als im Aneignen der Lösungsstrategien. Denken Sie daran, dass die Prüfungen regelmäßig an aktuelle Entwicklungen angepasst werden – halten Sie Ihr Allgemeinwissen auf dem Laufenden.

> **Zur Arbeit mit diesem Buch empfehlen wir folgende Vorgehensweise:**
>
> ¬ Legen Sie sich einen Bleistift, Notizpapier, einen Taschenrechner und einen Radiergummi bereit. Manchmal sind keine Hilfsmittel erlaubt – dies wird in der Aufgabenstellung angegeben.
>
> ¬ Lesen Sie sich die Aufgabenstellungen und Bearbeitungshinweise sorgfältig durch, halten Sie sich an die Zeitvorgaben.
>
> ¬ Machen Sie sich möglichst umfassend mit allen Aufgabentypen vertraut.
>
> ¬ Vergleichen Sie Ihre Ergebnisse in den einzelnen Kategorien. Finden Sie heraus, in welchen Bereichen noch Schwachstellen liegen.
>
> ¬ Zu jeder Aufgabe erhalten Sie die korrekte Antwort und einen Lösungskommentar. Nehmen Sie sich die Zeit, das Prinzip der Aufgaben zu verstehen, bevor Sie weiterarbeiten.

Der Einstellungstest

Allgemeinwissen und fachbezogenes Wissen

Wissen – ein schier unerschöpfliches Themenfeld. „Ernste" Gebiete wie Politik, Wirtschaft und Geschichte fallen ebenso darunter wie die Bereiche Kultur, Geografie und Sport. In den Polizei- und Zoll-Einstellungstests wollen die Prüfer allerdings meist auf das Gleiche hinaus: Handelt es sich um einen engagierten Bewerber, der Interesse an gesellschaftlichen Vorgängen hat und seinen Horizont ständig erweitert? Wie gut kennt er sich mit den Strukturen, Aufgaben und gesetzlichen Grundlagen der Polizei- bzw. Zollarbeit aus?

Der Wissensteil testet ...
- Allgemeinwissen: Staatsbürgerkunde, Politik und Gesellschaft, Wirtschaft und Finanzen, Recht und Gesetz, Kultur und Geschichte, Naturwissenschaften ...
- Fachbezogenes Wissen: Kenntnis von Behörde, Beruf und Ausbildung

Grundsätzlich erwarten die Behörden von ihren Nachwuchskräften ein breites Verständnis politischer, gesellschaftlicher und (inter-)kultureller Zusammenhänge.

Dieses Buch liefert einen Querschnitt gängiger Fragen aus verschiedenen Bildungsbereichen. Studieren Sie die Lösungskommentare, um sich intensiver in die Materie einzuarbeiten. Bei stellenbezogenen Fragen punkten Sie mit einer guten Vorbereitung: Was wissen Sie über Ihre Behörde? Wie heißt der oberste Dienstherr? Wie stellen Sie sich Ihren Tagesablauf als ausgebildeter Beamter vor? Ihr Gegenwartswissen halten Sie durch Zeitungslektüre, Nachrichtensendungen, Internetquellen auf dem Laufenden – bleiben Sie am Ball.

Allgemeinwissen: Verschiedene Themen

Bearbeitungszeit: 10 Minuten

Die folgenden Aufgaben prüfen Ihr Allgemeinwissen.

Zu jeder Aufgabe werden verschiedene Lösungsmöglichkeiten angegeben.

Beantworten Sie bitte die folgenden Aufgaben, indem Sie jeweils den richtigen Buchstaben markieren.

1. **Welches Land gehört nicht zur Europäischen Union?**
    A. Estland
    B. Dänemark
    C. Lettland
    D. Norwegen
    E. Keine Antwort ist richtig.

2. **In welcher Stadt hat der Europäische Gerichtshof seinen Sitz?**
    A. Brüssel
    B. Luxemburg
    C. Kopenhagen
    D. Straßburg
    E. Keine Antwort ist richtig.

3. **Wann wurde die Berliner Mauer errichtet?**
    A. 1958
    B. 1961
    C. 1968
    D. 1974
    E. Keine Antwort ist richtig.

Der Einstellungstest

4. **Was besagt das Subsidiaritätsprinzip in Bezug auf den Staat?**
   A. Aufgaben werden auf möglichst niedriger Ebene (Stadt, Gemeinde) umgesetzt.
   B. Aufgaben werden auf möglichst viele Institutionen verteilt.
   C. Aufgaben werden auf möglichst hoher Ebene (Bundesland, Staat) umgesetzt.
   D. Aufgaben werden stets im Verbund von Staat, Kommune, Stadt und Gemeinde bewältigt.
   E. Keine Antwort ist richtig.

5. **Was ist die Scharia?**
   A. Das islamische Recht
   B. Ein Katalog von Verhaltensregeln während einer Pilgerfahrt
   C. Eine altägyptische Göttin, die auch heute noch verehrt wird
   D. Ein politisches Bündnis arabischer Staaten
   E. Keine Antwort ist richtig.

6. **Aus welcher Strophe des „Deutschlandliedes" von Hoffmann von Fallersleben (1798–1874) besteht die deutsche Nationalhymne?**
   A. Aus der ersten Strophe
   B. Aus der zweiten Strophe
   C. Aus der dritten Strophe
   D. Aus der vierten Strophe
   E. Keine Antwort ist richtig.

7. **Der Begriff „Maghreb" bezeichnet eine Region …?**
   A. in Südamerika.
   B. auf der Arabischen Halbinsel.
   C. in Afghanistan.
   D. in Nordafrika.
   E. Keine Antwort ist richtig.

8. **Was wird unter dem Begriff „Orthografie" verstanden?**

   A. Grammatik

   B. Germanistik

   C. Rechtschreibung

   D. Konjugation

   E. Keine Antwort ist richtig.

9. **Durch welches Bundesland fließt der Neckar?**

   A. Bayern

   B. Baden-Württemberg

   C. Thüringen

   D. Rheinland-Pfalz

   E. Keine Antwort ist richtig.

10. **Aus wie vielen Bundesländern besteht die Bundesrepublik Deutschland?**

    A. 12

    B. 14

    C. 15

    D. 16

    E. Keine Antwort ist richtig.

Der Einstellungstest

Fachwissen: Polizei

Bearbeitungszeit: 10 Minuten

Wie gut kennen Sie sich in den Strukturen und Aufgaben der Polizeibehörden aus?

Zu jeder Aufgabe werden verschiedene Lösungsmöglichkeiten angegeben.

Beantworten Sie bitte die folgenden Aufgaben, indem Sie jeweils den richtigen Buchstaben markieren.

11. Woraus ging die Bundespolizei hervor?
- A. Bundesgrenzschutz
- B. Bundessicherheitsbehörde
- C. Zoll
- D. Bundesordnungsdienst
- E. Grenz- und Küstenwache

12. Was dürfen Polizisten nicht?
- A. Verdächtige in Gewahrsam nehmen
- B. Körperliche Gewalt einsetzen
- C. Wohnungen öffnen
- D. Schusswaffen einsetzen
- E. Verbrecher verurteilen

13. Welche Aussage stimmt nicht? Eine Bereitschaftspolizei (BePo) ...
- A. ist ein eigenständiger Großverband.
- B. kommt unterstützend bei Großereignissen und Schwerpunktaufgaben (z. B. Kriminalitätsbekämpfung) zum Einsatz.
- C. gibt es bei den Länderpolizeien und der Bundespolizei.
- D. besteht aus nicht verbeamteten polizeilichen Hilfskräften, die bei Bedarf hinzugezogen werden können.
- E. ist meist in Gemeinschaftsunterkünften einquartiert.

14. **Ganz abgesehen von ihren polizeilichen Aufgaben machen Polizeiangehörige regelmäßig Schlagzeilen im Bereich …?**
    A. Autorenfilm.
    B. Spitzensport.
    C. Webdesign.
    D. Biologie.
    E. Wirtschaftspolitik.

15. **Die oberste Behörde der Bundespolizei ist …?**
    A. das Bundespolizeipräsidium in Potsdam.
    B. das Verteidigungsministerium in Berlin.
    C. das Bundesinnenministerium in Berlin.
    D. die Bundespolizeidirektion in Koblenz.
    E. das Oberkommissariat der Bundespolizei in Hamburg.

16. **Die Aufgaben und die Rechtsstellung der Länderpolizeien …?**
    A. regelt einheitlich das Grundgesetz.
    B. regelt jedes Bundesland in einem eigenen Gesetz.
    C. regeln die Kommunen für ihre jeweiligen Polizeidienststellen.
    D. regelt einheitlich das Bundespolizeigesetz.
    E. bestimmt der Bundesinnenminister.

17. **Wem untersteht eine Landespolizei?**
    A. Dem jeweiligen Landesparlament
    B. Dem Innenminister des jeweiligen Bundeslands
    C. Dem Bundesinnenminister
    D. Dem Bundespräsidenten
    E. Dem Bundesminister für Verteidigung

Der Einstellungstest

18. Was zählt nicht zum Aufgabenspektrum der Polizei?

A. Gefahren für die öffentliche Sicherheit und Ordnung abwehren

B. Den Straßenverkehr regeln und sichern

C. Anderen Behörden Amts- und Vollzugshilfe leisten

D. Aufgaben in der Strafverfolgung übernehmen, unter Aufsicht der Staatsanwaltschaft

E. Die Verteidigung gegen äußere Bedrohungen

19. Wann darf die Polizei zum Schutz privater Rechte eingreifen?

A. Grundsätzlich immer

B. Immer dann, wenn ein Bürger sich diesbezüglich an die Polizei wendet

C. Nur dann, wenn dieser Schutz nicht auf anderem Wege gewährleistet werden kann

D. Nur dann, wenn der Berechtigte für die Unkosten des Einsatzes aufkommt

E. Nur dann, wenn keine dringendere Aufgabe ansteht

20. Polizisten sind Teil der Exekutive, d. h. der ausführenden Gewalt. Laut Artikel 20 des Grundgesetzes sind sie somit …?

A. befugt, die Grundrechte in bestimmten Situationen vorübergehend außer Kraft zu setzen.

B. immer an Recht und Gesetz gebunden.

C. berechtigt, in bestimmten Situationen selbst Gesetze zu erlassen.

D. nur dann zum Eingreifen berechtigt, wenn ein Gericht dem Einsatz zustimmt.

E. kein Teil der öffentlichen Verwaltung.

Fachwissen: Zoll

Bearbeitungszeit: 10 Minuten

Wie gut kennen Sie sich in den Strukturen und Aufgaben des Zolls aus?

Zu jeder Aufgabe werden verschiedene Lösungsmöglichkeiten angegeben.

Beantworten Sie bitte die folgenden Aufgaben, indem Sie jeweils den richtigen Buchstaben markieren.

21. Wie wird ein Zoll definiert?

A. Als Geldbuße

B. Als Gebühr für die Nutzung der inländischen Infrastruktur

C. Als Preis der Handelsrechte im importierenden Land

D. Als Steuerart

E. Als Ausgleichszahlung an die ausländische Wirtschaft, die die Ware ausführt

22. Was ist die ursprüngliche Kernaufgabe des deutschen Zolls?

A. Die Verhinderung von Grenzübertritten

B. Die polizeiliche Bewachung der Grenzen

C. Die Kontrolle von Ein- und Ausfuhren

D. Die Gewährleistung einer ausgewogenen Handelsbilanz

E. Die Fahndung nach deutschen Steuersündern im Ausland

23. Der Zoll darf auch Geldforderungen vollstrecken, d. h. Schulden eintreiben und gegebenenfalls Gegenstände pfänden. Welche Aussage dazu stimmt?

A. Der Zoll treibt nur das Geld ein, das ihm selbst geschuldet wird.

B. Der Zoll treibt auf Anfrage auch für Privatpersonen Schulden ein.

C. Der Zoll treibt Gelder für zahlreiche Institutionen des Bundes ein.

D. Der Zoll treibt auf Anfrage Gelder für Privatunternehmen ein.

E. Der Zoll treibt nur besonders hohe Schulden ein.

Der Einstellungstest

24. Wem untersteht die Bundeszollbehörde?

   A. Dem Bundesministerium für Verteidigung

   B. Dem Bundesministerium des Innern

   C. Dem Bundesrat

   D. Dem Bundespräsidenten

   E. Dem Bundesministerium der Finanzen

25. Welche Aufgabe übernimmt der Zoll nicht?

   A. Abwehr organisierter Kriminalität

   B. Analyse von Waren, die mit heimischen Produkten konkurrieren

   C. Überwachung von Embargos

   D. Bekämpfung von Schwarzarbeit

   E. Kampf gegen Marken- und Produktpiraterie

26. Wie hängen Zoll und Küstenwache zusammen?

   A. Die Küstenwache ist Teil der Bundespolizei, wird aber vom Zoll unterstützt.

   B. Der Zoll beaufsichtigt die Küstenwache, die aber eine eigenständige Behörde ist.

   C. Zoll und Küstenwache sind zwei Namen derselben Behörde, die an Land und zu Wasser bloß unterschiedlich heißt.

   D. Die Aufgaben der Küstenwache übernimmt der Zoll in Zusammenarbeit mit anderen Behörden.

   E. Die Küstenwache ist eine Sondereinheit des Zolls.

27. Wann darf der Zoll auch im Binnenland Kontrollen durchführen, außerhalb des unmittelbaren Grenzgebiets?

A. Nur auf Anfrage der Polizei

B. Nur auf Ersuchen des jeweiligen Bundeslands

C. Wenn die Annahme besteht, dass zollamtlich überwachte Waren mitgeführt werden

D. Nur wenn die freiheitlich-demokratische Grundordnung der Bundesrepublik bedroht ist

E. Wenn es der Bundesrat beschließt

28. Die Zentrale Unterstützungsgruppe Zoll ist …?

A. eine Spezialeinheit des Zollkriminalamts, vergleichbar mit den SEKs der Polizei.

B. eine Sondereinheit der Polizei, die den Zoll bei der Fahndungsarbeit unterstützt.

C. die Einsatzleitung des Zolls, die alle Einsätze koordiniert.

D. eine gemeinsame Einrichtung mehrerer Bundesbehörden zur Bekämpfung der Schmugglerei.

E. die Vorgängerin der Bundeszollbehörde, die bis zur Gründung der Bundesrepublik 1949 existierte.

29. Wichtige Inhalte der rechtlichen Ausbildung im mittleren Dienst des Zolls sind …?

A. Arbeitsrecht und Sozialrecht.

B. Rechtsgeschichte und Erbrecht.

C. Energierecht und Völkerrecht.

D. Verbraucherrecht und Kirchenrecht.

E. Ausländerrecht und Allgemeines Steuerrecht.

30. Unter einem Freihafen versteht man …?

A. eine Duty-free-Zone in Seehäfen, in der man preisgünstig einkaufen kann.

B. ein Hafenareal, in dem keine Zölle und Einfuhrumsatzsteuern erhoben werden.

C. einen Hafen, in dem Handelsbeschränkungen (z. B. Embargos) nicht gelten.

D. einen Hafen mit Sonderstatus, der rechtlich gesehen auf außerstaatlichem Territorium liegt.

E. einen Hafen, der ausschließlich inländische Waren umschlägt.

Lösungen Allgemeinwissen und fachbezogenes Wissen

Allgemeinwissen: Verschiedene Themen

Zu 1.

D. Norwegen

Norwegen ist kein Mitglied der Europäischen Union, die aktuell (Stand 2017) folgende 28 Staaten umfasst: Belgien, Bulgarien, Dänemark, Deutschland, Estland, Finnland, Frankreich, Griechenland, Großbritannien, Irland, Italien, Kroatien, Lettland, Litauen, Luxemburg, Malta, Niederlande, Österreich, Polen, Portugal, Rumänien, Schweden, Slowakei, Slowenien, Spanien, Tschechien, Ungarn und die Republik Zypern.

Zu 2.

B. Luxemburg

Der Gerichtshof der Europäischen Gemeinschaften (EuGH) hat seinen Sitz in Luxemburg. Zu seinen Kernaufgaben zählt es, die einheitliche Auslegung des europäischen Rechts zu gewährleisten. Er nimmt demgemäß im politischen System der Europäischen Gemeinschaft die Rolle der Judikative ein.

Zu 3.

B. 1961

Die Berliner Mauer trennte vom 13. August 1961 bis zum 9. November 1989 West-Berlin vom Ostteil der Stadt und dem umliegenden Gebiet der DDR. Sie war eines der bekanntesten Symbole für den Kalten Krieg und die Teilung Deutschlands. Bei dem Versuch, die 167,8 Kilometer lange Grenzanlage in Richtung West-Berlin zu überschreiten, wurden nach derzeitigem Forschungsstand zwischen 125 und 206 Menschen getötet.

Zu 4.

A. Aufgaben werden auf möglichst niedriger Ebene (Stadt, Gemeinde) umgesetzt.

Das Subsidiaritätsprinzip besagt, dass staatliche Aufgaben auf möglichst niedriger Ebene – zum Beispiel von Kommunen (Städte, Gemeinden) – umgesetzt werden sollen, solange die jeweiligen Stellen dazu in der Lage sind. Das Subsidiaritätsprinzip ist ein wichtiges Konzept für die Europäische Union und auch die Bundesrepublik Deutschland.

Zu 5.

A. Das islamische Recht

Scharia nennt man das islamische Recht, das der religiösen Lehre nach auf die Umsetzung der göttlichen Vorschriften und die Verwirklichung einer göttlichen Ordnung abzielt. In manchen Ländern dient die Scharia als Grundlage der staatlichen Gesetzgebung; nach dem religiösen Verständnis gilt sie – bis auf wenige Ausnahmen – für alle Menschen, gleich welchen Glaubens. Radikal ausgelegt, setzt die Scharia strikte Moral- und Verhaltensregeln und erlaubt drastische Strafen wie Auspeitschungen oder Steinigungen.

Zu 6.

C. Aus der dritten Strophe

Das Deutschlandlied wurde 1922 mit allen drei Strophen die Nationalhymne des Deutschen Reiches. Im NS-Staat wurde nur noch die erste Strophe gesungen, die mit ihrem überschwänglichen „Deutschland, Deutschland über alles" und der überholten Grenzziehung („von der Maas bis an die Memel, von der Etsch bis an den Belt") heute als diskreditiert

Der Einstellungstest

gilt. 1952 entschied man, dass das Deutschlandlied Nationalhymne bleiben, aber zu offiziellen Anlässen nur die dritte Strophe gesungen werden soll. Nach dem Mauerfall verständigten sich 1991 Bundespräsident Richard von Weizsäcker und Bundeskanzler Helmut Kohl, die dritte Strophe zur Nationalhymne des wiedervereinigten Deutschlands zu erklären.

Zu 7.

D. in Nordafrika.

Maghreb (arabisch für „Westen") bezeichnet den westlichen Teil des Verbreitungsgebiets des Islams. Der Maghreb umfasst die nordafrikanischen Länder Marokko, Tunesien und Algerien, teilweise auch Libyen und Mauretanien.

Zu 8.

C. Rechtschreibung

„Orthografie" ist ein Synonym für „Rechtschreibung". Hiermit ist die allgemeingültige Standardschreibung von Wörtern einer Sprache bestimmt, sodass eine davon abweichende Schreibung als Rechtschreibfehler zählt.

Zu 9.

B. Baden-Württemberg

Der Neckar ist ein 367 km langer Nebenfluss des Rheins. Er verläuft überwiegend durch Baden-Württemberg und bildet auf einem kurzen Streckenabschnitt die Landesgrenze mit Hessen.

Zu 10.

D. 16

Die Bundesrepublik Deutschland besteht aus 16 Bundesländern. In alphabetischer Folge: Baden-Württemberg, Bayern, Berlin, Brandenburg, Bremen, Hamburg, Hessen, Mecklenburg-Vorpommern, Niedersachsen, Nordrhein-Westfalen, Rheinland-Pfalz, Saarland, Sachsen, Sachsen-Anhalt, Schleswig-Holstein, Thüringen.

Fachwissen: Polizei

Zu 11.

A. Bundesgrenzschutz

Die Bundespolizei trug bis zum 30. Juni 2005 die Bezeichnung „Bundesgrenzschutz" (BGS). Der BGS wurde 1951 mit dem Auftrag gegründet, die Grenzen der Bundesrepublik zu sichern, und hatte ursprünglich eine Stärke von 10.000 Mann. Nach der deutschen Wiedervereinigung und dem Schengener Abkommen – das die Grenzkontrollen an den europäischen Binnengrenzen abschaffte – kamen neue Tätigkeitsfelder hinzu, etwa in der Sicherung von Verkehrsrouten.

Zu 12.

E. Verbrecher verurteilen

Um die öffentliche Ordnung und die innere Sicherheit zu gewährleisten, dürfen Polizisten – wenn nötig – körperliche und Waffengewalt einsetzen, Wohnungen öffnen, die Freiheit der Bürger einschränken und sie notfalls in Gewahrsam nehmen. Einen Menschen schuldig sprechen und ihn verurteilen dürfen jedoch nur Gerichte.

Zu 13.

D. besteht aus nicht verbeamteten polizeilichen Hilfskräften, die bei Bedarf hinzugezogen werden können.

Die Bereitschaftspolizei (BePo) ist eine selbstständige Großeinheit der Polizei, die die Polizei des aufstellenden Bundeslands oder anderer Länder bei Großeinsätzen unterstützt. Die Einheiten sind in

der Regel in Gemeinschaftsunterkünften einquartiert, was sie flexibel und schnell einsetzbar macht. Auch die Bundespolizei verfügt über eine eigene Bereitschaftspolizei mit Sitz in Fuldatal.

Zu 14.

B. Spitzensport.

Viele Polizeibehörden unterstützen junge Leistungssportler, die in speziellen Förderprogrammen parallel zur Sportkarriere eine Polizeiausbildung absolvieren. Der Vorteil: Da die Geförderten als Polizeibeamte beruflich abgesichert sind, können sie sich in ihrer aktiven Zeit ganz auf den Sport konzentrieren.

Zu 15.

A. das Bundespolizeipräsidium in Potsdam.

Betraut mit der Dienst- und Fachaufsicht über die Bundespolizei und verantwortlich für ihre polizeilich-strategische Ausrichtung ist das Bundespolizeipräsidium mit Sitz in Potsdam. Ihm unterstellt sind die neun regionalen Direktionen der Bundespolizei. Das Innen- und das Verteidigungsministerium sind selbstredend keine Behörden der Bundespolizei; vielmehr untersteht die Bundespolizei dem Bundesministerium des Innern. Ein Oberkommissariat der Bundespolizei gibt es nicht.

Zu 16.

B. regelt jedes Bundesland in einem eigenen Gesetz.

Polizei ist – abgesehen von der Bundespolizei – in Deutschland Ländersache. Die Aufgaben und die Rechtsstellung der Länderpolizeien regelt daher jedes der 16 Bundesländer in eigenen Gesetzen. Das Bundespolizeigesetz gilt ausschließlich für die Bundespolizei.

Zu 17.

B. Dem Innenminister des jeweiligen Bundeslands

Der oberste Dienstherr eines Landespolizisten ist der Innenminister des jeweiligen Bundeslands; die Bundespolizei untersteht dem Bundesinnenminister.

Zu 18.

E. Die Verteidigung gegen äußere Bedrohungen

Kernauftrag der Polizei ist die Abwehr von Gefahren für die öffentliche Sicherheit und Ordnung. Daraus resultieren verschiedene Aufgaben: die Regelung und Sicherung des Straßenverkehrs, die Verfolgung von Ordnungswidrigkeiten, die Amts- und Vollzugshilfe (Zusammenarbeit mit anderen Behörden wie Zoll, Katastrophenschutz ...), die Strafverfolgung (unter Aufsicht der Staatsanwaltschaft) und eventuell der Schutz privater Rechte, wenn dieser nicht anders gewährleistet werden kann. Die Verteidigung gegen Bedrohungen von außen ist hingegen die Aufgabe des deutschen Militärs, der Bundeswehr.

Zu 19.

C. Nur dann, wenn dieser Schutz nicht auf anderem Wege gewährleistet werden kann

Unter „private Rechte" fallen Rechtsansprüche von Bürgern gegenüber Bürgern, wie sie sich beispielsweise aus einem Kaufvertrag ergeben. Will der Käufer nicht zahlen und kennt der Verkäufer dessen Identität nicht, kann die Polizei die Personalien aufnehmen, damit der Verkäufer seinen Anspruch vor Gericht geltend machen kann. Der entsprechende Gesetzesartikel ist in allen Polizeigesetzen weitgehend ähnlich: Die Polizei darf dann zum Schutz privater Rechte eingreifen, „wenn gerichtlicher Schutz nicht rechtzeitig zu erlangen ist und ohne gefahrenabwehrbehördliche oder polizeiliche Hilfe die Verwirklichung des Rechts vereitelt oder wesentlich erschwert würde". Die Polizei ist jedoch kein staatlicher Wachdienst, der bei Bedarf einspringt – auch nicht gegen Bezahlung.

Zu 20.

B. immer an Recht und Gesetz gebunden.

Artikel 20, Absatz 3 des Grundgesetzes lautet: „Die Gesetzgebung ist an die verfassungsmäßige Ordnung, die vollziehende Gewalt und die Rechtsprechung sind an Gesetz und Recht gebunden." Als Teil der vollziehenden Gewalt steht die Polizei weder über dem Gesetz noch kann sie selbst Recht sprechen. Das bedeutet jedoch nicht, dass die Gerichte jeden Einsatz vorab prüfen müssen. „Öffentliche Verwaltung" ist ein Oberbegriff für alle staatlichen Organe – dazu zählt auch die Polizei.

Fachwissen: Zoll

Zu 21.

D. Als Steuerart

Allgemein gesagt, ist der Zoll eine Abgabe, die beim grenzüberschreitenden Warenverkehr fällig wird. Das deutsche Steuerrecht definiert sie in seiner Abgabenordnung als Steuer.

Zu 22.

C. Die Kontrolle von Ein- und Ausfuhren

Die ursprüngliche Kernaufgabe des Zolls ist die Überwachung von Ein- und Ausfuhren. Er soll sicherstellen, dass verbotene Gegenstände weder im- noch exportiert werden und die Bestimmungen des deutschen Steuerrechts genauso eingehalten werden wie internationale Artenschutzabkommen.

Zu 23.

C. Der Zoll treibt Gelder für zahlreiche Institutionen des Bundes ein.

Die 43 Hauptzollämter im gesamten Bundesgebiet dürfen von säumigen Schuldnern des Bundes und bundesunmittelbarer Institutionen – u. a. Bundeswehr, Bundespolizei, Bundesverwaltungsamt, Krankenkassen, Rentenversicherung, Bundesagentur für Arbeit – Geldforderungen eintreiben oder Sachwerte pfänden. Die Höhe der Forderungen ist dabei nicht ausschlaggebend. Der Zoll ist aber kein Dienstleister, der von Privatpersonen oder -unternehmen bei Bedarf angeheuert werden kann.

Zu 24.

E. Dem Bundesministerium für Finanzen

Auch wenn die Angehörigen der Bundeszollbehörde manchmal polizeilich oder als Strafverfolger tätig werden: Die Bundeszollbehörde untersteht dem Bundesministerium für Finanzen.

Zu 25.

B. Analyse von Waren, die mit heimischen Produkten konkurrieren

Organisierte Kriminalität in Form von Zigaretten-, Drogen-, Waffen- oder anderer Schmugglerei wird vom Zoll ebenso verfolgt wie Produkt- und Markenpiraterie. Durch die Kontrolle von Ein- und Ausfuhren stellt der Zoll darüber hinaus die Einhaltung von Embargos (Ein- bzw. Ausfuhrverboten) sicher. Außerdem verfolgt er illegale Beschäftigung (Lohndumping), Verstöße gegen Sozialversicherungs- und Steuerpflichten (Schwarzarbeit) und die Erschleichung von Sozialleistungen. Die Analyse ausländischer Waren, die mit heimischen Produkten konkurrieren, zählt nicht zum Aufgabenspektrum des Zolls.

Zu 26.

D. Die Aufgaben der Küstenwache übernimmt der Zoll in Zusammenarbeit mit anderen Behörden.

Die Aufgaben der Küstenwache übernimmt in Deutschland der Koordinierungsverband Küstenwache, in dem mehrere Bundesbehörden und -anstalten zusammenarbeiten: nämlich die Bundeszollverwaltung (Wasserzoll), die Bundespolizei, die Wasser- und Schifffahrtsverwaltung sowie die Bundesanstalt für Landwirtschaft und Ernährung.

Zu 27.

C. Wenn die Annahme besteht, dass zollamtlich überwachte Waren mitgeführt werden

Seit dem Wegfall der Kontrollen an den europäischen Binnengrenzen 1993 darf die Zollverwaltung im gesamten Bundesgebiet Kontrollen an den Verkehrswegen durchführen. Vorausgesetzt, es gibt Grund zu der Annahme, dass zollamtlich überwachte Waren mitgeführt werden.

Zu 28.

A. eine Spezialeinheit des Zollkriminalamts, vergleichbar mit den SEKs der Polizei.

Die Zentrale Unterstützungsgruppe Zoll (ZUZ) ist ein Spezialeinsatzkommando des Zollkriminalamts. Die ZUZ kommt bei besonders gefährlichen Einsätzen z. B. gegen schwerkriminelle Schmuggler zum Zuge. Die Ausbildung bei der ZUZ orientiert sich an den Anforderungen der Spezialeinsatzkommandos (SEKs) der Polizei.

Zu 29.

E. Ausländerrecht und Allgemeines Steuerrecht.

Um seine Aufgaben in den vielfältigen Einsatzgebieten des Zolls kompetent erfüllen zu können, erhält ein Auszubildender im mittleren Dienst neben der beruflichen Grundbildung auch Unterricht in unterschiedlichen dienstrelevanten Rechtsgebieten: Vollzugsrecht, Recht des grenzüberschreitenden Warenverkehrs, Zolltarifrecht, Verbrauchsteuerrecht, Allgemeines Steuerrecht, Vollstreckungsrecht, Strafrecht, Recht der Ordnungswidrigkeiten, Sozialversicherungsrecht und Ausländerrecht.

Zu 30.

B. ein Hafenareal, in dem keine Zölle und Einfuhrumsatzsteuern erhoben werden.

Freihäfen sind spezielle, abgegrenzte Areale eines Hafens, in denen keine Zölle und Einfuhrumsatzsteuern erhoben werden. In Deutschland gibt es solche Gebiete in Bremerhaven, Cuxhaven und Hamburg.

Der Einstellungstest

Sprachbeherrschung

Mit Bürgern reden und Protokolle schreiben, Gesetze verstehen und sie anderen erklären – das setzt Sprachvermögen voraus. Häufig werden die sprachlichen Grundkenntnisse mithilfe eines kurzen Diktats geprüft. Daneben bekommt man es oft mit Auswahl- oder Einsetzübungen zu tun, bei denen die richtigen Satzzeichen, Schreibweisen, Präpositionen oder Konjunktionen zu bestimmen sind. Unter anderem die Bundespolizei verlangt dies auch in Englisch.

Der Sprachteil prüft ...
- Rechtschreibung und Grammatik
- Sprachverständnis
- Argumentationsvermögen, Ausdrucksfähigkeit, Wortschatz
- Evtl. Fremdsprachenkenntnisse (Englisch)

Neben der einwandfreien Beherrschung der sprachlichen Grundregeln ist oft auch ein hohes Maß an Textverständnis erwünscht. Im entsprechenden Prüfungsteil kann es etwa darum gehen, Rechtsvorschriften auf eine vorgegebene Situation anzuwenden oder die Aussage eines kurzen Texts knapp und präzise wiederzugeben.

Die Königsdisziplin im Bereich der schriftlichen Ausdrucksfähigkeit ist das Verfassen von Erörterungen, d. h. problembezogenen (Kurz-)Aufsätzen. Hier geht es darum, eine vorgegebene Fragestellung logisch strukturiert, sprachlich flüssig und unter Beachtung möglichst aller relevanter Aspekte zu erläutern, die verschiedenen Pro- und Contra-Argumente sorgfältig gegeneinander abzuwägen und schließlich ein gut begründetes Fazit zu ziehen. Natürlich zählen auch dabei Rechtschreibung und Grammatik.

Diktat

Bearbeitungszeit 20 Minuten

Lassen Sie sich den Diktattext bitte Satzteil für Satzteil vorlesen. Achten Sie bei der Auswertung genau auf Rechtschreibung und Zeichensetzung. Insgesamt sollten Sie nicht mehr als 10 Fehler begehen – je weniger, desto besser.

Das Grundgesetz: Fundament der deutschen Demokratie

Wozu braucht man überhaupt einen Staat, wodurch legitimiert er sich? Eine häufig herangezogene Antwort stammt vom englischen Staatstheoretiker Thomas Hobbes, der im Kern wie folgt argumentierte: Wäre jeder selbst für seine Freiheit und Sicherheit verantwortlich, gerieten diese Existenzparameter in Gefahr, denn es käme zum Kampf aller gegen alle, bei dem schließlich die Gewalttätigsten die Oberhand behielten. Also übertragen die Bürger die Verantwortung für ihre Sicherheit dem Staat, der das Gewaltmonopol übernimmt, allgemeine Grundregeln des Zusammenlebens festlegt und diese durchsetzt.

Der grundlegende Katalog von Regeln, Werten und Ordnungsvorstellungen ist in Deutschland das Grundgesetz. Darin sind die Leitlinien des Staatsprinzips niedergelegt: Demokratie, Republik, Rechts- und Sozialstaatlichkeit, Föderalismus sowie die Gewaltenteilung in Legislative, Exekutive und Judikative. Das Grundgesetz lässt sich in mehrere Hauptteile untergliedern. Auf die Präambel, eine Art Vorwort, folgt der erste Hauptabschnitt mit den Artikeln 1–19, in denen die Grundrechte behandelt werden. Die weiteren Abschnitte widmen sich primär dem Staatsorganisationsrecht, also den Bestimmungen zum Aufbau, zur Funktion und zur Aufgabenverteilung der Staatsorgane.

Doch von den nüchternen Paragrafen (*alternativ: Paragraphen*) einmal abgesehen: Eine Demokratie lebt natürlich erst durch die aktive Teilhabe mündiger Bürger. Auch vor diesem Hintergrund erweist sich das am 23. Mai 1949 in Kraft getretene Grundgesetz als hochaktuell. Immer wieder entzünden sich politische Kontroversen an der Auslegung und Änderung einzelner Bestimmungen.

31. Bitte nehmen Sie nun etwas Schreibpapier zur Hand und beginnen Sie mit dem Diktat.

Lückentext ergänzen

Bearbeitungszeit 4 Minuten

In diesen Aufgaben geht es darum, das Wort mit der richtigen Schreibweise zu erkennen, welches die Lücke sinnvoll ergänzt.

Beantworten Sie bitte die folgenden Aufgaben, indem Sie den richtigen Ausdruck in das Kästchen schreiben.

32. zuzusehen, zu zu sehen

    Hilf lieber mit, anstatt nur ☐ !

33. Litfaßsäule, Litfasssäule

    Treffen wir uns an der ☐ ?

34. platziert, plaziert

    Er hat das Geschenk mitten im Raum ☐ .

35. paar, Paar

    Ich hätte gern ein ☐ Brötchen.

Groß- und Kleinschreibung

Bearbeitungszeit 5 Minuten

In diesem Aufgabenteil geht es darum, die richtige Schreibweise zu erkennen.

Beantworten Sie bitte die folgenden Aufgaben, indem Sie jeweils den Lösungsbuchstaben des korrekt geschriebenen Textabschnitts markieren.

36.
- A. Er hatte noch etwas Anderes einstecken.
- B. Er hatte noch etwas anderes einstecken.
- C. Er hatte noch Etwas Anderes einstecken.
- D. Er hatte noch Etwas anderes einstecken.
- E. Keine Antwort ist richtig.

37.
- A. Die Besprechung ist immer montagabends.
- B. Die Besprechung ist immer Montagabends.
- C. Die Besprechung ist immer Montag abends.
- D. Die Besprechung ist immer Montag Abends.
- E. Keine Antwort ist richtig.

38.
- A. Sie mag am liebsten Sportwagen in Rot.
- B. Sie mag am Liebsten Sportwagen in rot.
- C. Sie mag am liebsten sportwagen in rot.
- D. Sie mag am liebsten sportwagen in Rot.
- E. Keine Antwort ist richtig.

39.

    A. Die Feier war Dienstagabend.

    B. Die Feier war dienstagabend.

    C. Die Feier war Dienstag abend.

    D. Die Feier war Dienstag Abend.

    E. Keine Antwort ist richtig.

40.

    A. Die Bezahlung ist im Voraus zu leisten.

    B. Die Bezahlung ist im voraus zu leisten.

    C. Die bezahlung ist im Voraus zuleisten.

    D. Die bezahlung ist im voraus zuleisten.

    E. Keine Antwort ist richtig.

Gleiche Wortbedeutung

Bearbeitungszeit 5 Minuten

Nun wird Ihr Sprachgefühl getestet.

Bei jeder Aufgabe wird Ihnen ein Wort vorgegeben. Bestimmen Sie unter den fünf Lösungsmöglichkeiten dasjenige Wort, das dem vorgegebenen Begriff am nächsten kommt, und markieren Sie den zugehörigen Antwortbuchstaben.

41. Trubel
- A. Verwirrung
- B. Sog
- C. Gewissen
- D. Betrieb
- E. Strömung

42. Inbrunst
- A. Gier
- B. Desinteresse
- C. Leidenschaft
- D. Vorgabe
- E. Inhalt

43. Mäzen
- A. Macke
- B. Gönner
- C. Geliebte
- D. Angewohnheit
- E. Pfannkuchen

44. herb
- A. gemein
- B. enttäuschend
- C. unfair
- D. grob
- E. bitter

45. radikal
- A. extrem
- B. illegal
- C. gefährlich
- D. tabulos
- E. negativ

Der Einstellungstest

Satzreihenfolge

Bearbeitungszeit 3 Minuten

Bei dieser Aufgabe entscheidet Ihr Sprachgefühl und Ihr Sinn für Sprachlogik.

Die angegebenen Sätze sind so anzuordnen, dass sich eine inhaltlich und grammatisch schlüssige Geschichte ergibt. Prüfen Sie daher bei der Zusammenstellung des Texts zum einen, ob die Satzanschlüsse formal korrekt sind – verweist ein „dieser", „diese" oder „dieses" auch tatsächlich auf einen Bezugspunkt im vorherigen Satz? Zum anderen müssen Sie auf die inhaltliche Dimension achten: Setzt sich ein „aber" am Satzanfang auch wirklich vom Vorangegangenen ab, folgt auf ein „denn" tatsächlich eine Begründung des bereits Gesagten? Wird eine zeitliche Reihenfolge eingehalten?

Eine probate Vorgehensweise ist es, vom wahrscheinlichsten Anfangssatz auszugehen (der keinen Bezug zu einem vorhergehenden Inhalt nimmt) und sich anhand der Überprüfung sprachlicher und inhaltlicher Bezüge Satz für Satz durch den Text zu hangeln. Sie können natürlich auch anders vorgehen.

Bitte nummerieren Sie die Sätze fortlaufend von 1 bis 7, sodass sie in sinnvoller Reihenfolge stehen und einen zusammenhängenden Text ergeben.

46.

☐ **A.** Oft geraten sie dabei in die Objektive von Fotografen, die auf die ersten Bilder des neuen Autotyps lauern.

☐ **B.** Unter diesen Bedingungen müssen die Wagen ihre Zuverlässigkeit unter Beweis stellen.

☐ **C.** Die Hersteller wollen das Aussehen des neuen Autotyps nämlich möglichst lange geheim halten.

☐ **D.** Es ist auch die Bezeichnung für ein neues Automodell, das vor seiner Präsentation getarnt wird.

☐ **E.** Solcherart „verunstaltet" werden die Prototypen dann auf Teststrecken in meist sehr extremer Umgebung geschickt.

☐ **F.** Daher verkleiden sie die Karosserie mit Kunststoffteilen oder kleben markante Designmerkmale ab.

☐ **G.** „Erlkönig" ist nicht nur eine Ballade Johann Wolfgang Goethes.

Der Einstellungstest

Sätze vervollständigen

Bearbeitungszeit 5 Minuten

In jedem Satz des vorliegenden Texts fehlen ein oder mehrere Wörter – nur welche? Finden Sie heraus, welche Wörter aus der angegebenen Liste den Lückentext sinnvoll ergänzen. Für jede Leerstelle stehen drei Möglichkeiten zur Auswahl.

Setzen sie die jeweils passende Lösung in die Leerstellen ein, sodass der Text die Entwicklung des deutschen und europäischen Wirtschaftsraums korrekt wiedergibt.

47.

Die politischen Veränderungen der Wendezeit wirkten sich auch auf das Zollsystem aus – 1990 übernahm die Bundeszollverwaltung die zollbehördliche Verantwortung für das Gebiet der untergegangenen

1 _____ . Nach dem Ende des

2 _____ wurden auch die europäischen Harmonisierungspläne weiter vorangetrieben: Als Meilenstein der europäischen Annäherung gilt die Gründung der Europäischen Union (EU) mit Inkrafttreten der

3 _____ 1993. Das wirtschaftliche Fundament der EU sollte und soll 4 _____ sein. So wurden nun beim Warenverkehr zwischen den EU-Mitgliedsländern die

5 _____ abgeschafft, die wenig später dank des

6 _____ auch für den Personenverkehr entfielen.

Die im Jahr 2003 beschlossene EU-Erweiterung um unter anderem

7 _____ schuf in Europa sogar den größten ge-

meinsamen Wirtschaftsraum der Welt: Die Beitrittsstaaten übernahmen

8 _____ der EU und traten somit dem gemeinschaftlichen Zollgebiet bei.

Aufgrund der Öffnung der europäischen 9 _____ haben sich die Aufgabenschwerpunkte des deutschen Zolls verschoben – standen früher die Grenzkontrollen im Mittelpunkt, sind es heute vermehrt Aufgaben im Inland, beispielsweise bei der Bekämpfung 10 _____ .

Wörterliste:

1 Bundesrepublik Deutschland | Sowjetunion | Deutschen Demokratischen Republik
2 Jugoslawienkriegs | Kalten Kriegs | Kosovokriegs
3 Maastricht-Verträge | 2+4-Verträge | NATO-Beitrittsabkommen
4 die Europäische Zentralbank | der Europäische Binnenmarkt | das Europäische Parlament
5 Mautgebühren | Zollkontrollen | Transitverträge
6 Vertrags von Rotterdam | Schengener Abkommens | Pariser Pakts
7 Polen und Ungarn | die Ukraine und Georgien | Serbien und Tschechien
8 das Gemeinschaftsrecht | das Völkerrecht | die Menschenrechtskonvention
9 Außengrenzen | Binnengrenzen | Gewerbegebiete
10 der Schwarzarbeit | der Umweltverschmutzung | der Börsenspekulation

Der Einstellungstest

Textverständnis: Rechtsvorschrift

Lesezeit 5 Minuten

Nun wird Ihr Textverständnis geprüft.

Bitte lesen Sie die folgenden Rechtsvorschriften in den nächsten 5 Minuten aufmerksam durch und versuchen Sie, ihren inhaltlichen Kern zu verstehen. Anschließend sind einige Fragen zum Text zu beantworten.

Sie erhalten einen Ausschnitt aus der nordrhein-westfälischen Gemeindeordnung in der gültigen Fassung vom 14. Juli 1994 (Stand: Januar 2017).

§ 1 Wesen der Gemeinden

(1) Die Gemeinden sind die Grundlage des demokratischen Staatsaufbaues. Sie fördern das Wohl der Einwohner in freier Selbstverwaltung durch ihre von der Bürgerschaft gewählten Organe. Sie handeln zugleich in Verantwortung für die zukünftigen Generationen.

(2) Die Gemeinden sind Gebietskörperschaften.

(…)

§ 8 Gemeindliche Einrichtungen und Lasten

(1) Die Gemeinden schaffen innerhalb der Grenzen ihrer Leistungsfähigkeit die für die wirtschaftliche, soziale und kulturelle Betreuung ihrer Einwohner erforderlichen öffentlichen Einrichtungen.

(2) Alle Einwohner einer Gemeinde sind im Rahmen des geltenden Rechts berechtigt, die öffentlichen Einrichtungen der Gemeinde zu benutzen und verpflichtet, die Lasten zu tragen, die sich aus ihrer Zugehörigkeit zu der Gemeinde ergeben.

(…)

§ 77 Grundsätze der Finanzmittelbeschaffung

(1) Die Gemeinde erhebt Abgaben nach den gesetzlichen Vorschriften.

> (2) Sie hat die zur Erfüllung ihrer Aufgaben erforderlichen Finanzmittel
> 1. soweit vertretbar und geboten aus speziellen Entgelten für die von ihr erbrachten Leistungen,
> 2. im Übrigen aus Steuern
>
> zu beschaffen, soweit die sonstigen Finanzmittel nicht ausreichen.
>
> (3) Die Gemeinde darf Kredite nur aufnehmen, wenn eine andere Finanzierung nicht möglich ist oder wirtschaftlich unzweckmäßig wäre.

Hinweis

In jedem Bereich der öffentlichen Verwaltung gelten einschlägige Bestimmungen – daher sollten Sie auch komplizierte Gesetzestexte verstehen können. Diese gliedern sich in durchnummerierte Paragraphen (§), Absätze (im vorliegenden Fall (1), (2) und (3)) und schließlich einzelne Sätze.

Versuchen Sie besser nicht, den vorliegenden Text komplett auswendig zu lernen: Es geht hier nicht um Ihr „fotografisches Gedächtnis". Konzentrieren Sie sich stattdessen auf die Kernaussagen, die Sie ohne Weiteres in eigenen Worten wiedergeben können, solange der Sinn gewahrt bleibt. Achten Sie bei Ihrer Antwort auf einen logischen Satzbau und eine korrekte Rechtschreibung.

Der Einstellungstest

Bearbeitungszeit 20 Minuten

Nachdem Sie sich den Gesetzestext durchgelesen haben, beantworten Sie bitte nun die folgenden Fragen schriftlich.

48. Was ist eine Gemeinde laut § 1 der nordrhein-westfälischen Gemeindeordnung?

49. Welche Aufgaben hat eine Gemeinde?

50. Welche Rechte und Pflichten der Einwohner werden angesprochen?

51. Wie finanziert sich eine Gemeinde?

52. Welche Informationen liefert der Text zu der Frage, wer letztlich darüber entscheidet, wie eine Gemeinde verwaltet wird?

Der Einstellungstest

Erörterung (Pro und Kontra)

Aufgabenerklärung

Diese Aufgabe prüft Ihr Ausdrucksvermögen und Ihre Argumentationsfähigkeit.

In einer Erörterung müssen Sie meist zu einer gesellschaftsrelevanten Frage Stellung beziehen. Wird eine dialektische Erörterung gefordert, sind dazu die jeweiligen Vor- und Nachteile, die Pros und Kontras, darzustellen und gegeneinander abzuwägen.

In der Regel folgen Pro-und-Kontra-Erörterungen einem festen Schema:

- **Einleitung:** Geben Sie einen knappen Überblick über die zu behandelnde Problematik. Bei einer kurzen Erörterung reicht es, die Fragestellung in einem vollständigen Satz wiederzugeben.

- **Hauptteil:** Führen Sie aus, welche Argumente für oder gegen die in der Fragestellung aufgestellte Behauptung bzw. den genannten Sachverhalt sprechen. Untermauern Sie die Argumente gegebenenfalls mit Beispielen und handeln Sie die Pros und Kontras jeweils als einzelnen Block ab, ohne die Standpunkte zu vermischen oder zu beurteilen. Trotzdem sollten Sie bereits jetzt wissen, für welche Position Sie sich entscheiden: Nennen Sie geschickterweise zuerst die Argumente des Standpunkts, den Sie nicht vertreten, und dann erst diejenigen, mit denen Sie eher übereinstimmen.

- **Schluss:** Nachdem Sie alle relevanten Argumente eher neutral aufgeführt haben, wägen Sie sie nun gegeneinander ab. Welches Argument ist unter welchen Umständen besonders tragfähig, welches rückt eher in den Hintergrund? Ziehen Sie schließlich ein nachvollziehbares Fazit, in dem Sie Ihre gut begründete Meinung präsentieren. Sie müssen sich dabei nicht eindeutig auf eine Seite schlagen, sondern können auch einen ausgewogenen Kompromiss formulieren.

Hinweis

Bei linearen Erörterungen – die sich häufig auf Fragestellungen mit „warum" oder „wie" beziehen – greift das Pro-und-Kontra-Schema nicht: Hier müssen Sie geradlinig argumentieren.

Bearbeitungszeit 20 Minuten

53. Bitte nehmen Sie nun etwas Schreibpapier zur Hand und verfassen Sie eine kurze Erörterung zum Thema „Sollten Lehrer Beamte sein?".

Sie haben dafür **20 Minuten** Zeit. Um Ihre Gedanken zu ordnen, können Sie die einzelnen Argumente zunächst nach ihrer Wichtigkeit stichwortartig in eine Pro-und-Kontra-Tabelle einsortieren. Und nicht vergessen: Auch auf korrekte Rechtschreibung und einen sauberen Schreibstil kommt es an.

Stichpunkte pro:

Stichpunkte kontra:

Der Einstellungstest

Prognosen erstellen

Aufgabenerklärung

Der folgende Aufgabenteil stellt Ihren Einfallsreichtum auf die Probe und konfrontiert Sie mit einem – nicht unbedingt realistischen – Zukunftsszenario.

Setzen Sie sich mit einer imaginären Situation auseinander: Was wäre, wenn …? Wie würde sich die beschriebene Veränderung auswirken?

Schildern Sie zur vorgestellten Entwicklung fünf plausible Konsequenzen.

Hierzu ein Beispiel

Aufgabe

1. Was wäre, wenn das Internet abgeschafft werden würde?

Folge 1: Man müsste sich für Vieles mehr Zeit nehmen, weil man es nicht mehr – durch Surfen, Mailen, Chatten, Shoppen – in Sekundenbruchteilen online erledigen könnte. Die Menschen würden wieder mehr persönlich miteinander reden, mehr telefonieren und mehr Briefe schreiben.

Bearbeitungshinweis

Die beschriebenen Entwicklungen sind spekulativ und fordern in erster Linie nicht Ihr Wissen, sondern Ihren Einfallsreichtum heraus. Dabei ist die Zahl an möglichen – auch widersprüchlichen – Konsequenzen kaum überschaubar; klare Vorgaben für die „richtige" oder „falsche" Lösung der Gedankenexperimente gibt es nicht. Nur sollten Ihre Antworten keine abwegigen Fantasiegebilde, sondern im Rahmen des vorgestellten Szenarios nachvollziehbare Prognosen sein. Versetzen Sie sich in die veränderte Welt: Wie würden die Menschen darin leben?

Bearbeitungszeit 10 Minuten

Beginnen Sie bitte jetzt mit den Aufgaben zur Prognosenerstellung und beschreiben Sie zum vorgestellten Szenario fünf plausible Konsequenzen.

54. Was wäre, wenn Roboter alle Arbeiten für den Menschen erledigen würden?

Folge 1:

Folge 2:

Folge 3:

Der Einstellungstest

Folge 4:

Folge 5:

Sachverhalt wiedergeben

Lesezeit 5 Minuten

Dieser Abschnitt prüft, wie gut Sie Textinformationen erschließen und wiedergeben können.

Sie erhalten dazu einen Zeitungsausschnitt mit einer (fiktiven) Nachrichtenmeldung. Bitte lesen Sie die Meldung aufmerksam durch und geben Sie den geschilderten Sachverhalt anschließend möglichst genau in einem eigenen Bericht wieder.

Hierbei dürfen Sie sich keine Notizen machen. Legen Sie daher bitte alle Schreibgeräte zur Seite.

Zum Lesen des Textes haben Sie **5 Minuten** Zeit.

Feuerwehr im Dauereinsatz – turbulente Nacht in Freiburg

Nicht zu beneiden waren die Angehörigen der Berufsfeuerwehr Freiburg am Samstagabend: Gleich zwei Großeinsätze hielten Mensch und Material auf Trab. Gegen 2:15 alarmierten Anwohner nach einer Explosion im Gewerbegebiet West die Leitstelle, die sofort vier Löschzüge der Hauptfeuerwache zum Einsatzort beorderte. Bei ihrer Ankunft stand ein Lagerhaus bereits im Vollbrand, zwei andere Gebäude waren akut bedroht. Unter dem Einsatz von Atemschutzgeräten und vier großen C-Rohren gelang es schließlich, das Feuer unter Kontrolle zu bringen.

Neben den Löschzügen der Hauptfeuerwache beteiligten sich die Freiwilligen Feuerwehren verschiedener Stadtteile an dem Einsatz, insgesamt waren 14 Fahrzeuge und rund 70 Mann vor Ort. Nach Polizeiangaben beläuft sich der Gesamtschaden auf rund 100.000 Euro. Über die Explosionsursache herrscht Ungewissheit, die Kriminalpolizei ermittelt.

Gegen 3:35 dann der nächste Alarm: Noch während des Brandes im Gewerbegebiet wurde ein schwerer Verkehrsunfall mit LKW-Beteiligung auf der Autobahn A 5 gemeldet. Sofort eilten die restlichen verfügbaren Freiburger Einsatzkräfte und ihre Kollegen aus Emmendingen mit sechs Fahr-

Der Einstellungstest

> zeugen zum Unfallort, wo sie einen auf der Fahrerseite liegenden Sattelzug vorfanden. Nur mithilfe von hydraulischem Rettungsgerät gelang es, den Fahrer aus dem Fahrzeugwrack zu befreien. Aus dem beschädigten Tank des LKW liefen mehrere hundert Liter Dieselkraftstoff, der durch Ölbinder zum größten Teil unschädlich gemacht werden konnte. Die Autobahn war noch bis in die frühen Morgenstunden für Aufräumarbeiten in beide Richtungen gesperrt.

Dieser Text ist frei erfunden.

Bearbeitungshinweis

Versuchen Sie besser nicht, die vorliegende Meldung auswendig zu lernen: In erster Linie geht es hier nicht um Ihr Erinnerungsvermögen. Gehen Sie vom Wichtigen zum Unwichtigen und prägen Sie sich erst dann weitere Details ein, wenn Ihnen das Handlungsgerüst klar ist (wer hat wann was warum und wie gemacht?). Konzentrieren Sie sich dabei besonders auf Schlüsselbegriffe wie „Explosion", „Verkehrsunfall", Orts- oder Zeitangaben – wenn Ihr Bericht per PC ausgewertet wird, kommt es auf bestimmte Wörter an. Achten Sie beim Schreiben Ihres Berichts auf einen strukturierten Aufbau, eine korrekte Rechtschreibung und einen präzisen, flüssigen Schreibstil.

Bearbeitungszeit 5 Minuten

Soeben lag Ihnen ein Text vor, dessen wesentliche Informationen Sie sich einprägen sollten.

Bitte verfassen Sie nun innerhalb von **5 Minuten** Ihren eigenen Bericht zum Ereignis. Decken Sie dafür die Originalmeldung ab.

55.

Englisch: Richtige Schreibweise

Bearbeitungszeit 10 Minuten

In diesem Abschnitt werden Ihre Englischkenntnisse geprüft.

Beantworten Sie bitte die folgenden Aufgaben, indem Sie jeweils den richtigen Buchstaben markieren.

56. Wie lautet die englische Schreibweise für „Montag"?

A. Monday

B. Manday

C. Mondey

D. Mandey

E. Keine Antwort ist richtig.

57. Wie lautet die englische Schreibweise für „23:30 Uhr"?

A. thirty minutes past eleven

B. tirty minutes past eleven

C. thirti minutes past eleven

D. thirteen minutes past ileven

E. Keine Antwort ist richtig.

58. Wie lautet die englische Schreibweise für: „Auch ein blindes Huhn findet mal ein Korn"?

A. A blind mann mai sometimes hit the marc.

B. A blind man may sometime hitt the mark.

C. A blint mann may sometimes hit the mark.

D. A blind man may sometimes hit the mark.

E. Keine Antwort ist richtig.

59. Wie lautet die englische Schreibweise für: „Was du nicht willst, das man dir tu, das füg auch keinem andern zu"?

A. Do unto athers as you wold have athers do unto you.

B. Do unto athers as you wuld have others do unto you.

C. Do unto others as you would have others do unto you.

D. Dou unto athers as you would have others do unto you.

E. Keine Antwort ist richtig.

60. Wie schreibt sich das englische Wort für „Aufgabe", „Übung"?

A. excercice
B. excercize
C. exersize
D. exserzise
E. exercise

61. Wie schreibt sich das englische Wort für „möglicherweise"?

A. potencially
B. potentially
C. pottentiely
D. potantialy
E. potancially

62. Wie schreibt sich das englische Wort für „Erfahrung"?

A. experience
B. expearience
C. expiriense
D. experiense
E. expeerience

63. Wie schreibt sich das englische Wort für „Akzeptanz"?

A. axeptance
B. acceptance
C. exeptence
D. ecceptence
E. axeptanse

64. Wie schreibt sich das englische Wort für „verdächtig"?

A. susspicius
B. suspicius
C. suspicious
D. suspetious
E. suspitious

65. Wie schreibt sich das englische Wort für „Bekanntschaft"?

A. accuaintance
B. aquaintanse
C. equaintance
D. accquaintance
E. acquaintance

Lösungen Sprachbeherrschung

Diktat

Zu 31.
Siehe Diktat

Lückentext ergänzen

Zu 32.
Hilf lieber mit, anstatt nur *zuzusehen*!

Zu 33.
Treffen wir uns an der *Litfaßsäule*?

Zu 34.
Er hat das Geschenk mitten im Raum *platziert*.

Zu 35.
Ich hätte gern ein *paar* Brötchen.

Groß- und Kleinschreibung

Zu 36.
B. Er hatte noch etwas anderes einstecken.

Unbestimmte Fürwörter (Indefinitpronomen) wie „anderes" werden auch bei substantivischem Gebrauch meist kleingeschrieben.

Zu 37.
A. Die Besprechung ist immer montagabends.

Endet die Tageszeit auf „s", wird sie als Temporaladverb kleingeschrieben.

Zu 38.
A. Sie mag am liebsten Sportwagen in Rot.

Substantivierte Adjektive („Rot") werden großgeschrieben.

Zu 39.
A. Die Feier war Dienstagabend.

Wenn die Tageszeiten in Verbindung mit den Wochentagen stehen, dann werden diese zusammen- und großgeschrieben.

Zu 40.
A. Die Bezahlung ist im Voraus zu leisten.

Substantivisch gebrauchte Adverbien („im Voraus") werden großgeschrieben.

Gleiche Wortbedeutung

Zu 41.
D. Betrieb

Zu 42.
C. Leidenschaft

Zu 43.
B. Gönner

Zu 44.
E. bitter

Zu 45.
A. extrem

Satzreihenfolge

Zu 46.

A7 | B6 | C3 | D2 | E5 | F4 | G1

„Erlkönig" ist nicht nur eine Ballade Johann Wolfgang Goethes. Es ist auch die Bezeichnung für ein neues Automodell, das vor seiner Präsentation getarnt wird. Die Hersteller wollen das Aussehen des neuen Autotyps nämlich möglichst lange geheim halten. Daher verkleiden sie die Karosserie mit Kunststoffteilen oder kleben markante Designmerkmale ab. Solcherart „verunstaltet" werden die Prototypen dann auf Teststrecken in meist sehr extremer Umgebung geschickt. Unter diesen Bedingungen müssen die Wagen ihre Zuverlässigkeit unter Beweis stellen. Oft geraten sie dabei in die Objektive von Fotografen, die auf die ersten Bilder des neuen Autotyps lauern.

Sätze vervollständigen

Zu 47.

Die politischen Veränderungen der Wendezeit wirkten sich auch auf das Zollsystem aus – 1990 übernahm die Bundeszollverwaltung die zollbehördliche Verantwortung für das Gebiet der untergegangenen _Deutschen Demokratischen Republik_. Nach dem Ende des _Kalten Kriegs_ wurden auch die europäischen Harmonisierungspläne weiter vorangetrieben: Als Meilenstein der europäischen Annäherung gilt die Gründung der Europäischen Union (EU) mit Inkrafttreten der _Maastricht-Verträge_ 1993. Das wirtschaftliche Fundament der EU sollte und soll _der Europäische Binnenmarkt_ sein. So wurden nun beim Warenverkehr zwischen den EU-Mitgliedsländern die _Zollkontrollen_ abgeschafft, die wenig später dank des _Schengener Abkommens_ auch für den Personenverkehr entfielen. Die im Jahr 2003 beschlossene EU-Erweiterung um unter anderem _Polen und Ungarn_ schuf in Europa sogar den größten gemeinsamen Wirtschaftsraum der Welt: Die Beitrittsstaaten übernahmen _das Gemeinschaftsrecht_ der EU und traten somit dem gemeinschaftlichen Zollgebiet bei.

Aufgrund der Öffnung der europäischen _Binnengrenzen_ haben sich die Aufgabenschwerpunkte des deutschen Zolls verschoben – standen früher die Grenzkontrollen im Mittelpunkt, sind es heute vermehrt Aufgaben im Inland, beispielsweise bei der Bekämpfung _der Schwarzarbeit_.

Textverständnis: Rechtsvorschrift

Zu 48.

Darauf gibt die Verordnung zwei Antworten. In § 1 Absatz (1) zunächst eine demokratietheoretische: Die Gemeinden, so ist hier zu lesen, „sind die Grundlage des demokratischen Staatsaufbaues". Rechtlich gesehen – § 1 Absatz (2) – sind sie Gebietskörperschaften. Darunter versteht man Organisationen öffentlichen Rechts, die in einem bestimmten Teil des Staatsgebiets die Gebietshoheit besitzen.

Zu 49.

Worum sich eine Gemeinde zu kümmern hat, umreißt § 8 Absatz (1): Gemeinden schaffen die für die „wirtschaftliche, soziale und kulturelle Betreuung ihrer Einwohner" nötigen öffentlichen Einrichtungen. Dazu gehören zum Beispiel Bürgerbüros, Ordnungsämter, Schulen, Bibliotheken und dergleichen mehr. Die kommunalen Angebote ergeben sich letztlich aus dem Hauptzweck des kommunalen Handelns, der darin besteht, das Wohl der Einwohner zu fördern (§ 1 Absatz (1)).

Zu 50.

Rechte und Pflichten behandelt der vorliegende Text ausdrücklich in § 8 Absatz (2). Demnach hat jeder Einwohner (innerhalb des geltenden Rechts) einen Anspruch darauf, kommunale Einrichtungen zu nutzen. Gleichzeitig ist er dazu verpflichtet, „die Lasten zu tragen", die sich aus seiner Zugehörigkeit zur Gemeinde ergeben. Anders gesagt: Der Preis dafür, kommunale Dienste nutzen zu dürfen, liegt unter anderem darin, diese Dienste mitzufinanzieren. Daneben klingen auch in § 1 und § 77 Rechte und Pflichten an, etwa wenn vom Wohl der Einwohner, von der freien Selbstverwaltung oder von anfallenden Abgaben die Rede ist.

Zu 51.

Um ihre Leistungen zu finanzieren, darf eine Gemeinde nach § 77 Absatz (1) Abgaben erheben. Darunter versteht man vor allem Steuern, Gebühren und Beiträge. Im Regelfall, den Absatz (2) beschreibt, soll der kommunale Finanzbedarf durch leistungsbezogene Entgelte und Steuermittel gedeckt werden. In Ermangelung anderer (vorteilhafterer) Finanzierungsmöglichkeiten dürfen Gemeinden auch Kredite aufnehmen.

Zu 52.

Den Kern des kommunalen Organisationsprinzips enthält § 1 Absatz (1): Gemeint ist die „freie Selbstverwaltung" der Bürgerschaft. Die Bürgerinnen und Bürger entscheiden per Wahl also selbst über die Zusammensetzung derjenigen Organe, von denen sie verwaltet werden.

Erörterung (Pro und Kontra)

Zu 53.

Argumentationshilfe pro:

- ¬ Materielle Absicherung der Beamten gewährleistet ihre Unabhängigkeit und Neutralität.
- ¬ Nicht der Beamtenstatus, sondern schlechte Ausstattung verringert Leistungsmotivation.
- ¬ Die Absicherung angestellter Lehrer kostet den Staat viel Geld (Lohnnebenkosten: Beiträge des Arbeitgebers zur Renten-, Arbeitslosen-, Krankenversicherung).
- ¬ Lehrer übernehmen hoheitliche Aufgaben: staatlicher Erziehungsauftrag, Vergabe von Abschlüssen ...
- ¬ Als Beamte sind Lehrer zu Verfassungstreue und politischer Neutralität verpflichtet.
- ¬ Angestellte dürfen streiken, Arbeitskämpfe würden auf dem Rücken der Schüler ausgetragen.

Argumentationshilfe kontra:

- ¬ Starre Beförderungsregeln, abgesicherte Karrieren verringern den Ehrgeiz der Lehrer.
- ¬ Materielle Absicherung der Beamten (Pensionen, Krankengeld) ist teuer.
- ¬ Lehrer übernehmen keine unmittelbar hoheitlichen Aufgaben, die sich durch ein klares Über-/Unterordnungsverhältnis auszeichnen wie z. B. bei der Polizei.
- ¬ In vielen ostdeutschen Bundesländern ist das Angestelltenverhältnis bereits die Regel.
- ¬ Angestellte Lehrer sind flexibler, können ihre Dienststelle einfacher wechseln.
- ¬ Verbeamtung von Lehrern ist ein Überbleibsel früherer Zeiten.

Prognosen erstellen

Zu 54.

Freie Antwort

Sachverhalt wiedergeben

Zu 55.

Freie Antwort

Englisch: Richtige Schreibweise

Zu 56.
A. Monday

Zu 57.
A. thirty minutes past eleven

Zu 58.
D. A blind man may sometimes hit the mark.

Zu 59.
C. Do unto others as you would have others do unto you.

Zu 60.
E. exercise

Zu 61.
B. potentially

Zu 62.
A. experience

Zu 63.
B. acceptance

Zu 64.
C. suspicious

Zu 65.
E. acquaintance

Der Einstellungstest

Mathematik

Wer mit den Grundrechenarten auf Kriegsfuß steht, gerät nicht nur im Polizeialltag schnell ins Straucheln. Beim Zoll sind gute mathematische Fähigkeiten ohnehin unentbehrlich. Die nötige Zahlensicherheit muss man im Einstellungstest häufig dadurch nachweisen, dass man auch ohne Hilfsmittel zum richtigen Ergebnis findet. Konkret kann es etwa darum gehen, fehlende Rechenzeichen zu ergänzen, kleinere Rechnungen im Kopf zu lösen oder das Ergebnis größerer Operationen per Überschlag zu schätzen. Selbstredend ist bei komplizierteren Prozent- und Zinsaufgaben in der Regel ein Taschenrechner erlaubt.

In Mathematik geht es um …
- Grundrechenarten
- Kopfrechnen
- Textaufgaben (mit Dreisatz)
- Prozent- und Zinsrechnung
- Tabellen- und Diagrammanalyse

Über die bloßen Rechenkünste hinaus haben es Diagrammanalysen und Textaufgaben besonders auf Ihr Verständnis von Zahlenverhältnissen abgesehen: zum Beispiel, wenn unbekannte Werte mithilfe des Dreisatz-Verfahrens zu ermitteln sind. Bringen Sie zur Vorbereitung Ihr Schulwissen noch einmal gründlich auf Vordermann. Doch auch wer sich mit Mathe etwas schwerer tut, muss die Flinte nicht gleich ins Korn werfen. Die Testaufgaben sind im Allgemeinen ziemlich ähnlich, sodass sich die typischen Vorgehensweisen und Lösungswege sehr gut trainieren lassen.

Grundrechenarten ohne Taschenrechner

Bearbeitungszeit 5 Minuten

Die folgenden Aufgaben sind ohne Taschenrechner zu lösen. Als Hilfsmittel sind Papier und Stift für Nebenrechnungen zugelassen.

Beantworten Sie bitte die folgenden Aufgaben, indem Sie jeweils den richtigen Buchstaben markieren.

66. Wie lautet das Ergebnis für folgende Aufgabe?
194.256 − 86.257 = ?

A. 106.999

B. 107.999

C. 108.989

D. 109.979

E. Keine Antwort ist richtig.

67. Wie lautet das Ergebnis für folgende Aufgabe?
12.082 + 2.376 + 156 = ?

A. 14.304

B. 14.614

C. 15.202

D. 16.614

E. Keine Antwort ist richtig.

68. Wie lautet das Ergebnis für folgende Aufgabe?
12.156 × 5.234 = ?

A. 62.624.504

B. 63.614.504

C. 63.624.504

D. 63.623.502

E. Keine Antwort ist richtig.

69. Wie lautet das Ergebnis für folgende Aufgabe?
4.943 × 9.282 = ?

A. 45.880.926

B. 45.880.936

C. 46.880.926

D. 46.882.926

E. Keine Antwort ist richtig.

70. Wie lautet das Ergebnis für folgende Aufgabe?
520.668 ÷ 18 = ?

A. 28.916

B. 28.926

C. 29.126

D. 29.326

E. Keine Antwort ist richtig.

Prozent- und Zinsrechnen

Bearbeitungszeit 5 Minuten

Bei der Prozentrechnung sind drei Größen zu beachten: der Prozentsatz, der Prozentwert und der Grundwert. Zwei dieser Größen müssen gegeben sein, um die dritte Größe berechnen zu können.

Bei der kaufmännischen Zinsrechnung werden dem Monat 30 Tage und dem Jahr 360 Tage zugrunde gelegt.

Beantworten Sie bitte die folgenden Aufgaben, indem Sie jeweils den richtigen Buchstaben markieren.

71. Für eine Rechnung in Höhe von 500 € werden 19 % Mehrwertsteuer fällig. Wie hoch ist der Bruttobetrag inklusive Mehrwertsteuer?

    A. 565 €

    B. 575 €

    C. 595 €

    D. 585 €

    E. Keine Antwort ist richtig.

72. Die Max Mayer Handels GmbH hat eine Rechnung von 3.332 € inklusive 19 % Mehrwertsteuer erhalten. Die Mehrwertsteuer ist aber nicht gesondert aufgeführt. Herr Mayer möchte wissen, wie viel Euro an Mehrwertsteuer angefallen sind.

    A. 2.700 €

    B. 2.800 €

    C. 2.900 €

    D. 532 €

    E. Keine Antwort ist richtig.

Der Einstellungstest

73. Herr Mayer zahlt für eine Lieferung inklusive 19 Prozent Mehrwertsteuer 2.618 €. Wie hoch ist der Anteil der Mehrwertsteuer?

    A. 318 €

    B. 497 €

    C. 418 €

    D. 518 €

    E. Keine Antwort ist richtig.

74. Für eine Festgeldanlage erhält Herr Mayer nach einem Jahr 2.800 € Zinsen bei einer Verzinsung von sieben Prozent. Welcher Betrag wurde vor einem Jahr angelegt?

    A. 25.000 €

    B. 30.000 €

    C. 35.000 €

    D. 40.000 €

    E. Keine Antwort ist richtig.

75. Herr Mayer muss eine Rechnung von 5.000 € begleichen. Da er das Zahlungsziel um drei Monate überzogen hat, muss er nun inklusive Verzugszinsen einen Betrag von 5.100 € bezahlen. Welcher Jahreszinssatz ist für die Verzugszinsen angesetzt worden?

    A. 4 %

    B. 6 %

    C. 7 %

    D. 8 %

    E. Keine Antwort ist richtig.

Gemischte Textaufgaben, Dreisatz

Bearbeitungszeit 5 Minuten

Beantworten Sie bitte die folgenden Aufgaben, indem Sie jeweils den richtigen Buchstaben markieren.

76. Für das Bearbeiten von 500 Paletten werden 10 Mitarbeiter eingesetzt. Jeder Mitarbeiter schafft pro Stunde 5 Paletten. Nach fünf Stunden wird die Hälfte der Mitarbeiter für einen anderen Auftrag benötigt. Wie lange dauert die Bearbeitung der 500 Paletten insgesamt?

    A. 10 h

    B. 15 h

    C. 20 h

    D. 5 h

    E. Keine Antwort ist richtig.

77. Für die Produktion von 120 Maschinen benötigt Herr Mayer 20 Mitarbeiter und 20 Arbeitstage. Für einen weiteren Auftrag über 90 Maschinen stehen 15 Arbeitstage zur Verfügung. Wie viele Mitarbeiter muss Herr Mayer einsetzen, um den Auftrag fristgerecht zu erledigen?

    A. 5 Mitarbeiter

    B. 10 Mitarbeiter

    C. 15 Mitarbeiter

    D. 20 Mitarbeiter

    E. Keine Antwort ist richtig.

78. Eine Straße wird von beiden Enden gleichzeitig gebaut. Vom einen Ende werden täglich fünf Meter und vom anderen Ende sieben Meter fertig gestellt. Nach wie viel Tagen ist der Straßenbau beendet, wenn 1.200 Meter zu fertigen sind?

   A. 70 Tage

   B. 90 Tage

   C. 100 Tage

   D. 120 Tage

   E. Keine Antwort ist richtig.

79. Der Auszubildende Max hat eine Schrittweite von 1,4 Metern. Im Sportunterricht benötigt er für eine vorgegebene Strecke genau 480 Schritte. Wie viel Schritte braucht die Auszubildende Claudia für die gleiche Strecke, wenn sie eine Schrittweite von nur 1,12 Metern hat?

   A. 500

   B. 540

   C. 600

   D. 660

   E. Keine Antwort ist richtig.

80. Die Stadt Maxdorf hat Grundstücke als Bauland ausgewiesen. Dadurch können in einem Gebiet 24 gleich große Bauplätze zu je 500 m² erschlossen werden. Wie viele Bauplätze könnten erschlossen werden, wenn jeder Bauplatz um 20 % kleiner ausfallen würde?

   A. 20

   B. 25

   C. 30

   D. 35

   E. Keine Antwort ist richtig.

Maße und Einheiten umrechnen

Bearbeitungszeit 5 Minuten

Beantworten Sie bitte die folgenden Aufgaben, indem Sie jeweils den richtigen Buchstaben markieren.

81. Wie viele Kilometer sind 345 Millimeter?

A. 3,45
B. 0,045
C. 0,00345
D. 0,000345
E. Keine Antwort ist richtig.

82. Wie viele Quadratmeter sind 6,8 Quadratkilometer?

A. 6.800.000
B. 6.800
C. 68.000
D. 680.000
E. Keine Antwort ist richtig.

83. Wie viele Sekunden haben vier Tage?

A. 345.600 Sekunden
B. 347.600 Sekunden
C. 349.600 Sekunden
D. 350.600 Sekunden
E. Keine Antwort ist richtig.

84. Wie viele Liter sind 8,5 Kubikmeter?

A. 8.500
B. 850
C. 85
D. 0,85
E. Keine Antwort ist richtig.

85. Wie viele Quadratkilometer sind 45,6 Hektar?

A. 0,0456
B. 456
C. 0,456
D. 4,56
E. Keine Antwort ist richtig.

Kniffelige Aufgaben

Bearbeitungszeit 5 Minuten

Beantworten Sie bitte die folgenden Aufgaben, indem Sie jeweils den richtigen Buchstaben markieren.

86. Die Hälfte einer Zahl ist das Dreifache des vierten Teils von 96. Wie lautet die gesuchte Zahl?

   A. 106
   B. 132
   C. 164
   D. 144
   E. Keine Antwort ist richtig.

87. Eine Zahl ist der dritte Teil der Summe von 86 und 112. Wie lautet die gesuchte Zahl?

   A. 78
   B. 72
   C. 66
   D. 84
   E. Keine Antwort ist richtig.

88. Eine Zahl wird mit 3 multipliziert, anschließend wird 63 addiert und daraufhin 17 subtrahiert. Das Ergebnis ist 70. Wie lautet die gesuchte Zahl?

   A. 6
   B. 8
   C. 12
   D. 18
   E. Keine Antwort ist richtig.

89. **Addiert man die Hälfte, ein Drittel und ein Viertel einer Zahl, so erhält man die Zahl 156. Wie lautet die gesuchte Zahl?**

    A. 124

    B. 144

    C. 164

    D. 184

    E. Keine Antwort ist richtig.

90. **Auszubildender Müller soll ein 1 Meter langes Stück Holz in zwei Teile zerlegen. Das kürzere Stück soll ¼ der Länge des größeren Stücks haben. Wie lang ist das kürzere Stück?**

    A. 25 cm

    B. 20 cm

    C. 15 cm

    D. 10 cm

    E. Keine Antwort ist richtig.

Der Einstellungstest

Funktionen und Gleichungen

Bearbeitungszeit 5 Minuten

Nun müssen Sie mathematische Zusammenhänge untersuchen.

Beantworten Sie bitte die folgenden Aufgaben, indem Sie jeweils den richtigen Buchstaben markieren.

91. Welche der Funktionen entspricht dem Graphen im Koordinatensystem?

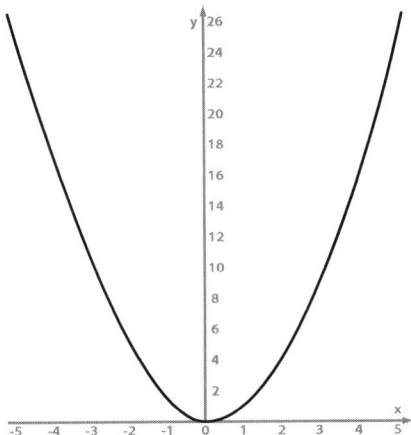

A. $y = 4x$

B. $y = x^2$

C. $y = -2x$

D. $y = 2$

E. Keine Antwort ist richtig.

92. Welche Formel sagt das Gleiche aus wie [A × (B + C)]?

A. $(A + B) \times (A + C)$

B. $(A + B) + (A \times C)$

C. $AB + AC$

D. $(B \times C) + A$

E. Keine Antwort ist richtig.

93. Zwischen den x- und y-Werten in der Tabelle besteht ein Zusammenhang. Durch welche Gleichung wird die Beziehung korrekt wiedergegeben?

x	1	2	3	4
y	1	4	9	16

A. $y = 1 + x^2$

B. $y = 2x$

C. $y = \dfrac{1}{x}$

D. $y = x^2$

E. Keine Antwort ist richtig.

94. Berechnen Sie bitte die Variable x, indem Sie die Gleichung nach x auflösen.
    $6x - 12 = 8 + 2x$

A. 2

B. 3

C. 4

D. 5

E. Keine Antwort ist richtig.

95. Gegeben sind zwei Gleichungen. Wie lautet das Ergebnis für Variable y, wenn für Variable a der Wert 4 und Variable b der Wert 2 gilt?
    $\dfrac{x}{b} = a$ und $\dfrac{y}{b} = x$

A. 4

B. 8

C. 12

D. 16

E. Keine Antwort ist richtig.

Der Einstellungstest

Datenanalyse

Bearbeitungszeit 5 Minuten

Beantworten Sie bitte die folgenden Aufgaben, indem Sie jeweils den richtigen Buchstaben markieren.

In der folgenden Tabelle finden Sie die Haushaltspläne der Bundesrepublik Deutschland für die Jahre 2007 und 2008.

	Ressort	2008	2007
		in Mio. Euro	
1	Bundesministerium für Arbeit und Soziales	124.041	124.311
2	Bundesschuld	42.937	40.396
3	Bundesministerium der Verteidigung	29.450	28.390
4	Bundesministerium für Verkehr, Bau und Stadtentwicklung	24.391	24.607
5	Allgemeine Finanzverwaltung	10.866	4.193
6	Bundesministerium für Bildung und Forschung	9.351	8.519
7	Bundesministerium für Familie, Senioren, Frauen und Jugend	6.210	7.400
8	Bundesministerium für Wirtschaft und Technologie	6.192	6.036
9	Bundesministerium für Ernährung, Landwirtschaft und Verbraucherschutz	5.280	5.172
10	Bundesministerium für wirtschaftliche Zusammenarbeit	5.135	4.494
11	Sonstiges	19.348	18.753
	Ausgaben gesamt	**283.200**	**272.270**

Quelle: Bundesministerium der Finanzen

96. Wie hoch waren Gesamtausgaben der Bundesrepublik Deutschland im Jahr 2008?

A. 124,2 Mrd. €

B. 283,2 Mio. €

C. 283,2 Mrd. €

D. 272,2 Mrd. €

E. Keine Antwort ist richtig.

97. Um welchen Betrag sind die Gesamtausgaben der Bundesrepublik Deutschland von 2007 bis 2008 gesunken?

A. 10.930 Mrd. €

B. 10.930 Mio. €

C. 11.937 Mrd. €

D. 11.937 Mio. €

E. Keine Antwort ist richtig.

98. Der Verkehrsminister hatte sowohl 2007 als auch 2008 den …?

A. kleinsten Haushaltsposten zur Verfügung.

B. zweitgrößten Haushaltsposten zur Verfügung.

C. viertgrößten Haushaltsposten zur Verfügung.

D. größten Haushaltsposten zur Verfügung.

E. Keine Antwort ist richtig.

99. Um wie viel Prozent sind die Ausgaben für das Bundesministerium der Verteidigung von 2007 bis 2008 in etwa gestiegen?

A. 4,00 %

B. 3,73 %

C. 5,00 %

D. 5,75 %

E. Keine Antwort ist richtig.

100. Um welchen Betrag hätten sich die Staatsschulden 2009 verringert, wenn der Tilgungssatz bei 3 % gelegen hätte?

A. Ca. 1,23 Mrd. €

B. Ca. 1,29 Mrd. €

C. Ca. 1,61 Mrd. €

D. Ca. 2,34 Mrd. €

E. Keine Antwort ist richtig.

Lösungen Mathematik

Grundrechenarten ohne Taschenrechner

Zu 66.

B. 107.999

Das Ergebnis lautet 107.999.

```
        194.256
  −      86.257
         1 1  1 1
  =     107.999
```

Zu 67.

B. 14.614

Das Ergebnis lautet 14.614.

```
        12.082
  +      2.376
  +        156
             2 1
  =     14.614
```

Zu 68.

C. 63.624.504

Das Ergebnis lautet 63.624.504.

```
        12156 × 5234
          60780000
  +        2431200
  +         364680
  +          48624
               1 2 1 1 1
  =        63624504
```

Zu 69.

A. 45.880.926

Das Ergebnis lautet 45.880.926.

```
        4943 × 9282
         44487000
  +        988600
  +        395440
  +          9886
             1 2 3 1 1
  =       45880926
```

Zu 70.

B. 28.926

Das Ergebnis lautet 28.926.

```
520668 ÷ 18 = 28926
 36
 ---
 160
 144
 ---
 166
 162
 ---
  46
  36
  ---
 108
 108
 ---
   0
```

Prozent- und Zinsrechnen

Zu 71.

C. 595 €

Der Rechnungsbetrag inklusive Mehrwertsteuer beträgt 595 €.

$$\text{Prozentwert} = \frac{\text{Grundwert} \times \text{Prozentsatz}}{100}$$

$$\text{Prozentwert} = \frac{500\,€ \times 19\%}{100} = 95\,€$$

500 € + 95 € = 595 €

oder

$$\text{Prozentwert} = \frac{500\,€ \times 119\%}{100} = 595\,€$$

Zu 72.

D. 532 €

Die Mehrwertsteuer beträgt 532 €.

$$\text{Grundwert} = \frac{\text{Prozentwert} \times 100}{\text{Prozentsatz}}$$

$$\frac{3.332\,€ \times 100}{119} = 2.800\,€$$

3.332 € − 2.800 € = 532 €

Zu 73.

C. 418 €

Die Mehrwertsteuer beträgt 418 €.

$$\text{Grundwert} = \frac{\text{Prozentwert} \times 100}{\text{Prozentsatz}}$$

$$\text{Grundwert} = \frac{2.618\,€ \times 100}{119\%} = 2.200\,€$$

Mehrwertsteuer = 2.618 € − 2.200 €
= 418 €

Zu 74.

D. 40.000 €

Es wurde ein Betrag von 40.000 € angelegt.

$$\text{Kapital} = \frac{\text{Zinsen} \times 100 \times 360\,d}{\text{Zinssatz} \times \text{Tage}}$$

$$\text{Kapital} = \frac{2.800\,€ \times 100 \times 360\,d}{7\% \times 360\,d} = 40.000\,€$$

Zu 75.

D. 8 %

Der Jahreszinssatz für die Verzugszinsen beträgt acht Prozent.

5.100 € − 5.000 € = 100 € (Zinsen)

$$\text{Zinssatz} = \frac{\text{Zinsen} \times 100 \times 360\,d}{\text{Kapital} \times \text{Tage}}$$

$$\text{Zinssatz} = \frac{100\,€ \times 100 \times 360\,d}{5.000\,€ \times 90\,d} = 8\%$$

Gemischte Textaufgaben, Dreisatz

Zu 76.

B. 15 h

Nach 5 Stunden sind 250 Paletten bearbeitet:

10 Mitarbeiter × 5 Paletten/h × 5 h = 250 Paletten

Für die übrigen 250 Paletten brauchen 5 Mitarbeiter 10 Stunden:

250 Paletten ÷ (5 Mitarbeiter × 5 Paletten pro Stunde) = 5 h

5 h + 10 h = 15 h

Zu 77.

D. 20 Mitarbeiter

Herr Mayer müsste für den zweiten Auftrag 20 Mitarbeiter einsetzen.

120 Maschinen ÷ 20 d = 6 Maschinen pro Tag bei 20 Mitarbeitern

6 ÷ 20 = 0,3 Maschinen pro Mitarbeiter pro Tag

0,3 × 15 d = 4,5 Maschinen in 15 Tagen pro Mitarbeiter

90 Maschinen ÷ 4,5 = 20 Mitarbeiter

Zu 78.

C. 100 Tage

Die Straße ist nach 100 Tagen fertig gestellt.

5 m + 7 m = 12 m

1.200 m ÷ 12 m/Tag = 100 Tage

Zu 79.

C. 600

Auszubildende Claudia würde für die gleiche Strecke 600 Schritte benötigen.

$480 \times 1{,}4 \text{ m} = 672 \text{ m}$

$672 \text{ m} \div 1{,}12 \text{ m} = 600$

Zu 80.

C. 30

Durch die Verkleinerung könnten 30 Bauplätze erschlossen werden.

$$\text{Prozentwert} = \frac{\text{Grundwert} \times \text{Prozentsatz}}{100}$$

$\dfrac{500 \text{ m} \times 80 \text{ m}}{100} = 400 \text{ m}^2$

$24 \times 500 \text{ m}^2 = 12.000 \text{ m}^2$

$12.000 \text{ m}^2 \div 400 \text{ m}^2 = 30 \text{ Bauplätze}$

Maße und Einheiten umrechnen

Zu 81.

D. 0,000345

Ein Millimeter entspricht 0,001 Metern bzw. 0,000001 Kilometern, also ergeben 345 Millimeter 0,000345 Kilometer:

$345 \times 0{,}000001 \text{ km} = 0{,}000345 \text{ km}$

Zu 82.

A. 6.800.000

Ein Quadratkilometer umfasst 1.000.000 Quadratmeter, also umfassen 6,8 Quadratkilometer 6,8 Mio. Quadratmeter:

$6{,}8 \times 1.000.000 \text{ m}^2 = 6.800.000 \text{ m}^2$

Zu 83.

A. 345.600 Sekunden

Vier Tage haben 345.600 Sekunden:

$4 \times 24 \text{ h} = 96 \text{ h}$

$96 \times 60 \text{ min} = 5.760 \text{ min}$

$5.760 \times 60 \text{ s} = 345.600 \text{ s}$

Zu 84.

A. 8.500

Ein Kubikmeter umfasst 1.000 Liter, also umfassen 8,5 Kubikmeter 8.500 Liter:

$8{,}5 \times 1.000 \text{ l} = 8.500 \text{ l}$

Zu 85.

C. 0,456

Ein Hektar entspricht 10.000 Quadratmetern bzw. 0,01 Quadratkilometern, also ergeben 45,6 Hektar 0,456 Quadratkilometer:

$45{,}6 \times 0{,}01 \text{ km}^2 = 0{,}456 \text{ km}^2$

Kniffelige Aufgaben

Zu 86.

D. 144

Die gesuchte Zahl lautet 144. Anhand der Aufgabenstellung lässt sich folgende Gleichung aufstellen:

$\frac{1}{2} y = 3 \times 96 \div 4 = 3 \times 24 = 72$

$y = 144$

Zu 87.

C. 66

Die gesuchte Zahl lautet 66. Anhand der Aufgabenstellung lässt sich folgende Gleichung aufstellen:

$y = (86 + 112) \div 3 = 198 \div 3 = 66$

Zu 88.

B. 8

Die gesuchte Zahl lautet 8. Anhand der Aufgabenstellung lässt sich folgende Gleichung aufstellen:

$y \times 3 + 63 - 17 = 70 \qquad | -46$

y × 3 = 24 | ÷ 3

y = 24 ÷ 3 = 8

Zu 89.

B. 144

Die gesuchte Zahl lautet 144.

$$\frac{1}{2}x + \frac{1}{3}x + \frac{1}{4}x = 156$$

$$\frac{6}{12}x + \frac{4}{12}x + \frac{3}{12}x = 156$$

$$\frac{13}{12}x = 156$$

x = 156 × 12 ÷ 13 = 144

Zu 90.

B. 20 cm

Das kürzere Stück ist 20 cm lang.

Das längere Stück ist viermal so lang wie das kürzere Stück. Beide Stücke zusammen sind 1 Meter lang. Mathematisch ausgedrückt:

x + 4x = 100 cm

5x = 100 cm | ÷ 5

x = 20 cm

Funktionen und Gleichungen

Zu 91.

B. $y = x^2$

Der Graph ist die Normalparabel mit der Gleichung $y = x^2$. Setzt man für x probeweise die Werte 1, 2 und 3 ein, dann erhält man für y die Werte 1, 4 und 9. Dies entspricht dem Graphen im Koordinatensystem.

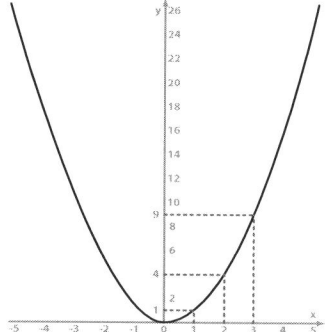

Zu 92.

C. AB + AC

Die Gleichung C ist die richtige Lösung.

Steht vor der Klammer ein Faktor (hier das A), so wird beim Auflösen der Klammer jeder Summand in der Klammer (hier B und C) mit diesem Faktor multipliziert.

Zu 93.

D. $y = x^2$

Es handelt sich um die Funktionsgleichung für die Normalparabel.

Zu 94.

D. 5

Das Ergebnis für x lautet fünf.

6x − 12 = 8 + 2x | − 2x | + 12

4x = 20 | ÷ 4

x = 5

Zu 95.

D. 16

Das Ergebnis für Variable y lautet 16.

a)

Gleichung 1 nach x auflösen und Werte einsetzen:

$$\frac{x}{b} = a \qquad | \times b$$

x = a × b = 4 × 2 = 8

b)

Gleichung 2 nach y auflösen und Werte einsetzen:

$$\frac{y}{b} = x \qquad | \times b$$

$$y = x \times b = 8 \times 2 = 16$$

Datenanalyse

Zu 96.

C. 283,2 Mrd. €

Die Gesamtausgaben der Bundesrepublik Deutschland betrugen im Jahr 2008 283,2 Mrd. €.

283.200 Mio. € = 283,2 Mrd. €

Zu 97.

E. Keine Antwort ist richtig.

Die Gesamtausgaben der Bundesrepublik Deutschland sind von 2007 auf 2008 nicht gesunken, sondern um 10.930 Mio. € gestiegen.

283.200 Mio. € − 272.270 Mio. € = 10.930 Mio. €

Zu 98.

C. viertgrößten Haushaltsposten zur Verfügung.

Mit 24.391 Mio. € in 2008 und 24.607 Mio. € in 2007 hatte das Bundesministerium für Verkehr, Bau und Stadtentwicklung den viertgrößten Haushaltsposten zur Verfügung.

Zu 99.

B. 3,73 %

Die Ausgaben für das Bundesministerium der Verteidigung sind von 2007 bis 2008 um etwa 3,73 % gestiegen.

29.450 Mio. € − 28.390 Mio. € = 1.060 Mio. €

$$\text{Prozentsatz} = \frac{\text{Prozentwert} \times 100}{\text{Grundwert}}$$

$$\frac{1.060 \text{ Mio. €} \times 100}{28.390 \text{ Mio. €}} = 3,73 \%$$

Zu 100.

B. Ca. 1,29 Mrd. €

Bei einem Tilgungssatz von 3 % hätten sich die Staatsschulden um ca. 1,29 Mrd. € verringert.

$$\text{Prozentwert} = \frac{\text{Grundwert} \times \text{Prozentsatz}}{100}$$

$$\frac{42.937 \text{ Mio. €} \times 3 \%}{100} = 1.288,11 \text{ Mio. €}$$

$$\approx 1,29 \text{ Mrd. €}$$

Logisches Denkvermögen

Logik ist die Lehre des vernünftigen Folgerns. Komplexe Sachlagen überblicken, verschiedene Handlungsalternativen systematisch durchdenken – diese Fähigkeiten sind nicht nur im Polizei- oder Zolldienst gefragt. Um sie zu testen, gibt es unterschiedliche Aufgabentypen, in denen Buchstaben, Wörter, Sätze, Zahlen, Symbolreihen oder Figuren vorkommen.

Der Logikteil besteht aus ...
- Sprachlogik: Wortanalogien, Oberbegriffe
- Ergänzungsaufgaben: Buchstaben- und Zahlenreihen fortsetzen
- Interpretationsaufgaben: Texte und Schaubilder verstehen

Häufig gilt es, zwischen verschiedenen Elementen abstrakte Zusammenhänge und Strukturen zu erkennen. Sprachlogische Fragen fordern beispielsweise dazu auf, Analogien herzustellen: Ast verhält sich zu Baum wie Rad zu was? Eine mögliche Antwort wäre hier Auto, da das Rad ebenso ein Teil des Autos ist, wie der Ast zum Baum gehört. Bei anderen Aufgaben finden Sie zu vorgegebenen Bezeichnungen den jeweils passenden Oberbegriff, setzen Buchstaben- oder Zahlenreihen richtig fort oder ziehen aus vorgegebenen Informationen plausible Schlussfolgerungen.

Der Einstellungstest

Zahlenreihen fortsetzen

Aufgabenerklärung

In diesem Abschnitt haben Sie Zahlenfolgen, die nach festen Regeln aufgestellt sind.

Bitte markieren Sie den zugehörigen Buchstaben der Zahl, von der Sie denken, dass sie die Reihe am sinnvollsten ergänzt.

Hierzu ein Beispiel

Aufgabe

1.

| 1 | 2 | 3 | 4 | 5 | ? |

A. 6
B. 7
C. 8
D. 9
E. Keine Antwort ist richtig.

Antwort

(A.) 6

Bei dieser Zahlenreihe wird jede folgende Zahl um eins erhöht. Die gesuchte Zahl lautet somit 5 + 1 = 6 und die richtige Antwort lautet A.

Beantworten Sie bitte die folgenden Aufgaben, indem Sie jeweils den richtigen Buchstaben markieren.

Bearbeitungszeit 5 Minuten

101.

| 1 | 1 | 2 | 3 | 5 | ? |

- A. 8
- B. 9
- C. 10
- D. 14
- E. Keine Antwort ist richtig.

102.

- A. 56
- B. 51
- C. 95
- D. 96
- E. Keine Antwort ist richtig.

103.

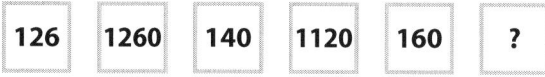

- A. 32
- B. 800
- C. 960
- D. 1020
- E. Keine Antwort ist richtig.

Der Einstellungstest

104.

| 1 | 2 | 6 | 15 | 31 | ? |

A. 36

B. 44

C. 58

D. 56

E. Keine Antwort ist richtig.

105.

| 8 | 7 | 10 | 5 | 12 | 3 | 14 | ? |

A. 1

B. 27

C. 36

D. 24

E. Keine Antwort ist richtig.

Sprachlogik: Analogien

Aufgabenerklärung

In diesem Abschnitt wird Ihre Fähigkeit zu logischem Denken im sprachlichen Bereich geprüft.

Pro Aufgabe werden Ihnen zwei Wörter vorgegeben, die in einer bestimmten Beziehung zueinander stehen. Eine ähnliche Beziehung besteht zwischen einem dritten und vierten Wort. Das dritte Wort wird Ihnen vorgegeben, das vierte sollen Sie in den Antworten A bis E selbst ermitteln.

Hierzu ein Beispiel

Aufgabe

1. **dick : dünn   wie   lang : ?**
   - A. hell
   - B. dunkel
   - C. schmal
   - D. kurz
   - E. schlank

Antwort

(D.) kurz

Gesucht wird ein Begriff, zu dem sich „lang" genauso verhält wie „dick" zu „dünn". Da „dick" das Gegenteil von „dünn" ist, muss ein Begriff gefunden werden, zu dem „lang" das Gegenteil ist. Von den Wahlwörtern kommt somit nur „kurz" in Frage; Lösungsbuchstabe ist daher das D.

Der Einstellungstest

Beantworten Sie bitte die folgenden Aufgaben, indem Sie jeweils den richtigen Buchstaben markieren.

Bearbeitungszeit 5 Minuten

106. Wein : Riesling wie Käse : ?
A. Edamer
B. Fisch
C. Wurst
D. Quark
E. Tofu

107. Verfassung : Artikel wie Koran : ?
A. Suren
B. Vers
C. Psalm
D. Lied
E. Inhalt

108. Erde : Mond wie Sonne : ?
A. Galaxie
B. Universum
C. Mond
D. Planet
E. Stern

109. Äquator : Breitengrad wie Nullmeridian : ?
A. Querstreifen
B. Längengrad
C. Höhengrad
D. Koordinate
E. Datumsgrenze

110. Dreieck : Tetraeder wie Quadrat : ?
A. Raute
B. Dreieck
C. Würfel
D. Kegel
E. Ikosaeder

Sprachlogik: Oberbegriffe

Bearbeitungszeit 5 Minuten

Nun wird die Fähigkeit zu logischem Denken im sprachlichen Bereich getestet.

In jeder der folgenden Aufgaben werden Ihnen zwei Begriffe vorgegeben, zu denen Sie einen gemeinsamen Oberbegriff finden sollen.

Beantworten Sie bitte die folgenden Aufgaben, indem Sie den Lösungsbuchstaben des gesuchten Oberbegriffs markieren.

111. Thermometer, Barometer
- A. Kompass
- B. Messgerät
- C. Chronograf
- D. Maßband
- E. Keine Antwort ist richtig.

112. Kiefer, Eiche
- A. Nadelbäume
- B. Sträucher
- C. Laubbäume
- D. Zimmerpflanzen
- E. Keine Antwort ist richtig.

113. Blende, Objektiv
- A. Fernglas
- B. Mikroskop
- C. Stethoskop
- D. Fotoapparat
- E. Keine Antwort ist richtig.

114. Schildkröte, Schlange
- A. Reptil
- B. Säugetier
- C. Krokodil
- D. Amphibie
- E. Keine Antwort ist richtig.

115. Aluminium, Natrium
- A. Schwermetall
- B. Leichtmetall
- C. Veredelung
- D. Legierungen
- E. Keine Antwort ist richtig.

Der Einstellungstest

Meinung oder Tatsache

Aufgabenerklärung

In diesem Abschnitt erhalten Sie verschiedene Aussagen, die Sie dahingehend überprüfen sollen, ob es sich um eine Meinung oder eine Tatsache handelt.

Handelt es sich um eine Meinung, so markieren Sie bitte „Meinung".

Handelt es sich um eine Tatsache, so markieren Sie bitte „Tatsache".

Hierzu ein Beispiel

Aufgabe

1. Alle Katzen sind schwarz.
   M. Meinung
   T. Tatsache

Antwort

   (M.) Meinung

Es handelt sich um eine subjektive Annahme – noch dazu um eine falsche: Es gibt schließlich auch Katzen mit anderen Fellfarben.

Beantworten Sie bitte die folgenden Aufgaben, indem Sie jeweils den richtigen Buchstaben markieren.

Bearbeitungszeit 5 Minuten

116. Wer rastet, der rostet.
- M. Meinung
- T. Tatsache

117. Fleisch ist ungesund.
- M. Meinung
- T. Tatsache

118. Vor Gott sind alle Menschen gleich.
- M. Meinung
- T. Tatsache

119. Die verschiedenen Richtungen der Naturheilkunde sind längst veraltet.
- M. Meinung
- T. Tatsache

120. Irgendwann wird die Sonne ausgebrannt sein und aufhören zu leuchten.
- M. Meinung
- T. Tatsache

Der Einstellungstest

Flussdiagramm

Aufgabenerklärung

Dieser Abschnitt prüft, wie gut Sie komplexe Abläufe strukturell nachvollziehen können. Sie erhalten dazu ein Flussdiagramm.

Flussdiagramme sind eine gute Methode, um Handlungsprozesse mit verschiedenen Verlaufsalternativen grafisch abzubilden. Diese Darstellungsform eignet sich besonders dazu, verzweigte Abläufe zu planen, zu steuern und zu erklären.

Wie funktionieren Flussdiagramme?

Ein Flussdiagramm besteht aus verschiedenen Symbolen, die beschriftet und durch waagerechte oder senkrechte Verlaufspfeile miteinander verbunden sind. Die Symbole lassen sich grob in fünf Gruppen einordnen:

- Rechtecke mit abgerundeten Ecken stehen für Prozessbeginn und -ende.
- Rauten stellen Bedingungen dar.
- Rechtecke symbolisieren eigene, in sich geschlossene Unterprozesse.
- Ovale kennzeichnen Entscheidungen oder Konsequenzen.
- Parallelogramme repräsentieren prozessinterne Ein- und Ausgaben (In- und Outputs).

Logisches Denkvermögen

Hierzu ein Beispiel

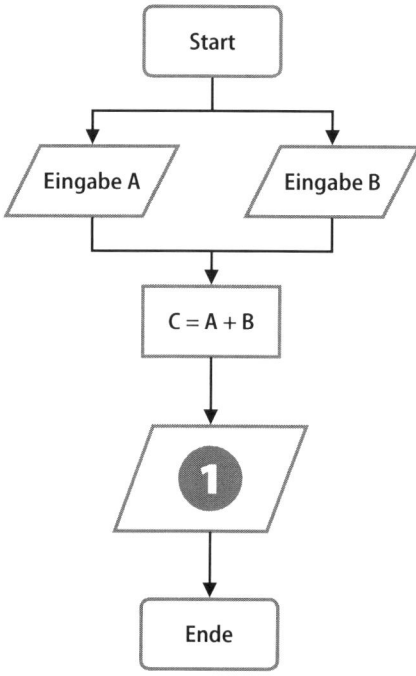

Aufgabe

1. **Durch welche der Antworten wird die Zahl 1 im Flussdiagramm sinnvoll ersetzt?**

   A. Ausgabe C

   B. Ausgabe A

   C. Ausgabe B

   D. Eingabe A

   E. Keine Antwort ist richtig.

Antwort

A. Ausgabe C

Im abgebildeten Prozess werden zwei Variablen A und B eingegeben und zum Ergebnis C addiert. Sinnvollerweise wird dieses Ergebnis anschließend ausgegeben, d. h. zum Beispiel auf einem Monitor angezeigt.

Der Einstellungstest

Beantworten Sie bitte die folgenden Aufgaben, indem Sie jeweils den richtigen Buchstaben markieren.

Bearbeitungszeit 5 Minuten

Briefversand

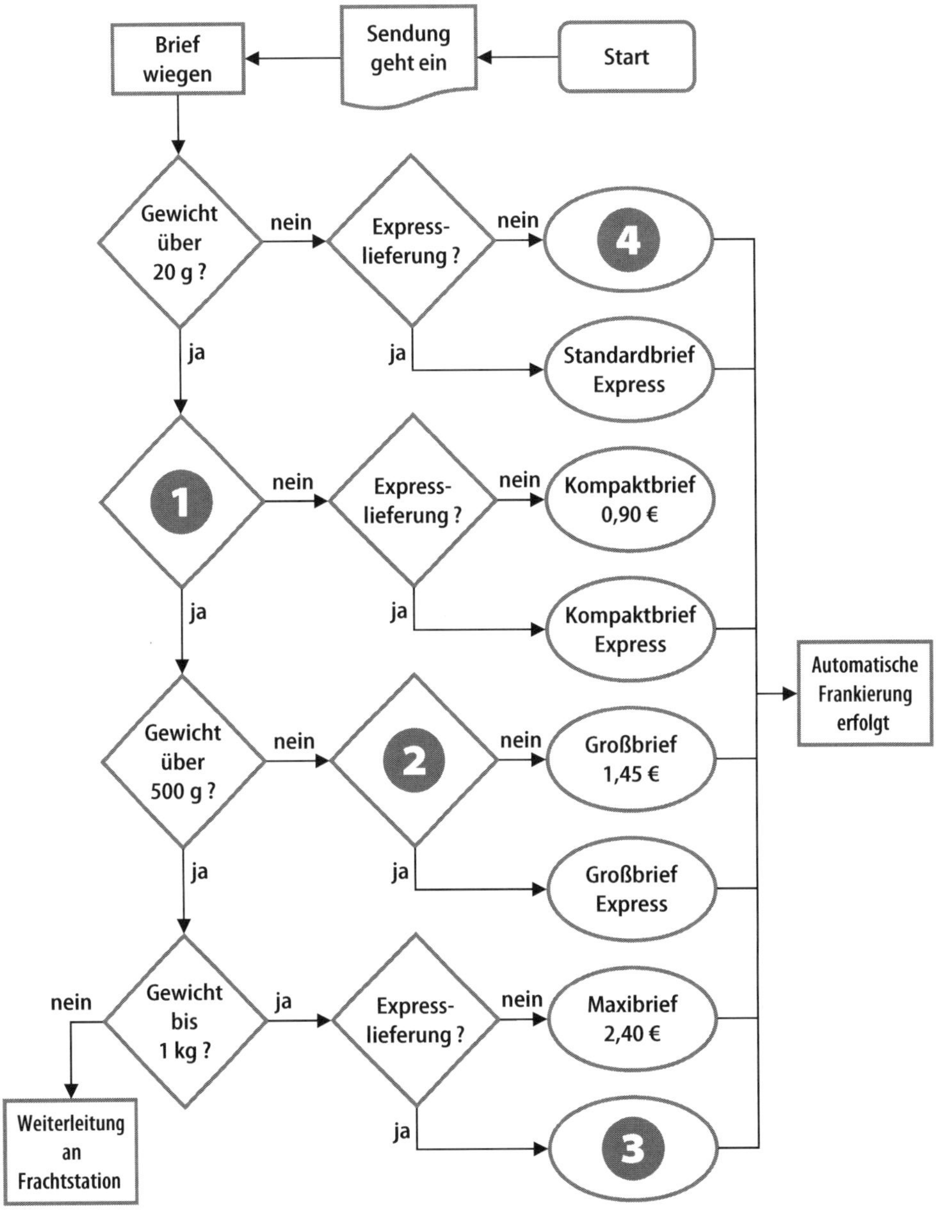

Berücksichtigen Sie zum Lösen der Aufgaben folgende Tabelle:

Artikel	Standardbrief	Kompaktbrief	Großbrief	Maxibrief	Dienstleister
Gewicht	bis 20 g	bis 50 g	bis 500 g	bis 1.000 g	über 1.000 g
Preis	0,60 €	0,90 €	1,45 €	2,40 €	4,10 €

121. Durch welche der Antworten wird die Zahl 1 im Flussdiagramm sinnvoll ersetzt?

A. Gewicht über 2 kg?

B. Weiterleitung an Frachtstation

C. Expresslieferung?

D. Gewicht über 50 g?

E. Kompaktbrief 0,90 €

122. Durch welche der Antworten wird die Zahl 2 im Flussdiagramm sinnvoll ersetzt?

A. Gewicht über 2 kg?

B. Weiterleitung an Frachtstation

C. Expresslieferung?

D. Gewicht über 500 g?

E. Großbrief 1,45 €

123. Durch welche der Antworten wird die Zahl 3 im Flussdiagramm sinnvoll ersetzt?

A. Gewicht über 2 kg?

B. Maxibrief 2,40 €

C. Expresslieferung?

D. Gewicht über 500 g?

E. Maxibrief Express

124. Durch welche der Antworten wird die Zahl 4 im Flussdiagramm sinnvoll ersetzt?

A. Standardbrief Express

B. Maxibrief 2,40 €

C. Standardbrief 0,60 €

D. Gewicht über 20 g?

E. Automatische Frankierung erfolgt

125. Wie muss eine Sendung mit einem Gewicht von 1.350 g frankiert werden?

A. Die Sendung muss als Kompaktbrief mit 0,90 € frankiert werden.

B. Die Sendung muss als Großbrief mit 2,40 € frankiert werden.

C. Die Sendung muss als Maxibrief mit 1,45 € frankiert werden.

D. Die Sendung muss als Päckchen mit 4,10 € frankiert werden.

E. Die Sendung wird an die Frachtstation weitergeleitet.

Lösungen Logisches Denkvermögen

Zahlenreihen fortsetzen

Zu 101.

A. 8

Die nächste Zahl wird aus der Summe der beiden vorherigen Zahlen gebildet.

1 + 1 = 2; 1 + 2 = 3; 2 + 3 = 5; 3 + 5 = 8

Zu 102.

C. 95

+3 | +6 | +12 | +24 | +48

Zu 103.

C. 960

×10 | ÷9 | ×8 | ÷7 | ×6

Zu 104.

D. 56

Die Quadratzahlen werden hinzuaddiert:

+1 | +4 | +9 | +16 | +25

Zu 105.

A. 1

−1 | +3 | −5 | +7 | −9 | +11 | −13

Sprachlogik: Analogien

Zu 106.

A. Edamer

Riesling ist eine Rebsorte, Edamer ist eine Käsesorte.

Zu 107.

A. Suren

Die Verfassung ist in einzelne Artikel gegliedert, der Koran in Suren.

Zu 108.

D. Planet

Die Erde wird vom Mond umkreist, die Sonne von Planeten.

Zu 109.

B. Längengrad

Der Äquator ist der 0. Breitengrad, der Nullmeridian der 0. Längengrad.

Zu 110.

C. Würfel

Die Seitenflächen eines Tetraeders sind Dreiecke, die Seitenflächen eines Würfels sind Quadrate.

Sprachlogik: Oberbegriffe

Zu 111.

B. Messgerät

Thermometer und Barometer sind Messgeräte zur Bestimmung der Temperatur und des Luftdrucks.

Zu 112.

E. Keine Antwort ist richtig.

Die Kiefer ist ein Nadelbaum und die Eiche ein Laubbaum. Eine gemeinsame Kategorie lässt sich unter den angegebenen Begriffen nicht finden.

Zu 113.

D. Fotoapparat

Die Blende und das Objektiv sind Bestandteile eines Fotoapparats.

Zu 114.

A. Reptil

Schildkröte und Schlange gehören zur Gruppe der Reptilien.

Zu 115.

B. Leichtmetall

Aluminium und Natrium sind Leichtmetalle.

Meinung oder Tatsache

Zu 116.

T. Tatsache

Was im Volksmund schon länger bekannt war, ist inzwischen auch wissenschaftlich erwiesen. Sowohl für die Muskeln als auch für das Gehirn gilt: Wer sich schont, baut schnell ab. Werden Kopf und Körper dagegen regelmäßig gefordert, bleiben sie auch leistungsfähig. Es handelt sich also um eine Tatsache.

Zu 117.

M. Meinung

Die gängige, wissenschaftlich anerkannte Empfehlung lautet, dass man alles in Maßen zu sich nehmen soll. Übermäßige Mengen sind immer ungesund. Fleisch gilt – je nach Sorte und Zubereitung – nicht unbedingt als ungesund, allerdings gibt es so viele verschiedene Ernährungstheorien und -experten, dass man hier beim besten Willen nicht von einer Tatsache sprechen kann, sondern die Aussage als Meinung bewerten muss.

Zu 118.

M. Meinung

Da nicht einmal die Existenz Gottes wissenschaftlich erwiesen ist, kann erst recht keine gesicherte Aussage über seine Ansichten oder sein Verhalten getroffen werden. Somit handelt es sich hier um eine Meinung.

Zu 119.

M. Meinung

Die Naturheilkunde hat neben der Schulmedizin durchaus ihre Berechtigung und ihren Platz, da sie andere Methoden verwendet und die Schulmedizin wertvoll ergänzen kann. Diese Aussage ist also eine Meinung, die zudem so pauschal nicht zutrifft.

Zu 120.

T. Tatsache

Das ist tatsächlich so. Die Wärme und das Licht der Sonne entstehen durch Verbrennungsprozesse. Wenn keine brennbare Masse mehr vorhanden ist, wird die Sonne erlöschen. Bis dahin werden aber noch viele Milliarden Jahre vergehen.

Flussdiagramm

Zu 121.

D. Gewicht über 50 g?

Gesucht wird eine Bedingung, B und E fallen also weg. Die vorausgehende Bedingung unterscheidet zwischen Sendungen mit einem Gewicht von bis zu 20 g und schwereren Sendungen. Laut Tabelle ist der nächst höhere Gewichtsbereich der des Kompaktbriefs mit bis zu 50 g. Die Lösung lautet demnach D.

Zu 122.

C. Expresslieferung?

Die Unterscheidung nach Gewicht wurde bereits getroffen, der Brief wiegt zwischen 51 g und 500 g – dadurch entfallen A und D. Da eine Raute eine Bedingung anzeigt, können auch B und E nicht stimmen. Übrig bleibt C: Wie bei allen anderen Gewichtsklassen gibt es auch hier die Möglichkeit der Expresslieferung.

Der Einstellungstest

Zu 123.

E. Maxibrief Express

Wie sich aus den vorausgehenden Bedingungen ergibt, ist der Brief zwischen 501 g und 1.000 g schwer (Maxibrief) und soll per Express verschickt werden. Somit kommt nur Lösung E in Frage.

Zu 124.

C. Standardbrief 0,60 €

Es handelt sich um einen Standardbrief (bis zu 20 g), der nicht per Express verschickt wird. Richtig ist also Lösung C.

Zu 125.

E. Die Sendung wird an die Frachtstation weitergeleitet.

Aus dem Flussdiagramm und der Tabelle lässt sich ablesen: Briefsendungen mit einem Gewicht von mehr als 1.000 g werden an die Frachtstation abgegeben.

Lösungshinweis

Das Diagramm zeigt die Ablauforganisation des Briefversands. Eingehende Briefe werden zunächst gewogen: Abhängig von ihrem Gewicht werden sie als Standardbrief (bis 20 g), Kompaktbrief (21 g–50 g), Großbrief (51 g–500 g) oder Maxibrief (501 g–1.000 g) eingestuft. Für jeden Brieftyp kann nun entschieden werden, ob er als Expressbrief mit beschleunigter Beförderung verschickt werden soll. Schließlich werden die Briefe entsprechend frankiert. Ist die Sendung schwerer als 1 kg, wird sie an die Frachtstation weitergeleitet; der hier dargestellte interne Ablauf ist damit beendet.

Visuelles Denkvermögen

Aufgaben zum visuellen Denkvermögen überprüfen neben Ihrer räumlichen Vorstellungskraft ein Stück weit auch die praktische Intelligenz: etwa, wenn Sie herausfinden sollen, welcher dreidimensionale Körper sich aus einer abgebildeten Faltvorlage zusammenbasteln lässt. Im zweidimensionalen Bereich spielt unter anderem die Wahrnehmung von Flächenformen eine Rolle, die miteinander zu vergleichen sind.

Im Grenzgebiet zum logischen Denkvermögen finden sich Aufgaben zu grafischen Reihen und Matrizen. Nutzen Sie Ihr Abstraktionsvermögen, um herauszufinden, nach welchen „Bauanleitungen" verschiedene Formen und Muster konstruiert sind – im Notfall helfen Ihnen die Lösungskommentare dieses Buchs. Wer einmal einen Blick für Körper und Flächen entwickelt hat, profitiert noch lange Zeit später davon: Der Trainingseffekt im Bereich der räumlichen Vorstellungskraft setzt schnell ein und ist sehr nachhaltig.

Das visuelle Denkvermögen umfasst ...
- Räumliche Vorstellungskraft: Flächen und Körper
- Visuelle Auffassungsgabe: Matrizen, Muster und Figuren

Figuren ergänzen

Aufgabenerklärung

In diesem Abschnitt wird Ihr visuelles Denkvermögen getestet.

Sie sehen ein Rechteck mit acht Figuren. Ihre Aufgabe besteht darin, das Fragezeichen durch die passende Figur sinnvoll nach einer bestimmten Regel zu ersetzen.

Hierzu ein Beispiel

Aufgabe

1. Sie sehen ein Quadrat mit acht Figuren.

Durch welche der fünf Figuren wird das Fragezeichen logisch ersetzt?

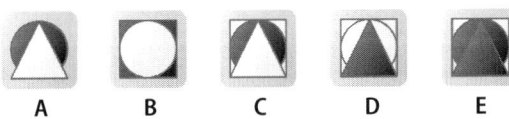

Antwort

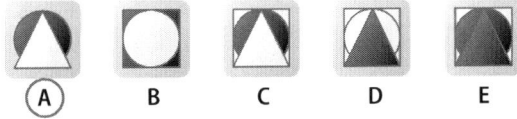

Die beiden linken Figuren einer Reihe werden rechts überlagert, wobei sie ihre Farben tauschen.

Beantworten Sie bitte die folgenden Aufgaben, indem Sie jeweils den richtigen Buchstaben markieren.

Bearbeitungszeit 5 Minuten

126. Sie sehen ein Quadrat mit acht Figuren.

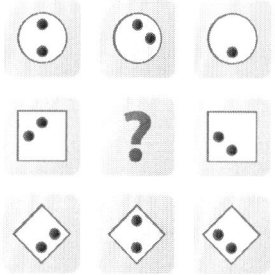

Durch welche der fünf Figuren wird das Fragezeichen logisch ersetzt?

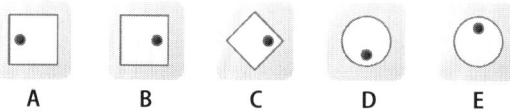

A   B   C   D   E

127. Sie sehen ein Quadrat mit acht Figuren.

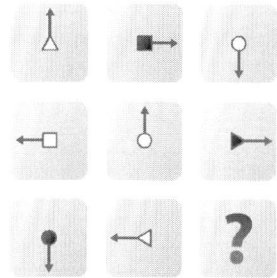

Durch welche der fünf Figuren wird das Fragezeichen logisch ersetzt?

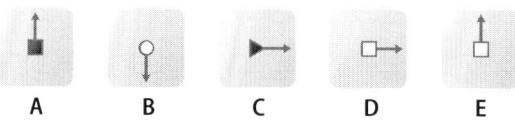

A   B   C   D   E

Der Einstellungstest

128. Sie sehen ein Quadrat mit acht Figuren.

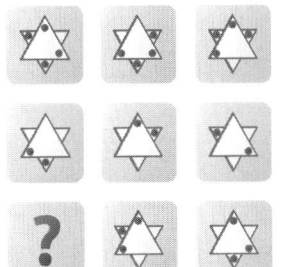

Durch welche der fünf Figuren wird das Fragezeichen logisch ersetzt?

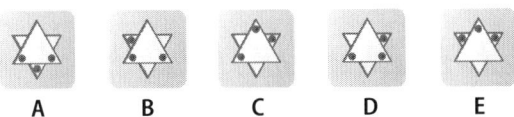

A B C D E

129. Sie sehen ein Quadrat mit acht Figuren.

Durch welche der fünf Figuren wird das Fragezeichen logisch ersetzt?

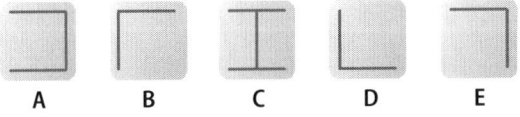

A B C D E

130. Sie sehen ein Quadrat mit acht Figuren.

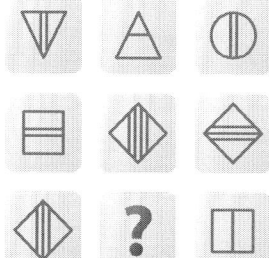

Durch welche der fünf Figuren wird das Fragezeichen logisch ersetzt?

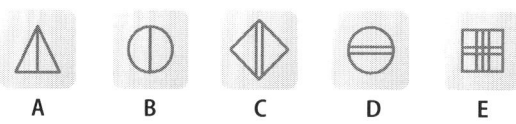

A B C D E

Visuelle Analogien

Aufgabenerklärung

In diesem Abschnitt wird Ihre Fähigkeit zu logischem Denken im visuellen Bereich geprüft.

Sie werden in jeder der folgenden Aufgaben zunächst mit zwei Figuren konfrontiert, die in einer bestimmten Beziehung zueinander stehen. Durch eine ähnliche Beziehung ist auch eine dritte mit einer vierten Figur verknüpft – diese müssen Sie jedoch aus einer Menge mehrerer Antwortmöglichkeiten selbst ermitteln.

Hierzu ein Beispiel

Aufgabe

1. Gegeben ist folgende Figurenrelation:

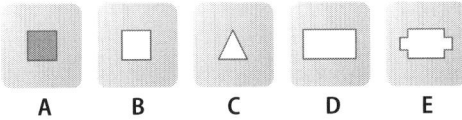

Durch welche Figur wird das Fragezeichen logisch ersetzt?

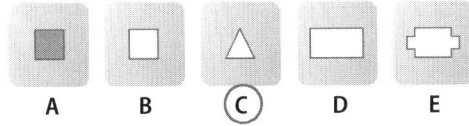

Antwort

Das Objekt wird in verkleinerter Form wiederholt.

Beantworten Sie bitte die folgenden Aufgaben, indem Sie jeweils den richtigen Buchstaben markieren.

Bearbeitungszeit 5 Minuten

131. Gegeben ist folgende Figurenrelation:

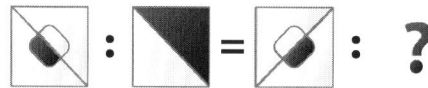

Durch welche Figur wird das Fragezeichen logisch ersetzt?

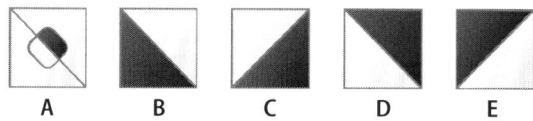

A   B   C   D   E

132. Gegeben ist folgende Figurenrelation:

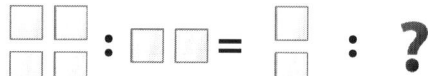

Durch welche Figur wird das Fragezeichen logisch ersetzt?

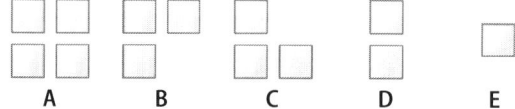

A   B   C   D   E

133. Gegeben ist folgende Figurenrelation:

V : A = II : ?

Durch welche Figur wird das Fragezeichen logisch ersetzt?

T   I   H   I   —

A   B   C   D   E

134. Gegeben ist folgende Figurenrelation:

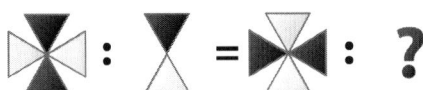

Durch welche Figur wird das Fragezeichen logisch ersetzt?

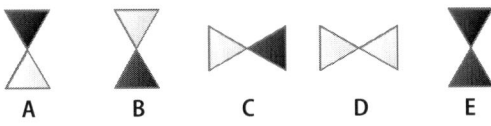

135. Gegeben ist folgende Figurenrelation:

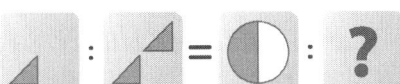

Durch welche Figur wird das Fragezeichen logisch ersetzt?

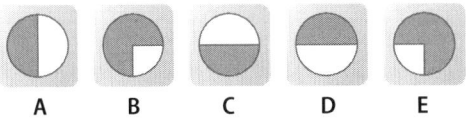

Lösungen Visuelles Denkvermögen

Figuren ergänzen

Zu 126.

B

Gehen Sie in den einzelnen Reihen von links nach rechts vor. In jeder Reihe kommt nur ein Objekttyp (Viereck, Raute, Kreis) vor. In den Objekten befinden sich zwei Punkte, die mit verschiedenen Geschwindigkeiten innerhalb des Objekts umlaufen: Ein Punkt wandert um 90° im Uhrzeigersinn, der andere um 180°.

Zu 127.

E

Gehen Sie von oben nach unten vor. Der Pfeil wird mit jedem Schritt nach unten um 90° gegen den Uhrzeigersinn gedreht. So kommen nur die Antworten A und E in Betracht. Zudem befindet sich in jeder Spalte nur ein schwarzes Objekt, sodass nur Antwort E als Lösung bleibt.

Zu 128.

D

Gehen Sie in den Reihen von links nach rechts vor. Die Punkte im inneren Dreieck wandern im Uhrzeigersinn, die im äußeren gegen den Uhrzeigersinn.

Zu 129.

B

Gehen Sie in den einzelnen Reihen von links nach rechts vor. Wird das links stehende Objekt an einer senkrechten Achse gespiegelt, erhält man das Objekt der jeweils zweiten Spalte. Dreht man dieses wiederum um 90° gegen den Uhrzeigersinn, ergibt sich das Objekt der rechten Spalte.

Zu 130.

D

In jeder Spalte und in jeder Reihe wechseln sich waagerechte und senkrechte Linien von Feld zu Feld ab. Eine andere Regel gibt es hierbei nicht.

Visuelle Analogien

Zu 131.

E

Da die erste Figur vertikal gespiegelt wurde, muss auch die zweite Figur vertikal gespiegelt werden.

Zu 132.

E

Da die erste Figur auf eine Zeile reduziert wurde, muss die zweite Figur ebenso reduziert werden.

Zu 133.

C

Da die beiden Diagonalen des „V" in die Senkrechte gebracht werden, müssen auch die beiden Diagonalen des „A" in die senkrechte Position verschoben werden.

Zu 134.

C

Die Figur wurde um 90° im Uhrzeigersinn gedreht.

Zu 135.

B

Die ursprüngliche Figur bleibt bestehen und wird mit ihrer diagonalen Spiegelung überlagert.

Konzentrationsvermögen

Mit Konzentrationsvermögen ist die Fähigkeit gemeint, ein anspruchsvolles Arbeitspensum auch unter Zeitdruck mit klarem Kopf bewältigen zu können. Die Kategorie verbindet Arbeitsgeschwindigkeit mit Gründlichkeit – Schnelligkeit darf nicht auf Kosten der Sorgfalt gehen!

Der Konzentrationstest beinhaltet …
- Kombinationsaufgaben: z. B. Zahlenkarten sortieren, Codierte Wörter
- Such- und Zählaufgaben: z. B. p/q-Test, Original und Abschrift

Besonders anspruchsvoll sind die Aufgaben an sich bisweilen nicht. Der p/q-Test beispielsweise – auch in seinen Variationen als O/Q-Test oder b/d-Test bekannt – besteht aus nichts anderem als ziemlich eintönigen Buchstabenfolgen, bei denen Sie die Anzahl aller „p"s bestimmen sollen. Andere Konzentrationsaufgaben bestehen darin, Zahlenkarten nach einem bestimmten System zu sortieren oder codierte Begriffe zu verknüpfen.

Unterschätzen Sie diese Aufgabenstellungen nicht: Das Zeitlimit sorgt für Stress! Halten Sie die Bearbeitungszeiten ein, die in diesem Buch vorgegeben sind, damit Sie lernen, Ihre Arbeitsgeschwindigkeit realistisch einzuschätzen.

Der Einstellungstest

Adressenüberprüfung

Aufgabenerklärung

Bei der Abschrift einer Adressdatei haben sich einige Fehler eingeschlichen.

Vergleichen Sie die Abschrift mit den Originalangaben in der jeweils oberen Zeile, um die Fehler zu erkennen.

Hierzu ein Beispiel

Aufgabe

Aufgabe	Name	Vorname	Straße	Ort	Fehler
1.	Max	Mayer	Musterstraße 5	34514 Köln	
	Max	Meyer	Masterstaaße 5	34514 köln	

Antwort

Aufgabe	Name	Vorname	Straße	Ort	Fehler
1.	Max	Mayer	Musterstraße 5	34514 Köln	4
	Max	M**e**yer	M**a**sterst**a**aße 5	34514 **k**öln	

Die Bearbeitungszeit für die 45 Aufgaben beträgt 5 Minuten.

Beginnen Sie bitte jetzt mit den Aufgaben zur Adressenüberprüfung und tragen Sie Ihre Ergebnisse in der Fehlerspalte ein.

Bearbeitungszeit 5 Minuten

Aufgabe	Name	Vorname	Straße	Ort	Fehler
136.	Adam Adem	Agnes Agnes	Alte Dorfstr. 1 alte Dorfstr. 1	24217 Schönberg 25217 Schönberg	
137.	Knautz Knauts	Alexander Alexandar	Am Schlitz 1 Am schlitz 1	25358 Horst 25354 Horst	
138.	Ahrens Ahrans	Alice Alise	Am Winkel 1 Am Winkel 1	25980 Sylt-Ost 25980 Sylt-Ost	
139.	Walter Walter	Mike Mike	Am Berge 1 Am Berge 1	26121 Oldenburg 26111 Oldenburg	
140.	Ahring Ahring	Thomas Thomes	Am Busch 1 Am Busch 2	26419 Schortens 26418 Schortems	
141.	Aichinger Aichinger	Beate Beete	Am Dorfteich 2 Am Dorfdeich 2	60386 Frankfurt 60383 Frankfurt	
142.	Altenkamp Altenkamp	Brigitte Brigitte	Am Teich 2 Am Teich 4	28816 Stuhr 28816 Stuhl	
143.	Andreas Andreas	Brune Brune	Bellerwiese 3 Bellerwiese 3	29581 Gerdau 29591 Gerdau	
144.	Kraus Kraus	Bruno Bruno	Bonmannstr. 3 BonmannStr. 3	40789 Mannheim 41780 Mannhaim	
145.	Appen Appin	Claudia Claudio	Hauptstraße 54 Hauptstrase 54	40878 Ratingen 40868 Ratingen	
146.	Arnold Arnolt	Claus ClauS	Brückerfeldstr. 4 Bruckerfeldstr. 4	41462 Neuss 41462 Neuss	
147.	Bauer Bauer	Daniela Daniala	Dinzling 5 Dinzleng 5	44879 Bochum 46879 Bochum	
148.	Meyer Meyer	Dominik Domenik	Drachenfelsstr. 5 Drachenfeltstr. 5	45127 Essen 45122 Essen	
149.	Münch Munch	Elfie Elfia	Ferdinandstr. 6 Ferdinantstr. 6	45357 Essen 45347 Essen	
150.	Schuster Schuster	Erika Erika	Kaimstr. 7 KaimStr. 7	46049 Oberhausen 46049 Oberhausen	

Der Einstellungstest

151.	Perle Perle	Lisa Lise	Franzstr. 7 Fransstr. 7	47533 Kleve 47633 Kleve
152.	Berke Berki	Frank Frang	Friedrichstr. 7 Friedrichstr. 7	49214 Rothenfelde 49214 Rothenfelse
153.	Binkel Binkle	Friedrich Friedrich	Gerhardstr. 8 Gerhartstr. 8	50939 Köln 50939 Köln
154.	Ernst Ernst	Fritz Fritz	Grundstr. 8 Grunbstr. 8	53179 Bonn 53179 Bonu
155.	Eva Ewa	Germanus Germanns	Hauptstr. 9 Hauptstr. 9	53332 Bornheim 53333 Bornheim
156.	Fahle Fahla	Hannelore Hannalore	Hermannstr. 9 Hermannstr. 9	53343 Wachtberg 53343 Wachtberg
157.	Großmann Großmann	Hartwig Hartweg	Herringastr. 10 Herringestr. 10	53343 Wachtberg 53343 Wachtberg
158.	Groß Groß	Heike Heiko	Höchte 10 Höchte 10	53518 Leimbach 53518 Leimbach
159.	Hansen Hansen	Sabine Sabina	Höhenstr. 11 Hölenstr. 11	53520 Kaltenborn 53520 Kaltenborn
160.	Würzburger Würzburger	Helga Helga	Höhenstr. 12 Höhenstr. 12	53913 Swisttal 53913 Swisstal
161.	Hüllen Hüllen	Hermann Hermann	Holzfolder Weg 13 Holzfalder Weg 13	54472 Longkamp 54442 Longkamp
162.	Krombacher Krombecher	Ingrid Ingrid	Bauernstr. 14 Bauernstr. 14	56218 Kärlich 56218 Kerlich
163.	Klein Klein	Joachim Joachem	Kaiserstr. 14 Kaiserstr. 14	58453 Witten 58443 Witten
164.	Hartel Hartel	Josef Jusef	Karlstr. 14 KarlStr. 12	58456 Witten 58455 Witten
165.	Hoffmann Hoffmaan	Jose Jose	Kesterkamp 16 Kesterkamb 14	63069 Offenbach 63069 Offanbach
166.	Hüllen Hüllen	Karin Karln	Knipprather Str. 16 Knipbrather Str. 16	63776 Mömbris 63766 Mömbris
167.	Breit Breit	Kirsten Kirstan	Konradstr. 17 Konredstr. 17	66123 Saarbrücken 66123 Saerbrücken
168.	Adam Adam	Magdalena Magbalena	Krandicksstr. 18 Krandikksstr. 18	69412 Eberbach 69512 Eberbach

169.	Hüllen Hüllen	Marina Marina	Krombacher Str. 18 Kromdacher Str. 18	74232 Abstatt 74222 Abstadt
170.	Klug Kluk	Marlene Marlena	Kurfürstenstr. 19 Kurfurstenstr. 19	76131 Karlsruhe 76131 Karlssuhe
171.	Hüllen Hullen	Mayer Meyer	Meisenweg 29 Meisemweg 29	76571 Gaggenau 76471 Gaggenau
172.	Ahl Ahl	Nathalie Nathalia	Ehbauerstr. 30 Ehbauarstr. 30	77723 Gengenbach 77223 Gengenbech
173.	Opfermann Opfermann	Renate Renete	Musterstr. 31 Musterstr. 31	81479 München 81469 München
174.	Stoss Stoss	Rosenkranz Rosengranz	Nelkenstr. 32 Nelkenstr. 32	82178 Puchheim 82478 Puchhaim
175.	Ackermann Ackermann	Scheitz Schaitz	Millerstr. 33 Millarstr. 33	85591 Vaterstetten 85592 Vaterstetten
176.	Mayer Meyer	Silke Silke	Panzerberg 36 Penzerberg 36	85667 Kehl 85647 Kehl
177.	Mörgenthal Mörgenthai	Sina Sina	Petersbergstr. 40 Petersbargstr. 40	86551 Aichach 86551 Aichach
178.	Petersen Peterson	Spott Spodt	Pfaffenhalde 41 Pfaffenhelde 41	89071 Ulm 89071 Ulm
179.	Rohr Rohr	Stephan Stepfan	Sandstr. 50 Santstr. 50	91555 Feucht 91553 Feucht
180.	Rosenkranz Rosenkrans	Theo Theo	Siegener Str. 72 Siegemer Str. 72	93455 Traitsching 93455 Traitsching

Der Einstellungstest

Lösungen Konzentrationsvermögen

Adressenüberprüfung

Aufgabe	Name	Vorname	Straße	Ort	Fehler
Zu 136.	Adam / Ad**e**m	Agnes / Agnes	Alte Dorfstr. 1 / **a**lte Dorfstr. 1	24217 Schönberg / 2**5**217 Schönberg	3
Zu 137.	Knautz / Knaut**s**	Alexander / Alexand**a**r	Am Schlitz 1 / Am **s**chlitz 1	25358 Horst / 2535**4** Horst	4
Zu 138.	Ahrens / Ahr**a**ns	Alice / Ali**s**e	Am Winkel 1 / Am Winkel 1	25980 Sylt-Ost / 25980 Sylt-Ost	2
Zu 139.	Walter / Walter	Mike / Mike	Am Berge 1 / Am Berge 1	26121 Oldenburg / 261**1**1 Oldenburg	1
Zu 140.	Ahring / Ahring	Thomas / Thom**e**s	Am Busch 1 / Am Busch **2**	26419 Schortens / 2641**8** Schorte**m**s	4
Zu 141.	Aichinger / Aichinger	Beate / Be**e**te	Am Dorfteich 2 / Am Dorf**d**eich 2	60386 Frankfurt / 6038**3** Frankfurt	3
Zu 142.	Altenkamp / Altenkamp	Brigitte / Brigitte	Am Teich 2 / Am Teich **4**	28816 Stuhr / 28816 Stuh**l**	2
Zu 143.	Andreas / Andreas	Brune / Brune	Bellerwiese 3 / Bellerwiese 3	29581 Gerdau / 295**9**1 Gerdau	1
Zu 144.	Kraus / Kraus	Bruno / Bruno	Bonmannstr. 3 / Bonmann**S**tr. 3	40789 Mannheim / 4**1**78**0** Mannh**a**im	4
Zu 145.	Appen / App**in**	Claudia / Claudi**o**	Hauptstraße 54 / Hauptstra**s**e 54	40878 Ratingen / 408**6**8 Ratingen	4
Zu 146.	Arnold / Arnol**t**	Claus / Clau**S**	Brückerfeldstr. 4 / Br**u**ckerfeldstr. 4	41462 Neuss / 41462 Neuss	3
Zu 147.	Bauer / Bauer	Daniela / Dani**a**la	Dinzling 5 / Dinzl**e**ng 5	44879 Bochum / 4**6**879 Bochum	3
Zu 148.	Meyer / Meyer	Dominik / Dom**e**nik	Drachenfelsstr. 5 / Drachenfel**t**str. 5	45127 Essen / 4512**2** Essen	3
Zu 149.	Münch / M**u**nch	Elfie / Elfi**a**	Ferdinandstr. 6 / Ferdinan**t**str. 6	45357 Essen / 453**4**7 Essen	4
Zu 150.	Schuster / Schuster	Erika / Erika	Kaimstr. 7 / Kaim**S**tr. 7	46049 Oberhausen / 46049 Oberhausen	1
Zu 151.	Perle / Perle	Lisa / Lis**e**	Franzstr. 7 / Fran**s**str. 7	47533 Kleve / 47**6**33 Kleve	3

Zu 152.	Berke Berki	Frank Frang	Friedrichstr. 7 Friedrichstr. 7	49214 Rothenfelde 49214 Rothenfelse	3
Zu 153.	Binkel Binkle	Friedrich Friedrich	Gerhardstr. 8 Gerhartstr. 8	50939 Köln 50939 Köln	3
Zu 154.	Ernst Ernst	Fritz Fritz	Grundstr. 8 Grunbstr. 8	53179 Bonn 53179 Bonu	2
Zu 155.	Eva Ewa	Germanus Germanns	Hauptstr. 9 Hauptstr. 9	53332 Bornheim 53333 Bornheim	3
Zu 156.	Fahle Fahla	Hannelore Hannalore	Hermannstr. 9 Hermannstr. 9	53343 Wachtberg 53343 Wachtberg	2
Zu 157.	Großmann Großmann	Hartwig Hartweg	Herringastr. 10 Herringestr. 10	53343 Wachtberg 53343 Wachtberg	2
Zu 158.	Groß Groß	Heike Heiko	Höchte 10 Höchte 10	53518 Leimbach 53518 Leimbach	1
Zu 159.	Hansen Hansen	Sabine Sabina	Höhenstr. 11 Hölenstr. 11	53520 Kaltenborn 53520 Kaltenborn	2
Zu 160.	Würzburger Würzburger	Helga Helga	Höhenstr. 12 Höhenstr. 12	53913 Swisttal 53913 Swisstal	1
Zu 161.	Hüllen Hüllen	Hermann Hermann	Holzfolder Weg 13 Holzfalder Weg 13	54472 Longkamp 54442 Longkamp	2
Zu 162.	Krombacher Krombecher	Ingrid Ingrid	Bauernstr. 14 Bauernstr. 14	56218 Kärlich 56218 Kerlich	2
Zu 163.	Klein Klein	Joachim Joachem	Kaiserstr. 14 Kaiserstr. 14	58453 Witten 58443 Witten	2
Zu 164.	Hartel Hartel	Josef Jusef	Karlstr. 14 KarlStr. 12	58456 Witten 58455 Witten	4
Zu 165.	Hoffmann Hoffmaan	Jose Jose	Kesterkamp 16 Kesterkamb 14	63069 Offenbach 63069 Offanbach	4
Zu 166.	Hüllen Hüllen	Karin Karln	Knipprather Str. 16 Knipbrather Str. 16	63776 Mömbris 63766 Mömbris	3
Zu 167.	Breit Breit	Kirsten Kirstan	Konradstr. 17 Konredstr. 17	66123 Saarbrücken 66123 Saerbrücken	3
Zu 168.	Adam Adam	Magdalena Magbalena	Krandicksstr. 18 Krandikksstr. 18	69412 Eberbach 69512 Eberbach	3
Zu 169.	Hüllen Hüllen	Marina Marina	Krombacher Str. 18 Kromdacher Str. 18	74232 Abstatt 74222 Abstadt	3

Der Einstellungstest

Zu 170.	Klug Klu**k**	Marlene Marlen**a**	Kurfürstenstr. 19 Kurf**u**rstenstr. 19	76131 Karlsruhe 76131 Karls**s**uhe	4
Zu 171.	Hüllen H**u**llen	Mayer M**e**yer	Meisenweg 29 Meise**m**weg 29	76571 Gaggenau 76**4**71 Gaggenau	4
Zu 172.	Ahl Ahl	Nathalie Nathali**a**	Ehbauerstr. 30 Ehbau**a**rstr. 30	77723 Gengenbach 77**2**23 Gengenb**e**ch	4
Zu 173.	Opfermann Opfermann	Renate Ren**e**te	Musterstr. 31 Musterstr. 31	81479 München 814**6**9 München	2
Zu 174.	Stoss Stoss	Rosenkranz Rosen**g**ranz	Nelkenstr. 32 Nelkenstr. 32	82178 Puchheim 82**4**78 Puchh**a**im	3
Zu 175.	Ackermann Ackermann	Scheitz Sch**a**itz	Millerstr. 33 Mill**a**rstr. 33	85591 Vaterstetten 8559**2** Vaterstetten	3
Zu 176.	Mayer M**e**yer	Silke Silke	Panzerberg 36 P**e**nzerberg 36	85667 Kehl 8564**7** Kehl	3
Zu 177.	Mörgenthal Mörgentha**i**	Sina Sina	Petersbergstr. 40 Petersb**a**rgstr. 40	86551 Aichach 86551 Aichach	2
Zu 178.	Petersen Peters**o**n	Spott Spo**d**t	Pfaffenhalde 41 Pfaffenh**e**lde 41	89071 Ulm 89071 Ulm	3
Zu 179.	Rohr Rohr	Stephan Step**f**an	Sandstr. 50 San**t**str. 50	91555 Feucht 9155**3** Feucht	3
Zu 180.	Rosenkranz Rosenkran**s**	Theo Theo	Siegener Str. 72 Siege**m**er Str. 72	93455 Traitsching 93455 Traitsching	2

Erinnerungsvermögen

Aus den Augen, aus dem Sinn? Kein gutes Motto für Polizei- oder Zollbedienstete, die unter Umständen zu gerichtlich belastbaren Auskünften gebeten werden. Davon abgesehen freut sich natürlich auch der Ausbilder, wenn man wichtige Informationen nicht schon im nächsten Augenblick wieder vergessen hat. Zur Überprüfung der Merkfähigkeit werden Ihnen häufig Texte oder Fotos vorgelegt, an deren wesentliche Details Sie sich in darauffolgenden Abfragerunden erinnern sollen.

Bei anderen Aufgabentypen prägen Sie sich Figuren, Zahlen oder Wörter – einzeln oder in Form kombinierter Paare – ein. Diese Elemente müssen Sie anschließend in einer üblicherweise recht umfangreichen Liste wiedererkennen, wobei Ihnen enge Zeitgrenzen das Leben zusätzlich schwer machen können. Ein regelmäßiges Training des Erinnerungsvermögens erhöht die Treffsicherheit bei derartigen Auswahlaufgaben und verbessert die allgemeine Merkfähigkeit.

Das Erinnerungsvermögen schließt ein ...
- Einprägen und Wiedergeben von Text- und Bildinformationen
- Wiedererkennen von Figuren, Zahlen und Wörtern, ggf. in Kombination

Adressbuch

Aufgabenerklärung

Dieser Abschnitt prüft Ihr Erinnerungsvermögen.

Sie erhalten dazu ein Adressbuch mit Daten von zwölf Personen. Angegeben sind jeweils der Vor- und Zuname, die Straße, die Hausnummer, die Postleitzahl und der Ort.

Bei dieser Aufgabe dürfen Sie sich keine Notizen machen. Legen Sie daher bitte alle Schreibgeräte zur Seite.

Hierzu ein Beispiel

Adressbuch

Manfred Hoffmann
Karlsbader Straße 64
64295 Darmstadt

Peter Bund
Karlsruher Straße 79
79108 Freiburg

Anton Reiter
Radestraße 67
67067 Ludwigshafen

Beate Niedermann
Düsseldorfer Straße 45
45145 Essen

Elke Binder
Waldstraße 83
83026 Rosenheim

Ernst Sauer
Ostring 66
66740 Saarlouis

Aufgabe

1. In welcher Stadt wohnt Herr Hoffmann?

   A. Darmstadt

   B. Freiburg

   C. Ludwigshafen

   D. Essen

   E. Rosenheim

Antwort

   (A.) Darmstadt

Merkhilfe:

¬ Der Anfangsbuchstabe des Nachnamens gibt einen Hinweis auf das Bundesland, in dem der Adressat lebt: Beginnt der Nachname mit dem Buchstaben „N", wohnt die Person beispielsweise in einer Stadt in Nordrhein-Westfalen.

¬ Die Hausnummer ist identisch mit den ersten zwei Ziffern der Postleitzahl.

Der Einstellungstest

Legen Sie bitte Ihre Schreibgeräte zur Seite, denn Notizen dürfen Sie sich in dieser Aufgabe nicht machen.

Einprägezeit 10 Minuten

Zum Einprägen der Adressen haben Sie **10 Minuten** Zeit.

Martin Hengstenberg In der Aue 36 36041 Fulda	Britta Nordermann Berliner Chaussee 51 51147 Köln
Viktor Brabant Berliner Straße 73 73433 Aalen	Erwin Bauer Hauptstraße 85 85053 Ingolstadt
Anja Renzing Konstanzer Straße 55 55127 Mainz	Erna Seesemann An der Stadtmauer 66 66538 Neunkirchen
Hans-Joachim Schweizer Im Wiesengrund 23 23552 Lübeck	Anita Haas Liebigstraße 64 64291 Darmstadt
Cornelia Niemann Lessingstraße 30 30165 Hannover	Stefan Sauer Elbestraße 01 01097 Dresden
Tanja Bräunig Balthasar-Neumann-Straße 12 12249 Berlin	Michael Mayer Nordseepromenade 19 19063 Schwerin

Hinweis

Bei dieser Aufgabe ist keine Unterbrechung notwendig, bitte beginnen Sie direkt mit den Antworten!

Bitte decken Sie dafür diese Seite ab.

Beantworten Sie bitte die folgenden Aufgaben, indem Sie jeweils den richtigen Buchstaben markieren.

Bearbeitungszeit 5 Minuten

181. In welcher Stadt wohnt Frau Seesemann?
A. Neunkirchen
B. Berlin
C. Aalen
D. Mainz
E. Hannover

182. Welche Postleitzahl stammt aus Lübeck?
A. 01097
B. 64291
C. 85053
D. 23552
E. 19097

183. In welcher Straße wohnt Herr Mayer?
A. Nordseepromenade 19
B. An der Stadtmauer 66
C. In der Aue 36
D. Konstanzer Straße 55
E. Berliner Straße 73

184. Wie lautet die Hausnummer von Herrn Bauer?
A. 36
B. 85
C. 73
D. 30
E. 12

185. Wie lautet die Hausnummer von Herrn Sauer?
A. 36
B. 01
C. 73
D. 30
E. 85

Personendatei einprägen

Aufgabenerklärung

In diesem Abschnitt wird geprüft, wie gut Sie sich Gesichter und persönliche Angaben merken können.

Sie erhalten dazu eine Datei mit 10 Fotos und personenbezogenen Informationen (unter anderem Vorname, Nachname und Beruf). Prägen Sie sich die Porträts mitsamt den zugehörigen Angaben möglichst gut ein.

Legen Sie bitte Ihre Schreibgeräte zur Seite, denn Notizen dürfen Sie sich in dieser Aufgabe nicht machen.

Hierzu ein Beispiel

Personendatei

IP: 84.173.232.212
Dekorateurin
Ute Ackermann

IP: 84.215.136.121
Köchin
Eveline Fritsch

IP: 96.172.137.182
Handelsvertreter
Peter Reinken

IP: 96.190.166.158
Schauspieler
Tim Lorenz

IP: 84.110.151.238
Kosmetikerin
Silke Männing

Alle Personendaten sind frei erfunden.

Aufgabe

1. **Wie lautet der vollständige Name dieser Person?**

A. Ute Ackermann
B. Eveline Fritsch
C. Silke Männing
D. Simone Klein
E. Doris Mader

Merkhilfe:

- Merken Sie sich zu jeder Person sowohl den vollständigen Namen als auch die Berufsbezeichnung.
- Die IP-Adresse ist eine zusätzliche Angabe, die unberücksichtigt bleiben kann.
- Versuchen Sie die Personen zu typisieren. Beispielsweise ist ein älterer Herr im Anzug mit Krawatte wahrscheinlich eher Anwalt oder Bankangestellter als Automechaniker.
- Prägen Sie sich auffällige Merkmale der Personen ein, wie Haarschnitt, Glatze, Hakennase, Segelohren, Hornbrille, dichte Augenbrauen usw.
- Bilden Sie Assoziationsketten: Verknüpfen Sie beispielsweise den Vornamen, Namen und/oder Beruf mit dem Aussehen.

Der Einstellungstest

Hier nun die Personendatei

Einprägezeit 10 Minuten

IP: 28.189.187.184
Lehrer
Olav Vüllers

IP: 11.254.148.157
Sekretärin
Christa Streile

IP: 82.254.187.189
Steuerberater
Konrad Bautzen

IP: 32.222.166.186
Erzieherin
Helene Schumer

IP: 25.198.225.187
Tontechniker
Salvator Lyko

IP: 88.252.146.183
Werbegestalterin
Valeria Pelka

IP: 29.238.224.181
Historiker
Gabriel Cuno

IP: 27.159.212.198
Altenpflegerin
Laurentia Merbel

IP: 49.177.149.241
Hotelfachmann
Benedikt Hartweg

IP: 95.187.159.158
Verkäuferin
Natalia Ketzer

Alle Personendaten sind frei erfunden.

Hinweis

Nachdem Sie sich die Personendatei eingeprägt haben, sollten Sie sich 5 Minuten mit etwas anderem beschäftigen, bevor Sie die dazugehörigen Fragen aus dem Gedächtnis beantworten.

Bitte decken Sie dafür diese Seite ab.

Nun wird Ihr Erinnerungsvermögen geprüft. Hierzu lag Ihnen eine Personendatei vor, die Sie sich einprägen sollten.

Beginnen Sie bitte jetzt mit den Aufgaben zur Personendatei und markieren Sie den richtigen Antwortbuchstaben.

Bearbeitungszeit 5 Minuten

186. Wie lautet der vollständige Name dieser Person?

A. Olav Vüllers
B. Konrad Bautzen
C. Salvator Lyko
D. Gabriel Cuno
E. Benedikt Hartweg

187. Wie lautet der vollständige Name dieser Person?

A. Valeria Pelka
B. Helene Schumer
C. Christa Streile
D. Laurentia Merbel
E. Natalia Ketzer

Der Einstellungstest

188. Wie lautet der vollständige Name dieser Person?

A. Christa Streile
B. Helene Schumer
C. Valeria Pelka
D. Laurentia Merbel
E. Natalia Ketzer

189. Wie lautet der vollständige Name dieser Person?

A. Olav Vüllers
B. Konrad Bautzen
C. Salvator Lyko
D. Gabriel Cuno
E. Benedikt Hartweg

190. Wie lautet der vollständige Name dieser Person?

A. Olav Vüllers
B. Konrad Bautzen
C. Salvator Lyko
D. Gabriel Cuno
E. Benedikt Hartweg

191. Welchen Beruf übt diese Person aus?

A. Steuerfachangestellter
B. Steuerberater
C. Steuerfahnder
D. Steuerexperte
E. Steuerbevollmächtigter

192. **Welchen Beruf übt diese Person aus?**

A. Musiker
B. Gitarist
C. Tonassistent
D. Tonmeister
E. Tontechniker

193. **Welchen Beruf übt diese Person aus?**

A. Werbeleiterin
B. Werbetexterin
C. Werbekauffrau
D. Werbegestalterin
E. Werbefotografin

194. **Welchen Beruf übt diese Person aus?**

A. Altenbetreuerin
B. Altenpflegehelferin
C. Altentherapeutin
D. Erzieherin
E. Altenpflegerin

195. **Welchen Beruf übt diese Person aus?**

A. Verkaufshilfe
B. Fleischfachverkäuferin
C. Verkaufsberaterin
D. Verkäuferin
E. Einzelhandelskauffrau

Straßenfoto einprägen

Einprägezeit 2 Minuten

In diesem Abschnitt wird geprüft, wie gut Sie sich Bildinformationen merken können.

Hierbei dürfen Sie sich keine Notizen machen. Legen Sie daher bitte alle Schreibgeräte zur Seite.

Bitte prägen Sie sich das folgende Straßenfoto innerhalb von **2 Minuten** ein.

Hinweis

Nachdem Sie sich das Bild eingeprägt haben, sollten Sie sich 5 Minuten mit etwas anderem beschäftigen, bevor Sie die dazugehörigen Fragen aus dem Gedächtnis beantworten.

Bitte decken Sie dafür diese Seite ab.

Beginnen Sie bitte jetzt mit den Aufgaben zum Straßenfoto und markieren Sie den richtigen Antwortbuchstaben.

Bearbeitungszeit 3 Minuten

196. Wer überquert die Straße auf dem Zebrastreifen?

A. Eine Radfahrerin

B. Eine Mutter mit Kinderwagen

C. Ein Fußgänger im hellen Anzug

D. Eine Fußgängerin in dunkler Kleidung

E. Niemand

197. Welche Fahrzeuge halten am Zebrastreifen?

A. Ein Einsatzwagen der Polizei

B. Ein dunkler PKW

C. Eine Fahrzeugschlange verschiedener Fahrzeuge

D. Ein Motorrad

E. Ein LKW

198. Welche Art von Häusern befindet sich auf der rechten Straßenseite?

A. Häuser mit Straßengeschäften im Erdgeschoß

B. Fachwerkhäuser

C. Zweistöckige helle Häuser

D. Helle Mehrfamilienhäuser

E. Dunkle Einfamilienhäuser

199. Wie ist die Straßenüberquerung geregelt?

A. Durch eine Ampel

B. Durch einen durchgehenden Zebrastreifen

C. Durch einen zweiteiligen Zebrastreifen mit Verkehrsinsel

D. Durch eine Fußgängerunterführung

E. Es gibt keinen geregelten Straßenübergang.

200. Was befindet sich hinter dem Zebrastreifen?

A. Eine Bahnunterführung

B. Ein Fluss

C. Eine Kreuzung

D. Eine Tankstelle

E. Eine Bushaltestelle

Der Einstellungstest

Lösungen Erinnerungsvermögen

Adressbuch

Zu 181.

A. Neunkirchen

Frau Seesemanns Nachname beginnt mit „S". Die richtige Lösung Neunkirchen liegt als einzige der aufgezählten Städte in einem Bundesland, das mit dem Buchstaben „S" beginnt, nämlich im Saarland.

Zu 182.

D. 23552

Lübeck liegt in Schleswig-Holstein. In Schleswig-Holstein beginnen die Postleitzahlen überwiegend mit 2, lediglich in den Grenzgebieten können sie abweichen.

Zu 183.

A. Nordseepromenade 19

Herrn Mayers Nachname beginnt mit „M". Er wohnt also in Mecklenburg-Vorpommern, wo die Postleitzahlen überwiegend mit 1 anfangen. Die Hausnummer ist identisch mit den ersten zwei Ziffern der Postleitzahl.

Zu 184.

B. 85

Diese Frage lässt sich nur richtig beantworten, wenn Sie sich die Postleitzahl, die Stadt oder gleich die Hausnummer 85 gemerkt haben. Die Herleitung über Name und Bundesland funktioniert hier nicht: Der Nachname Bauer beginnt mit „B", wodurch unterschiedliche Postleitzahlgebiete infrage kommen, die mit in den Antwortvorschlägen genannten Hausnummern beginnen.

Zu 185.

B. 01

Herrn Sauers Nachname beginnt mit „S". Er wohnt also entweder in Sachsen-Anhalt oder in Sachsen, wo die Postleitzahlen überwiegend mit 0 beginnen. Die Hausnummer ist identisch mit den ersten zwei Ziffern der Postleitzahl.

Personendatei einprägen

Zu 186.

A. Olav Vüllers

Das Foto zeigt den Lehrer Olav Vüllers.

Zu 187.

C. Christa Streile

Das Foto zeigt die Sekretärin Christa Streile.

Zu 188.

B. Helene Schumer

Das Foto zeigt die Erzieherin Helene Schumer.

Zu 189.

D. Gabriel Cuno

Das Foto zeigt den Historiker Gabriel Cuno.

Zu 190.

E. Benedikt Hartweg

Das Foto zeigt den Hotelfachmann Benedikt Hartweg.

Zu 191.

B. Steuerberater

Es handelt sich um Konrad Bautzen. Er ist Steuerberater.

Zu 192.

E. Tontechniker

Es handelt sich um Salvator Lyko. Er ist Tontechniker.

Zu 193.

D. Werbegestalterin

Es handelt sich um Valerie Pelka. Sie ist Werbegestalterin.

Zu 194.

E. Altenpflegerin

Es handelt sich um Laurentia Merbel. Sie ist Altenpflegerin.

Zu 195.

D. Verkäuferin

Es handelt sich um Natalia Ketzer. Sie ist Verkäuferin.

Straßenfoto einprägen

Zu 196.

D. Eine Fußgängerin in dunkler Kleidung

Zu 197.

B. Ein dunkler PKW

Zu 198.

D. Helle Mehrfamilienhäuser

Zu 199.

C. Durch einen zweiteiligen Zebrastreifen mit Verkehrsinsel

Zu 200.

A. Eine Bahnunterführung

Orientierungsvermögen

Was ist wo auf dem Stadtplan? Wie komme ich am schnellsten von A nach B? Diese Fragen können im Dienst von ganz praktischer Bedeutung sein – und über Einsatzerfolg oder -misserfolg entscheiden. Daher legen die Einstellungsbehörden gesteigerten Wert auf die Orientierungsfähigkeit ihrer Kandidaten und widmen ihr oft einen eigenen Abschnitt im Einstellungstest.

Bei Orientierungsaufgaben müssen Sie ...
- Standorte und Wegmarken einprägen und wiedergeben
- Streckenverläufe verfolgen und nachvollziehen

Allgemein gesagt liegt die Anforderung im Aufgabenbereich Orientierungsvermögen darin, sich in zweidimensionalen Anordnungen zurechtzufinden. So müssen Sie etwa den Ausweg aus einem Labyrinth finden oder dem Verlauf ineinander verknäulter Linien folgen. Dass Orientierungs- und Erinnerungsvermögen mitunter eng zusammenhängen, belegen verschiedene Kartenaufgaben, bei denen Sie auf einem Stadtplan markierte Einrichtungen wiederfinden oder vorgegebene Wegstrecken nachvollziehen sollen.

Stadtplan einprägen

Aufgabenerklärung

Dieser Abschnitt prüft, wie gut Sie sich kartografische Informationen merken können. Dazu liegt Ihnen ein Stadtplan vor, den Sie sich einprägen sollen.

Hierbei dürfen Sie sich keine Notizen machen. Legen Sie daher bitte alle Schreibgeräte zur Seite.

Merkhilfe:

Die abgebildeten Einrichtungen lassen sich grob in drei Gruppen einordnen. Bei den Gruppen handelt es sich um:

- Einrichtungen der Sicherheit und Gesundheit, die sich überwiegend an Hauptstraßen befinden, welche nach großen Persönlichkeiten benannt sind.
- Einrichtungen des täglichen Bedarfs, die überwiegend im Stadtkern liegen und deren Straßennamen überwiegend aus der Pflanzenwelt stammen.
- Sportanlagen, die sich am Stadtrand befinden und deren Straßennamen auf „-weg" enden.

Hinweis

Nachdem Sie sich den Stadtplan eingeprägt haben, sollten Sie sich 5 Minuten mit etwas anderem beschäftigen, bevor Sie die dazugehörigen Fragen aus dem Gedächtnis beantworten.

Bitte decken Sie den Stadtplan dafür ab.

Der Einstellungstest

Einprägezeit 5 Minuten

Bitte prägen Sie sich diesen Stadtplan innerhalb von **5 Minuten** ein.

Beantworten Sie bitte die folgenden Aufgaben, indem Sie jeweils die richtige Antwort ankreuzen.

Bearbeitungszeit 3 Minuten

201. Wie heißt die Straße, in der sich der Bauernhof befindet?
A. Wiesenweg
B. Hofgartenweg
C. Kopenhagener Straße
D. Baumweg
E. Rosengarten

202. Wie heißt die Straße, in der sich die Feuerwehr befindet?
A. Kurt-Tucholsky-Straße
B. Theodor-Heuss-Straße
C. Reichswaldallee
D. Buschweg
E. Ostring

203. Welche Einrichtung befindet sich im Wiesenweg?
A. Flughafen
B. Schloss
C. Hauptbahnhof
D. Golfplatz
E. Fußballstadion

204. Welche Einrichtung befindet sich im Baumweg?
A. Flughafen
B. Schwimmbad
C. Fußballstadion
D. Golfplatz
E. Bauernhof

205. Welche Einrichtung befindet sich im Buschweg?
A. Bauernhof
B. Schwimmbad
C. Reithof
D. Golfplatz
E. Flughafen

Lösungen Orientierungsvermögen

Stadtplan einprägen

Zu 201.
B. Hofgartenweg

Zu 202.
B. Theodor-Heuss-Straße

Zu 203.
D. Golfplatz

Zu 204.
C. Fußballstadion

Zu 205.
B. Schwimmbad

Die Lösungen im Überblick

Frage	Antwort	Frage	Antwort	Frage	Antwort
1.	D	41.	D	81.	D
2.	B	42.	C	82.	A
3.	B	43.	B	83.	A
4.	A	44.	E	84.	A
5.	A	45.	A	85.	C
6.	C	46.	Siehe Lösung	86.	D
7.	D	47.	Siehe Lösung	87.	C
8.	C	48.	Siehe Lösung	88.	B
9.	B	49.	Siehe Lösung	89.	B
10.	D	50.	Siehe Lösung	90.	B
11.	A	51.	Siehe Lösung	91.	B
12.	E	52.	Siehe Lösung	92.	C
13.	D	53.	Siehe Lösung	93.	D
14.	B	54.	Freie Antwort	94.	D
15.	A	55.	Freie Antwort	95.	D
16.	B	56.	A	96.	C
17.	B	57.	A	97.	E
18.	E	58.	D	98.	C
19.	C	59.	C	99.	B
20.	B	60.	E	100.	B
21.	D	61.	B	101.	A
22.	C	62.	A	102.	C
23.	C	63.	B	103.	C
24.	E	64.	C	104.	D
25.	B	65.	E	105.	A
26.	D	66.	B	106.	A
27.	C	67.	B	107.	A
28.	A	68.	C	108.	D
29.	E	69.	A	109.	B
30.	B	70.	B	110.	C
31.	Siehe Diktat	71.	C	111.	B
32.	zuzusehen	72.	D	112.	E
33.	Litfaßsäule	73.	C	113.	D
34.	platziert	74.	D	114.	A
35.	paar	75.	D	115.	B
36.	B	76.	B	116.	T
37.	A	77.	D	117.	M
38.	A	78.	C	118.	M
39.	A	79.	C	119.	M
40.	A	80.	C	120.	T

Der Einstellungstest

Frage	Antwort
121.	D
122.	C
123.	E
124.	C
125.	E
126.	B
127.	E
128.	D
129.	B
130.	D
131.	E
132.	E
133.	C
134.	C
135.	B
136.	3
137.	4
138.	2
139.	1
140.	4
141.	3
142.	2
143.	1
144.	4
145.	4
146.	3
147.	3
148.	3
149.	4
150.	1
151.	3
152.	3
153.	3
154.	2
155.	3
156.	2
157.	2
158.	1
159.	2
160.	1

Frage	Antwort
161.	2
162.	2
163.	2
164.	4
165.	4
166.	3
167.	3
168.	3
169.	3
170.	4
171.	4
172.	4
173.	2
174.	3
175.	3
176.	3
177.	2
178.	3
179.	3
180.	2
181.	A
182.	D
183.	A
184.	B
185.	B
186.	A
187.	C
188.	B
189.	D
190.	E
191.	B
192.	E
193.	D
194.	E
195.	D
196.	D
197.	B
198.	D
199.	C
200.	A

Frage	Antwort
201.	B
202.	B
203.	D
204.	C
205.	B

Persönlichkeitstests

Manche Behörden nutzen spezielle psychologische Testverfahren, um der Persönlichkeit eines Bewerbers nachzuspüren. Anhand der Ergebnisse wollen die Prüfer ein unverwechselbares Bewerberprofil erstellen, das heißt eine Art individuellen charakterlichen Fingerabdruck.

Dass viele Experten derartige Verfahren für fragwürdig halten, steht auf einem anderen Blatt. Wie soll es möglich sein, die vielschichtigen Charakterzüge eines Menschen mithilfe standardisierter Fragenkataloge abzubilden? Um einen psychologischen Test kommen Sie aber manchmal einfach nicht herum. Intime Details zum Privatbereich muss dabei jedoch keiner verraten: Es dürfen nur Eigenschaften getestet werden, die für die ausgeschriebene Stelle wirklich von Belang sind.

Polizei und Zoll suchen Bewerber, die …

- gern und gut im Team arbeiten.
- kommunikations- und konfliktfähig sind.
- Entscheidungen treffen und durchsetzen können.
- flexibel sind.
- Leistungsbereitschaft und Verantwortungsbewusstsein besitzen.
- gewissenhaft und zuverlässig sind.
- situationsgemäß und einfühlsam handeln können.
- körperlich und geistig belastbar sind.

Die Vorbereitung

Da der psychologische Typentest auf individuelle Eigenschaften abzielt, gibt es keine eindeutig guten oder schlechten Lösungen. Zwar liegt die „richtige" Antwort bisweilen ziemlich nahe, etwa wenn es um Team- und Konfliktverhalten geht: Wer möchte schon gern Kollegen haben, die die Arbeit ständig auf andere abwälzen und bei Kritik gleich eingeschnappt sind? Doch oft muss man

Der Einstellungstest

sich zwischen zwei positiv besetzten Merkmalen entscheiden, beispielsweise Gründlichkeit und Flexibilität.

Manche raten, völlig unvorbereitet in den Test zu gehen und sich ganz auf die eigene Spontaneität zu verlassen – eine riskante Empfehlung: Erst die bewusste Auseinandersetzung mit dem Testverfahren ermöglicht differenzierte Antworten, und gerade an die ausgefallenen Fragetechniken sollte man sich erst einmal gewöhnen. Zudem setzt ein überzeugender Auftritt voraus, souverän mit den eigenen Stärken und Schwächen umgehen zu können.

> **Worauf kommt es im Persönlichkeitstest an?**
>
> ¬ Machen Sie sich vorher klar, worin die **berufsrelevanten Schlüsselqualifikationen** bestehen: Warum sind gerade Sie für diesen Beruf geeignet?
>
> ¬ Zeichnen Sie **kein maßlos positives** Bild von sich: Auf die Fähigkeit zur Selbstkritik legen die Personalverantwortlichen großen Wert.
>
> ¬ Schärfen Sie Ihre Sinne für die **Untertöne einer Frage**: Nicht immer ist auf den ersten Blick klar, welche Eigenschaften gerade im Fokus stehen.
>
> ¬ **Betonen Sie Ihr Profil**, aber mit **Bedacht**: Wer stets den Mittelweg wählt, verrät zu wenig von sich, zu viele „extreme" Antworten wirken übertrieben und unreflektiert.

Manche Fragen wiederholen sich an verschiedenen Stellen in abgewandelter Formulierung: Auf diese Weise möchte man herausfinden, ob ein Kandidat ehrlich antwortet oder das Testverfahren mit strategischem Kalkül zu manipulieren versucht. Wenn Sie eine Frage nicht richtig einschätzen können, antworten Sie am besten gemäßigt.

Denken Sie daran, dass man Sie eventuell in einem späteren Einzelgespräch mit Ihren Angaben im Persönlichkeitstest konfrontiert. Außerdem können Kompetenzen wie Kommunikationsvermögen, Konfliktfähigkeit oder Teamfähigkeit noch einmal in einem späteren Assessment Center geprüft werden. Die Personaler achten dann genau darauf, ob sich Ihr Auftritt mit den Resultaten des Persönlichkeitstests deckt.

Die Testsimulation

Auf den nächsten Seiten können Sie sich mit einem typischen psychologischen Testverfahren vertraut machen. Dabei bewerten Sie anhand einer Punkteskala, wie sehr Sie sich mit verschiedenen Aussagen identifizieren können.

Die Skala reicht von:

☹ = stimme überhaupt nicht zu (hier Punktwert „1") bis

☺ = stimme voll und ganz zu (hier Punktwert „5")

☹   1   2   3   4   5   ☺   Ihr Wert: ☐

Achtung: Es gibt Aufgaben mit umgekehrter Punkteskala, bei denen „stimme überhaupt nicht zu" ☹ mit 5 Punkten und „stimme voll und ganz zu" ☺ mit einem Punkt bewertet wird.

Kreuzen Sie an, an welcher Stelle der Skala Sie sich am ehesten wiederfinden. Tragen Sie die entsprechende Punktzahl rechts unter „Ihr Wert" ein. Wir empfehlen, die Aufgaben in ihrer numerischen Reihenfolge zu bearbeiten – Sie können jedoch auch anders vorgehen, wenn Sie möchten.

Zählen Sie zum Schluss die Punkte jeder Aufgabengruppe zusammen und lesen Sie in der Auswertung nach, was das Ergebnis über Sie aussagen soll. Nehmen Sie dies bitte nur bedingt ernst. Nicht vergessen: Die Aussagekraft der Tests ist beschränkt.

Der Einstellungstest

Persönlichkeitstest I

Bearbeitungszeit 40 Minuten

Kontaktfähigkeit

Fällt es Ihnen leicht, mit fremden Menschen ins Gespräch zu kommen? Oder halten Sie sich lieber zurück? Können Sie sich einbringen, sich verständlich machen? Auf gute Beziehungen zu Ihren Kollegen sind Sie im Dienstalltag immer angewiesen. Im Einsatz sollten Sie außerdem in der Lage sein, mit völlig Unbekannten ohne Scheu eine Gesprächsbasis herzustellen und jederzeit sicher zu handeln.

1. **Ich sitze im Zug mit einem Unbekannten. Da ich neugierig bin, fange ich ein Gespräch an, um mehr über ihn zu erfahren.**

   ☹ 1 2 3 4 5 ☺   Ihr Wert: ☐

2. **Manchmal sagen Leute, dass ich arrogant und unnahbar wirke.**

   ☹ 5 4 3 2 1 ☺   Ihr Wert: ☐

3. **Ich treffe mich lieber mit Freunden, anstatt nur SMS und Mails zu schreiben.**

   ☹ 1 2 3 4 5 ☺   Ihr Wert: ☐

4. **Mein bester Freund unterstellt mir, dass ich seine Freunde meide und nicht akzeptiere.**

   ☹ 5 4 3 2 1 ☺   Ihr Wert: ☐

5. **Ich habe ein großes Netzwerk an Bekannten und bin daher über alles informiert.**

   ☹ 1 2 3 4 5 ☺   Ihr Wert: ☐

6. **Wenn viele unbekannte Leute um mich sind, fühle ich mich schnell unwohl.**

   ☹ 5 4 3 2 1 ☺   Ihr Wert: ☐

7. **Ich verbringe meine Abende gern gemütlich vor dem Fernseher oder dem PC.**

   ☹ 5 4 3 2 1 ☺   Ihr Wert: ☐

8. **Auf Partys lerne ich innerhalb kurzer Zeit viele neue Leute kennen, da ich auf andere Menschen zugehe.**

   ☹ 1 2 3 4 5 ☺ Ihr Wert: _____

9. **In einer großen Runde halte ich mich eher zurück.**

   ☹ 5 4 3 2 1 ☺ Ihr Wert: _____

10. **Ich fühle mich nie einsam.**

    ☹ 1 2 3 4 5 ☺ Ihr Wert: _____

    Gesamtwert Kontaktfähigkeit: _____

Teamfähigkeit

Teamfähigkeit heißt, produktiv mit anderen Menschen zusammenarbeiten zu können. Eine Gruppe ist mehr als nur die Summe ihrer Mitglieder – wenn alle an einem Strang ziehen. Die verschiedenen Temperamente und Fähigkeiten unter einen Hut zu bringen und sie sinnvoll einzubinden, ist die wichtigste Grundlage erfolgreichen Teamworks. Gelingt das nicht, hat man anstelle von Teamplayern am Ende nur einen versprengten Haufen von Einzelgängern.

1. **Teamarbeit ist nur dann sinnvoll, wenn man mit guten Leuten zusammenarbeitet.**

   ☹ 5 4 3 2 1 ☺ Ihr Wert: _____

2. **Die Kooperation mit anderen Menschen motiviert mich.**

   ☹ 1 2 3 4 5 ☺ Ihr Wert: _____

3. **Ich arbeite gern alleine, so habe ich die beste Kontrolle über das Ergebnis.**

   ☹ 5 4 3 2 1 ☺ Ihr Wert: _____

4. **Teamarbeit setzt voraus, Kompromisse eingehen zu können.**

   ☹ 1 2 3 4 5 ☺ Ihr Wert: _____

Der Einstellungstest

5. **Viele meiner Freunde und Bekannten fragen mich um Unterstützung. Ich helfe oft und gern.**

   ☹ 1 2 3 4 5 ☺ Ihr Wert: ☐

6. **Meistens sind meine Vorschläge die besten, da ich gut organisiert bin.**

   ☹ 5 4 3 2 1 ☺ Ihr Wert: ☐

7. **Ich ärgere mich nicht, wenn sich andere mit ihren Vorschlägen durchsetzen.**

   ☹ 1 2 3 4 5 ☺ Ihr Wert: ☐

8. **In Gruppendiskussionen bringe ich mich besonders stark ein und stehe meist im Mittelpunkt.**

   ☹ 5 4 3 2 1 ☺ Ihr Wert: ☐

9. **Die Zusammenarbeit mit anderen ist meist anstrengend.**

   ☹ 5 4 3 2 1 ☺ Ihr Wert: ☐

10. **Ich habe keine Angst davor, dass andere mich nicht mögen.**

    ☹ 1 2 3 4 5 ☺ Ihr Wert: ☐

    Gesamtwert Teamfähigkeit: ☐

Konfliktfähigkeit

Meinungsverschiedenheiten sind im Berufsleben nichts Seltenes. Und auch nichts besonders Schlimmes: Denn nur so kommen existierende Probleme offen auf den Tisch, was vernünftige und langfristig tragfähige Lösungen ermöglicht. Im Streifendienst stehen die Konflikte anderer Leute auf der Tagesordnung – sie gilt es abgeklärt und entschlossen zu schlichten.

1. **Wenn ein Team gut funktioniert, gibt es keine Konflikte.**

   ☹ 5 4 3 2 1 ☺ Ihr Wert: ☐

2. **Wenn jemand mich kritisiert, dann kritisiere ich ihn auch.**

   ☹ 5 4 3 2 1 ☺ Ihr Wert: ☐

3. Ich gerate selten in Konfliktsituationen.

   ☹ 5 4 3 2 1 ☺ Ihr Wert: ☐

4. Wenn Bekannte sich in Angelegenheiten einmischen, die sie nichts angehen, ziehe ich mich zurück und meide den Kontakt mit ihnen.

   ☹ 5 4 3 2 1 ☺ Ihr Wert: ☐

5. Probleme löst man nie dadurch, dass man sie unter den Teppich kehrt.

   ☹ 1 2 3 4 5 ☺ Ihr Wert: ☐

6. Wenn ich kritisiert werde, überlege ich zuerst, ob das stimmt.

   ☹ 1 2 3 4 5 ☺ Ihr Wert: ☐

7. Mein Nachbar ist gereizt und schreit mich lautstark an. Ich gehe ruhig in meine Wohnung und denke mir meinen Teil.

   ☹ 5 4 3 2 1 ☺ Ihr Wert: ☐

8. Wenn mir zu Hause etwas nicht passt, dann mache ich keinen Hehl daraus.

   ☹ 1 2 3 4 5 ☺ Ihr Wert: ☐

9. „Der Klügere gibt nach" – diesen Spruch habe ich noch nie verstanden.

   ☹ 1 2 3 4 5 ☺ Ihr Wert: ☐

10. Meinungsverschiedenheiten können produktiv sein.

    ☹ 1 2 3 4 5 ☺ Ihr Wert: ☐

    Gesamtwert Konfliktfähigkeit: ☐

Durchsetzungsfähigkeit

Sturheit, Rücksichtslosigkeit, Ellenbogenmentalität – im Extremfall wird aus Durchsetzungsvermögen blanker Egoismus. Ohne die Fähigkeit, sich zu behaupten, käme man andererseits auch nicht weit; das Resultat wären endlose Auseinandersetzungen ohne Ergebnis. Über die vornehme Zurückhaltung der Staatsgewalt würden sich wohl vor allem Kriminelle freuen, im Gegensatz zu den hilfesuchenden Bürgerinnen und Bürgern.

Der Einstellungstest

1. **Wenn ich mir ein Ziel in den Kopf gesetzt habe, versuche ich es mit allen Mitteln zu erreichen.**

   ☹ 1 2 3 4 5 ☺   Ihr Wert: ☐

2. **Wenn mir das Essen im Restaurant nicht schmeckt, reklamiere ich das sofort und frage nach Alternativen.**

   ☹ 1 2 3 4 5 ☺   Ihr Wert: ☐

3. **Von gelegentlichen Misserfolgen lasse ich mich nicht entmutigen.**

   ☹ 1 2 3 4 5 ☺   Ihr Wert: ☐

4. **Ich habe mir schon oft Ziele gesetzt und sie nicht erreicht.**

   ☹ 5 4 3 2 1 ☺   Ihr Wert: ☐

5. **Ich entschuldige mich häufig für Sachen, die gar nicht mein Fehler sind.**

   ☹ 5 4 3 2 1 ☺   Ihr Wert: ☐

6. **Mir egal, wie viele Gegenmeinungen es gibt – ich werde die Kritiker überzeugen.**

   ☹ 1 2 3 4 5 ☺   Ihr Wert: ☐

7. **Wenn man mit höher gestellten Personen spricht, sollte man Meinungsverschiedenheiten lieber unter den Teppich kehren.**

   ☹ 5 4 3 2 1 ☺   Ihr Wert: ☐

8. **Viele behaupten, ich sei ein sturer Dickkopf. Mir macht das nichts aus.**

   ☹ 1 2 3 4 5 ☺   Ihr Wert: ☐

9. **Durch Kompromisse kommt man eher ans Ziel als mit der „Kopf durch die Wand"-Methode.**

   ☹ 5 4 3 2 1 ☺   Ihr Wert: ☐

10. **Eine gute, harmonische Arbeitsatmosphäre ist sehr wichtig.**

    ☹ 5 4 3 2 1 ☺   Ihr Wert: ☐

Gesamtwert Durchsetzungsfähigkeit: ☐

Gewissenhaftigkeit

Gewissenhaftigkeit hat viele Namen: zum Beispiel Ordnung, Disziplin, Pünktlichkeit und Pflichtbewusstsein. Mit zuverlässigen, aufrechten Menschen arbeitet man gern zusammen. Aber auch die Gewissenhaftigkeit hat ihre Schattenseiten: Manchmal ist eben Spontaneität gefragt, das schnelle Umschalten auf andere Methoden, das Ausweichen zu alternativen Lösungswegen. Penible Perfektionisten, die jeden Schritt im Voraus planen, haben es dann schwer.

1. **Es kommt oft vor, dass ich eine Sache nicht zu Ende bringe, weil ständig etwas dazwischenkommt.**

   ☹   5   4   3   2   1   ☺   Ihr Wert: ☐

2. **Dinge zu planen und zu organisieren ist die Voraussetzung dafür, dass alles richtig funktioniert.**

   ☹   1   2   3   4   5   ☺   Ihr Wert: ☐

3. **Ich halte meine Termine immer ein, egal was passiert.**

   ☹   1   2   3   4   5   ☺   Ihr Wert: ☐

4. **Wenn ich an einem Problem festhänge, nehme ich eine andere Aufgabe in Angriff.**

   ☹   5   4   3   2   1   ☺   Ihr Wert: ☐

5. **Ich versuche immer, Aufgaben perfekt zu lösen – selbst wenn es etwas länger dauert.**

   ☹   1   2   3   4   5   ☺   Ihr Wert: ☐

6. **Ich denke auch in der Freizeit oft an die Arbeit, kann nur schwer abschalten.**

   ☹   1   2   3   4   5   ☺   Ihr Wert: ☐

7. **In kreativem Durcheinander kann ich gut arbeiten.**

   ☹   5   4   3   2   1   ☺   Ihr Wert: ☐

8. **Meine Freunde schätzen an mir, dass ich so zuverlässig bin.**

   ☹   1   2   3   4   5   ☺   Ihr Wert: ☐

Der Einstellungstest

9. **Es kommt öfter vor, dass ich Sachen verlege und dann vergesse, wo sie sind.**

   ☹ 5 4 3 2 1 ☺ Ihr Wert: ☐

10. **Es macht mir gar nichts aus, von einem Plan abzuweichen.**

    ☹ 5 4 3 2 1 ☺ Ihr Wert: ☐

    Gesamtwert Gewissenhaftigkeit: ☐

Belastbarkeit

Ohne physische und psychische Belastbarkeit ist der Dienstalltag kaum zu meistern. Körperliche und geistige Stabilität sind Grundvoraussetzungen, um im Einsatzstress die Nerven zu behalten und gefährliche Situationen mit kühlem Kopf zu bewältigen. Nur wer belastbar ist, bleibt auf Dauer leistungsfähig – ansonsten drohen Ärger und Frustration.

1. **Wenn auf der Arbeit viel los ist, schlafe ich immer schlecht ein.**

   ☹ 5 4 3 2 1 ☺ Ihr Wert: ☐

2. **Ich treibe regelmäßig Sport.**

   ☹ 1 2 3 4 5 ☺ Ihr Wert: ☐

3. **Prüfungssituationen sind mir unangenehm, auch wenn ich das nötige Wissen habe.**

   ☹ 5 4 3 2 1 ☺ Ihr Wert: ☐

4. **Wenn es sein musste, habe ich für Klassenarbeiten auch bis spät in die Nacht gelernt.**

   ☹ 1 2 3 4 5 ☺ Ihr Wert: ☐

5. **Der Mensch ist nur dann glücklich, wenn er genügend Freizeit hat.**

   ☹ 5 4 3 2 1 ☺ Ihr Wert: ☐

6. **Es dauert, so lange es dauert: Für wichtige Dinge muss man seinen persönlichen Kalender entsprechend anpassen.**

   ☹ 1 2 3 4 5 ☺ Ihr Wert: ☐

7. **Ich arbeite Aufgaben konzentriert nacheinander ab. Wenn etwas dazwischenkommt, schiebe ich das erst mal auf die lange Bank.**

    ☹ 5 4 3 2 1 ☺ Ihr Wert: ☐

8. **Von der Gereiztheit anderer lasse ich mich schnell anstecken.**

    ☹ 5 4 3 2 1 ☺ Ihr Wert: ☐

9. **Um meine Zukunft mache ich mir keine Sorgen.**

    ☹ 1 2 3 4 5 ☺ Ihr Wert: ☐

10. **Körperliche Anstrengungen stecke ich problemlos weg.**

    ☹ 1 2 3 4 5 ☺ Ihr Wert: ☐

    Gesamtwert Belastbarkeit: ☐

Flexibilität

Von der Verbrecherjagd zur verwirrten alten Dame: Der stereotype Schema-F-Dienst ist bei der Polizei die Ausnahme. Polizeibeamte müssen sich schnell an unterschiedliche Situationen mit verschiedenen Anforderungen anpassen; die orientierungslose Seniorin verlangt nach einem anderen Umgang als der flüchtige Räuber. Jeder Einsatz ist anders – und das erfordert Flexibilität.

1. **Ich mag es, wenn Arbeitsabläufe sich wiederholen.**

    ☹ 5 4 3 2 1 ☺ Ihr Wert: ☐

2. **Mein Büro wird zu klein. Ich rücke meinen Schreibtisch einfach von der Wand in die Mitte des Raums, um dadurch Platz zu gewinnen.**

    ☹ 1 2 3 4 5 ☺ Ihr Wert: ☐

3. **Beständigkeit ist wichtiger, als immer mit dem Trend zu gehen.**

    ☹ 5 4 3 2 1 ☺ Ihr Wert: ☐

4. **Ich überlege häufig, wie ich eine Aufgabe mit neuen Methoden und Techniken besser bewältigen kann.**

    ☹ 1 2 3 4 5 ☺ Ihr Wert: ☐

Der Einstellungstest

5. Auf Veränderungen muss man so schnell wie möglich reagieren.

   ☹ 1 2 3 4 5 ☺ Ihr Wert: ☐

6. Besser eine Sache gut machen, als viele Dinge so lala erledigen.

   ☹ 5 4 3 2 1 ☺ Ihr Wert: ☐

7. Wenn alles so läuft wie immer, wird mir schnell langweilig.

   ☹ 1 2 3 4 5 ☺ Ihr Wert: ☐

8. Wer viele unterschiedliche Felder beackert, weiß nicht, was er will.

   ☹ 5 4 3 2 1 ☺ Ihr Wert: ☐

9. Um böse Überraschungen zu vermeiden, plane ich gern alles bis ins Detail.

   ☹ 5 4 3 2 1 ☺ Ihr Wert: ☐

10. Mehrere Wege führen zum Ziel. Man muss sich nicht auf einen festlegen.

    ☹ 1 2 3 4 5 ☺ Ihr Wert: ☐

    Gesamtwert Flexibilität: ☐

Motivation

Unmotiviertheit äußert sich in Desinteresse und Bequemlichkeit – das Gegenteil beweist, wer sich selbstständig einbringt, ohne dass es jemand ausdrücklich verlangt. Wer motiviert ist, zeigt Eigeninitiative, entwickelt neue Ideen, reißt andere mit und übernimmt Verantwortung. Das sieht jeder Arbeitgeber gern, solange es nicht in hektischem Aktionismus mündet.

1. Bei der Wahl meines Arbeitsplatzes achte ich vor allem auf Sicherheit und eine gute Bezahlung.

   ☹ 5 4 3 2 1 ☺ Ihr Wert: ☐

2. Ich arbeite nicht gern an Projekten, deren Früchte ich erst im Nachhinein ernte.

   ☹ 5 4 3 2 1 ☺ Ihr Wert: ☐

3. **Durch Fleiß und Einsatzbereitschaft habe ich schon oft andere hinter mir gelassen, die es eigentlich leichter hatten als ich.**

   ☹ 1 2 3 4 5 ☺ Ihr Wert: _____

4. **Ich denke nicht gern über Dinge nach, für die keine Notwendigkeit besteht.**

   ☹ 5 4 3 2 1 ☺ Ihr Wert: _____

5. **In meinem Freundeskreis bin meist ich es, der Treffen organisiert und Partys veranstaltet.**

   ☹ 1 2 3 4 5 ☺ Ihr Wert: _____

6. **Es kommt auf jeden Einzelnen an, wenn eine Gesellschaft funktionieren soll.**

   ☹ 1 2 3 4 5 ☺ Ihr Wert: _____

7. **Ich warte lieber ab, wie sich etwas entwickelt, bevor ich überhastet eingreife.**

   ☹ 5 4 3 2 1 ☺ Ihr Wert: _____

8. **Andere Menschen von etwas zu überzeugen, liegt mir nicht so.**

   ☹ 5 4 3 2 1 ☺ Ihr Wert: _____

9. **Ich übernehme gern Verantwortung, auch bei schwierigen Entscheidungen.**

   ☹ 1 2 3 4 5 ☺ Ihr Wert: _____

10. **Ich bin bekannt dafür, dass ich immer den ersten Schritt mache.**

    ☹ 1 2 3 4 5 ☺ Ihr Wert: _____

Gesamtwert Motivation: _____

Einfühlungsvermögen

Ein wichtiger Aspekt der sozialen Intelligenz: nachvollziehen zu können, was andere gerade fühlen oder meinen. Denn die gleiche Sprache zu sprechen, heißt noch nicht, einander wirklich zu verstehen. Nur wer sich in die Lage seines Gegenübers hineinversetzen und dessen Stimmung richtig einschätzen kann, ist dazu fähig, situationsgemäß und zielgerichtet zu handeln.

Der Einstellungstest

1. **Wenn es Freunden schlecht geht, merke ich das sofort, auch wenn sie es nicht sagen.**

   ☹ 1 2 3 4 5 ☺   Ihr Wert: ☐

2. **In schwierigen Situationen tappe ich nie in Fettnäpfchen.**

   ☹ 1 2 3 4 5 ☺   Ihr Wert: ☐

3. **Man muss nicht das Privatleben seiner Kollegen kennen, um mit ihnen gut arbeiten zu können.**

   ☹ 5 4 3 2 1 ☺   Ihr Wert: ☐

4. **Professionalität heißt, auf Emotionen keine Rücksicht zu nehmen.**

   ☹ 5 4 3 2 1 ☺   Ihr Wert: ☐

5. **Ich nehme die Dinge, wie sie kommen. Wieso sollte ich lange darüber nachdenken, wer warum wie entschieden hat?**

   ☹ 5 4 3 2 1 ☺   Ihr Wert: ☐

6. **Ich ärgere mich oft über Leute, die mich einfach nicht verstehen.**

   ☹ 5 4 3 2 1 ☺   Ihr Wert: ☐

7. **Die Sorgen und Probleme anderer gehen mir oft ziemlich nahe.**

   ☹ 1 2 3 4 5 ☺   Ihr Wert: ☐

8. **Bevor man sich ein Urteil bildet, sollte man sich immer fragen, was man selbst in so einer Lage getan hätte.**

   ☹ 1 2 3 4 5 ☺   Ihr Wert: ☐

9. **Wenn jemand etwas Peinliches sagt, gelingt es mir oft, die Situation zu retten.**

   ☹ 1 2 3 4 5 ☺   Ihr Wert: ☐

10. **Häufig weiß ich nicht, welche Erwartungen andere an mich haben.**

    ☹ 5 4 3 2 1 ☺   Ihr Wert: ☐

    Gesamtwert Einfühlungsvermögen: ☐

Auswertung

Kontaktfähigkeit

mehr als 40 Punkte: Sie sind extrem kontaktfreudig und gewinnen die Sympathien schnell für sich. Passen Sie aber auf, nicht zu offen und leutselig zu erscheinen: Der Polizeiberuf erfordert auch Autorität und Verantwortungsbewusstsein.

25–40 Punkte: Sie können von sich aus auf andere Menschen zugehen und finden zu ihnen in der Regel einen guten Draht. Dabei sind Sie angenehm unaufdringlich. Bleiben Sie am Ball und lassen Sie sich nicht ins Abseits drängen, so sammeln Sie jede Menge Pluspunkte.

weniger als 25 Punkte: Auch wenn es Überwindung kosten kann, Kontakte zu knüpfen: Mit zu viel Zurückhaltung findet man in neuen Umgebungen nur langsam Anschluss. Das macht es schwer, sich produktiv ins Team einzubringen und in der Öffentlichkeit sicher aufzutreten. Die Polizei braucht Beamte, die souverän handeln und gut mit Menschen umgehen können.

Teamfähigkeit

mehr als 40 Punkte: Sie sind das Musterbeispiel eines Mannschaftsspielers. In der Kooperation mit anderen blühen Sie auf, nehmen die eigenen Interessen auch gern mal zurück. Solange Ihre Selbstständigkeit nicht darunter leidet, sind Sie auf einem guten Weg.

25–40 Punkte: Eigensinn und Teamgeist halten sich bei Ihnen die Waage. Damit sind Sie in jeder Gruppe gern gesehen. Es gelingt Ihnen, Teil des Teams zu sein, ohne an Profil zu verlieren. Manchmal sollten Sie Ihre Eigeninteressen etwas mehr zurückstellen, um die Gruppendynamik zu stärken.

weniger als 25 Punkte: Sie spielen lieber Golf als Fußball, richtig? Die Kooperation mit anderen liegt Ihnen anscheinend nicht so gut. Denken Sie daran: Sie sind Teil eines großen Orchesters, das nur dann gut klingt, wenn alle harmonieren. Nehmen Sie Ihre Kollegen ernst, hören Sie ihnen zu und bringen Sie sich ein – davon profitieren alle.

Konfliktfähigkeit

mehr als 40 Punkte: Sie weichen keinem Konflikt aus und sprechen schonungslos an, was Ihnen nicht gefällt. Gut so – solange Sie das vernünftig, selbstkritisch und zielgerichtet tun. Sonst können Sie eventuell als streitsüchtiger Zeitgenosse gelten, der aus jeder Mücke einen Elefanten macht.

25–40 Punkte: Probleme sind dazu da, um gelöst zu werden – das könnte Ihr Motto sein. Obwohl Ihnen Harmonie wichtig ist, reden Sie auch mal Tacheles und tragen so dazu bei, strittige Situationen konstruktiv und sachlich zu lösen.

weniger als 25 Punkte: Meinungsverschiedenheiten gehen Sie gern aus dem Weg, Ärger schlucken Sie am liebsten herunter. Wenn hinter der heilen Fassade in Wahrheit tiefe Gräben klaffen, hilft das weder der Gesundheit noch Ihrer Arbeitsleistung. Sehen Sie Konflikte als Chance, Sachfragen zu klären und den eigenen Standpunkt weiterzuentwickeln.

Durchsetzungsfähigkeit

mehr als 40 Punkte: Wo ein Wille ist, da ist für Sie auch ein Weg. Sie haben ein stabiles Rückgrat und bleiben sich auch dann treu, wenn es Widerstände gibt. Den schmalen Grat zur Rücksichtslosigkeit sollten Sie dabei nicht überschreiten.

25–40 Punkte: Wenn es nötig ist, sprechen Sie auch mal ein Machtwort. Doch Sie wissen, dass man mit Kompromissen manchmal mehr erreicht. Damit kommen Sie bei Mitarbeitern und Bürgern gut an, ohne sich die Butter vom Brot nehmen zu lassen.

weniger als 25 Punkte: Kooperation und Teambewusstsein müssen niemanden in die Selbstaufgabe treiben. Stellen Sie Ihr Ego nicht hinten an und treten sie entschlossener für das ein, was Sie für richtig halten. Das fördert die Zufriedenheit im Beruf und ist im Streifendienst schlicht alternativlos.

Gewissenhaftigkeit

mehr als 40 Punkte: Auf Sie kann man sich wirklich verlassen. Wer mit Ihnen etwas abspricht, muss keine Bedenken haben, und Sie wissen genau, welche Dienstvorschrift wann wie anzuwenden ist. Was aber, wenn plötzliche Veränderungen flexible Reaktionen erfordern?

25–40 Punkte: Sie halten sich an Absprachen und arbeiten verlässlich, ohne gleich ein Erbsenzähler zu sein. Sie haben es gern, wenn alles seinen gewohnten Gang geht, kommen aber nicht ins Straucheln, wenn etwas Unvorhergesehenes geschieht.

weniger als 25 Punkte: Termine, Ordnung, Disziplin – all das steht bei Ihnen eher im Hintergrund. Sie brauchen die Abwechslung und lassen es gern locker angehen. Das erschwert die Zusammenarbeit. Zuverlässigkeit gilt als berufliche Kernkompetenz und setzt nur eines voraus: sich an gegebene Strukturen zu halten.

Belastbarkeit

mehr als 40 Punkte: Auch unter hohem Druck arbeiten Sie nüchtern und sachlich. Dass Sie so schnell nichts umhaut, wissen Ihre Kollegen und Vorgesetzten sehr zu schätzen. In einer stürmischen Brandung sind Sie ein fester Fels – aber kennen hoffentlich auch Ihre eigenen Grenzen.

25–40 Punkte: Sie vertrauen auf Ihre Fähigkeiten und erreichen auch unter ungünstigen Bedingungen gute Ergebnisse. Herausforderungen nehmen Sie gelegentlich mit Bedenken an, weil Sie wissen, was Ihnen bevorsteht. Gehen Sie Anstrengungen nicht aus dem Weg, doch schätzen Sie Ihr Leistungsvermögen realistisch ein.

weniger als 25 Punkte: Als Polizist müssen Sie auch unter hoher Anspannung eine Situation jederzeit im Griff haben. Unter Umständen hängt die Gesundheit oder das Leben anderer davon ab. Daher gilt es, auch unter Anspannung konzentriert zu bleiben, den Überblick zu behalten und nicht emotional oder hektisch zu reagieren.

Flexibilität

mehr als 40 Punkte: Ihnen macht es nichts aus, wenn sich eine Vorschrift ändert, wenn neue PC-Software eingeführt wird oder wenn man Sie von einer Radarkontrolle plötzlich zu einem Verkehrsunfall beordert. Aber Hand aufs Herz: Können Sie auch stereotype Aufträge zuverlässig und akkurat abarbeiten?

25–40 Punkte: Sie verbinden Disziplin und Ordnungssinn mit der Fähigkeit, sich rasch auf neue Gegebenheiten einzustellen. Das macht Sie zu einem gefragten Mitarbeiter, der sich in schwierigen Situationen meist zu

Der Einstellungstest

helfen weiß und dabei die einschlägigen Vorgaben beachtet.

weniger als 25 Punkte: Was Sie gewohnt sind, daran halten Sie fest. Sie sind eher der gewissenhafte Typ, der seine Arbeit gern vollständig überblickt und von A bis Z durchorganisiert. Doch es gibt insbesondere bei der Polizei nicht für alles eine perfekte Vorbereitung, hin und wieder ist einfach Fingerspitzengefühl gefragt.

Motivation

mehr als 40 Punkte: Dienst nach Vorschrift ist Ihnen zu wenig. Sie entwickeln eigenständig Ideen, übernehmen gern die Initiative, handeln entschlossen und schrecken vor Verantwortung nicht zurück. Sie wollen aus Überzeugung Polizist werden, und das merkt man Ihnen an. Behalten Sie in Ihrer Aktivität stets ein klares Ziel vor Augen.

25–40 Punkte: Wenn es etwas zu tun gibt, erledigen Sie es schnell und zuverlässig. Schwerer fällt es Ihnen, aus eigenem Antrieb Verantwortung zu übernehmen. Trauen Sie sich mehr zu, dann sind Kollegen und Vorgesetzte noch zufriedener.

weniger als 25 Punkte: Wer ohne klare Ansagen schwer auf Trab kommt, sorgt für Verunsicherung: Macht die Arbeit keinen Spaß, werden die Aufgaben und Ziele nicht als sinnvoll angesehen, stimmt die Atmosphäre im Team nicht? Überzeugen Sie Ihre Kritiker durch Leistung.

Einfühlungsvermögen

mehr als 40 Punkte: Sie wissen genau, was in Ihren Mitmenschen vorgeht. Im Kollegenkreis treffen Sie stets den richtigen Ton, und ein hilfesuchender Bürger kann sich bei Ihnen glücklich schätzen. Ihr Mitgefühl macht es Ihnen aber manchmal schwer, sich durchzusetzen.

25–40 Punkte: Die Welt mit den Augen eines anderen zu sehen, ist für Sie nicht immer leicht. Trotzdem können Sie nachvollziehen, dass Menschen stimmungsabhängig sind, und nehmen Rücksicht auf individuelle Befindlichkeiten.

weniger als 25 Punkte: Besonders sensibel sind Sie anscheinend nicht – positiv ausgedrückt: Sie sind psychisch ungeheuer belastbar. Doch vergessen Sie nicht: Der Ton macht die Musik. Respektieren Sie die persönliche Stimmungslage anderer Menschen, das erleichtert nicht zuletzt auch Ihnen selbst das Leben.

Persönlichkeitstest II

Im Dienstalltag müssen Sie jederzeit Herr der Lage sein und angemessen reagieren. Um Ihre Handlungssicherheit zu testen, konfrontieren die Prüfer Sie mancherorts mit realistischen Szenarien, die sich nicht immer auf den ersten Blick durchschauen lassen.

Mit welchem Verhalten können Sie sich wie stark identifizieren? Markieren Sie Ihren Standpunkt auf einer Skala von ☹ („kann mich überhaupt nicht identifizieren") bis ☺ („kann mich voll und ganz identifizieren"). Das Gesamtergebnis erhalten Sie, indem Sie positive Werte (+) addieren und negative Werte (−) subtrahieren. Rechnen Sie die Punktwerte aller drei Fälle zusammen. Die Auswertung finden Sie am Ende dieses Abschnitts.

Fall 1: Ihr Kollege möchte mit Ihnen den Dienst tauschen, Sie aber eigentlich nicht. Wie reagieren Sie?

1. **Ich akzeptiere den Vorschlag des Kollegen ohne Widerworte.**

   ☹   +3   +2   +1   0   −1   −2   −3   ☺   Ihr Wert: ☐

2. **Ich überlege mir, wie ich den Vorschlag des Kollegen am besten ablehne, ohne ihn zu kränken.**

   ☹   −3   −2   −1   0   +1   +2   +3   ☺   Ihr Wert: ☐

3. **Ich halte ihn erst einmal hin. Vielleicht findet sich ein anderer, der ihn vertritt.**

   ☹   +3   +2   +1   0   −1   −2   −3   ☺   Ihr Wert: ☐

4. **Ich erkläre ihm, warum ich an diesem Tag seinen Dienst nicht übernehmen kann.**

   ☹   −3   −2   −1   0   +1   +2   +3   ☺   Ihr Wert: ☐

5. **Ich lehne seinen Vorschlag entschlossen ab. Wozu sind Dienstpläne da?**

   ☹   +3   +2   +1   0   −1   −2   −3   ☺   Ihr Wert: ☐

   Gesamtwert Fall 1: ☐

Der Einstellungstest

Fall 2: Sie und Ihr Kollege halten ein Fahrzeug an. Es stellt sich heraus, dass es sich bei dem Fahrer um Ihren Nachbarn handelt, mit dem Sie sich gar nicht verstehen. Wie reagieren Sie?

6. **Ich setze mich in den Streifenwagen und lasse meinen Kollegen den Fall klären.**

☹ +3 +2 +1 0 −1 −2 −3 ☺ Ihr Wert: ☐

7. **Ich nehme mich der Sache pragmatisch und ruhig an, wohl wissend, dass der Ärger nicht ausbleiben wird.**

☹ −3 −2 −1 0 +1 +2 +3 ☺ Ihr Wert: ☐

8. **Ich lasse den Nachbarn weiterfahren, um Streitigkeiten zu vermeiden.**

☹ +3 +2 +1 0 −1 −2 −3 ☺ Ihr Wert: ☐

9. **Ich erkläre meinem Kollegen den Sachverhalt, bitte ihn die Führungsrolle zu übernehmen und sichere ihn von einer zurückgezogenen Position.**

☹ +3 +2 +1 0 −1 −2 −3 ☺ Ihr Wert: ☐

10. **Ich zeige meinem Nachbarn, wer von uns beiden die Staatsgewalt vertritt, und fordere ihn auf, die Mängel an seinem Fahrzeug unverzüglich zu reparieren.**

☹ +3 +2 +1 0 −1 −2 −3 ☺ Ihr Wert: ☐

Gesamtwert Fall 2: ☐

Fall 3: Bei einer ausländischen Familie wird eine tote Person aufgefunden. Im Haus treffen Sie auf die tränenüberströmte Mutter und den Sohn der Familie, der Ihnen erklärt, dass Sie die Mutter aus kulturellen Gründen nicht befragen können. Wie reagieren Sie?

11. **Ich respektiere die Kultur und werde die Mutter selbstverständlich nicht befragen, wenn es von der Familie so gewünscht wird.**

☹ +3 +2 +1 0 −1 −2 −3 ☺ Ihr Wert: ☐

12. **Ich bitte die Leitstelle, mir eine Beamtin aus demselben Kulturkreis zu schicken, die die kulturellen Hintergründe kennt und vielleicht eher mit der Mutter sprechen darf.**

   ☹ +3 +2 +1 0 −1 −2 −3 ☺ Ihr Wert: ☐

13. **Ich versuche den Sohn zu überzeugen, doch mit der Mutter reden zu dürfen.**

   ☹ +3 +2 +1 0 −1 −2 −3 ☺ Ihr Wert: ☐

14. **Ich erkläre, warum ich in diesem Fall auf kulturelle Besonderheiten keine Rücksicht nehmen kann, und bitte die Mutter zu einem Gespräch.**

   ☹ −3 −2 −1 0 +1 +2 +3 ☺ Ihr Wert: ☐

15. **Ich ignoriere den Sohn und wende mich kommentarlos direkt an die Mutter.**

   ☹ +3 +2 +1 0 −1 −2 −3 ☺ Ihr Wert: ☐

   Gesamtwert Fall 3: ☐

Auswertung

Alle drei Fälle stellen vor allem Ihre Konfliktfähigkeit, Ihr Durchsetzungs- und Ihr Einfühlungsvermögen auf die Probe.

Fall 1 bringt zusätzlich den Faktor Flexibilität ins Spiel – der hier allerdings nicht positiv belegt ist. Wer zu allem Ja und Amen sagt, auch wenn es ihm nicht passt, ist weder konflikt- noch durchsetzungsfähig. Dank Ihres Einfühlungsvermögens können Sie den Wunsch des Kollegen aber nachvollziehen. Um ihn nicht zu kränken, erklären Sie ihm Ihre Haltung und lehnen höflich ab.

In **Fall 2** geht es darum, der dienstlichen Verantwortung nicht aus persönlichen Gründen auszuweichen. Ihr Nachbar ist in dieser Situation ein Verkehrsteilnehmer wie jeder andere auch, und Sie sind ein ganz „normaler" Beamter. Dementsprechend verhalten Sie sich richtig, wenn Sie sich genauso verhalten wie sonst: Ruhig und sachlich lassen Sie sich die Papiere Ihres Nachbarn zeigen.

Fall 3 schließlich erfordert besonderes Fingerspitzengefühl. Natürlich sind Sie als Beamter allein Recht und Gesetz verpflichtet, nicht irgendwelchen kulturel-

Der Einstellungstest

len Geboten. Dennoch ist etwas Rücksicht angebracht. Rüpelhaftes Vorgehen macht die Verständigung mit Mutter und Sohn nicht einfacher. Daher gehen Sie auf die Empfindungen der Angehörigen ein, machen aber unmissverständlich klar, dass Sie die Mutter befragen müssen.

Ein gutes Gesamtergebnis erreichen Sie mit **25–35 Punkten**. Werte von **mehr als 35 Punkten** sehen die Prüfer unter Umständen skeptisch, insbesondere wenn sich das Abschneiden nicht mit Ihrem Gesamteindruck deckt. Denken Sie daran, dass man Sie später mit Ihren Aussagen eventuell noch einmal konfrontiert. Wer **weniger als 25 Punkte** erzielt, könnte wiederum den Verdacht mangelnden Konflikt- und Durchsetzungsvermögens auf sich ziehen.

Der Wiener Test

Computertest ist nicht gleich Computertest. Neben der gewöhnlichen PC-Prüfung mit Aufgabenkategorien wie Sprache, Wissen, Logik und Mathematik haben manche Behörden noch ein grundsätzlich anderes Testverfahren in petto: Die Rede ist vom berüchtigten Wiener Test, der unter anderem in Nordrhein-Westfalen auf dem Plan steht. Der Wiener Test stammt aus der psychologischen Diagnostik und legt es vor allem darauf an, Sie tüchtig unter Stress zu setzen. Gefragt sind Reaktionsschnelligkeit, Aufmerksamkeit und Konzentrationsfähigkeit unter hohem Zeitdruck.

Der Ablauf

Dass der Wiener Test mit einem „normalen" PC-Test wenig zu tun hat, merken Sie spätestens beim Gang zum Monitor: Anstelle einer handelsüblichen Tastatur erwartet Sie ein Bedienpult mit mehreren schwarzen Knöpfen, verschiedenfarbigen Schaltern und anderen Elementen. Zusätzlich sind zwei Fußpedale angeschlossen und man bittet Sie, Kopfhörer anzuziehen.

Lassen Sie sich vom komplizierten Aufbau nicht irritieren: Eine gewisse Verunsicherung gehört zum Konzept und ist nicht „Ihr Fehler". Die Situation ist für

Ihre Mitstreiter genauso ungewohnt wie für Sie. Nun kommt es darauf an, wie Sie damit umgehen. Letzen Endes sind all die Tasten, Knöpfe und Pedale nichts anderes als Eingabegeräte wie Mäuse oder Tastaturen, mit denen Sie auf den Bildschirminhalt in einer bestimmten Weise reagieren.

> **Aufgaben im Wiener Test**
>
> Der Wiener Test besteht aus mehreren kleinen Prüfungsmodulen. Eine Auswahl typischer Aufgaben:
>
> **Verkehrssituationen beurteilen** Einen Augenblick lang (ca. 1 Sekunde) wird Ihnen eine Szene aus dem Straßenverkehr gezeigt, die Sie anschließend beurteilen sollen: Welche Verkehrsteilnehmer sind zu sehen? Wer hat Vorfahrt? Wer verhält sich falsch?
>
> **Linien verfolgen** Verfolgen Sie mit den Augen eine Linie durch ein Liniengewirr und bestimmen Sie die Zahl, zu der diese Linie führt.
>
> **Reaktionstest** Ihr Finger liegt auf einer Ruhetaste. Über Kopfhörer werden verschiedene Töne eingespielt, auf dem Monitor unterschiedliche Symbole oder Lichtsignale eingeblendet. Bei einer bestimmten Ton/Anzeige-Kombination müssen Sie die Ruhetaste loslassen und andere Taste drücken und/oder die Pedale betätigen – die Reaktionszeit wird gemessen.
>
> **Symbolvergleich** Welches von vier verschiedenen Symbolen entspricht einem vorgegebenen Symbol?
>
> **Merkfähigkeit** Für kurze Zeit erscheint auf dem Monitor ein Bild. Anschließend werden Ihnen verschiedene Gegenstände gezeigt: Welche davon waren im Bild zu sehen?

Der Wiener Test dauert ungefähr 30–45 Minuten, unter Umständen etwas länger. Das klingt überschaubar, doch der Test ist sehr intensiv: Er verlangt Ihre volle Konzentration bei höchstem Arbeitstempo.

Die Vorbereitung

Einige typische Module des Wiener Tests – etwa der Symbolvergleich, die Merkaufgaben oder das Liniengewirr – lassen sich recht mühelos zu Hause nachstellen. Trainieren Sie Ihre Erinnerungsgabe z. B. durch Memory oder mithilfe von Fotos, deren Einzelheiten sie nach kurzem Ansehen möglichst vollständig wiedergeben. Einen Eindruck davon, wie sich Konzentrations- und Erinnerungsaufgaben unter Zeitdruck anfühlen, erhalten Sie in den entsprechenden Kapiteln dieses Buchs. Viele weitere Aufgaben bietet das Ausbildungspark Prüfungspaket „Der Einstellungstest zur Ausbildung bei Polizei und Zoll".

Mit einem Helfer aus der Familie oder dem Freundeskreis können Sie außerdem Ihre Reaktionsschnelligkeit schulen: Ihr Partner zeigt Ihnen für kurze Zeit bestimmte Gegenstände (Symbole, Farben, Karten…), und Sie reagieren darauf möglichst rasch nach einem vorher festgelegten Schema, indem Sie beispielsweise eine Zahl nennen oder einen Gegenstand hochhalten.

Tipps und Tricks für die Prüfung

- Zeitdruck ist Programm: Sie dürfen Fehler machen, und Sie werden Fehler machen. Wohl niemand meistert den Wiener Test mit blütenweißer Weste.
- Bewertet werden korrekte Lösungen, Fehler und auch fehlende Antworten. Ob Sie eine Aufgabe gar nicht oder falsch beantworten, kann auf dasselbe hinauslaufen. Daher lohnt sich meist zumindest ein Versuch.
- Haben Sie mit einer Aufgabe Probleme, dann grübeln Sie nicht zu lange darüber nach. Denken Sie an die Zeitbeschränkung und teilen Sie sich das Zeitbudget gut ein.
- Hadern Sie nicht mit sich, wenn Sie einen Fehler gemacht haben – das kostet Zeit und verunsichert. Atmen Sie tief durch, haken Sie den Patzer ab und konzentrieren Sie sich auf die folgenden Aufgaben.
- Wenn Ihnen zum Ende eines Aufgabenteils hin alles immer schwerer fällt: Kein Grund zur Panik! Der Schwierigkeitsgrad der Aufgaben nimmt im Testverlauf zu.

Kapitel 4

Der Sporttest

Die Disziplinen 244

Die Vorbereitung: So bauen Sie Ihr Training auf 256

Die ärztliche Untersuchung 273

Die Disziplinen

Der Dienst für Sicherheit und Ordnung erfordert nicht nur geistige, sondern oft auch körperliche Topform. Ob ein Bewerber die nötige Fitness besitzt, zeigt sich im Sporttest. Durchschnittlich stehen dabei 3–4 Disziplinen auf dem Plan, die alle fünf „motorischen Grundfähigkeiten" abdecken: Ausdauer, Schnelligkeit, Kraft, Koordination und Beweglichkeit. Hinweise zum Verfahren an Ihrem Bewerbungsort finden Sie in Kapitel 1 dieses Buchs. Über den genauen Ablauf und das mitzubringende Equipment – Hallenschuhe, Laufschuhe etc. – informiert Sie das Einladungsschreiben.

> Die kompletten Prüfungslisten, ausführliche Übungserklärungen, vorgefertigte Trainingspläne und die besten Disziplinen zur Vorbereitung finden Sie in unserem Handbuch **„Der Sporttest zur Ausbildung bei der Polizei"** (ISBN 978-3-95624-046-1).

Der folgende Katalog enthält neben Übungserklärungen und Trainingsempfehlungen auch Richtwerte für die jeweiligen Mindestanforderungen. Bitte beachten Sie: Wer in jeder Disziplin nur ausreichende Leistungen erzielt, wird es nicht auf einen Spitzenplatz der Bewerberrangliste schaffen.

Achterlauf

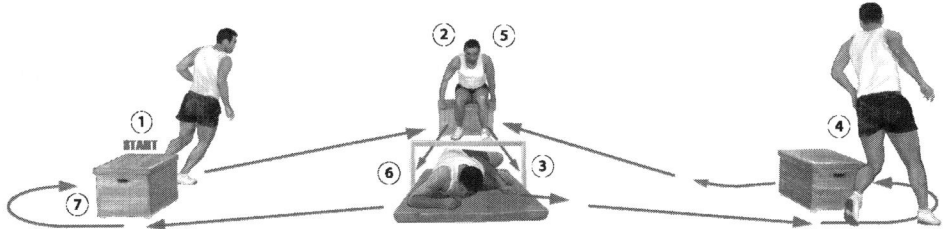

Sie laufen in Form einer „8" um zwei Kästen, die zehn Meter auseinander stehen. Gestartet wird im Stehen an einem dieser Kästen. Auf jedem Hin- und Rückweg nehmen Sie kurz Sitzkontakt mit dem Kasten in der Mitte auf und durchkriechen das offene Kastenteil davor. Gefordert sind fünf vollständige Durchläufe (insgesamt ca. 100 Meter).

Geprüft von: Landespolizei Hessen

Laufzeit höchstens (Richtwert in Sekunden)	Trainingsempfehlung
Frauen 80,4 s / Männer 69,6 s	Schnelligkeitsausdauer (Intervalltraining); Koordination, Beweglichkeit

Ausdauerlauf

Der Klassiker unter den Ausdauertests: Bringen Sie so schnell wie möglich eine bestimmte Laufstrecke hinter sich. Geprüft wird im Freien oder in der Halle, die vorgegebene Distanz liegt je nach Behörde bei 2.000 bis zu 5.000 Metern. Das Alter kann in die Bewertung einfließen.

Geprüft von: Landespolizeien Berlin (2.000 m), Niedersachsen (5.000 m), Sachsen (Frauen 2.000 m, Männer 2.400 m)

Laufzeit höchstens (Richtwert in Minuten)	Trainingsempfehlung
2.000 m: Frauen 11:20 Min., Männer 9:20 Min. / 5.000 m bis 17 Jahre: Frauen 34:00 Min., Männer 29:00 Min. / 5.000 m ab 18 Jahre: Frauen 33:00 Min., Männer 28:00 Min.	Ausdauer; Kraft (Beine, Bauch, Gesäß)

Bankdrücken

Beim Bankdrücken kommt eine Langhantel zum Einsatz. Das heißt: eine Hantel mit einer bis zu 2,20 Meter langen Griffstange, die mit beiden Händen gleichzeitig umgriffen wird. Aufgabe ist es, rücklings auf einer Trainingsbank liegend die Langhantel möglichst oft zu heben und zu senken. Eine Wiederholung zählt dann als gültig, wenn Brust und Hantelstange bei der Senkung kurz Kontakt haben und die Arme in der höchsten Position gestreckt sind.

Die hessische Polizei veranstaltet ein ungeführtes Bankdrücken mit einer frei beweglichen Langhantel, in Bayern wird die geführte Version geprüft: Dabei ist die Hantel fest in ein Gerät eingespannt, das nur senkrechte Bewegungen zulässt. Der Charakter der Übung verändert sich dadurch gravierend. Da das Gewicht beim geführten Bankdrücken nicht großartig ausbalanciert werden muss, kommt es hier weit weniger auf Bewegungskoordination und Muskelabstimmung an als beim Umgang mit der Freihantel.

Geprüft von: Landespolizeien Bayern (geführt), Brandenburg, Hessen (beide Freihantel)

Wiederholungen mindestens (Richtwert)	Trainingsempfehlung
Bayern: 7 Wdh. (Frauen 45 %, Männer 60 % d. Körpergew.) / Brandenburg: 30 Wdh. (Frauen 25 kg, Männer 50 kg) / Hessen: Frauen 13 Wdh. (20 kg), Männer 17 Wdh. (30 kg)	Kraft (Brust, Schultern, Arme)

Cooper-Test

Ausdauerlauf einmal anders: Beim Cooper-Test zählt nicht die für eine bestimmte Strecke benötigte Zeit, sondern die in einer bestimmten Zeit zurückgelegte Strecke. Die klassische Laufdauer beträgt 12 Minuten, in Bremen sind es 7:30 Minuten. Die verbleibende Zeit wird meist regelmäßig von den Prüfern durchgesagt.

Geprüft von: Bundespolizei (12 Min.), Landespolizeien Bayern, Brandenburg (beide 12 Min.), Bremen (7:30 Min.), Hamburg, Rheinland-Pfalz, Saarland, Thüringen (alle 12 Min.)

Laufstrecke mindestens (Richtwert in Metern)	Trainingsempfehlung
12 Minuten Laufzeit: Frauen 1.650–2.100 m, Männer 2.200–2.500 m / 7:30 Minuten Laufzeit: Frauen 1.080 m, Männer 1.350 m	Ausdauer; Kraft (Beine, Bauch, Gesäß)

Dreierhop

Der Dreierhop (oder auch Dreiersprung) besteht aus drei aufeinander folgenden Sprüngen. Die Besonderheit: Alle drei Absprünge und beide Zwischenlandungen müssen mit dem gleichen Bein erfolgen. Nur der finale dritte Sprung wird beidbeinig gelandet.

Geprüft von: Landespolizei Mecklenburg-Vorpommern

Sprungweite mindestens (Richtwert in Metern)	Trainingsempfehlung
Addierte Bestweiten rechtes und linkes Sprungbein: Frauen 9,40 m / Männer 11,40 m	Koordination, Beweglichkeit; Kraft (Beine)

Fünfer-Sprunglauf

Ausgangsposition ist die Schrittstellung: Ein Fuß steht direkt an der Startlinie, der andere knapp einen Schritt dahinter. Holen Sie mit Armen und Beinen kräftig Schwung und erzielen Sie in fünf durchgängigen Sprüngen – jeweils von einem Bein auf das andere – eine möglichst große Weite.

Geprüft von: Landespolizei Hessen

Sprungweite mindestens (Richtwert in Metern)	Trainingsempfehlung
Frauen 8,73 m / Männer 9,90 m	Koordination, Beweglichkeit; Kraft (Beine)

Hindernisparcours/Konditionstest

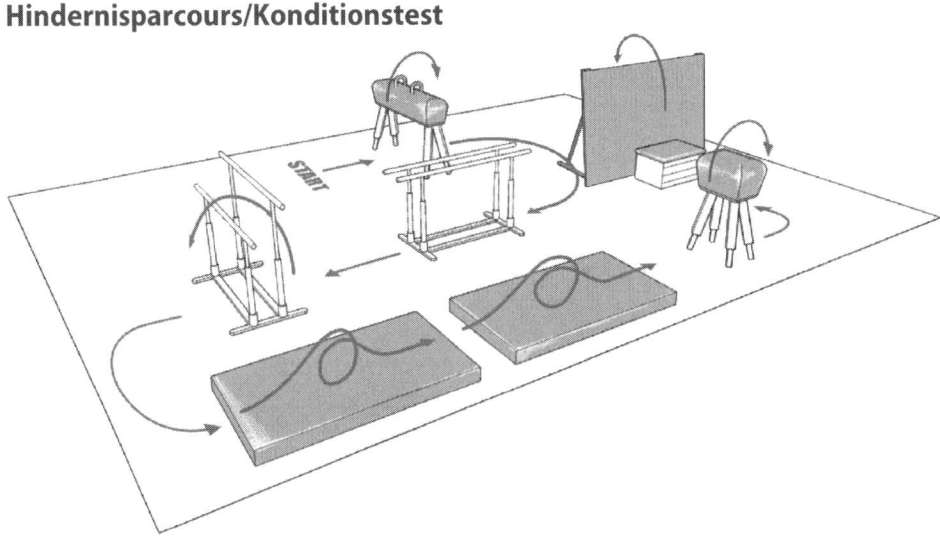

Hindernisparcours Berlin

Den Hindernisparcours kann man mit Fug und Recht als Königsdisziplin einer Sportprüfung vergleichen. Er ist in mehrfacher Hinsicht enorm fordernd: Antrittsschnelligkeit und Gelenkigkeit zählen bei Richtungswechseln auf engem Raum, die Streckenlänge zehrt an der Ausdauer. Bei manchen eingebauten Stationen ist vor allem Kraft gefragt, bei anderen eher Geschicklichkeit.

Die Auswahl an Objekten, die Ihnen die Prüfer in den Weg legen können, umfasst nahezu das gesamte Gerätearsenal einer Sporthalle: Je nach Testort ist mit Turnmatten, Stufenbarren, Turnböcken, Sprungbrettern, Turnpferden, Sprossen- und Kletterwänden, Kästen und Kastenteilen, Hochbarren, Medizinbällen und/oder Seilen zu rechnen. Diese Gegenstände können auf vielfältige Arten arrangiert und mit unterschiedlichen Anweisungen verknüpft werden – ein Turnpferd zum Beispiel kann man ebenso gut unterkriechen wie überspringen.

Geprüft von: Landespolizeien Berlin, Bremen, Mecklenburg-Vorpommern, Schleswig-Holstein

Erforderliche Mindestleistung	Trainingsempfehlung
Vorschriftsgemäßes Absolvieren des jeweiligen Testparcours innerhalb einer vorgegebenen Zeit	Schnelligkeitsausdauer (Intervalltraining); Koordination, Beweglichkeit; Kraft (alle Muskelgruppen)

Kasten-Bumerang-Test/Koordinationstest

Standardmäßig sieht der Kasten-Bumerang-Test ein ca. 5 × 5 Meter großes Übungsfeld vor: Im Zentrum befindet sich ein Medizinball, ein Hütchen oder eine Fahnenstange, drei Seiten werden von aufgekanteten Kastenrahmen begrenzt, an der Vorderseite markiert eine Turnmatte Start und Ziel.

Sie starten mit einer Vorwärtsrolle auf der Matte, umkurven den Medizinball, wenden sich dahinter schnell nach rechts und überspringen das erste Kastenteil, um es anschließend auf dem Rückweg zum Medizinball zu durchkriechen. Auf diese Weise überwinden Sie der Reihe nach alle Kastenteile. Gefordert wird meist ein Durchlauf, nur in Sachsen sind es mindestens drei, die man innerhalb einer Minute bewältigen muss.

Geprüft von: Bundespolizei, Landespolizeien Brandenburg, Hamburg, Rheinland-Pfalz, Saarland (alle 1 Durchlauf), Sachsen (3 Durchläufe)

Zeit pro Durchlauf höchstens (Richtwert in Sekunden)	Trainingsempfehlung
Frauen 17,2–23,0 s / Männer 14,3–20,0 s	Schnelligkeitsausdauer (Intervalltraining); Koordination, Beweglichkeit

Klimmzüge/Klimmzughang

Bei den Klimmzügen gab es für Männer und Frauen früher oft verschiedene Ausführungen. Ausschließlich Männer bekamen es mit der Variante Streckhang zu tun, bei der man sich an einer sprunghoch befestigten Reckstange hinaufzieht – diese Spielart ist mittlerweile aus den Testverfahren verschwunden. Heute geht es für Bewerber wie Bewerberinnen standardmäßig in den etwas schonenderen Liegehang: Dabei hängt man waagerecht an der Stange, die Fersen auf einer Unterlage abgestützt. So müssen die Arme beim Ziehen nicht das komplette Körpergewicht bewältigen.

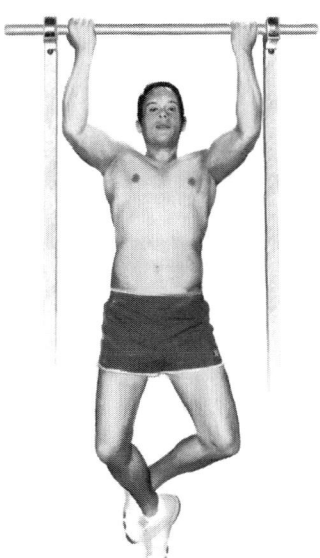

Der Klimmzughang steht in Rheinland-Pfalz und im Saarland auf dem Plan. Bei dieser Übung handelt es sich gewissermaßen um einen „eingefrorenen" Klimmzug: Zu Beginn zieht man sich wie gehabt an der Reckstange nach oben, danach hält man sich möglichst lange ruhig mit dem Kinn über der Stange.

Am leichtesten fallen alle Varianten übrigens, wenn man die Stange mit zum Körper zeigenden Handflächen umfasst (Untergriff, Kammgriff).

Geprüft von: Landespolizeien Mecklenburg-Vorpommern (Liegehang), Rheinland-Pfalz, Saarland (beide Klimmzughang)

Wiederholungen mindestens (Richtwert)	Trainingsempfehlung
Liegehang: Frauen 8 Wdh., Männer 15 Wdh. / Klimmzughang: Frauen 6,0–18,9 s, Männer 30,0–49,2 s	Kraft (Brust, Schultern, Arme)

Liegestütze

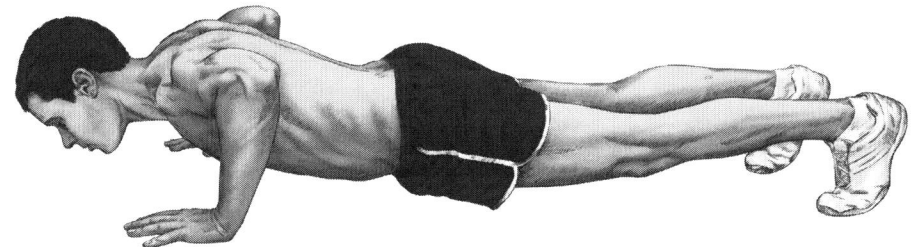

In der Ausgangslage stützen sich die Hände in Schulterhöhe etwas mehr als schulterbreit auseinander auf den Boden, die Arme sind durchgestreckt, die Finger zeigen nach vorne, die Hüfte ist angehoben. Oberkörper, Gesäß und Fersen bilden eine durchgezogene Linie, und das Körpergewicht ruht nur auf Handflächen und Zehen. Nun beugt man die Arme, bis die Ellenbogen rechte Winkel bilden.

Die Anforderungen unterscheiden sich stark, mancherorts gilt sogar eine bestimmte Zeitfrist. In Sachsen wird eine verschärfte Abwandlung mit einer Turnmatte geprüft: Zu Beginn positioniert man sich so an der kurzen Seite der Matte, dass das Gesicht direkt über eine Mattenecke ragt, wobei ein Handabstand von 80 Zentimetern vorgeschrieben ist. Zusätzlich legt man einen Fuß über den anderen. In der tiefsten Position muss man die Matte nun kurz mit Kinn und Nasenspitze berühren. Zwischen den einzelnen Wiederholungen gestatten die Prüfer höchstens 5 Sekunden Pause.

Geprüft von: Bundespolizei, Landespolizeien Brandenburg, Sachsen

Wiederholungen mindestens (Richtwert)	Trainingsempfehlung
Frauen: 5–7 Wdh. in 40 s (BPOL), 10 Wdh. (Brand.), 5 Wdh. in 90 s (Sachsen) / Männer: 21–23 Wdh. in 40 s (BPOL), 20 Wdh. (Brand.), 15 Wdh. in 90 s (Sachsen)	Kraft (Brust, Schultern, Arme)

Pendellauf

Der Pendellauf findet sich im Übungskatalog der bayerischen Landespolizei. Die Anforderung: Man transportiert mehrere Seilknäuel nacheinander schnellstmöglich zwischen zwei ca. 30 Zentimeter hohen Turnbänken hin und her, die in 10 Metern Abstand voneinander aufgestellt sind. Bei jeder Wende überspringt man die jeweilige Bank, um dahinter das mitgeführte Seil abzulegen und ein neues aufzunehmen.

Gefordert sind acht derartige Sprints von Bank zu Bank, das ergibt eine Gesamt-Laufstrecke von 80 Metern.

Geprüft von: Landespolizei Bayern

Laufzeit höchstens (Richtwert in Sekunden)	Trainingsempfehlung
Frauen 30,9 s, Männer 28,1 s	Schnelligkeitsausdauer (Intervalltraining); Koordination, Beweglichkeit

Schwimmen (100 m)

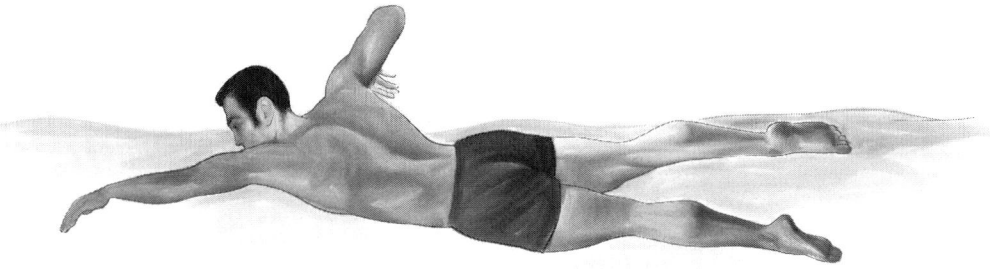

Den praktischen Nachweis der Schwimmtüchtigkeit verlangt aktuell nur die bayerische Polizei: Sie veranstaltet im Auswahlverfahren ein 100-Meter-Freistilschwimmen. „Freistil" bedeutet, dass man den Stil – Kraul, Brust, Schmetterling, Rücken – nach eigenem Ermessen wählen kann. Am erfolgversprechendsten ist der Kraulstil – allerdings nur für den, der ihn wirklich beherrscht. Ungeübte rudern oft wild im Wasser, statt geschmeidig zu kraulen.

Wählen Sie also die Technik, mit der Sie am besten klarkommen. Mit etwas Training sind die Anforderungen auch in Brustlage zu schaffen.

Geprüft von: Landespolizei Bayern

Schwimmzeit höchstens (Richtwert in Minuten)	Trainingsempfehlung
2:45 Min.	Ausdauer; Schwimmen

Sitzhocke (Wandsitztest)

Um ein kräftiges Brennen im Oberschenkel kommen Sie in dieser Disziplin nicht herum: Beim Wandsitztest lehnen Sie sich mit geradem Rücken an eine Wand, die Beine schulterbreit auseinander, und gehen in die Knie, so als ob Sie sich auf einen Stuhl setzen wollten. Schuhe mit rutschfester Sohle sind dabei übrigens sehr vorteilhaft.

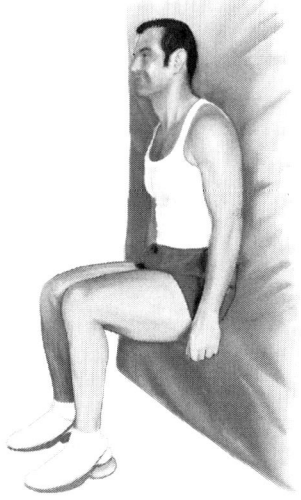

Die vorschriftsgemäße Sitzhock-Stellung sieht zwischen Rumpf und Oberschenkel sowie zwischen Ober- und Unterschenkel rechte Winkel vor. Ziel ist es, diese Position möglichst lange zu halten.

Geprüft von: Landespolizei Brandenburg

Wiederholungen mindestens (Richtwert)	Trainingsempfehlung
Frauen 80,0 s / Männer 100,0 s	Kraft (Beine)

Springen über Kleinbank

In der Ausgangsposition stehen Sie mit geschlossenen Füßen neben einer 31 Zentimeter hohen und 34 Zentimeter breiten Kleinbank. Anschließend überspringen Sie die Bank – mit geschlossenen Beinen – von rechts nach links und zurück. Bewertet wird die Anzahl der Sprünge innerhalb von 30 Sekunden.

Geprüft von: Landespolizei Bayern

Wiederholungen mindestens (Richtwert)	Trainingsempfehlung
Frauen 34 Wdh. / Männer 42 Wdh.	Koordination, Schnell- und Sprungkraft; Kraft (Beine)

Sprint (35 m)

Die Polizei Bremen testet die Antrittsschnelligkeit ihrer Bewerber mithilfe eines 35-Meter-Kurzsprints. Die Startposition ist freigestellt, möglich sind sowohl der stehende Start als auch der Tiefstart aus der abgebildeten Sprinterhocke. Dass der Sprint in der Halle durchgeführt wird, erschwert die Übung: Hallenböden bieten generell weniger Haftung als spezielle Sprintbahnen. Finden Sie vorher heraus, welche Kombination von Schuhwerk und Lauftechnik Ihnen den meisten Vortrieb verleiht.

Geprüft von: Landespolizei Bremen

Laufzeit höchstens (Richtwert)	Trainingsempfehlung
Frauen 6,1 s / Männer 5,6 s	Schnelligkeit (Intervalltraining); Schnellkraft, Koordination

Standweitsprung

Die Ausgangsposition ist der Parallelstand: Sie stellen sich mit beiden Füßen unmittelbar an die Absprunglinie, gehen in die Hocke, holen mit beiden Armen kräftig Schwung und springen beidbeinig möglichst weit vorwärts. Gemessen wird von der Absprunglinie bis zum Aufsetzpunkt des hintersten Körperteils.

Geprüft von: Bundespolizei, Landespolizeien Brandenburg, Saarland

Sprungweite mindestens (Richtwert in Metern)	Trainingsempfehlung
Frauen 1,70–1,80 m / Männer 2,10–2,29 m	Koordination, Schnell- und Sprungkraft; Kraft (Beine)

Wendelauf

Den Wendelauf gibt es in zwei unterschiedlichen Grundversionen: In Hessen müssen Sie zwei 25 Meter voneinander entfernte Stangen zehnmal umrunden, die Laufstrecke beträgt also insgesamt 20 × 25 m = 500 m. In Hamburg und Mecklenburg-Vorpommern sprinten Sie zwischen zwei zehn Meter entfernten Turnkästen hin und her, die Sie mancherorts bei jeder Wende leicht antippen müssen (Gesamtdistanz 4 × 10 m = 40 m).

Geprüft von: Landespolizeien Hamburg, Hessen, Mecklenburg-Vorpommern

Laufzeit höchstens (Richtwert in Sekunden)	Trainingsempfehlung
Hessen: Frauen 2:47,5 Min., Männer 2:30 Min. / Meckl.-Vorp.: Frauen 11,29–11,9 s, Männer 10,29–10,9 s	Schnelligkeitsausdauer (Intervalltraining); Koordination, Beweglichkeit

Die Vorbereitung: So bauen Sie Ihr Training auf

Aus sportwissenschaftlicher Sicht bedeutet Training, das biologische Gleichgewicht im Organismus planmäßig zu stören. Die Trainingsreize zwingen den Körper dazu, seine Komfortzone zu verlassen, gewohnte Grenzen zu überwinden, sich an wachsende Belastungen anzupassen und dadurch schließlich stärker, schneller, ausdauernder zu werden. Dabei kommt es auch auf die Zusammensetzung des Speiseplans an.

Fitnessgerecht ernähren

Jede Bewegung kostet Energie, die dem Körper durch Essen und Trinken zugeführt werden muss. Die Hauptbestandteile der menschlichen Nahrung – Kohlenhydrate, Eiweiße und Fette – enthalten unterschiedliche Energiemengen: Ein Gramm Kohlenhydrate oder Eiweiß liefert 4,1 Kilokalorien (17,1 Kilojoule), die gleiche Menge Fett liefert 9,3 Kilokalorien (39 Kilojoule).

Selbst im Ruhezustand verbrauchen die physischen Basisfunktionen – Atmung, Kreislauf, Stoffwechsel, Hirntätigkeit – reichlich Energie. Bei einem 80 Kilogramm schweren Mann beträgt dieser energetische Grundumsatz ungefähr 1.800 Kilokalorien täglich, eine 70 Kilogramm schwere Frau kommt auf rund 1.500 Kilokalorien. Körperliche Aktivität erhöht diesen Wert; eine Trainingsstunde schlägt je nach Intensität mit ca. 300–700 Kilokalorien zu Buche.

Kohlenhydrate: Die Energiepakete

Kohlenhydrate sind der Treibstoff für körperliche Höchstleistungen. Aber Vorsicht: Einfache Kohlenhydrate wie z. B. Traubenzucker stellen schnell viel Energie bereit, danach jedoch fällt der Blutzuckerspiegel – und mit ihm das Leistungsvermögen – ebenso rasant wieder ab. Um ein konstantes Leistungslevel zu halten, braucht man komplexe Mehrfachzucker, die nach und nach in die Blutbahn gelangen. Während der Trainingsphase sollte man pro Tag und Kilogramm Körpergewicht etwa fünf Gramm Kohlenhydrate aufnehmen.

Auf dem Speiseplan: Die Kohlenhydratspender Kartoffeln, Nudeln, Reis und Brot machen zusammen mit Gemüse den Löwenanteil der Sportlernahrung aus. Zum Frühstück eignen sich Müsli, Getreideflocken und verschiedene Brotsorten, idealerweise in Kombination mit Fruchtsäften oder – noch besser – frischen Früchten.

Eiweiße: Die Bausteine

Die meisten Eiweißarten (oder „Proteine") dienen dem Körper als Baumaterialien, zum Beispiel für Haare, Blutkörperchen und Muskeln. Sind die Kohlenhydratreserven erschöpft, können Eiweiße sogar zur Energiegewinnung herangezogen werden. Freizeitsportlern empfiehlt die Deutsche Gesellschaft für Ernährung (DGE) eine tägliche Proteinzufuhr von 0,8 Gramm pro Kilogramm Körpergewicht. In intensiven Krafttrainingsphasen darf es zur Unterstützung des Muskelaufbaus etwas mehr sein.

Auf dem Speiseplan: Die bei Sportlern beliebtesten Eiweißlieferanten sind tierische Lebensmittel wie Milcherzeugnisse, Fleisch, Fisch und Geflügel – wechseln Sie ab, wählen Sie fettarme Produkte. Die können Sie geschickt mit

Kohlenhydratquellen kombinieren: Servieren Sie beispielsweise Kartoffeln mit Quark, Rührei mit Brot oder Müsli mit magerem Joghurt. Hochwertige pflanzliche Proteine liefern Sojaprodukte und Hülsenfrüchte.

Fette: Nur unnötiger Ballast?

Ihre hohe Energiedichte macht Fette zur idealen Brennstoffreserve für Notzeiten. Auch sonst ist ein gewisser Fettanteil an der Ernährung wichtig, beispielsweise zur Aufnahme fettlöslicher Vitamine. Oft wird allerdings zu gehaltvoll aufgetischt – der hohe Fettanteil von Wurstwaren, Vollfettkäsen, Süßigkeiten und Snacks ist Vielen wohl nicht bewusst. Die DGE rät, pro Tag und Kilogramm Körpergewicht höchstens rund ein Gramm Fett zu sich zu nehmen. Das reicht bereits, um den Energiebedarf zu über einem Viertel zu decken, ohne unerwünschte Fettdepots anzulegen.

Auf dem Speiseplan: Maßhalten ist angesagt bei fettreichen Lebensmitteln wie Paniertem, Frittiertem, Wurst, Käse, Mayonnaise, Sahne, Schokolade, Chips und Nüssen. Garen Sie möglichst fettarm, ersetzen Sie Butter, Schmalz und Margarine durch hochwertiges Öl – es liefert wichtige essenzielle Fettsäuren.

Vitamine, Mineralstoffe, Spurenelemente: Kleine Mengen, große Wirkung

Vitamine, Mineralstoffe und Spurenelemente zählen zu den Mikronährstoffen, die der Körper nur in geringen Mengen braucht. Vernachlässigen sollte man sie jedoch nicht! Vitamine halten unter anderem das Immunsystem intakt, Spurenelemente und Mineralstoffe spielen eine wichtige Rolle bei vielen Stoffwechselvorgängen: Magnesium schützt vor Krämpfen, Kalzium fördert den Zahn- und Knochenaufbau, Kalium wird für die Muskelfunktion benötigt. Achten Sie auf eine abwechslungsreiche Ernährung, um die vielen unterschiedlichen Mikronährstoffquellen zu erschließen.

Auf dem Speiseplan: Vor allem Vitamine reagieren empfindlich auf äußere Einflüsse wie Sonnenlicht, übermäßiges Wässern und hohe Temperaturen. Auch auf langen Transportwegen oder bei Weiterverarbeitungsprozessen – beispielsweise vom vollen Korn zum Weißmehl – geht viel verloren. Greifen Sie zu reif geernteten Früchten, wählen Sie möglichst aus dem saisonalen und regionalen Angebot und bereiten Sie die Lebensmittel schonend zu.

Die Flüssigkeitsversorgung

Ein Flüssigkeitsmangel stört die Wärmeregulation des Körpers, hemmt den Stoffwechsel, belastet das Herz-Kreislauf-System und schadet langfristig den Nieren. Sorgen Sie daher rechtzeitig für Nachschub – bei großem Durst ist die Leistungsfähigkeit bereits beeinträchtigt. An schweißtreibenden Trainingstagen sollte man mindestens 1,5 bis 2 Liter zu sich nehmen. Wie beim Essen sind viele kleine Portionen besser als wenige große. Die ideale Trinktemperatur ist im Sommer leicht gekühlt (nicht eiskalt), im Winter angenehm erwärmt.

Auf der Getränkekarte: Beim Schwitzen verliert der Körper Vitamine und Mineralstoffe. Einen schnellen Ausgleich versprechen spezielle isotonische Getränke – für den normalen Trainingsbetrieb genügt jedoch eine billigere Alternative: einfache Apfelschorle, hälftig aus Wasser und Saft gemischt. Auch reines Mineralwasser oder ungezuckerter Tee eignen sich, im Gegensatz zu puren Säften oder Milch. Grundsätzlich abzuraten ist von Alkoholika, die den Körper zusätzlich belasten.

Die Mischung macht's

- In der Trainingsphase sollten Kohlenhydrate etwa 55–60 Prozent der zugeführten Energiemenge stellen, Fette maximal 30 Prozent und Eiweiße 10–15 Prozent.
- Nur durch eine ausgewogene Kombination verschiedener nahrhafter Lebensmittel wird der Körper optimal versorgt. Abwechslung auf dem Speiseplan beugt auch möglichem Trainingsfrust vor.
- Mehrere kleine, über den Tag verteilte Mahlzeiten sind günstiger als wenige üppige Portionen, die den Verdauungsapparat strapazieren.
- Legen Sie zwischen der letzten größeren Mahlzeit und dem Trainingsbeginn mindestens zwei Stunden Pause ein, damit der Körper seine Ressourcen voll für den Sport mobilisieren kann.

¬ Um die Energieversorgung während einer längeren Trainingseinheit sicherzustellen, empfehlen sich leichte, energiereiche Snacks (z. B. Bananen, Energieriegel mit Fruchtanteil, Fruchtschnitten).

Das Einmaleins der Trainingsplanung

Abhängig vom persönlichen Fitnesslevel liegt der ideale Zeitpunkt für den Trainingsauftakt etwa 3–6 Monate vor dem Sporttest. Stimmen Sie Ihr Programm auf Ihre Trainingsziele und Ihr Leistungsvermögen ab, nehmen Sie Rücksicht auf Risikofaktoren wie Übergewicht, Muskel-, Gelenk- oder Rückenbeschwerden. Lassen Sie sich vorab am besten von einem Sportarzt untersuchen, der Schwachstellen aufdecken und Trainingstipps geben kann.

Die Trainingseinheit

Der Grundbaustein eines Fitnessprogramms ist die Trainingseinheit. Und die folgt, egal ob im Kraft- oder Ausdauerbereich, einem festen Schema mit drei Phasen: dem Aufwärmen, dem eigentlichen Übungsteil und dem Abwärmen.

¬ **Aufwärmen**
Das 5–10-minütige Warm-up zu Beginn kurbelt den Kreislauf an und fördert die Beweglichkeit. Vor den Kraftübungen im Fitnessstudio bietet sich die Arbeit an einem Kardiogerät – Laufband, Ergometer, Crosstrainer/Stepper – an. Dem Ausdauertraining geht praktischerweise ein lockeres Einlaufen mit niedrigem Tempo voraus.

¬ **Hauptteil**
In dieser Phase verbessern Sie Ihre Ausdauer und Schnelligkeit auf der Laufstrecke oder stärken Ihre Muskeln im Fitnessstudio. Bei Bedarf lassen sich auch Schnellkraft- und Beweglichkeitsübungen in den Hauptteil integrieren, der insgesamt – je nach Trainingsstand – zwischen wenigen Minuten (Anfänger) und einer guten Stunde (Fortgeschrittene) dauern kann.

¬ **Abwärmen**
Das 5–15-minütige Abwärmen leitet die Regenerationsphase ein. Es sollte

auf jeden Fall verschiedene Dehnübungen beinhalten, die die Muskeln geschmeidig halten. Davor steht im Lauftraining ein langsames Auslaufen auf dem Plan, im Kraftbereich können Sie optional noch einmal für 5 Minuten auf ein Kardiogerät steigen.

Richtwerte für die Trainingsgestaltung: Anfänger sollten dreimal pro Woche etwa 20 Minuten lang trainieren, Fortgeschrittene drei- bis viermal pro Woche 50 bis 70 Minuten lang.

Der Belastungs-Erholungs-Rhythmus

Um das Leistungsvermögen Schritt für Schritt zu verbessern, muss die Trainingsbelastung kontinuierlich gesteigert werden: durch ein schnelleres Lauftempo, höhere Gewichte, längere Übungszeiten und/oder häufigere Wiederholungen. Damit sich der Körper auf die wachsenden Anforderungen einstellen kann, braucht er allerdings auch angemessene Ruhephasen. Während Sie Ihre verdiente Entspannung genießen, erholen sich die Muskeln und Sehnen und die Energiespeicher werden aufgefüllt.

Nach einiger Zeit hat der Körper nicht nur zu alter Stärke zurückgefunden, sondern seine Reserven sogar erweitert – und Sie können in der nächsten Einheit spürbar mehr leisten als zuvor. Fachleute sprechen auch vom „Superkompensations-Effekt". Um ihn optimal zu nutzen, sollte man je nach Leistungsniveau nach zwei bis drei Trainingstagen einen bis zwei Regenerationstage einplanen. Zu kurze oder zu lange Pausen sind allerdings kontraproduktiv.

So nicht: 10 typische Trainingsfehler

Planlosigkeit Nur wer sein Trainingsprogamm schwarz auf weiß festhält, kann systematisch trainieren – und auch den inneren Schweinehund leichter besiegen.

Keine Regeneration Das Erfolgsgeheimnis besteht in einem angemessenen Wechsel von Be- und Entlastungsphasen. Die maximale Trainingswirkung erzielt nur, wer Erholungszeiten einplant.

Keine Abwechslung Vielfalt statt Monotonie, heißt die Devise. Absolvieren Sie unterschiedliche Kraftübungen, zur Ergänzung des Lauftrainings bieten sich Ausgleichssportarten wie Schwimmen oder Radfahren an.

Überforderung Setzen Sie sich realistische Ziele und fordern Sie Ihrem Körper nicht mehr ab, als er zu leisten imstande ist.

Kein Aufwärmen „Kalte", nicht ausreichend durchblutete Muskeln sind besonders verletzungsanfällig.

Unsaubere Ausführung Eignen Sie sich die richtige Technik an, bevor Sie die Übungsintensität erhöhen. Ausweich- und andere Fehlbewegungen verringern die Trainingswirkung und steigern das Verletzungsrisiko.

Kein Stretching Dehnübungen nach dem Training halten die Muskeln elastisch und leiten die Erholungsphase ein.

Angeschlagen trainieren Wer krank oder verletzt Sport treibt, riskiert, dass sich sein Zustand verschlimmert.

Schlechte Ernährung Für Höchstleistungen braucht der Körper den geeigneten Treibstoff – Fast-Food-Orgien lassen ihn schnell schlappmachen.

Muskelkater falsch bekämpfen Stellen Sie bei Muskelkater nicht das Training ein, sondern setzen Sie es mit geringerer Belastung fort.

Ausdauertraining

Am Ausdauertraining führt kein Weg vorbei: Eine solide Grundlagenausdauer brauchen Sie für jede Form von sportlicher Betätigung. Um in klassischen Ausdauerdisziplinen wie dem Cooper-Test zu glänzen, sollten Sie konditionell natürlich besonders fit sein. Als Ausdauersportart schlechthin gilt nach wie vor das Laufen: Geeignete Strecken finden sich fast überall, und man benötigt keine kostspielige Ausrüstung. Eine gute Abwechslung zum reinen Lauftraining sind lauforientierte Sportarten wie Hockey, Fußball oder Handball. Bei schlechtem Wetter kann man zum Ergometertraining ins Fitnessstudio ausweichen oder einige Bahnen im Hallenbad ziehen.

Achtung, „anaerobe Schwelle"!

Damit der Körper die Muskeln mit Energie versorgen kann, benötigt er Sauerstoff. Solange dieser Bedarf durch die Atemluft gedeckt wird – sprich: bei kurzen oder niedrigen Belastungen –, befindet man sich im aeroben Bereich. Bei anhaltender Anstrengung, wie sie fürs Lauftraining typisch ist, kann es jedoch zu Engpässen kommen: Dann überschreitet man die Grenze zum anaeroben Bereich, in dem die Energie auf andere Weise bereitgestellt wird. Und das hat seinen Preis! Schon nach kurzer Zeit drohen „dicke Beine" und rapide Leistungseinbrüche.

Vor allem Ungeübte erreichen diesen Punkt oft völlig überraschend – so entsteht Trainingsfrust. Durch ein regelmäßiges, gut aufgebautes Ausdauertraining lässt sich die individuelle anaerobe Schwelle jedoch verschieben.

Der Einstieg ins Lauftraining

Lernen Sie Ihre Kräfte so einzuteilen, dass Sie Ihre Laufstrecke möglichst gleichmäßig bewältigen können; das ist effizienter als ständige Tempowechsel. Zur Vorbereitung eignen sich zum Beispiel Dauerläufe im aeroben Bereich bei ungefähr 70 Prozent der maximalen Herzfrequenz (HF_{max}). Darunter versteht man denjenigen Pulswert, den ein Mensch bei größtmöglicher Belastung erreichen kann. Eine grobe Faustformel: Der HF_{max}-Wert beträgt 220 Schläge minus dem Lebensalter.

Was das Outfit betrifft, liegen Sie mit atmungsaktiver, wettergerechter Sportkleidung auf jeden Fall richtig. Besonderes Augenmerk gilt der Schuhwahl: Ein Laufschuh muss bei jedem Auftreten ein Mehrfaches des Körpergewichts abfedern, und das kann er nur mit guten Dämpfungseigenschaften. Gleichzeitig sollte er viel Bodenhaftung bieten, eine präzise Bewegungsführung erlauben und den Fuß stabilisieren, ohne ihn in ein starres Korsett zu pressen.

Welcher Schuh für Sie optimal ist, hängt ab von Ihrem Gewicht, Ihrem Laufstil, Ihrer Laufumgebung und eventuellen Besonderheiten Ihres Bewegungsapparats. Lassen Sie sich beim Kauf am besten von einem Fachmann beraten. Fragen Sie gegebenenfalls auch einen Orthopäden – der kann Sie beispielsweise zum Thema Einlagen informieren.

5 Tipps zur Lauftechnik

- Entwickeln Sie Ihren persönlichen Laufstil, lassen Sie sich nicht durch allgemeine Empfehlungen verunsichern. Eine Anregung: Laufen Sie möglichst locker, setzen Sie den Fuß leicht vor der Körperachse auf und drücken Sie sich aktiv nach hinten ab.
- Winkeln Sie die Arme an und lassen Sie sie – gegengleich zu den Beinen – locker mitschwingen.
- Halten Sie den Kopf ruhig und gerade, ohne zu verkrampfen. Bei Verspannungen lassen Sie kurz die Arme baumeln.
- Halten Sie den Oberkörper aufrecht, wahlweise leicht nach vorn gebeugt. Fallen Sie nicht ins Hohlkreuz.
- Atmen Sie schnell und möglichst tief „in den Bauch" und kräftig wieder aus. Am besten geht das durch den Mund.

Intervalltraining

Ein Intervalltraining verbessert Ihre Schnelligkeit und Schnelligkeitsausdauer sehr effektiv. Sie gewöhnen sich dabei an härtere Tempobereiche und lernen, Ihre Geschwindigkeit gezielt zu forcieren. Charakteristisch für diese Trainingsform ist der Wechsel von aggressiven Kurzsprints und lockeren Trabphasen, in denen sich der Puls bei etwa 120 bis 140 Schlägen pro Minute einpendelt. Dabei erholt sich der Körper nicht vollständig: Die Pausen reichen gerade so eben aus, um sich der vorangegangenen Belastung noch einmal stellen zu können.

Mit der Tempoarbeit sollten Sie spätestens 8–10 Wochen vor dem Test beginnen. Ein Beispiel für eine typische, ca. 20-minütige Lauf-Intervalleinheit:

Trainingsphase		Dauer
Aufwärmen	Lockeres Eintraben	5 Minuten
Intervall 1	Kontrolliertes Sprinten (ca. 85–95 % HF_{max})	50 Meter
	Lockeres Traben (ca. 50–65 % HF_{max})	350 Meter
Intervall 2	Kontrolliertes Sprinten (ca. 85–95 % HF_{max})	50 Meter
	Lockeres Traben (ca. 50–65 % HF_{max})	350 Meter
Intervall 3	Kontrolliertes Sprinten (ca. 85–95 % HF_{max})	50 Meter
Abwärmen	Lockeres Auslaufen (ca. 50–65 % HF_{max})	5 Minuten
	Stretching	5 Minuten

HF_{max} = maximale Herzfrequenz bei größtmöglicher Belastung (Grober Pulsrichtwert: 220 – Lebensalter)

Die Intervallmethode eignet sich übrigens nicht nur zum Lauftraining: Man kann dadurch auch die Schnell- und Sprungkraft fördern, wenn anstelle der Kurzsprints Hopserläufe oder ähnliche Bewegungsübungen eingebaut werden.

Nichts für Anfänger!

Das Intervalltraining führt den Körper über die anaerobe Schwelle – das bedeutet Stress und erhöhte Verletzungsgefahr. Empfehlenswert ist diese Methode daher nur für gut Trainierte. Laufen Sie am besten auf einer speziellen Bahn oder einer ebenen, hindernisfreien Asphaltstrecke.

Krafttraining

Krafttraining heißt Studiotraining. Nirgendwo sonst steht Ihnen ein vergleichbarer Gerätepark zur Verfügung, den Sie darüber hinaus noch zu fast jeder Tageszeit nutzen können. Das geschulte Personal vor Ort kennt alle Tricks und Kniffe, hilft bei der Trainingsplanung und weist Sie gern in die Gerätenutzung ein. Auf den nächsten Seiten finden Sie eine kleine Auswahl empfehlenswerter Übungen für verschiedene Muskelgruppen. Jede Kraftübung gliedert sich in Sätze und Wiederholungen: Mehrere nacheinander ausgeführte Wiederholungen bilden einen Satz, zwischen den einzelnen Sätzen werden kurze Verschnaufpausen eingelegt.

Bankdrücken (Brust, Arme, Schultern)

Das Bankdrücken trainiert den großen Brustmuskel, den dreiköpfigen Armstrecker (Trizeps) und den vorderen Deltamuskel. Die Übung lässt sich geführt (mit einer fest ins Gerät eingespannten Langhantel) oder ungeführt (mit einer Freihantel) trainieren. Die geführte Version ist koordinativ weniger anspruchsvoll und daher besonders anfänger-

tauglich. Insbesondere wenn die ungeführte Version zu den Prüfungsdisziplinen zählt, sollte man sich natürlich auch damit vertraut machen, um ein Gefühl für das Ausbalancieren der Freihantel zu bekommen. Suchen Sie sich dafür am besten einen Trainingspartner, der Ihnen bei Bedarf Hilfestellung geben kann.

Startposition: Sie liegen rücklings auf einer Trainingsbank, der Kopf ist abgelegt, der Blick geht nach oben. Die Füße stellen Sie auf den Boden oder – mit angewinkelten Beinen – auf die Bank.

Ausführung: Heben Sie die Langhantel beim Einatmen mit gestreckten Armen aus der Ablage und führen Sie sie gleichmäßig zum Brustmuskel. Nach kurzem Kontakt von Hantelstange und Brust drücken Sie das Gewicht ausatmend wieder nach oben.

Richtwerte für Anfänger: Gewicht: Frauen ca. 20 % d. Körpergewichts, Männer ca. 30 % d. Körpergewichts / Wiederholungen pro Satz: 12–15 / Sätze: 3

Liegestütze (Brust, Arme, Schultern)

Die beim Bankdrücken beanspruchten Muskeln kann man auch beim Heimtraining durch den altbewährten Liegestütz in Form bringen. Der lässt sich nahezu überall trainieren, wo es einen ebenen Untergrund gibt.

Startposition: Stützen Sie sich nur auf Ihre Handflächen und Zehenballen. Die Arme sind gestreckt, die Beine parallel, die Hüfte ist angehoben, das Gesicht zeigt zu Boden, die Hände haben etwas mehr als schulterbreiten Abstand.

Ausführung: Geben Sie einatmend kontrolliert mit den Armen nach, bis die Ober- und Unterarme rechte Winkel bilden. Danach drücken Sie sich ausatmend zurück in die Anfangsposition. Achten Sie auf Ihre Körperspannung – Oberkörper, Gesäß und Fersen sollten immer eine durchgezogene Linie bilden.

Richtwerte für Anfänger: Wiederholungen pro Satz: 12–15 / Sätze: 3

Butterflys an Maschine (Brust)

Diese sehr einsteigertaugliche Übung stärkt den großen Brustmuskel.

Startposition: Sie sitzen aufrecht, mit dem Rücken an der Lehne. Die Unterarme liegen an den Polsterauflagen der Maschinenhebel an.

Ausführung: Beim Ausatmen drücken Sie mit den Ellenbogen die Hebelarme nach vorne, bis diese sich vor dem Brustkorb beinahe berühren. Helfen Sie nicht mit den Händen nach! Anschließend kehren Sie in die Ausgangsposition zurück, während Sie einatmen.

Richtwerte für Anfänger: Gewicht: Frauen ca. 20 % d. Körpergewichts, Männer ca. 30 % d. Körpergewichts / Wiederholungen pro Satz: 12 / Sätze: 2

Latissimuszug (Rücken, Arme)

Der Latissimuszug (kurz auch „Latzug") ist die beste Kraftübung für den breiten Rückenmuskel (Latissimus); gleichzeitig erreichen Sie damit auch den Bizeps. Zur Durchführung brauchen Sie eine Seilzugmaschine mit Sitzfläche und Zugstange.

Startposition: Sie sitzen mit dem Gesicht zum Gerät, halten den Rumpf gerade, heben den Brustkorb leicht an, strecken die Arme und greifen die Zugstange fest mit beiden Händen.

Ausführung: Ziehen Sie die Stange ausatmend gleichmäßig bis knapp über das Brustbein und lassen Sie sie einatmend langsam zurückgleiten. Fortgeschrittene können die Stange auch in den Nacken führen, sollten dann aber besonders auf eine gerade Zugbewegung achten.

Richtwerte für Anfänger: Gewicht: Frauen ca. 20 % d. Körpergewichts, Männer ca. 30 % d. Körpergewichts / Wiederholungen pro Satz: 12 / Sätze: 2

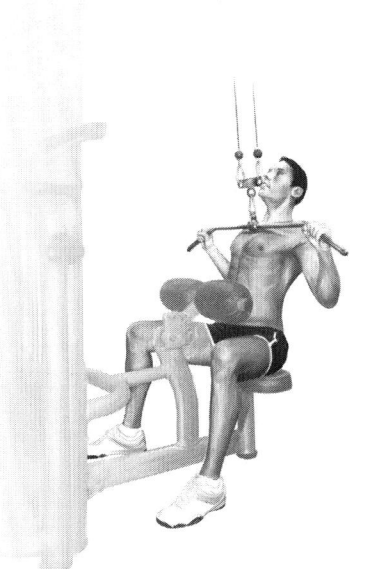

Klimmzug (Rücken, Arme)

Klimmzüge können Sie an einer Reckstange oder einem speziellen Studiogerät trainieren. Die Disziplin fordert den breiten Rückenmuskel und – wenn Sie sich mit dem Handrücken nach vorne festhalten – den Bizeps.

Startposition: Am leichtesten fällt die Übung, wenn Sie die Reckstange mit weniger als schulterbreitem Handabstand und zum Körper zeigenden Handflächen umgreifen: So nimmt der Bizeps dem Rückenmuskel einen Großteil der Arbeit ab. Am Gerät knien oder stehen Sie auf einer Plattform und umfassen die Griffe meist mit den Handflächen nach vorne.

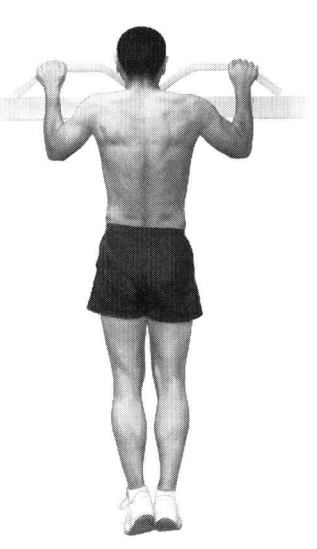

Ausführung: Ziehen Sie sich mit beiden Armen ausatmend gleichmäßig nach oben, bis das Kinn über die Reckstange bzw. eine gedachte Linie zwischen den

Gerätegriffen ragt. Danach senken Sie den Körper langsam wieder ab, bis die Arme fast komplett gestreckt sind.

Richtwerte für Anfänger: Wiederholungen pro Satz: möglichst viele / Sätze: 2

Abdominal Crunches (Bauch)

Im Vergleich zu den Sit-ups wird der Oberkörper bei den Abdominal Crunches (oder auch Bauchpressen) weniger stark angehoben: Der Lendenbereich bleibt auf der Unterlage, die Drehachse der Aufsetzbewegung verläuft quer durch die obere Wirbelsäule. So erreichen die Crunches fast ausschließlich den Bauch, während die Sit-ups auch Teile der Oberschenkelmuskulatur einbeziehen.

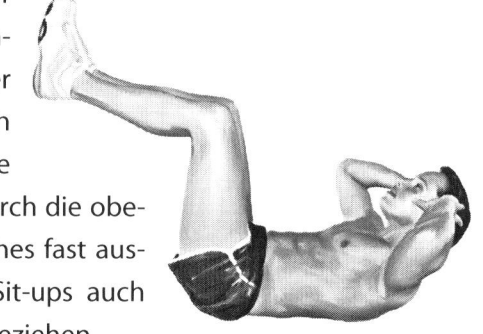

Startposition: Heben Sie in Rücklage Beine und Hüfte, beugen Sie die Knie im 90-Grad-Winkel und legen Sie Ihre Hände seitlich an den Kopf.

Ausführung: Lösen Sie mit dem Ausatmen Ihren Oberkörper etwa 20–30 Zentimeter vom Boden – schwunglos und nur mithilfe der Bauchmuskeln! Kehren Sie einatmend in die Ausgangsposition zurück, aber ohne die Schultern wieder abzusetzen. Die Bauchmuskeln sollten sich innerhalb eines Satzes nicht vollständig entspannen.

Richtwerte für Anfänger: Wiederholungen pro Satz: 10 / Sätze: 2

Seitbeugen mit Kurzhantel (Bauch)

Die Kurzhantel-Seitbeugen stärken hauptsächlich die äußere schräge Bauchmuskulatur.

Startposition: Stellen Sie sich mit leicht geöffneten Beinen aufrecht hin. Eine Hand hält eine Kurzhantel, die andere lehnt sich gegen die Hüfte.

Ausführung: Beugen Sie den Oberkörper mit dem Einatmen langsam zur belasteten Seite hin, bis die am ausgestreckten Arm gehaltene Hantel ungefähr Kniehöhe erreicht. Dabei wird der dem Gewicht gegenüberliegende Muskel gleichzeitig aktiviert und gedehnt. Kehren Sie mit dem Ausatmen ruhig in die Ausgangslage zurück.

Richtwerte für Anfänger: Gewicht: Frauen ca. 10 % d. Körpergewichts, Männer ca. 15 % d. Körpergewichts / Wiederholungen pro Satz: 12 / Sätze: 2

Beincurls (Beine und Gesäß)

Die Beincurls konzentrieren sich auf den vierköpfigen Oberschenkelmuskel. Am intensivsten fordern Sie ihn, wenn Sie die Rückenlehne leicht schräg stellen und das Becken etwas nach hinten neigen. Wer Knieprobleme hat, sollte die Knie allerdings nur wenig beugen und geringe Gewichte verwenden.

Startposition: Justieren Sie das Sitzniveau so, dass sich die Kniegelenke auf gleicher Höhe mit der Maschinenhebel-Drehachse befinden. Die Fußrollen des Geräts liegen in der Beuge zwischen Fuß und Unterschenkel an. Die Hände umklammern die seitlichen Haltegriffe bzw. die Sitzfläche und stabilisieren den Oberkörper.

Ausführung: Drücken Sie beim Ausatmen die Fußrollen gegen den Widerstand nach oben, bis die Beine beinahe gestreckt sind. Halten Sie diese Position kurz, bevor Sie dem Widerstand allmählich nachgeben. Arbeiten Sie ohne Schwung und halten Sie immer eine gute Körperspannung.

Richtwerte für Anfänger: Gewicht: Frauen ca. 10 % d. Körpergewichts, Männer ca. 15 % d. Körpergewichts / Wiederholungen pro Satz: 15 / Sätze: 2

Beinpresse (Beine und Gesäß)

Beinpress-Geräte gibt es in diversen Ausführungen: Einige haben bewegliche Fußplatten und feste Sitze, bei anderen drücken Sie sich auf einem flexiblen Sitzschlitten von einer starren Platte ab. Manche Maschinen sehen außerdem eine diagonale Stemmbewegung schräg nach oben vor – die horizontale Variante ist allerdings schonender für Ihre Lendenwirbelsäule.

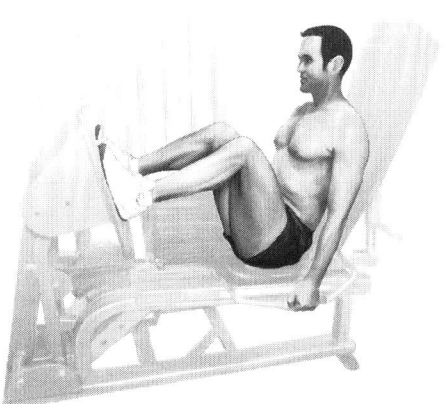

Startposition: Setzen Sie sich so hin, dass Schultern, Rücken und Gesäß fest am Polster anliegen; die Füße stellen Sie schulterbreit nebeneinander auf die Fußplatte. Nun sollten die Knie rechtwinklig gebeugt sein – falls nicht, korrigieren Sie die Sitzposition.

Ausführung: Lösen Sie den seitlichen Arretierungshebel und pressen Sie das Gewicht ausatmend nach vorne. Strecken Sie die Beine nicht komplett durch, sonst würde die Last voll auf die Kniegelenke drücken! Atmen Sie ein, während die Oberschenkel dem Widerstand kontrolliert nachgeben.

Richtwerte für Anfänger: Gewicht: Frauen ca. 20 % d. Körpergewichts, Männer ca. 30 % d. Körpergewichts / Wiederholungen pro Satz: 12 / Sätze: 2

Test-Countdown:
Die letzten Tage und Stunden

In den vergangenen Wochen und Monaten haben Sie alles gegeben. Jetzt stärken Sie Ihren Körper durch aktive Erholung, um auf den Punkt topfit zu sein, wenn der Startschuss fällt. Die Uhr tickt.

Noch 1 Woche 6–7 Tage vor dem Tag X absolvieren Sie Ihre letzte intensive Einheit. Ein guter Zeitpunkt für eine Generalprobe: Absolvieren Sie Ihre Testdisziplinen unter Prüfungsbedingungen. Danach schrauben Sie den Belastungsumfang zurück. Quälende Sonderschichten würden jetzt mehr Kraft rauben als bringen. Das verbleibende Sportprogramm planen Sie idealerweise zur Prüfungszeit ein, damit sich die innere Uhr mit dem Ablauf am Testtag synchronisieren kann.

Noch 5 Tage Vertrauen Sie bewährten Gewohnheiten, glauben Sie an Ihre Leistungsfähigkeit. Experimente in der Trainingsgestaltung würden den Körper nur noch unnötig irritieren. Aus diesem Grund verbieten sich auch Blitzdiäten auf den letzten Drücker.

Noch 2–4 Tage Durch einen täglichen Wechsel von 30–40-minütigen Kraft- und Ausdauereinheiten halten Sie Ihre Muskeln auf Trab und fördern die Kohlenhydrat-Einlagerung. Finger weg von „schwerer Kost": Mayonnaise, blähendes Rohgemüse, fette Braten, Hülsenfrüchte, Alkohol und ähnlich Belastendes kommt spätestens ab jetzt nicht mehr auf den Speiseplan.

Noch 1 Tag Am letzten Ruhetag vor dem Test ist Entspannung angesagt. Gehen Sie in Gedanken noch einmal die Prüfungsprozedur durch: Wo findet welche Testetappe statt? Welche Ausrüstung brauchen Sie? Packen Sie angemessene Sportkleidung in Ihre Trainingstasche, prüfen Sie gegebenenfalls den Wetterbericht. Denken Sie an Ihren Proviant und gehen Sie frühzeitig schlafen.

Noch 3–4 Stunden Stehen Sie mindestens drei Stunden vor der Sportprüfung auf und legen Sie ein leichtes, kohlenhydrathaltiges Frühstück ein.

Empfehlenswert sind z. B. Cornflakes, Weißmehl-Brötchen mit Marmelade oder Honigtoasts; Vollkornmüslis hingegen fordern dem Verdauungstrakt zu viel Arbeit ab. Findet der Test morgens oder mittags statt, nehmen Sie nach dem Frühstück am besten nur noch kleine, leicht verdauliche Zwischenmahlzeiten und Getränke zu sich. Starten Sie auf keinen Fall mit nüchternem Magen in den Tag: Liegt der Blutzuckerspiegel am Boden, sinkt die Leistungsfähigkeit.

Noch 1 Stunde Den kleinen Hunger vor und während des Tests bekämpfen Sie am besten mit kohlenhydratreichen Snacks wie Bananen, Energieriegeln oder Fruchtschnitten. Trinken Sie dazu ein Mineralwasser oder eine Saftschorle ohne Zuckerzusatz. Die Getränke sollten auch im Hochsommer nur leicht gekühlt sein, um den Magen nicht zu belasten.

Noch 10 Minuten Laufen Sie sich locker ein. Sollte sich der Start verzögern, bleiben Sie am besten in Bewegung, um die Muskulatur warmzuhalten – gehen Sie ein paar Schritte hin und her, schütteln Sie Arme und Beine aus. Verzichten Sie auf Dehnübungen: Das Stretching versetzt die Muskeln in einen entspannteren, weniger leistungsfähigen Zustand.

Die ärztliche Untersuchung

Wer im Sporttest gut abschneidet, ist höchstwahrscheinlich auch gesund. Aber nicht mit absoluter Sicherheit: Daher beinhaltet das Polizei-Auswahlverfahren eine umfassende, bis zu zweistündige ärztliche Untersuchung, die Ihren körperlichen Zustand buchstäblich „auf Herz und Nieren" testet. Durchgeführt wird sie vom Polizeiärztlichen Dienst (PÄD), dem auch die dienstbegleitende ärztliche und psychologische Betreuung der Polizeibeamten obliegt.

Das genaue Procedere variiert von Bundesland zu Bundesland. Bei manchen Polizeien findet die Untersuchung testbegleitend, andernorts erst im Anschluss an die übrigen Prüfungen statt. Generell soll der Arzt die grundsätzliche Funktionstüchtigkeit des Körpers begutachten: Arbeiten die Gelenke, Muskeln, Sehnen und Bänder einwandfrei, stimmt die Bewegungskoordination, wie belastbar ist das Herz-Kreislauf-System, gibt es nennenswerte Einschränkungen in der Sinneswahrnehmung usw. Über den momentanen Gesundheitszustand hinaus wird auch die langfristige Berufseignung beurteilt.

Diagnose: Diensttauglich

Was Größe und Gewicht angeht, setzt jedes Bundesland eigene Maßstäbe. Häufig wird der Body-Mass-Index – Körpergewicht geteilt durch Größe mal Größe (in Metern) – berücksichtigt: Akzeptable Werte liegen im Allgemeinen zwischen 18 und 27,5, Idealwerte zwischen 20 und 25. Bereits ein BMI ab 26 aufwärts kann zu Zweifeln an der Dienstfähigkeit führen, insbesondere wenn damit weitere Risikofaktoren wie Stoffwechselstörungen oder erhöhte Blutfettwerte einhergehen.

Abgesehen von den behördenspezifischen Regelungen gilt an jedem Bewerbungsort die einschlägige Polizeidienstverordnung (PDV) 300 über die „Ärztliche Beurteilung der Polizeidiensttauglichkeit und Polizeidienstfähigkeit". Diese Vorschrift legt fest, welche Grundanforderungen für den Polizeidienst unbedingt erfüllt werden müssen: Ausschlusskriterien sind u. a. schwere Sinnesstörungen (fehlendes Stereosehen, Rot-Grün- oder Nachtblindheit, Schwerhörigkeit), chronisches Asthma, atopische Ekzeme (Neurodermitis, Milchschorf), psychosomatische Störungen (Essstörungen, Suchterkrankungen), Diabetes, Herzstörungen, Bandscheibenvorfälle, Kniescheibenfehlformen oder Erkrankungen der inneren Organe.

Daneben fordert die PDV 300 ein zwölfminütiges Belastungs-EKG auf dem Fahrrad-Ergometer. Angelehnt an das sogenannte Physical-Work-Capacity-Schema (PWC), steigt die Belastung dabei stufenweise bis zu einem bestimmten Leistungslimit, gemessen in Watt. Der zu erreichende Watt-Höchstwert ergibt sich aus dem Körpergewicht multipliziert mit dem Faktor 1,8 (Frauen) bzw. 2,1 (Männer). Die Pulsfrequenz sollte in dieser Übung nicht über 150 Schlägen pro Minute liegen. In anderen Varianten des Belastungstests gelten höhere Wattzahlen und Pulsgrenzen.

Weitere Programmpunkte sind eine Lungenkapazitätsmessung, Blut- und Urintests sowie ein Drogenscreening. Hält es der Arzt für nötig, kann auch geröntgt werden.

Gut in Form zum Arztbesuch

Nicht alles kann der Arzt feststellen, daher werden Sie zusätzlich um eine Selbstauskunft gebeten: Haben Sie irgendwelche gesundheitlichen Einschränkungen oder Besonderheiten? Die Frage zielt ab auf Skoliose, Magengeschwüre, Asthma, andere chronische Erkrankungen usw. Wer seine krumme Wirbelsäule oder die extreme Stauballergie mutwillig verheimlicht, kann auch nach der Verbeamtung noch aus dem Dienst entlassen werden. Ehrlichkeit ist das oberste Gebot, Polizisten sollten schließlich auch charakterlich für ihren Beruf geeignet sein.

Darüber hinaus legt der PÄD Wert auf ein gepflegtes Erscheinungsbild. In Sommerkleidung (kurzärmlige Bluse, kurzärmliges Hemd) sollten keine auffälligen Hautveränderungen wie Piercings oder Tätowierungen erkennbar sein. Natürlich führt eine kleine Narbe nicht gleich zum K. O. Und selbstredend dürfen Sie mit einem dezenten Tattoo darauf hoffen, dass der Polizeiarzt ein Auge zudrückt. Extremistische, gewaltverherrlichende und ähnlich bedenkliche Motive wecken natürlich auch dann Zweifel an der Diensteignung, wenn man sie normalerweise nicht sehen kann.

Oft hat der Arzt einen Ermessensspielraum – reizen Sie den aber besser nicht aus. Gehen Sie auf Nummer sicher und nur topfit zum Arzt: Alkohol und Zigaretten sind zumindest am Vortag tabu. Auch der nicht ganz auskurierte Schnupfen oder die leichte Halsentzündung können das Ergebnis negativ beeinflussen; vereinbaren Sie im Krankheitsfall am besten einen Alternativtermin.

Der Ablauf im Überblick
- Ermittlung von Körpergewicht und -größe
- Beurteilung des Stütz- und Bewegungsapparats, des Nervensystems und der Organe

- Hör- und Sehtests (bei Bedarf mit Brille, keine Kontaktlinsen)
- Messung der Lungenkapazität
- Ergometrie/Belastungs-EKG: Für definierte Belastungen gelten bestimmte Puls-Grenzwerte
- Blut- und Urinanalyse
- Drogenscreening (unter Umständen erst oder noch einmal bei der Einstellung)
- Evtl. Röntgen (Körper muss frei von Metallen sein)
- Selbstauskunft (Allergien, Operationen, Prothesen, weitere gesundheitliche Besonderheiten)

Die Untersuchung beim Zoll

Einen eigenen ärztlichen Dienst – wie bei der Polizei – gibt es beim Zoll nicht. Um die physische Verfassung der Zollbewerber kümmert sich der ärztliche Dienst der Gesundheitsämter. Die Mediziner der öffentlichen Hand führen verschiedene Maßnahmen durch, die amtlich und gerichtsfest sein müssen: Unter anderem begutachten sie die Verhandlungsfähigkeit von Angeklagten, führen Drogentests und Vaterschaftsbestimmungen durch – und sie beurteilen die Tauglichkeit potenzieller Nachwuchskräfte verschiedener Behörden.

Wie bei der Polizei misst der Amtsarzt Größe und Gewicht, beurteilt den Körperbau, die Sehschärfe, das Hörvermögen, die Reflexreaktion und die Gelenkigkeit. Die recht strengen Vorgaben der PDV 300 gelten beim Zoll zwar nicht, die medizinischen Einstellungskriterien sind allerdings relativ ähnlich. Der größte Unterschied: Als „Freund und Helfer" muss man auf jeden Fall außendiensttauglich sein, beim Zoll kann man auch ausschließlich im körperlich weniger strapaziösen Innendienst arbeiten. Wer also vom Polizeiarzt für „nicht dienstfähig" befunden wurde, kann sich für eine Zollbewerbung immer noch Chancen ausrechnen.

Die ärztliche Untersuchung

Kapitel 5

Das Vorstellungsgespräch

Gut vorbereitet? 280

Das Interview im Überblick 284

Warming-up: Eröffnungsfragen 295

Fragen zu Freunden, Freizeit, Interessen 299

Fragen zu Schule und Werdegang 313

Fragen zur Berufswahl 323

Fragen zur Behörde und zum Ausbildungsverlauf .. 335

Fragen zur Arbeitseinstellung 343

Fragen zur Sozialkompetenz
(Teamverhalten, Kritikfähigkeit) 350

Fragen zu Stärken und Schwächen 356

Fragen zu besonderen Qualifikationen 363

Stressfragen 365

Fragen zur beruflichen Zukunft 372

Fragen zum Gesprächsausklang 374

Fragen, die Sie selbst stellen können 378

Unerlaubte Fragen und heikle Situationen 380

Gut vorbereitet?

Glückwunsch: Wenn man Sie zum Vorstellungsgespräch bittet, haben Sie bereits einige Stationen des Auswahlverfahrens gemeistert. Somit sind Sie der angestrebten Stelle einen großen Schritt nähergekommen – im Gegensatz zu vielen Mitbewerbern. Aber noch ist das Ziel nicht erreicht. Nun müssen Sie die Personaler im Interview für sich gewinnen. Dabei geht es nicht nur um Ihre Kenntnisse und Fähigkeiten, sondern auch um Ihre äußere Erscheinung und Ihr Gesprächsverhalten.

Information ist Trumpf

Von der Einladung bis zum Gesprächstermin bleibt Ihnen mal mehr, mal weniger Zeit zur Vorbereitung. Machen Sie sich am besten so früh wie möglich schlau über Ihren potenziellen Arbeitgeber. Sammeln Sie Fakten – zur Behörde, zum Tätigkeitsprofil, zum Ausbildungsverlauf.

Nützliche Informationsquellen

Die Homepage Der Online-Auftritt der Behörde verrät, wie sie von Außenstehenden gesehen werden möchte. Schnell und unkompliziert findet man hier die wichtigsten Informationen: Wie ist die Behörde organisiert? Welchen Leitlinien folgt sie, welche Aufgaben übernimmt sie?

Ausbildungsbroschüren Viele Behörden veröffentlichen spezielle Ausbildungsbroschüren mit allen wichtigen Fakten zum Bewerbungsverfahren und zur Ausbildung. An das Infomaterial gelangt man über die Homepage, bei Messen, bei Tagen der offenen Tür – oder durch einen Anruf.

Berufsbildungsmessen Auf Ausbildungsmessen und ähnlichen Veranstaltungen stehen Behördenvertreter Rede und Antwort zu Ausbildungsfragen: eine ideale Gelegenheit für Sie, um sich zu erkundigen und einen ersten positiven Eindruck zu hinterlassen. Im Auswahlgespräch können Sie sich auf Ihren Messebesuch beziehen und so Ihre Motivation betonen.

Tage der offenen Tür Hin und wieder öffnen die Behörden Ihre Pforten für die interessierte Allgemeinheit. Nutzen Sie diese Chance, einen Blick in das Innere einer Dienststelle zu werfen. Sie lernen dabei mit Sicherheit viel über die Aufgaben, die Organisation und die Arbeitsatmosphäre. Und treffen eventuell sogar auf einen Ausbildungsverantwortlichen.

Berichte im Internet Fahnden Sie über eine Suchmaschine online nach aktuellen Berichten über den anvisierten Arbeitgeber. Wann stand er zuletzt in den Schlagzeilen? Worum ging es?

Bekannte mit Insiderwissen Kennen Sie jemanden, der in demselben Beruf oder sogar derselben Behörde arbeitet? Dann fragen Sie ihn nach seinen Erfahrungen. Aber Vorsicht: Eindrücke aus erster Hand können ebenso hilfreich wie subjektiv verzerrt und unzuverlässig sein.

Lesen Sie sich vor dem Gespräch am besten noch einmal Ihre Bewerbungsunterlagen durch: So wissen Sie, auf welchem Stand Ihre Gesprächspartner sind.

Das Outfit

Im Bewerbungsgespräch müssen Sie auch äußerlich eine gute Figur machen: von den Haarspitzen bis zu den Schuhsohlen. Selbst exzellente Zeugnisse und hervorragende Referenzen sind schnell vergessen, wenn das Erscheinungsbild Anlass zur Sorge gibt. Ein morgendlicher Sprung unter die Dusche ist daher Pflicht, gepflegte Fingernägel und saubere Zähne wissen die Personaler ebenfalls zu schätzen. Dezente Piercings und Tätowierungen mit unverfänglichen Motiven führen bei den Behörden nicht automatisch zum K.O. Generell ist derartiger Körperschmuck allerdings nicht besonders gern gesehen. Am besten, Sie entfernen ihn oder überdecken ihn durch geeignete Kleidung. Diese sollte natürlich auch sonst dem Anlass entsprechen; stimmen Sie Schuhe, Hose und Oberteil stilvoll aufeinander ab. Wählen Sie ein seriöses Outfit, ähnlich dem auf Ihrem Bewerbungsfoto – das steigert den Wiedererkennungswert.

Stylingtipps für Frauen: Bewerberinnen tragen eine dunkle Jeans oder Stoffhose, dazu eine passende Bluse und ggf. einen Blazer in gedeckten Farben.

Besonders seriös wirkt man mit Kostüm oder Rock. Häufige Modesünden beim Prüfungstermin sind übertrieben hohe Schuhe, überdosiertes Parfüm, üppiger Schmuck, zu viel Gepäck (z. B. Hand- und Aktentasche).

Stylingtipps für Männer: Bewerber kombinieren ein Sakko mit einer Stoffhose bzw. dunklen Jeans – oder greifen zum Anzug. Dazu trägt Mann ein frisch gebügeltes Oberhemd und geputzte dunkle Schuhe. Weiße Socken tragen Sie höchstens auf dem Tennisplatz, Turnschuhe oder ähnliches sind ebenfalls absolut inadäquat. Achten Sie auf eine saubere Rasur.

Die Anreise

Unpünktlichkeit verzeiht kaum ein Personaler. Wie zuverlässig kann jemand sein, der schon in seinem Auswahlverfahren zu spät kommt? Planen Sie daher Ihre Anfahrt sorgfältig, berechnen Sie eine großzügige Zeitreserve für Verkehrsstaus oder Zugverspätungen mit ein. Etwa zehn Minuten vor dem vereinbarten Zeitpunkt einzutreffen, gehört zum guten Ton und ermöglicht Ihnen eine Verschnaufpause. Stellen Sie schon unterwegs fest, dass sich eine Verspätung nicht vermeiden lässt, dann geben Sie möglichst schnell Bescheid.

Unterlagen, die Sie nicht vergessen sollten:

- **Ihre Bewerbungsunterlagen**
  Nehmen Sie am besten zwei komplette Unterlagensätze mit: den einen zum Nachschlagen für Sie, den anderen für einen Gesprächsteilnehmer, dem die Dokumente möglicherweise nicht vorliegen.

- **Eine exakte Wegbeschreibung**
  Der Routenplan erleichtert die Anreise und schont dadurch Ihre Nerven.

- **Notizblock und Stift**
  Damit können Sie während des Gesprächs wichtige Informationen und eigene Fragen festhalten. Das signalisiert gleichzeitig Aufmerksamkeit.

- **Das Einladungsschreiben**
  Ihre „Eintrittskarte" öffnet Ihnen Tür und Tor und erinnert Sie daran, wann Sie wo auf wen treffen.

¬ **Ein Zettel mit Notizen**
Schreiben Sie sich vorab wichtige Informationen zur Behörde und eigene Fragen auf, die Sie gern stellen möchten.

¬ **Von der Behörde benötigte Papiere**
Welche Dokumente Sie mitbringen sollen, steht in der Regel im Einladungsschreiben. Meist brauchen Sie zumindest Ihren Personalausweis.

Die richtige Gesprächseinstellung

Gute Gespräche gelingen in einer angenehmen Atmosphäre. Mit einem freundlichen, sympathischen Auftreten tragen Sie Ihr Scherflein zu einer positiven Stimmung bei. Schlechte Laune bleibt besser zu Hause, und von einer möglicherweise unangenehmen Gesprächsführung der Gesprächspartner brauchen Sie sich nicht verunsichern zu lassen; auch die Interviewer kochen nur mit Wasser.

Wichtig, ist dass Sie sich in Ihrer Haut wohl fühlen, um authentisch, natürlich und unverkrampft auftreten zu können. In gewisser Weise ist ein Vorstellungsgespräch ein Rollenspiel – aber keines, bei dem Sie sich verstellen sollten. Vergleichen Sie die Situation mit einem romantischen Rendezvous: Sie zeigen sich selbstverständlich von Ihrer Schokoladenseite, aber bleiben immer der, der Sie sind. Täuschungsmanöver und Flunkereien wirken unangenehm gekünstelt und werden fast immer durchschaut.

Körpersprache und Verhalten

Schon beim Betreten des Raumes können Sie die Sympathien für sich gewinnen: Schleichen Sie nicht verschüchtert durch die Tür, sondern treten Sie lächelnd und selbstbewusst ein – aber nicht übertrieben siegessicher. Auf das richtige Maß kommt es an. Dementsprechend bedacht ist auch der Händedruck zwischen „Rambo" und dem „toten Fisch in der Hand" auszubalancieren. Etwas Nervosität wird Ihnen niemand übelnehmen, schließlich geht es um eine wichtige Entscheidung. Und nach den ersten Begrüßungsworten legt sich die Anspannung meist von alleine.

Wer sich anschließend wie der sprichwörtliche Sack Mehl auf seinen Stuhl fläzt, wird seine Gegenüber indes kaum von der eigenen Seriosität überzeugen können. Eine aufrechte Sitzhaltung und eine gute Körperspannung signalisieren Aufmerksamkeit und die Bereitschaft, aktiv am Gespräch teilzunehmen. Hören Sie Ihren Gesprächspartnern konzentriert zu, stellen Sie Blickkontakt her, machen Sie sich bei Gelegenheit Notizen. Und fragen Sie ruhig nach, wenn Ihnen etwas unklar ist. Dabei heißt die Devise: Der Ton macht die Musik und ist im Vorstellungsgespräch selbstverständlich ein anderer als im Freundeskreis – achten Sie auf Ihre Wortwahl.

> **Ihre Gesprächspartner**
>
> Am Interview können verschiedene Personen teilnehmen, die unterschiedliche Akzente setzen: Polizeipsychologen bewerten Soft Skills wie Teamgeist und Motivation, erfahrene Ausbilder achten auf Schulkenntnisse und andere Qualifikationen, leitende Beamte legen Wert auf Ihre generelle Eignung. Gehen Sie auf alle Anwesenden gleichermaßen ein, auch wenn einer die Initiative übernehmen sollte.

Das Interview im Überblick

Ein klassisches Bewerbungsgespräch folgt einem eingängigen Muster: Nach dem anfänglichen Smalltalk präsentiert sich die Behörde, daraufhin erhält der Bewerber die Chance zur Selbstdarstellung, zum Schluss verabschiedet man sich. Aufgrund der hohen Bewerberzahlen kommt man bei den Polizeien und beim Zoll oft etwas schneller zur Sache als in der Privatwirtschaft. Die alles entscheidende Kernfrage lautet allerdings überall gleich: Wie gut passen Stellenanbieter und Stelleninteressent zusammen?

Grundsätzlich stehen drei Aspekte zur Debatte:

¬ **Leistungsvermögen**
Gefragt sind berufsrelevante Kenntnisse, Motivation und die Fähigkeit, die eigenen Stärken auch unter Druck zu 100 Prozent einzubringen.

- **Persönlichkeit**
  Die Chemie muss stimmen! Ein Kandidat sollte nicht nur fachlich, sondern auch charakterlich gut ins Team passen.
- **Lernbereitschaft**
  Niemand kann alles – daher kommt es auf den Willen an, sich fehlende Kompetenzen anzueignen. Unnötig zu erwähnen, dass genau das der Sinn und Zweck einer Ausbildung ist!

Mit etwas rhetorischem Geschick finden sich immer Wege, kleinere Makel ins Positive zu drehen. Schwächen in der Zeitorganisation beispielsweise lassen sich als ausgeprägter Arbeitseifer verkaufen, aus einem Mangel an Flexibilität kann ein starker Hang zur Gründlichkeit werden usw. Doch geben Sie kein Image vor, mit dem Sie sich nicht identifizieren können – Personaler haben ein äußerst feines Gespür für derartige Ungereimtheiten.

Begrüßung und Einstieg

Die Anfangsphase des Bewerbungsgesprächs dient dem gegenseitigen Abtasten: Man begrüßt sich und sucht einen Gesprächseinstieg.

Dauer: ca. 3–5 Minuten

Die ersten warmen Worte sollen das Eis brechen und eine angenehme Gesprächsatmosphäre schaffen. Üblicherweise lassen die Interviewer zu Beginn ein paar unverfängliche Bemerkungen fallen, zum Beispiel zur Umgebung, zum Wetter oder zum bisherigen Verlauf des Auswahlverfahrens. Steigen Sie darauf ein: So können Sie in der Interviewsituation ankommen und sich langsam in Form reden – freundlich und unkompliziert. Denken Sie aber daran, dass die Personaler bereits voll bei der Sache sind! Plumpe Witzeleien oder Probleme im Einstellungstest gehören nicht an den Besprechungstisch. Bleiben Sie positiv. Merken Sie sich die Namen der Anwesenden, um sie später persönlich ansprechen zu können – das macht einen guten Eindruck.

Zur Überleitung auf den ernsten Teil der Verabredung wird man Ihnen wahrscheinlich den weiteren Gesprächsablauf vorstellen.

Der Kern des Gesprächs

Im Hauptteil des Gesprächs präsentieren sich Behörde und Bewerber: Gelegenheit für beide Seiten, Fragen zu stellen.

Dauer: ca. 15–45 Minuten

Nun stellen Ihre Gesprächspartner Ausbildung und Berufsalltag genauer vor und erhoffen Aufklärung: Was qualifiziert Sie für die ausgeschriebene Stelle, warum haben Sie sich bei der gewählten Behörde beworben?

Bereiten Sie sich darauf vor, einen kompakten Überblick über Ihren bisherigen Werdegang zu geben. Schule, Praktika, Nebenjobs, Fremdsprachenkenntnisse, Auslandsaufenthalte – was für den Job relevant ist, bringen Sie in Ihren Auskünften unter. Schritt für Schritt steigt die Intensität des Interviews, mehr und mehr geht es ins Detail. Die Berufswahl, persönliche Stärken und Schwächen, berufliche Vorkenntnisse, das Arbeitsverhalten und viele andere Aspekte werden gründlich unter die Lupe genommen. Wenn – wie fast immer – bei der Lektüre der Bewerbungsunterlagen Fragen aufgekommen sind, werden sie nun geklärt. Das bisherige Abschneiden im Auswahlverfahren kann ebenfalls zur Sprache kommen.

Bei Gelegenheit können Sie bereits jetzt eigene Fragen einflechten. Aber lieber nicht zum Thema Gehalt: Die Besoldungsordnungen der Behörden sind kein Staatsgeheimnis, sondern öffentlich zugänglich. Was Sie künftig verdienen können, lässt sich mühelos im Internet oder durch Broschüren in Erfahrung bringen. Eventuelle Unklarheiten sprechen Sie besser an anderer Stelle an.

Ausklang und Abschied

Abschließend bespricht man das weitere Vorgehen und verabschiedet sich.

Dauer: ca. 5–10 Minuten

„Ist alles geklärt, möchten Sie noch etwas von uns wissen?" So oder so ähnlich werden die Interviewer die Schlussphase des Gesprächs einläuten. Sprechen

Sie nun an, was in der vorangegangenen Unterhaltung noch nicht beantwortet worden ist; greifen Sie eventuell auf Ihren Notizblock zurück.

Wenn nichts Wichtiges mehr im Raum steht, werden Ihre Gesprächspartner sicher zum nächsten Punkt ihrer Tagesordnung übergehen wollen und zielstrebig auf die Verabschiedung hinsteuern. Gelegenheit für Sie, sich freundlich für das Gespräch zu bedanken. In besonders guter Erinnerung bleiben Sie, wenn Sie noch einmal Ihr Interesse am Ausbildungsplatz betonen. Dabei können Sie sich auch gleich nach der weiteren Vorgehensweise erkundigen.

Die Interviewtypen

Grundsätzlich gibt es drei unterschiedliche Gesprächsformen, die Ihnen mal größere, mal geringere Einflussmöglichkeiten einräumen.

Offene Interviews

Offene Interviews erinnern an ganz normale Unterhaltungen: Die Interviewer lenken das Gespräch intuitiv nach eigenen Erfahrungen und Interessen. Durch geschickte Zwischenfragen und Antworten kann der Bewerber dabei mühelos eigene Schwerpunkte setzen und vorteilhafte Punkte hervorheben.

- **Vorteil:** Sie können das Gespräch mitsteuern.
- **Nachteil:** Der Gesprächsverlauf hängt stark von der Persönlichkeit der Interviewer ab; die vergleichsweise zwanglose Atmosphäre kann zum Leichtsinn verleiten.

Standardisierte Interviews

Im Gegensatz zum offenen Interview werden hier alle relevanten Themen vorher festgelegt und in einen Fragenkatalog gepackt. Standardisierte Interviews folgen einem Punkt-für-Punkt-Plan, der es den Personalern ermöglicht, die Qualitäten aller Kandidaten relativ einfach gegenüberzustellen.

- **Vorteil:** Es geht um präzise vorgegebene Sachfragen, persönliche Präferenzen spielen keine Rolle.

— **Nachteil:** Durch die starre Gesprächssituation kann das standardisierte Interview statisch, gestelzt oder verkrampft wirken.

Halbstandardisierte (multimodale) Interviews

Dieser Mischtyp aus offenem und standardisiertem Interview vereint die Vorteile beider Gesprächsformate: Zum einen können die Interviewer anhand einer festen Gliederung alle wichtigen Informationen abfragen, zum anderen haben Bewerber und Personaler etwas Spielraum für individuelle Akzente.

+ **Vorteil:** Sie können eigene Schwerpunkte setzen, interessante Themen vertiefen und andere kurz halten.

— **Nachteil:** Wenn Sie bestimmte Punkte besonders betonen, können Aspekte unter den Tisch fallen, die den Personalern wichtig sind.

Die Fragentypen

Welche Fragen konkret auf Sie zukommen können, erfahren Sie in den nächsten Kapiteln. Der folgende Überblick erläutert die verschiedenen Fragenformen, mit denen Sie es im Bewerbungsgespräch zu tun bekommen. Für jede Spielart gibt es eine angemessene Antwortstrategie.

Informationsfragen

Zielt nicht jede Frage auf Informationen ab? In gewisser Weise schon. Doch bei Informationsfragen – dem häufigsten Fragentyp im Vorstellungsgespräch – geht es wirklich ums erfragte Detail, nicht um die Reaktion des Antwortenden. Informationsfragen sind meist kurz und bündig; ebenso sollte die Antwort ausfallen. Denn wer eine präzise Auskunft erwartet, möchte sie nicht mühsam im Wortschwall des Antwortenden suchen müssen.

Frage: *„Was haben Sie in der Zeit seit Ihrem Schulabschluss gemacht?"*

Antwort: *„Hauptsächlich habe ich mich mit meiner Bewerbung bei Ihnen beschäftigt und mich auf den Einstellungstest vorbereitet. Direkt nach dem Abitur war ich für einen Monat auf Sprachreise in Neuseeland."*

Alternativfragen

Teamfähig oder durchsetzungsstark, diszipliniert oder entscheidungsfreudig, zielstrebig oder flexibel? Eine nicht ganz faire Auswahl, denn das Wörtchen „oder" soll Sie aufs Glatteis führen. Wieso sollte ein zielstrebiger Mensch nicht auch flexibel sein können? Interpretieren Sie derartige Zwickmühlfragen also besser nicht im Sinne von „entweder – oder" sondern mehr wie ein „sowohl – als auch". Sie müssen sich nicht eindeutig auf eine Seite schlagen.

Frage: *„Würden Sie sich eher als zielstrebig oder als flexibel beschreiben?"*

Antwort: *„Ich würde es so sagen: Flexibilität ist wichtig, damit man sich auf neue Umstände einstellen kann und für andere Ideen oder Lösungsansätze offen bleibt. Dabei sollte man aber das Ziel nicht aus den Augen verlieren. Zielstrebigkeit und Flexibilität schließen sich für mich nicht aus."*

Verunsicherungsfragen

Sagt der Kandidat die Wahrheit? Hat er vorhin nicht noch etwas ganz anderes behauptet? Wenn die Interviewer nicht so recht schlau werden aus den Auskünften eines Bewerbers, greifen sie zu Verunsicherungsfragen. Dadurch fühlen sie der Aufrichtigkeit des Stellenaspiranten diskret auf den Zahn – er kann die vorherigen Aussagen nun entweder bestätigen oder relativieren, ohne sein Gesicht zu verlieren.

Frage: *„Sind Sie wirklich davon überzeugt, dass Ihre Kenntnisse in Rechtschreibung und Grammatik für die Ausbildung angemessen sind?"*

Antwort 1: *„Ja, ich hatte in Deutsch immerhin eine 2+ im Abschlusszeugnis. Ich denke, das zeigt, dass ich in Rechtschreibung und Grammatik ziemlich sicher bin."*

Antwort 2: *„Vielleicht muss ich meine Aussage von vorhin ein bisschen geraderücken: Ich war nie besonders gut in Rechtschreibung und Grammatik, mir lagen eher Aufsätze und Interpretationen. Ich arbeite aber daran, meine Defizite auszugleichen."*

Fangfragen

Fangfragen nähern sich einem Thema „durch die Hintertür". Oft wirken sie auf den ersten Blick völlig harmlos, bevor sie sich bei genauerem Hinsehen als brandgefährlich entpuppen. Wer das eigentliche Ziel einer Fangfrage schnell identifiziert, kann sich eine angemessene Antwort zurechtlegen. Im folgenden Beispiel möchte der Interviewer natürlich nicht gemütlich über Hobbys plaudern, sondern Flexibilität und Leistungsbereitschaft ergründen.

Frage: *„Ihrer Bewerbung konnte ich entnehmen, dass Sie intensiv Sport treiben und außerdem in einer Band spielen. Haben Sie denn viele Auftritte und Wettkämpfe?"*

Antwort: *„Sie haben Recht, ich spiele Fußball im Verein, fahre Fahrrad und spiele in einer Bigband. Meine Hobbys sind aber nur Hobbys, der Job hat Priorität. Für die Ausbildung schalte ich in der Freizeit einen Gang zurück, wenn es nötig sein sollte."*

Gegenfragen

Ist dem Interviewer eine Zwischenfrage unangenehm, möchte er sie – aus welchen Gründen auch immer – nicht beantworten, kann er mit einer Gegenfrage kontern. Ungeschickte Fragen kommen so als Bumerang zum Fragesteller zurück, die eigentliche Angelegenheit bleibt ungeklärt. Da sich die rhetorischen Gegenangriffe nicht völlig vermeiden lassen, sollte man darauf gefasst sein und sich nicht aus der Ruhe bringen lassen.

Frage des Bewerbers: *„Ich habe von einem Freund gehört, dass die Ausbildung bei Ihnen sehr schwer sein soll. Stimmt das?"*

Gegenfrage des Interviewers: *„Was denken Sie denn, wie die Ausbildung bei uns so abläuft?"*

Motivierende Fragen

Motivierende Fragen erzeugen eine positive Stimmung und ermuntern den Kandidaten, aus sich herauszugehen. Meist ist der Interviewer auf einen interessanten Punkt im Lebenslauf gestoßen, den er nun vertiefen möchte. Eine gute Chance, sich persönlich zu geben, ohne den Blick für das Wesentliche – die Bewerbung, den Beruf – zu verlieren.

Frage: *„Sie tanzen in Ihrer Freizeit Salsa und sind Mitglied in einem Tanzverein. Da würde es sich doch anbieten, für die nächste Behördenfeier einen kleinen Auftritt zu organisieren, was meinen Sie?"*

Antwort: *„Im Prinzip natürlich gern. Wenn sich dafür neben der Ausbildung genug Zeit findet – klar, warum nicht?"*

Schockfragen

Schock- oder Angriffsfragen sollen den Bewerber aus der Reserve locken. Dahinter steckt weder schlechte Laune noch böser Wille, sondern nacktes Kalkül: Wie reagiert der Kandidat? Lässt er sich aus der Ruhe bringen, wird er vielleicht sogar aggressiv? Sachlichkeit und Souveränität sind hier die Schlüssel zum Erfolg.

Frage: *„Wollen Sie oder können Sie darauf keine klare Antwort geben?"*

Antwort: *„Sie werden mir sicher Recht geben, dass dieses Thema für eine einfache Antwort zu wichtig und zu vielseitig ist. Lassen Sie mich das genauer erläutern ..."*

Mehrfachfragen

Manchmal folgen mehrere Fragen unmittelbar nacheinander, oft obendrein mit Zusatzinfos garniert. Solche Fragenfeuerwerke belasten das Kurzzeitgedächtnis und verleiten dazu, sich im Durcheinander von Fragen und Informationen zu verzetteln. Anstatt alles auf einmal beantworten zu wollen, sollte man nur einen – am besten den günstigsten – Teilaspekt aufgreifen. Meist geben sich die Interviewer damit fürs Erste zufrieden.

Frage: *„Ihren Bewerbungsunterlagen ist zu entnehmen, dass Sie sich sozial engagieren und ein Teamplayer sind. Was verstehen Sie eigentlich unter Teamarbeit? Wir legen sehr großen Wert auf einen freundlichen und kooperativen Umgang miteinander. Ohne Respekt im Kollegenkreis ist es doch kaum möglich, zusammen zu* arbeiten, denken Sie nicht? Welche Rolle würden Sie denn am ehesten in einem Team übernehmen? Welche Qualifikationen bringen Sie dafür mit?"

Antwort: „Sie haben gefragt, was Teamarbeit bedeutet. Ich würde es so definieren: Teamarbeit gelingt, wenn jedes Teammitglied seine Fähigkeiten optimal einbringt und zusammen mit den anderen auf ein gemeinsames Ziel hinarbeitet. Dabei kommt es vor allem auf die Kommunikation, auf die Abstimmung untereinander an. Was war noch gleich Ihr zweiter Aspekt?"

Projektive Fragen

Ein Griff in die psychologische Trickkiste: Projektive Fragen fordern dazu auf, sich selbst aus der Perspektive eines anderen zu betrachten. So fällt vor allem zurückhaltenden Kandidaten die Eigendarstellung leichter – über Dritte spricht man eben freier und ehrlicher. Dabei gilt es, aufzupassen und sich nicht in Widersprüche hineinzureden. Die Antwort „Sie machen sich natürlich Sorgen, der Beruf ist schließlich gefährlich" wäre im folgenden Beispiel eher ungeschickt.

Frage: „Was, glauben Sie, denken Ihre Eltern über Ihre Entscheidung, sich ausgerechnet bei der Polizei zu bewerben?"

Antwort: „Ich habe viel mit meinen Eltern gesprochen, mittlerweile stehen sie voll und ganz hinter mir. Zuerst haben sie zwar ein paar Bedenken gehabt, man hört ja in den Medien oft von gefährlichen Einsätzen. Aber sie wissen, dass ich von meiner Entscheidung überzeugt bin, und finden den Beruf auch sehr wichtig."

Suggestivfragen

Suggestivfragen legen einem die erwartete Antwort bereits auf die Zunge. Solche rhetorischen Kunststücke sind in einem Vorstellungsgespräch eher unüblich: Schließlich sollen sich die Bewerber eigene Gedanken machen und nicht einfach vorgestanzte Meinungsschablonen ausfüllen. Indem sie zum unüberlegten „Nachplappern" verführen, entfalten Suggestivfragen ihr gefährliches Potenzial.

Frage: „Für eine Ausbildung bei der Bundespolizei käme jemand, der Schwächen in Englisch hat, kaum infrage, denken Sie nicht auch?"

Antwort: *„Da stimme ich Ihnen zum Teil zu: Vor allem beim Einsatz in Zügen und auf Flughäfen muss man sich bestimmt mit vielen Menschen auf Englisch unterhalten. Dann wird es schwierig, wenn man die Sprache nicht flüssig spricht oder Verständnisprobleme hat. Wie gut man im Schriftlichen ist, finde ich im Vergleich zum Mündlichen nicht ganz so wichtig."*

Die Interview-Vorbereitung mit diesem Buch

Für jede Gesprächsphase gibt es eine Fülle typischer Fragen, die in vielen Interviews mehr oder weniger ähnlich auftreten. Manchmal zählt vor allem hartes Faktenwissen, an anderer Stelle kommt es eher auf die leisen Untertöne an. Und das wahre Frageziel bleibt oft im Dunkeln. Wer unvorbereitet ins Gespräch geht, verheddert sich schnell im engmaschigen Fragengeflecht der Interviewer. Das folgende Kapitel macht Sie bekannt mit den häufigsten Personalerfragen, den schlagkräftigsten Musterantworten – und so manchem abschreckenden Negativbeispiel.

Zur Vorbereitung mit diesem Buch empfehlen sich zwei unterschiedliche Vorgehensweisen, die sich natürlich auch kombinieren lassen.

Variante 1: Vorbereitung im Selbststudium

Mit einem Stift in der Hand können Sie dieses Buch zum methodischen Eigencoaching nutzen. Unser Tipp zur Vorgehensweise: Lesen Sie zu jeder Frage zuerst die Erläuterungen und decken Sie die Antwortvorschläge ab. Danach bringen Sie Ihre eigene Antwort zu Papier. Anschließend können Sie Ihre Statements anhand der angegebenen Beispiele und Erläuterungen überprüfen.

Variante 2: Im Rollenspiel den Ernstfall üben

Um beim Schritt ins Rampenlicht klaren Kopf zu bewahren, empfiehlt sich eine Generalprobe vorab – üben Sie Ihren Interview-Auftritt in einem Rollenspiel! Suchen Sie sich einen Freund oder ein Familienmitglied: Sie übernehmen den Part des Bewerbers, Ihr Partner mimt den Interviewer, der Ihnen mithilfe des folgenden Fragenkatalogs realistisch auf den Zahn fühlt. Nach jeder Frage bzw.

nach jedem Fragenblock wird eine kurze Pause für Rückmeldungen eingeplant. Hier kommen die frischen, spontanen Eindrücke Ihres Mitspielers zur Sprache. Haben ihn Ihre Auskünfte überzeugt? Wenn ja, warum? Und wenn nein, warum nicht?

> **Vorsicht, Falle: Darauf sollten Sie achten!**
>
> ¬ **Lernen Sie keine Standardantworten auswendig!**
> Nichts langweilt Personaler mehr als einstudierte, auf Stichwort abgespulte Textbausteine. Überzeugungskraft entfalten nur Persönlichkeiten mit Profil, die sich in eigenen Worten in Szene setzen.
>
> ¬ **Nicht zu offensichtlich!**
> Reiben Sie Ihrem Gesprächspartner nicht unter die Nase, dass Sie seine Absichten bereits kennen. Wer auf ein banales „Treiben Sie gern Sport?" mit einem pathetischen „Ja, ich spiele Hockey und bin auch beruflich ein begeisterter Teamplayer!" herausplatzt, verrät, dass er gut vorbereitet ist. Die Reaktion der Personaler: Sie misstrauen dem Kandidaten und greifen zu härteren Bandagen. Gönnen Sie sich etwas Bedenkzeit und pflegen Sie die Kunst der indirekten Anspielung, der leisen Untertöne, ohne das Kind beim Namen zu nennen. Eine geschicktere Antwort auf die Beispielfrage: „Ich spiele gern Hockey, weil es ein enorm schneller Teamsport ist. Man muss ständig hellwach sein, damit man sich mit seinen Mitspielern abstimmen und, wenn nötig, für sie einspringen kann".

Warming-up: Eröffnungsfragen

In der Aufwärmphase (engl. „warming-up") pflegt man die Kunst des Smalltalks, des unverfänglichen Geplauders über dies und jenes. Aus Bewerbersicht eine sehr angenehme Phase: Sie müssen weder ausufernde Monologe halten noch Ihre Antworten mit detaillierten Fakten spicken. Lassen Sie sich von Ihren Gesprächspartnern leiten, erzählen Sie ein wenig, schaffen Sie Anknüpfungspunkte. Nutzen Sie die Gelegenheit, bei den Interviewern einen guten Eindruck zu hinterlassen, der den Gesprächsverlauf positiv beeinflussen wird.

„Wie war Ihre Anreise, haben Sie den Weg gut gefunden?"

Hintergrund
Zu Beginn der Unterhaltung sollen harmlose Fragen die Situation auflockern und eine angenehme Gesprächsatmosphäre erzeugen. Diese Ungezwungenheit sollte Sie jedoch nicht dazu verleiten, in kollegiale oder gar freundschaftliche Verhaltensmuster zu verfallen.

Worauf kommt es an?
Geben Sie sich natürlich, offen und positiv: Die Zugverspätung, die „rote Welle" oder die mühsame Parkplatzsuche müssen nicht griesgrämig ausgebreitet werden. Betonen Sie lieber lächelnd, es – auf welchem Weg auch immer – pünktlich geschafft zu haben. Vielleicht hat es Ihnen geholfen, dass Sie die Route vorher schon einmal abgefahren haben? Mit derartigen Motivationsbeweisen können Sie zusätzlich punkten.

> **Wie würden Sie antworten?**
> Bitte formulieren Sie Ihre Antwort schriftlich auf separatem Notizpapier oder mündlich im Partnerdialog, ehe Sie weiterlesen.

Musterantworten

„Ja, danke. Ich habe mir gestern die Streckenbeschreibung im Internet angeschaut und mir sicherheitshalber gleich noch einen Routenplan ausgedruckt. Damit war es überhaupt kein Problem, den Weg zu finden."

„Ja, auf den Straßen war ja kaum Verkehr, das liegt wohl an den Ferien. Im Einladungsschreiben war der Weg aber auch ziemlich gut beschrieben."

„Ja, ich habe den Weg vor ein paar Tagen schon einmal abgefahren, das hat sich heute gelohnt. Ein bisschen Glück war auch dabei, da fast direkt vor dem Eingang ein Parkplatz frei geworden ist, als ich kam."

„Na ja, es ging so. Erst kam der Bus nicht, dann ist mir auch noch die Bahn vor der Nase weggefahren. Aber jetzt bin ich ja hier."

Die Schnellkritik: Pech mit den Verkehrsmitteln? Daraus wird im ungünstigen Umkehrschluss eine mangelhafte Zeitplanung. Für eine Verspätung sollte man sich aufrichtig entschuldigen – einmal telefonisch während der Anreise, zum zweiten Mal persönlich bei Interviewbeginn. Umständliche Erklärungsversuche im Nachhinein klingen jedenfalls schnell nach Ausrede. Und wenn man trotz aller Widrigkeiten gar nicht zu spät gekommen ist? Dann betont man statt der schwierigen Reise lieber das glückliche Ende – die pünktliche Ankunft.

„Ja, danke."

Die Schnellkritik: Leider etwas zu kurz! Bei solchen Antworten befürchtet der Personaler, dass das Gespräch womöglich etwas zäh verlaufen wird: Muss man dem Kandidaten alles mühsam aus der Nase ziehen?

„Mit dem Wetter haben wir ja richtig Glück heute, oder?"

Hintergrund
Ein Smalltalk-Evergreen: das Wetter. Steigen Sie auf das Gesprächsangebot ein. Es geht hier nicht um das „Was", sondern um das „Wie" Ihrer Antwort. Finden Sie eine gemeinsame Wellenlänge, spielen Sie das Spielchen entspannt und freundlich mit.

Worauf kommt es an?

Fühlen Sie sich nicht unter Zugzwang gesetzt, besonders originelle Ansichten zu Temperatur, Windstärke und Sonnenstand zum Besten geben zu müssen. Erzählen Sie etwas Harmloses, unterstreichen Sie Ihre optimistische Gesprächslaune. Die gilt es übrigens auch bei schlechtem Wetter an den Tag zu legen.

> **Wie würden Sie antworten?**
> Bitte formulieren Sie Ihre Antwort schriftlich auf separatem Notizpapier oder mündlich im Partnerdialog, ehe Sie weiterlesen.

Musterantworten

„Ja, das kann man laut sagen. Wer hätte das gedacht nach dem Gewitter gestern. Ich hatte mich gedanklich schon auf einen Stau vorbereitet. Die Sonne scheint – was will man mehr?"

Unter schlechtem Wetter muss die Stimmung nicht leiden. Den Beweis liefert folgende Antwort auf die Frage: *„Das Wetter meint es ja heute gar nicht gut mit uns, oder?"*

„Ach, ich finde das gar nicht mal so schlimm, wir hatten ja auch eine ganze Zeit lang schönes Wetter. Den Pflanzen tut ein bisschen Regen bestimmt gut. Aber Sie haben schon recht, etwas mehr Sonne wäre mir auch lieber."

„Ja, Wahnsinn, wie schnell das geht. Gestern noch der Sonnenschein und heute schüttet es wie aus Eimern. Sie haben es bestimmt nicht einfach, es ist nämlich ganz schön schwül hier drin."

Die Schnellkritik: Lobenswert ist der Versuch, eine Brücke zu anderen Gesprächsthemen zu bauen – der flapsige Tonfall passt jedoch ganz und gar nicht. Und wenn jemand über die klimatischen Bedingungen in den Diensträumen klagen darf, dann höchstens die Behördenvertreter.

„Möchten Sie etwas trinken, darf ich Ihnen ein Glas Wasser oder einen Kaffee anbieten?"

Hintergrund

Das Bewirtungsritual ist zum einen eine Sache der Höflichkeit. Zum anderen erhalten Sie dadurch eine günstige Gelegenheit, zur Ruhe zu kommen, sich mit der Situation vertraut zu machen und die positiven Signale des Interviewers zu erwidern.

Worauf kommt es an?

Natürlich könnten Sie das Angebot auch ablehnen. Aber warum sollten Sie? Ein „Ja" klingt als Antwort einfach viel besser als ein „Nein", das an dieser Stelle weniger von höflicher Zurückhaltung als von falscher Bescheidenheit zeugt. Darüber hinaus lässt sich mit einem Schluck aus dem Wasserglas später geschickt die ein oder andere Nachdenkpause füllen. Aber verlangen Sie bitte keine Extras, die Auswahl gibt der Personaler vor. Falls er nur allgemein nach Getränkewünschen fragt, liegen Sie mit Wasser, Tee oder Kaffee richtig.

> **Wie würden Sie antworten?**
> Bitte formulieren Sie Ihre Antwort schriftlich auf separatem Notizpapier oder mündlich im Partnerdialog, ehe Sie weiterlesen.

Musterantworten

 „Danke sehr, ich würde gern ein Glas Wasser nehmen, wenn es keine Umstände macht."

 „Danke, ich hätte sehr gern einen Latte macchiato. Aber nur, wenn das möglich ist."

Die Schnellkritik: Die Relativierung im zweiten Satz ändert nichts am Wesentlichen: Der Personaler hat Wasser und Kaffee angeboten – etwas anderes steht nicht zur Debatte. Wie soll er auf diesen Sonderwunsch reagieren? Der wahrscheinlichste Fall: Er weist die Bitte freundlich, aber bestimmt zurück und macht sich unvorteilhafte Gedanken über den anstrengenden Bewerber.

Fragen zu Freunden, Freizeit, Interessen

Fragen zum Privatleben gehören zum Standardrepertoire jedes Auswahlinterviews. Die Personaler wollen dadurch den Kandidaten als Menschen näher kennen lernen. Dementsprechend individuell sind die Antwortmöglichkeiten – was Sie preisgeben wollen und was nicht, entscheiden ganz allein Sie. Das richtige Maß liegt wie so oft zwischen den Extremen: Geben Sie sich weder kumpelhaft-offenherzig noch zugeknöpft-verstockt.

Behalten Sie bei allen folgenden Fragen immer das Leitmotiv der aktiven Erholung im Auge. Die Interviewer möchten hören, dass Sie in der Freizeit Stress abbauen, Energie tanken und Ihren Interessen nachgehen. Ins Grübeln geraten sie hingegen, wenn sich ein Bewerber parallel zur Arbeit erschöpfenden Strapazen aussetzt.

„Haben Sie Hobbys?"

Hintergrund
Natürlich haben Sie Hobbys – wahrscheinlich stehen sie sogar in Ihrem Lebenslauf! Die Freizeitgestaltung soll den Interviewern etwas über Ihren Charakter verraten: Wer im Sportverein ein echter Teamplayer ist, wird es bestimmt auch im Beruf sein, ein begeisterter Schachspieler besitzt sicher logisches Denkvermögen etc. Darüber hinaus interessiert die Personaler, ob Sie in der Freizeit vom Arbeitsalltag abschalten können oder ob zeitintensive Extremsportarten womöglich zu chronischer Erschöpfung führen.

Worauf kommt es an?
Wer eine Polizei- oder Zollausbildung anstrebt, sollte teamfähig und körperlich fit sein. Daher sind gemeinschaftliche und sportliche Hobbys besonders gern gesehen. Beachten Sie die Faktoren „überschaubarer Zeitaufwand", „Stressausgleich" und „gesundheitliche Unbedenklichkeit" und sprechen Sie nur von Dingen, die Sie beherrschen: Widersprüchliche, realitätsferne Selbstdarstellun-

gen halten dem Abgleich mit den Bewerbungsunterlagen und der persönlichen Erscheinung selten stand.

Wie würden Sie antworten?
Bitte formulieren Sie Ihre Antwort schriftlich auf separatem Notizpapier oder mündlich im Partnerdialog, ehe Sie weiterlesen.

Musterantworten

„An den Wochenenden bin ich meistens mit Freunden unterwegs, dann gehen wir ins Kino oder treffen uns einfach zum Reden und Essen. Unter der Woche lese ich abends oft ein bisschen oder ich mache eine kleine Tour auf dem Rennrad. Dabei kann ich einfach am besten abschalten."

„Ich spiele Fußball in einer Amateurmannschaft. Mir geht es dabei nicht so sehr um Höchstleistungen, sondern eher um den Spaß und darum, fit zu bleiben. Außerdem halte ich dadurch Kontakt zu vielen alten Freunden. Meine zweite große Leidenschaft ist das Kochen – sei es für mich alleine oder in großer Runde."

„In der Freizeit habe ich gern meine Ruhe. Daher mache ich nicht so viel, in der Regel sehe ich fern."

Die Schnellkritik: Übersetzt in Personalerdeutsch: „Ich habe keine Interessen und weiß mit meiner Zeit nichts anzufangen." Eine eindimensionale Antwort, die auf eine eindimensionale, überanstrengte Persönlichkeit schließen lässt. Grundsätzlich ist Fernsehen kein besonders spannendes Hobby. Will man es trotzdem unbedingt erwähnen, gilt: Im Detail liegt die Würze. Sie zappen nicht einfach wahllos durch die Kanäle, sondern verfolgen ganz gezielt Dokumentationen, Wirtschaftsberichte, Literaturverfilmungen …

„Ich lerne viel und bereite mich so gut es geht auf die Ausbildung vor."

Die Schnellkritik: Sitzt hier ein Workaholic, der ständig nur ans Arbeiten denkt? Das kauft einem aller Erfahrung nach kein Interviewer ab. Und falls doch, sieht er den Kollaps schon kommen: Die Aspekte Stressausgleich und Regeneration fehlen völlig.

„Klar habe ich Hobbys, eine ganze Menge sogar: Ich reite seit meiner Kindheit, spiele Basketball im Verein, jogge regelmäßig, reise für mein Leben gern, bin in einem Ruderclub aktiv, treffe mich häufig mit meinen Freunden zum Shopping und sammle Briefmarken."

Die Schnellkritik: Blindwütiger Aktionismus statt aktiver Erholung? Stopp, das ist zu viel des Guten. Man sollte sich schon auf die aussagekräftigsten 2–3 Tätigkeiten beschränken. Und da es nicht um eine Ausbildung im Einzelhandel geht, wirkt die Freizeitbeschäftigung „Shopping" doch etwas oberflächlich.

„*Verbringen Sie Ihre Freizeit lieber in Gesellschaft oder lieber alleine?*"

Hintergrund
Nur keine Missverständnisse: Sie müssen sich weder als zwanghafter Teamplayer noch als notorischer Solist präsentieren. In erster Linie wollen die Interviewer einfach etwas über Ihre Freizeitgestaltung erfahren. Ein Faible für Geselligkeit registrieren sie dabei mit Wohlwollen, denn damit verbinden sie wichtige Sozialkompetenzen wie Kontakt- und Kommunikationsfreude. Doch die nötigen Ruhephasen dürfen nicht zu kurz kommen.

Worauf kommt es an?
Gruppenaktivitäten unterstreichen die für den Polizei- und Zolldienst unentbehrliche Teamfähigkeit. Meiden Sie aber die Extreme: Wer vor lauter sozialen Verpflichtungen keine freie Minute mehr hat, wird kaum genügend Kräfte für die Ausbildung erübrigen können. Eingefleischte Eigenbrötler wiederum lassen sich nur schwer in die Belegschaft integrieren.

> **Wie würden Sie antworten?**
> Bitte formulieren Sie Ihre Antwort schriftlich auf separatem Notizpapier oder mündlich im Partnerdialog, ehe Sie weiterlesen.

Das Vorstellungsgespräch

Musterantwort

„Grundsätzlich verbringe ich meine Freizeit lieber in Gesellschaft. Ich unternehme viel mit meinen Freunden, wir gehen zum Beispiel zusammen Klettern oder am Wochenende etwas essen und trinken. Je nachdem, was gerade angesagt ist. Auch als ehrenamtlicher Gemeindehelfer habe ich viel mit Menschen zu tun und lerne ständig neue Leute kennen. Ab und zu brauche ich aber auch Zeit nur für mich, dann lege ich mich hin und höre in Ruhe Musik."

„Haben Sie einen großen Freundeskreis?"

Hintergrund
Die Polizeien und der Zoll suchen kontaktfreudige Mitarbeiter, die auf Menschen zugehen und mit ihnen umgehen können. Introvertierte Persönlichkeiten, die sich stark abkapseln, können da unter Umständen in den Verdacht geringer sozialer Kompetenz geraten. Allzu extrovertierten Selbstdarstellern mangelt es wiederum an Teamfähigkeit und privater Zurückhaltung.

Worauf kommt es an?
Umfangreiche Kontaktlisten voller flüchtiger Bekannter untermauern die eigene Sozialkompetenz weniger gut als ein paar stabile, verlässliche Beziehungen. Es besteht keine Notwendigkeit, den Freundeskreis künstlich aufzublähen, schon gar nicht durch oberflächliche Online-Bekanntschaften aus sozialen Netzwerken. Apropos: Generell sollten Polizei- und Zollbeamte ihr Privatleben im Internet nicht zu offenherzig zur Schau stellen. Wer weiß, ob sich nicht auch der ein oder andere Kriminelle dafür interessiert?

Wie würden Sie antworten?
Bitte formulieren Sie Ihre Antwort schriftlich auf separatem Notizpapier oder mündlich im Partnerdialog, ehe Sie weiterlesen.

Musterantworten

 „Ich würde sagen, dass ich viele Bekannte habe. Aber nur wenige wirklich gute Freunde, vielleicht eine Handvoll, die ich regelmäßig treffe und mit denen ich über alles reden kann, was mich gerade beschäftigt."

 „Ja, ich bin ziemlich kontaktfreudig, deswegen habe ich einen extrem großen Freundeskreis. Fast alle Leute aus meiner Schule haben mich bei Facebook auf der Freundesliste."

Die Schnellkritik: Eine gewisse Kontaktfreude lässt sich nicht absprechen, doch unter Freundschaften verstehen die Interviewer etwas anderes – nämlich gefestigte, vertrauensgeprägte soziale Beziehungen. Noch größere Probleme dürften sie mit der Social-Media-Aktivität des Bewerbers haben: Wer Persönliches öffentlich preisgibt, macht sich angreifbar.

„Was schätzen Sie an Ihren Freunden?"

Hintergrund
Analysieren Sie diese Frage mithilfe des Kapitels „Das Interview im Überblick", Abschnitt „Die Fragentypen". Worum handelt es sich? Richtig, um eine kombinierte Fang- und Projektivfrage – ein wahres Meisterstück fintenreicher Interviewtechnik. In Wahrheit interessieren sich die Gesprächspartner natürlich nicht für Ihre Freunde, sondern einzig und allein für Sie. Und welche Charakterzüge Sie an Ihren Freunden schätzen, sagt viel über Ihre Persönlichkeit aus.

Worauf kommt es an?
Alles, was Sie ab jetzt sagen, kann auf Sie selbst zurückfallen. Ihre Freunde helfen Ihnen aus jeder Patsche? Dann haben Sie wohl schon öfter in der Misere gesteckt. Sie verzeihen Ihnen jeden Fehler? Das Stichwort „Fehler" lässt die Personaler sicher aufhorchen. Achten Sie also darauf, dass Sie sich mit dem Lobgesang auf Ihre Freunde nicht selbst in ein schlechtes Licht rücken. Freundschaften müssen Sie übrigens nicht durch die „rosarote Brille" betrachten; unter guten Freunden kann man Meinungsverschiedenheiten offen ansprechen – Kennzeichen eines reifen Konfliktverhaltens.

Das Vorstellungsgespräch

Wie würden Sie antworten?
Bitte formulieren Sie Ihre Antwort schriftlich auf separatem Notizpapier oder mündlich im Partnerdialog, ehe Sie weiterlesen.

Musterantworten

„An meinen Freunden schätze ich besonders ihre Zuverlässigkeit. Sie sind einfach immer da, wenn ich sie brauche; umgekehrt gilt das natürlich auch. Außerdem mag ich ihre offene Art. Man kann alles ansprechen, man kann immer sagen, was einem gerade gefällt oder nicht gefällt. Natürlich sind wir nicht immer einer Meinung, hin und wieder gibt es auch mal Streit, aber das finde ich grundsätzlich nicht schlimm."

„Ich würde sagen, meine Freunde sehen und verstehen mich so, wie ich bin. Bei ihnen muss ich mich nicht verstellen, ich kann einfach nur ich selbst sein."

Die Schnellkritik: So erfahren die Interviewer relativ wenig über den Kandidaten – nur, dass er glaubt, sich ständig verstellen zu müssen. Warum? Wegen seiner schwierigen Persönlichkeit? Schauspielert der Kandidat etwa auch im Bewerbungsgespräch? Zu solchen gefährlichen Spekulationen wäre es an dieser Stelle nicht gekommen, wenn der Stelleninteressent konkrete Eigenschaften genannt hätte.

„Treiben Sie Sport?"

Hintergrund
Körperliche Fitness gehört zu den Grundanforderungen des Polizei- und Zolldienstes. Darüber hinaus werten die Personaler regelmäßige sportliche Aktivität als Indiz für körperliches Wohlbefinden, intaktes Selbstmanagement und funktionierenden Stressausgleich.

Worauf kommt es an?
Hier haben Sie es mit einer geschlossenen Frage zu tun, die sich – im Gegensatz zu offenen „Wie"- oder „Warum"-Fragen – einsilbig mit „ja" oder „nein"

beantworten lässt. Rein theoretisch jedenfalls; praktisch würde das den Interviewern natürlich nicht genügen. Verlieren Sie also ein paar Worte mehr über Ihre sportlichen Hobbys und behalten Sie dabei das Gesundheitsthema im Auge. Als mäßig aktiver Sofasportler leiten Sie am besten zu anderen Aktivitäten über, mit denen Sie sich fit halten. Wahrscheinlich haben Sie in den vergangenen Monaten allerdings ein ansehnliches Sportprogramm absolviert – zur Vorbereitung auf den Sporttest! Achten Sie darauf, dass sich Ihre Antwort mit den Testresultaten vereinbaren lässt.

> **Wie würden Sie antworten?**
> Bitte formulieren Sie Ihre Antwort schriftlich auf separatem Notizpapier oder mündlich im Partnerdialog, ehe Sie weiterlesen.

Musterantworten

„Bis zur B-Jugend habe ich als Kreisläufer in einem Handballverein gespielt. Das wurde mir aber zu aufwändig: zweimal pro Woche Training, jedes Wochenende ein Spiel – ich bin kaum noch zu etwas anderem gekommen, habe viele Freunde fast gar nicht mehr gesehen. Daher habe ich meine Vereinskarriere vor einem Jahr auf Eis gelegt. Zum größten Teil besteht mein Sportprogramm heute aus Radfahren und Basketball."

„Früher war ich regelmäßig rudern. Dazu bin ich in den letzten Monaten aber selten gekommen: Wegen der Abschlussprüfung in der Schule hatte ich wenig Zeit, und zur Vorbereitung auf den Sporttest habe ich gezielt Lauf- und Krafttraining gemacht. In Zukunft möchte ich aber wieder häufiger rudern gehen."

„Was sind Ihre Lieblingssportarten?"

Hintergrund
Die vom Kandidaten favorisierten Sportarten ordnen die Personaler anhand der Gegensatzpaare Mannschafts-/Einzeldisziplin und riskant/ungefährlich ein. Zwischen diesen Polen öffnet sich ein weiter Raum zur individuellen Ausschmückung. Betreiben Sie eine ausgefallene Sportart? Dann haben Sie etwas

Spannendes zu erzählen und können dadurch an Profil gewinnen. Gesundheitsgefährdende Extremsportarten bringen allerdings Abzüge.

Worauf kommt es an?
Solange es nicht um besonders gefährliche oder zeitintensive Disziplinen geht, ist sportliche Betätigung immer gern gesehen. Mannschaftssportarten betonen neben Fitnessbewusstsein auch Sozialkompetenzen wie Team- und Kontaktfähigkeit. Individualdisziplinen unterstreichen wiederum, dass man in der Lage ist, etwas eigenständig anzupacken und sich selbst zu motivieren.

Wie würden Sie antworten?
Bitte formulieren Sie Ihre Antwort schriftlich auf separatem Notizpapier oder mündlich im Partnerdialog, ehe Sie weiterlesen.

Musterantworten

„Meine Lieblingssportarten sind Fußball und Wasserball. Neben der Fitness zählt beim Sport für mich vor allem das Gruppenerlebnis, wenn jeder 100 Prozent gibt und für den anderen einspringt. Das ist beim Wasserball manchmal ganz schön schwierig, wenn der Gegenspieler einen Kopf größer ist ... Irgendwie war ich als Kind schon eine Wasserratte und bin früh zum Vereins-Wasserball gekommen. Meine Fußball-Leidenschaft habe ich mit 14, 15 Jahren erst später entdeckt."

„Meine Lieblingssportarten sind Hockey und Handball, beides Mannschaftssportarten. Teamgeist ist mir allgemein sehr wichtig, egal ob in der Freizeit oder im Beruf."

Die Schnellkritik: Zu offensichtlich – nach der Teamfähigkeit wurde doch gar nicht gefragt, schon gar nicht im beruflichen Sinne! Der Kandidat scheint ja perfekt vorbereitet zu sein. Dass er dies so deutlich zeigt, könnte ihm zum Verhängnis werden.

„Ich habe drei Lieblingssportarten: Beim Boxen kann ich am besten Aggressionen abbauen, Freeclimbing und Fallschirmspringen sind für mich das pure Abenteuer – der perfekte Ausgleich zum Alltag."

Die Schnellkritik: Die genannten Sportarten gefährden nicht nur die körperliche Unversehrtheit, sondern auch die Ausbildungszusage. Einen Mitarbeiter mit latenten „Aggressionen" möchten die Personaler sicher nicht einstellen, und wer sich ständig in „pure Abenteuer" flüchtet, scheint einen arg unbefriedigenden Alltag zu haben.

„Lesen Sie gern, haben Sie Interesse an Literatur?"

Hintergrund
Statt um Literatur kann es an dieser Stelle auch um Theater, Musik, Film oder anderes gehen – abhängig von Ihren Auskünften zum Freizeitverhalten. Jede Persönlichkeit strahlt in vielfältigen Facetten; kulturelle Vorlieben runden das Charakterprofil eines Bewerbers ab. Generelles Desinteresse an Kultur kann als Zeichen geringer Aufgeschlossenheit und eines engen geistigen Horizonts gewertet werden.

Worauf kommt es an?
Als eingefleischte Leseratte können Sie natürlich begeistert zustimmen. Verlieren Sie ein paar Worte über Ihr Hobby – was fasziniert Sie so an Büchern, was lesen Sie besonders gern? Falls Ihnen die Lesebegeisterung vollkommen abgeht, dann lenken Sie das Augenmerk der Interviewer sanft auf andere kulturellen Sparten.

> **Wie würden Sie antworten?**
> Bitte formulieren Sie Ihre Antwort schriftlich auf separatem Notizpapier oder mündlich im Partnerdialog, ehe Sie weiterlesen.

Musterantworten
„Ja, ich lese ziemlich viel, vor allem Zeitungen, Krimis und historische Romane. Zeitungen deshalb, damit ich auf dem Laufenden bleibe und weiß, was gerade passiert. Mit einem Krimi oder einem historischen Roman in der Hand kann ich am besten entspannen."

"Für mich ist Lesen hauptsächlich ein Mittel, mich zu informieren. Deswegen lese ich vor allem Zeitungen oder gehe auf Nachrichtenseiten im Internet. Als Hobby ist für mich die Musik viel wichtiger. Nicht nur, weil ich gern Musik höre – ich spiele ja auch selbst ein Instrument."

"Was genau lesen Sie denn? Können Sie uns ein Buch empfehlen?"

Hintergrund
Die fast schon zwingende Fortsetzung, falls der Kandidat bei der vorherigen Frage noch nicht ins Detail gegangen ist. Wer gerade eben eine Lobrede auf die Literatur gehalten hat, sollte jetzt auch Ross und Reiter nennen können: Welches Genre favorisieren Sie? Welches Buch hat Sie besonders beeindruckt, welches lesen Sie gerade? Die zweite Teilfrage ist selbstredend rein rhetorisch: Sie müssen nicht auch noch die Verantwortung für die Abendlektüre Ihrer Gesprächspartner übernehmen.

Worauf kommt es an?
Fühlen Sie sich nicht verpflichtet, einen Standardkanon kulturellen Wissens aufzubieten. Es geht um Ihre individuellen Vorlieben: Lesen Sie lieber historische Romane, Krimis, die Klassiker der Weltliteratur, Zeitungen oder bestimmte Zeitschriften? Warum gefällt Ihnen gerade diese Lektüre? Durch das Interesse an berufsrelevanter Fachliteratur können Sie Extrapunkte sammeln, sollten dann aber mit weiteren detailversessenen Anschlussfragen rechnen. Faustregel: Nennen Sie ein Werk der leichten Literatur, bei dem Sie vom Alltag abschalten können, und ein Buch mit Lerneffekt.

> **Wie würden Sie antworten?**
> Bitte formulieren Sie Ihre Antwort schriftlich auf separatem Notizpapier oder mündlich im Partnerdialog, ehe Sie weiterlesen.

Musterantwort

"In meiner Freizeit lese ich hauptsächlich Krimis, vor allem von skandinavischen Autoren, die finde ich am spannendsten. Neulich habe ich ‚Der Leopard' von Jo

Nesbø gelesen – innerhalb von drei Tagen. Ich musste einfach wissen, wie die Handlung ausgeht. Krimis finde ich gut zum Abschalten, da kommt man auf ganz andere Gedanken. Außerdem mag ich historische Romane, weil man dadurch viel über die Vergangenheit erfährt und einen Eindruck bekommt, wie die Menschen früher gelebt haben. Im Moment lese ich zum Beispiel ‚Der Name der Rose' von Umberto Eco – ein sehr empfehlenswertes Buch."

„Was machen Sie, um mal so richtig zu entspannen, wie bauen Sie Stress ab?"

Hintergrund
Wollen die Personaler wirklich Einzelheiten über Yoga-Kurse, Discoabende oder ausgedehnte Saunabesuche erfahren? Nein. Es geht ihnen vielmehr darum, ob ein Kandidat in der Freizeit den nötigen Ausgleich findet, damit er ausgeruht und konzentriert zum Dienst erscheinen kann. Mehr steht nicht zur Debatte.

Worauf kommt es an?
Weisen Sie auf bisherige „Entspannungserfolge" in stressigen Situationen hin. Wodurch bzw. wobei schalten Sie besonders gut ab, welche Rituale haben Sie entwickelt? Eine gute Antwort verbindet gelungene Entspannungsarbeit mit sinnvoller Freizeitgestaltung – durch Aktivitäten wie Autogenes Training, Musik hören, Saunieren, Yoga, Joggen, Lesen, Schlafen, Reiten, Schwimmen … Als überbelastetes Stressopfer sollten Sie sich an dieser Stelle natürlich nicht präsentieren.

Wie würden Sie antworten?
Bitte formulieren Sie Ihre Antwort schriftlich auf separatem Notizpapier oder mündlich im Partnerdialog, ehe Sie weiterlesen.

Musterantwort

„Wenn ich extrem viel zu tun habe und sehr gestresst bin, mache ich zum Ausgleich Autogenes Training. Das hat mir mal eine Freundin empfohlen, als es in den Prüfungsphasen in der Schule sehr anstrengend wurde. Ansonsten reicht es mir aber in der Regel, wenn ich mal früher schlafen gehe oder abends noch 1–2 Runden auf dem Fahrrad drehe, damit ich mich erhole."

„Wie machen Sie am liebsten Urlaub? Reisen Sie gern oder bleiben Sie lieber daheim?"

Hintergrund

Kulturelles Interesse, geistige Aufgeschlossenheit, sprachliche Kompetenzen: Das Reiseverhalten lässt tief blicken. Trips in andere Länder und fremde Kulturkreise sorgen in jedem Auswahlgespräch für einen guten Eindruck, wenn sie nicht gerade zum „Ballermann" auf Mallorca geführt haben. Doch lassen Sie sich nicht durch das Wörtchen „oder" unter Druck setzen – auch in der Heimatregion gibt es meist viel zu entdecken.

Worauf kommt es an?

Sie arbeiten nur, um zu urlauben? Dieser Eindruck sollte besser nicht entstehen. In den Ferien tanken Sie vielmehr Energie für den Alltag. Dabei macht es keinen großen Unterschied, ob es Sie in die südländische Sonne, zu finnischen Fjorden oder in heimische Gefilde zieht, solange Sie einen guten Mix aus Entspannung und (kultureller) Aktivität vermitteln können. Allzu hektische Betriebsamkeit ist ebenso verdächtig wie ständiges Faulenzen. Wohlgemerkt: Es geht um allgemeine Vorlieben, nicht um Hotelempfehlungen und Bierpreise.

> **Wie würden Sie antworten?**
> Bitte formulieren Sie Ihre Antwort schriftlich auf separatem Notizpapier oder mündlich im Partnerdialog, ehe Sie weiterlesen.

Musterantworten

„Was für mich einen perfekten Urlaub ausmacht: gutes Wetter, eine schöne Gegend, Zeit zum Entspannen und viele Möglichkeiten, etwas zu unternehmen. Am liebsten fahre ich in den Süden ans Meer. Im letzten Jahr war ich zum Beispiel mit Freunden zwei Wochen lang in Spanien an der Costa del Sol, da habe ich Surfen und Tauchen gelernt. Aber auch bei uns zu Hause gibt es eine Menge interessanter Freizeitziele. Am vorletzten Wochenende bin ich zum Beispiel mit dem Rad zu einem alten Bergwerk gefahren, das inzwischen ein Industriedenkmal ist."

— „Mir hat in den letzten Jahren leider meistens die Zeit gefehlt, um groß wegzufahren. Deswegen war ich in den Ferien in der Regel zu Hause."

Die Schnellkritik: Die Mehrfachfrage bietet auch Daheimbleibern genügend Chancen zu glänzen – hier werden sie nicht genutzt. Zwei einfache Wege, die Antwort aufzumöbeln: Mit Blick auf das „Reisen Sie gern?" kann man die zwar seltenen, aber dennoch vorhandenen Ferienerlebnisse in der Fremde präsentieren. In Bezug auf den zweiten Fragenteil („Oder bleiben Sie lieber daheim?") lassen sich interessante Aktivitäten in der näheren Umgebung beschreiben – Fahrradtouren, Vereinsausflüge, Städtetrips.

„Sind Sie Mitglied in einem Verein?"

Hintergrund
Vereinstätigkeiten sind meist positiv besetzt; sie zeugen von Verantwortungsbewusstsein, sozialem Engagement und Kontaktfreude. Für welche Belange man sich einsetzt, das lässt darüber hinaus Schlüsse auf die Persönlichkeit und berufsrelevante Kompetenzen zu: GTI-Club oder Greenpeace, Feldhockey oder Filmliebhaber, Chor oder Modellbauverein?

Worauf kommt es an?
Eine Vereinstätigkeit kann berufsrelevante soziale Fähigkeiten belegen: nicht nur für Bewerber mit geringer Berufserfahrung interessant, die ansonsten wenig praktische Aktivität nachweisen könnten. Selbstredend sollte die Vereinsarbeit nicht über dem Beruf stehen und unbedenklich sein – Kneipenwarte einer Motorradgang haben bei Polizei und Zoll schlechte Karten.

Wie würden Sie antworten?
Bitte formulieren Sie Ihre Antwort schriftlich auf separatem Notizpapier oder mündlich im Partnerdialog, ehe Sie weiterlesen.

Das Vorstellungsgespräch

Musterantworten

„Ja, ich bin sogar in zwei Vereinen eingeschriebenes Mitglied. Im TSV Hanau allerdings nur formal, weil ich in der A-Jugend Fußball spiele. Bei den Naturschutzfreunden Hanau e. V. kümmere ich mich ehrenamtlich vor allem um die Organisation von Mitgliederversammlungen."

„Nein, ich bin nicht in einem Verein. Meine Freizeit verbringe ich in erster Linie mit meiner Familie und im Freundeskreis, außerdem spiele ich hobbymäßig Gitarre. Dazu kommen im Moment noch die Schule und mein Nebenjob. Dadurch bin ich eigentlich ziemlich ausgelastet."

„Wie würden Sie sich selbst charakterisieren?"

Hintergrund

Ziemlich allgemein gehalten, diese Frage – und somit eine erstklassige Gelegenheit, sich umsichtig und besonnen in ein vorteilhaftes Licht zu rücken. Jeden Personalverantwortlichen interessiert, welche Persönlichkeit, welcher Charakter hinter den Fakten der Bewerbungsunterlagen steckt. Hier versuchen es die Interviewer auf direktem Weg herauszufinden.

Worauf kommt es an?

Halten Sie die Auskunft knapp, reden Sie nicht länger als zwei bis drei Minuten. Gehen Sie schwerpunktmäßig auf Interessen und Fähigkeiten ein, die für die Stelle relevant sind. Allerdings nicht zu offensichtlich: Leiten Sie Ihre Charakterzüge vor allem aus privaten, persönlichen Szenarien ab, bevor Sie den Bogen zum Beruflichen schlagen.

> **Wie würden Sie antworten?**
> Bitte formulieren Sie Ihre Antwort schriftlich auf separatem Notizpapier oder mündlich im Partnerdialog, ehe Sie weiterlesen.

Musterantwort

„Wie ich mich selbst charakterisieren würde? Schwierige Frage. Also, meine Freunde meinen immer, ich sei sehr offen und aufgeschlossen und man käme gut mit mir klar, auch wenn man mich noch gar nicht kennt. Ich denke, das trifft es ganz gut. Ich finde es immer spannend, wenn ich es mit neuen Herausforderungen zu tun bekomme und andere Menschen kennen lerne. Es liegt mir einfach, auf Menschen zuzugehen, deswegen macht mir die ehrenamtliche Arbeit als Gemeindehelfer ja auch so großen Spaß. Eine sehr große Rolle in meinem Leben spielt momentan natürlich die Ausbildung. Dadurch möchte ich mir den Wunsch erfüllen, einen Beruf zu ergreifen, der mich ausfüllt und meinen Interessen entspricht."

Fragen zu Schule und Werdegang

In diesem Gesprächsabschnitt werfen die Interviewer einen Blick zurück auf die bislang aussagekräftigsten Kapitel Ihrer Biografie: Im Fokus stehen Ihre beruflichen Vorerfahrungen – beispielsweise in Nebenjobs oder Praktika – und Ihre Schullaufbahn. Die mit der Bewerbung eingereichten Zeugnisse und Beurteilungen dokumentieren nämlich nur formal, wie Sie sich auf Ihrem bisherigen Weg geschlagen haben. Daher wollen die Interviewer aus Ihrem Mund Genaueres erfahren. Einer der ersten Ansatzpunkte: Lücken im Lebenslauf – diese und andere Auffälligkeiten gilt es schlüssig zu erklären.

„Erzählen Sie uns doch bitte kurz etwas über Ihren Werdegang!"

Hintergrund

Hier lassen sich die eher sterilen Daten und Fakten des Lebenslaufs mit Leben füllen. Ergibt sich aus der Chronik der Ereignisse ein roter Faden, der das Interesse am Ausbildungsplatz nachvollziehbar macht, oder ist alles vollkommen zufällig seinen Weg gegangen? Letzteres doch hoffentlich nicht!

Das Vorstellungsgespräch

Worauf kommt es an?

Üben Sie vorab, Ihren Beitrag anhand von sinnvollen Leitfragen stichpunktartig zu strukturieren: Was ist wichtig für die Behörde? Was ist wichtig für mich? Wo habe ich welche Erfahrungen gemacht, was möchte ich noch lernen? Mögliche Ansatzpunkte, auf die eigenen Stärken zu verweisen, gibt es viele – neben den Lieblingsfächern in der Schule beispielsweise Theaterprojekte, Praktika, Nebenjobs, Schüleraustausche …

> **Wie würden Sie antworten?**
> Bitte formulieren Sie Ihre Antwort schriftlich auf separatem Notizpapier oder mündlich im Partnerdialog, ehe Sie weiterlesen.

Musterantworten

„Vor einem Monat habe ich die Schuchardt-Gesamtschule in Wiesbaden mit der Mittleren Reife abgeschlossen. Meine Lieblingsfächer waren Deutsch und PoWi, also Politik und Wirtschaft. Beruflich habe ich längere Zeit zwischen der Zollausbildung und einer Bankausbildung geschwankt. In der 8. Klasse habe ich dann ein dreiwöchiges Praktikum bei der Sparkasse Mainz absolviert, und zwar im Kundenservice. Spannend fand ich dabei vor allem, dass man verantwortungsvolle Aufgaben übernimmt und viel mit Menschen zu tun hat. In meinem Praktikum habe ich aber gemerkt, dass es nichts für mich ist, den ganzen Tag in der Filiale zu stehen. Außerdem hat mir die Perspektive gefehlt, etwas für die Gemeinschaft zu tun. Also habe ich mich in Richtung Zollausbildung orientiert und schnell gemerkt, dass der Beruf genau das ist, was ich will.

„Von 2006 bis 2010 war ich auf der Bettina-von-Arnim-Realschule in Borken. In der 9. Klasse habe ich ein dreiwöchiges Schulpraktikum bei einem Großhändler gemacht, da habe ich viel gelernt. In der 10. Klasse bin ich dann auf die Anna-Schmidt-Schule – auch eine Realschule – gewechselt und habe dort die Mittlere Reife gemacht. Meine Lieblingsfächer waren Deutsch und Geschichte."

Die Schnellkritik: Der nicht erklärte Schulwechsel zwingt die Interviewer förmlich dazu, gründlicher nachzuhaken. Außerdem verlangt die etwas farblose

Behauptung, im Praktikum „viel gelernt" zu haben, nach detaillierterer Ausschmückung: Womit hat besagter Großhändler denn gehandelt? Was genau hat der Kandidat gelernt? Wie hat ihn das Praktikum beruflich und/oder persönlich weitergebracht?

„Was haben Sie denn eigentlich im Zeitraum zwischen ... und ... gemacht? In Ihrem Lebenslauf haben wir dazu gar nichts gefunden."

Hintergrund
Leerstellen im Lebenslauf sind ärgerlich, aber manchmal nicht zu vermeiden. Wenn der Personaler damit ein größeres Problem hätte, wäre der Kandidat mit Sicherheit gar nicht erst eingeladen worden. Neugierig ist er nun natürlich trotzdem: Was hat der Bewerber die ganze Zeit über gemacht? War er mit etwas beschäftigt, was er für nicht erwähnenswert hielt, oder will er etwas verheimlichen? Hat er etwa nur auf der faulen Haut gelegen?

Worauf kommt es an?
Fahnden Sie schon vor der Unterhaltung nach auffälligen Zeitsprüngen im Lebenslauf. Oft lassen sich biografische Bruchstellen sinnvoll erklären: Eine längere Reise, ein Sprachkurs, ein anderes Bewerbungsverfahren oder ein zeitintensiver Nebenjob belegt, dass Sie nicht träge gefaulenzt haben, sondern in irgendeiner Form aktiv waren. Bringen Sie Licht ins Dunkel – welche Erfahrungen haben Sie gesammelt, was haben Sie gelernt? Auch wenn es hart klingt: Auf persönliche Krisen können die Interviewer im Auswahlgespräch nicht eingehen. Wie sollten sie auch nur annähernd objektiv einschätzen können, was der Kandidat durchgemacht hat?

Wie würden Sie antworten?
Bitte formulieren Sie Ihre Antwort schriftlich auf separatem Notizpapier oder mündlich im Partnerdialog, ehe Sie weiterlesen.

Das Vorstellungsgespräch

Musterantwort

„Ich habe mich nicht direkt um eine Ausbildung nach der Schule beworben, weil ich die Zeit nach dem Abschluss nutzen wollte, um endlich meinen Traum von der Südamerika-Rundreise wahr werden zu lassen. Die Kultur, die Menschen, die Landschaft – das hat mich schon immer fasziniert. Also habe ich die Koffer gepackt und bin drei Monate lang durch Argentinien, Brasilien, Peru und Bolivien getourt. Nach meiner Rückkehr habe ich drei Monate lang als Kellner in einem kleinen Café gearbeitet, um die Zeit bis zur Ausbildung zu überbrücken. Gleichzeitig habe ich mich auf die Bewerbung vorbereitet. Alles in allem also ein halbes Jahr ‚Pause', in der ich aber eine Menge gelernt habe. Spanisch spreche ich jetzt zum Beispiel fließend. In den Lebenslauf wollte ich aber nur die wichtigsten Schul- und Berufsstationen schreiben."

„Welche Rolle haben Sie in der Klasse eingenommen?"

Hintergrund

Fragen nach der Rolle, Funktion oder Position in der Schulgemeinschaft haben es auf die Sozialkompetenz und die Persönlichkeit eines Kandidaten abgesehen. Wie bringt er sich in eine Gruppe ein? Wodurch sticht er hervor, was zeichnet ihn aus?

Worauf kommt es an?

In einem Klassenverband hat man schnell seinen Ruf weg und bekommt ein bestimmtes Image zugeschrieben. Wodurch haben Sie sich hervorgetan? Haben Sie als Klassensprecher oder Vertrauensschüler Verantwortung übernommen? Hat man Sie als Sportskanone geschätzt, waren Sie der Englisch-Experte oder konnten Sie Ihren Klassenkameraden durch Ihr profundes Mathewissen auf die Sprünge helfen? Zeigen Sie sich von Ihrer Schokoladenseite.

> **Wie würden Sie antworten?**
> Bitte formulieren Sie Ihre Antwort schriftlich auf separatem Notizpapier oder mündlich im Partnerdialog, ehe Sie weiterlesen.

Musterantwort

„Wahrscheinlich bin ich besonders dadurch aufgefallen, dass ich immer vorne dabei war, wenn es etwas zu organisieren gab. Zum Beispiel bei Projekttagen oder auch bei unserer Abschlussfahrt, bei der ich im Planungskomitee war. Da hatten wir einiges zu tun: Zuerst mussten wir die unterschiedlichen Vorstellungen in unserer Stufe unter einen Hut bringen, was schon mal nicht ganz einfach war. Als die Zeit und der Ort feststanden, habe ich dann mit den Reiseveranstaltern verhandelt, um ein möglichst gutes Angebot zu bekommen. Von den Rückmeldungen aus der Stufe her würde ich sagen, die Glasgow-Fahrt war ein voller Erfolg."

„Was waren Ihre Lieblingsfächer?"

Hintergrund

Lieblingsfächer verraten viel über Ihre Stärken und Interessen. Sehr aufschlussreich für die Personalverantwortlichen: Sie können – und werden – die schulischen Präferenzen mit dem Anforderungsprofil der ausgeschriebenen Stelle abgleichen.

Worauf kommt es an?

Versuchen Sie, eine Verbindung von favorisierten Fächern und Berufswahl anzudeuten. Welche Lernvorlieben im Schulunterricht könnten Sie im Arbeitsleben weiterbringen? Wenn Sie im Lehrplan bestimmte Inhalte vermisst haben, können Sie auch anführen, welche Kompetenzen Sie sich außerschulisch angeeignet haben.

> **Wie würden Sie antworten?**
> Bitte formulieren Sie Ihre Antwort schriftlich auf separatem Notizpapier oder mündlich im Partnerdialog, ehe Sie weiterlesen.

Musterantworten

„Meine Lieblingsfächer? Ganz klar Deutsch, Englisch und Mathematik. Mit Sprache kann ich allgemein ganz gut umgehen, würde ich sagen – egal, ob es darum geht, *ein Referat zu halten oder einen Text zu interpretieren. In Englisch lief es am Anfang zwar nicht ganz so gut, da hat mir, glaube ich, einfach das Sprachgefühl gefehlt. Aber nach dem Schulaustausch nach Birmingham in der 9. Klasse lief es wesentlich besser. Neben den Sprachen fällt Mathe als drittes Lieblingsfach natürlich etwas aus der Reihe. Aber mir gefällt daran, dass alles vollkommen logisch und nachvollziehbar aufgebaut ist."*

„Ich bin in unserer Gemeinde ziemlich engagiert, deshalb war mein erklärtes Lieblingsfach natürlich Religion. Kunst fand ich auch immer gut, da man dabei so viele Freiheiten hatte, sich auszudrücken."

Die Schnellkritik: Eine exotische Kombination, die zugegebenermaßen spannend klingt. Leider bleiben ausbildungsrelevante Grundqualifikationen wie Deutsch oder Mathematik völlig außen vor. Damit fordert man die Neugier der Personaler geradezu heraus und provoziert Folgefragen zu Problemfächern.

„In Geschichte steht eine 5 in Ihrem Zeugnis. Wie erklären Sie sich das?"

Hintergrund
Eine ehrliche Interessensfrage ohne besondere Hintergedanken. Natürlich kann nicht jedes Zeugnis vor Bestnoten strotzen, das wissen auch die Personaler. Allerdings möchten sie doch ganz gern wissen, woran es denn im betreffenden Fach konkret lag. Fragen nach schlechten Noten und schulischen Defiziten setzen Sie außerdem unter psychischen Druck. Auf eine souveräne Reaktion kommt es an!

Worauf kommt es an?
Bewerber mit schlechten Noten müssen nun Farbe bekennen. Was schwarz auf weiß im Zeugnis steht, lässt sich weder wegdiskutieren noch anderen in die Schuhe schieben. Aber mit etwas Geschick hinreichend abschwächen: indem man sich aufrichtig zu seiner schwachen Zensur bekennt und dafür triftige Gründe nennt. Vielleicht haben Sie das Fach schlicht unterschätzt? Oder sich auf Fächer konzentriert, die für die Ausbildung wichtiger sind? Nicht vergessen: Das Zeugnis kannten die Personaler bereits, bevor sie die Gesprächseinladung verschickt haben.

Wie würden Sie antworten?
Bitte formulieren Sie Ihre Antwort schriftlich auf separatem Notizpapier oder mündlich im Partnerdialog, ehe Sie weiterlesen.

Musterantworten

„In Geschichte hatte ich am Ende gewisse Probleme, ganz klar. Ich glaube, ich habe das Fach in der Abschlussklasse schlicht und einfach unterschätzt – vorher hatte ich damit kein Problem. Ich hätte intensiver lernen müssen. Das habe ich aber versäumt, weil ich mich in der Vorbereitung auf andere Fächer konzentriert habe, von denen ich dachte, dass sie mir schwerer fallen würden."

„Ehrlich gesagt weiß ich auch nicht, warum Frau Schröder mir eine 5 gegeben hat. Viele in unserer Klasse waren in Geschichte nicht besser als ich, haben aber eine 3 oder 4 im Zeugnis. Außerdem hatte ich in dem betreffenden Jahr viel Pech, weil ich vor den Geschi-Arbeiten häufiger krank war und dadurch viel verpasst habe."

Die Schnellkritik: Unfaire Lehrer, häufige Krankheiten – Rechtfertigungsversuche, die der Personaler wohl schon tausendmal gehört hat. Auch bei dieser Wiederholung dürfte er die Ohren auf Durchzug stellen. Gewünscht hätte er sich etwas mehr Selbstkritik: Nur wer eigene Fehler und Schwächen erkennt, kann sie beheben.

„Wie wollen Sie Ihre Schwächen in Englisch ausgleichen?"

Hintergrund
Kenntnislücken lassen sich schließen – vorausgesetzt, man verfügt über das nötige Quäntchen Motivation. Durch konkrete Pläne lässt sich der Wille zur Verbesserung am eindrucksvollsten demonstrieren.

Worauf kommt es an?
Prüfen Sie Lebenslauf und Zeugnisse vor dem Bewerbungsgespräch auf mögliche Schwachstellen. Spricht man Sie im Interview darauf an, dann bekennen Sie sich dazu – und bekunden Sie Ihre feste Absicht, die angeschnittenen Män-

gel auszugleichen. Der Wille zur Verbesserung zählt! Wenn die Sprachreise oder der Computerkurs später doch nicht zustande kommen sollten, dürfte das Thema längst vergessen sein. In Ihrer Antwort haben Sie zudem genug Freiraum für einen kurzen Schwenk zu Ihren persönlichen Stärken.

Wie würden Sie antworten?
Bitte formulieren Sie Ihre Antwort schriftlich auf separatem Notizpapier oder mündlich im Partnerdialog, ehe Sie weiterlesen.

Musterantwort

„Ich muss ganz ehrlich zugeben: Fremdsprachen sind nicht unbedingt meine Stärke. Fächer wie Mathematik, Deutsch oder Geschichte liegen mir eher. Wahrscheinlich liegt das daran, dass ich mich noch nie komplett in eine andere Sprachenwelt hineinversetzen musste. Ich sehe es heute so, dass ich etwas versäumt habe, weil ich nie an einem Schüleraustausch teilgenommen habe oder in den Ferien einen Sprachkurs gemacht habe. Stattdessen stand für mich – abgesehen von der Schule – immer mein Nebenjob im Vordergrund, ich habe in den letzten Jahren sehr viel gearbeitet. Aber bis zum Ausbildungsbeginn sind es ja noch ein paar Monate. Die nutze ich, um eine Sprachreise nach England zu machen, darauf freue ich mich schon. Ich weiß, dass es im Beruf heute einfach dazugehört, eine Fremdsprache zu beherrschen."

„Warum haben Sie kein Abitur gemacht/nicht studiert?"

Hintergrund
„Weil ich eine Ausbildung machen möchte!": an sich keine schlechte Antwort, aber etwas zu wortkarg. Der Personaler möchte sich vergewissern, dass Sie Ihre Bewerbung aus Überzeugung eingereicht haben und nicht aus reiner Bequemlichkeit oder schlichtem Mangel an Alternativen.

Worauf kommt es an?
Es gibt viele gute Gründe, eine Ausbildung zu beginnen – von wegen schlechte Noten oder fehlende andere Möglichkeiten. Häufig entscheiden sich Schulab-

gänger für den direkten Einstieg ins Berufsleben, damit sie endlich praktisch arbeiten, ein eigenes Gehalt verdienen und auf eigenen Füßen stehen können. Stellen Sie klar, dass der Entschluss für die Ausbildung keine Notlösung war, sondern Ihrem Lebensentwurf entspricht.

> **Wie würden Sie antworten?**
> Bitte formulieren Sie Ihre Antwort schriftlich auf separatem Notizpapier oder mündlich im Partnerdialog, ehe Sie weiterlesen.

Musterantwort

„Ob ich das Abi machen soll oder nicht, diese Frage habe ich mir in den letzten Monaten selbst sehr häufig gestellt. Am Ende war ich mir sicher, dass es für mich das Beste ist, mit der Mittleren Reife abzugehen: Ich möchte endlich ins Arbeitsleben einsteigen, endlich auf eigenen Füßen stehen. Jetzt ist genau die richtige Zeit, ich fühle mich reif dafür, und Ihr Ausbildungsangebot sehe ich als große Chance. Natürlich, ich hätte auch noch länger an der Schule bleiben und mich dann für den gehobenen Dienst bewerben können. Aber dann hätte es bis zum Berufseinstieg ja noch Jahre gedauert. Ich mache mir überhaupt keine Sorgen, dass ich irgendetwas verpassen könnte – im Gegenteil, ich würde eher etwas vermissen, wenn ich die Ausbildung jetzt nicht mache."

„Haben Sie während Ihrer Schulzeit bereits Berufserfahrung gesammelt?"

Hintergrund

Bestimmt waren Sie schon einmal in der Arbeitswelt unterwegs: egal, ob Sie ein Praktikum absolviert, regelmäßig im Supermarkt gejobbt oder gelegentlich im Second-Hand-Shop ausgeholfen haben. Die Interviewer wollen wissen: Haben Sie eine realistische Vorstellung von den Anforderungen, die das Arbeitsleben mit sich bringt?

Das Vorstellungsgespräch

Worauf kommt es an?

Wer gearbeitet hat, hat auch etwas gelernt – zumindest Eigeninitiative, Verantwortungsbewusstsein und Arbeitsdisziplin, im Idealfall sogar berufsrelevante Fertigkeiten. Stellen Sie, wenn möglich, einen Bezug zwischen Ihren bisherigen Aktivitäten und dem gewählten Beruf her. Übrigens: Berufspraktische Erfahrungen kann man natürlich auch im Rahmen eines ehrenamtlichen Engagements machen.

> **Wie würden Sie antworten?**
> Bitte formulieren Sie Ihre Antwort schriftlich auf separatem Notizpapier oder mündlich im Partnerdialog, ehe Sie weiterlesen.

Musterantwort

„Während der Schulzeit habe ich als Kassiererin in einem Supermarkt gejobbt. Da hatte ich jeden Tag mit den unterschiedlichsten Kunden zu tun, nicht immer mit zufriedenen: Manchmal zum Beispiel wurde ein Artikel aus Versehen nicht bestellt – dann haben die Kunden die Ware nicht gefunden, während des Einkaufs Frust aufgebaut und ihn an der Kasse wieder abgelassen. Mit der Zeit habe ich gelernt, wie ich solche Situationen am besten entschärfe. Ich habe dann immer gesagt, dass mich das Problem sicherlich auch ärgern würde und dass die Fachabteilung die Ware nachbestellt, damit sie beim nächsten Einkauf wieder verfügbar ist. Aber wo Menschen arbeiten, passieren Fehler. Wenn man auf die Kunden eingeht und sie ernst nimmt, sind sie meist wie ausgewechselt und entschuldigen sich für ihr Benehmen. Was den Umgang mit Menschen in heiklen Situationen angeht, bin ich, glaube ich, schon ganz gut vorbereitet."

Fragen zur Berufswahl

Jeder Arbeitgeber möchte wissen, warum ein Kandidat ausgerechnet den gewählten Beruf erlernen will – reiner Zufall wird es wohl kaum sein. Motivierte Bewerber haben im Vorfeld alle verfügbaren Informationsquellen angezapft, ihre Kenntnisse und Talente realistisch analysiert und die Berufsentscheidung aus fundierter Überzeugung getroffen. Dass es in Ihrem Fall nicht anders ablief, darüber möchten sich die Personaler nun Gewissheit verschaffen. Zeigen Sie, dass Sie verstanden haben, worum es in dem Beruf geht – und dass Ihre Ausbildungsentscheidung auf sicheren Füßen steht.

„Warum haben Sie sich gerade für den Polizeiberuf/Zollberuf entschieden?"

Hintergrund
Die Wahl des Ausbildungsberufs beeinflusst den gesamten weiteren Karriereweg. Wer sich um einen Ausbildungsplatz bewirbt, tut das also bestimmt nicht aus einer spontanen Eingebung heraus, sondern wird dafür ein paar gute Gründe kennen – nämlich die eigenen Fähigkeiten, Erfahrungen und Interessen. Und die möchten die Personaler nun hören.

Worauf kommt es an?
Lassen Sie keine Zweifel aufkommen, dass Beruf und Berufung bei Ihnen eng zusammenhängen. Verknüpfen Sie Ihre Kenntnisse und Fertigkeiten mit den Anforderungen der Behörde. Helfen kann es, wenn Sie sich die Stellenausschreibung vor dem Interview noch einmal durchlesen: Welche Kompetenzen werden erwartet? Machen Sie klar, dass Sie Ihre Entscheidung selbstbestimmt und aus Überzeugung getroffen haben. Schnöde materielle Argumente (Gehalt, Arbeitsplatzgarantie), Bequemlichkeitsaspekte (kurze Anfahrt) oder der Hinweis auf die Überredungskünste der Eltern taugen nicht, um die eigene Motivation zu belegen.

> **Wie würden Sie antworten?**
> Bitte formulieren Sie Ihre Antwort schriftlich auf separatem Notizpapier oder mündlich im Partnerdialog, ehe Sie weiterlesen.

Musterantworten

Polizei:

„Dafür gibt es viele Gründe. Der wichtigste ist, dass mich als Polizistin für die Regeln und Werte einsetzen kann, die ich für wichtig und richtig halte. In welchem anderen Beruf hat man schon die Möglichkeit dazu? Gesellschaftlich hängt doch so ziemlich alles davon ab, dass die geltenden Gesetze beachtet werden. Damit jeder möglichst frei und sicher leben kann, müssen sich alle an gemeinsame Grundsätze halten. Ein weiteres Hauptargument ist für mich, dass man bei der Polizei viel mit Menschen zu tun hat: Zum einen arbeitet man fast immer im Team, zum anderen steht man ständig in Kontakt zu den Bürgerinnen und Bürgern. Und dadurch wird der Beruf enorm vielfältig. Jeder Fall ist anders, man muss sich immer wieder auf neue Situationen einstellen – mit einer alten Dame muss man anders umgehen als mit einem betrunkenen Randalierer. Dieser Abwechslungsreichtum gefällt mir sehr. Auch die berufliche Sicherheit als Beamter ist natürlich ein Argument."

Zoll:

„Am Anfang habe ich mir dieselbe Frage gestellt wie wahrscheinlich alle anderen Schulabgänger auch: Was interessiert mich, was kann ich? Dann habe ich ein bisschen rumgesponnen und überlegt, wie mein idealer Wunschberuf aussehen würde. Dass er etwas mit Mathematik zu tun haben muss, war klar, weil ich darin schon immer ziemlich gut war. Außerdem sollten die Themen Wirtschaft und Politik eine Rolle spielen. Diese Bereiche finde ich sehr spannend, denn sie haben in meinen Augen einen gewaltigen Einfluss auf die Gesellschaft insgesamt. Deswegen halte ich den Auftrag des Zolls auch für sehr wichtig: dafür zu sorgen, dass im Bereich der Steuern und Abgaben alles mit rechten Dingen zugeht und der Staat – das sind ja letzten Endes wir alle – nicht betrogen wird. So bin ich dann auch schnell beim Zoll gelandet, als ich mich genauer über Berufe und Ausbildungsmöglichkeiten informiert habe."

„Meine Eltern wollten immer, dass ich Beamter werde, weil man sich dann keine Sorgen um seinen Arbeitsplatz machen muss. Finanziell ist man über das Gehalt und die Pensionen gut abgesichert. Man hört ja heute oft, dass die gesetzliche Rente, die man als ‚normaler' Angestellter bekommt, im Alter gar nicht mehr ausreicht."

Die Schnellkritik: Die Eltern, das Gehalt, der sichere Arbeitsplatz – der Kandidat beweist eindrucksvoll, dass ihn der Beruf inhaltlich rein gar nicht interessiert. Diagnose: akuter Mangel an Überzeugung.

„Wo und wie haben Sie sich über den Polizeiberuf/Zollberuf informiert?"

Hintergrund
An allgemein bildenden Schulen kommt man um das Thema Berufsorientierung nicht herum, es steht schon in niedrigen Klassenstufen auf dem Lehrplan. Zur weiteren Annäherung an interessante Ausbildungsberufe lohnt sich die Internetrecherche, beispielsweise auf den Seiten der Bundesagentur für Arbeit. Für Unentschlossene besonders empfehlenswert: ein Besuch im örtlichen Berufs-Informations-Zentrum und ein Orientierungsgespräch mit dem Berufsberater der Arbeitsagentur. Polizei- und Zollbewerber sollten darüber hinaus unbedingt mit ihrem zuständigen Einstellungsberater sprechen. Abgesehen davon beschreiben viele Behörden ihre Ausbildungsangebote in speziellen Broschüren und Prospekten. Engagierte Kandidaten können bei dieser Frage also aus dem Vollen schöpfen.

Worauf kommt es an?
Informieren Sie sich im Voraus gründlich über den Beruf und die Behörde: So müssen Sie die einzelnen Recherchestationen im Auswahlgespräch nur noch nachvollziehen. Sie haben sich beworben, weil Sie wissen, worum es in dem Beruf geht – und Sie freuen sich, bald noch viel mehr zu lernen.

> **Wie würden Sie antworten?**
> Bitte formulieren Sie Ihre Antwort schriftlich auf separatem Notizpapier oder mündlich im Partnerdialog, ehe Sie weiterlesen.

Musterantworten

 „Meinen ersten Kontakt mit dem Polizeiberuf hatte ich beim Tag der offenen Tür im Polizeipräsidium Frankfurt. Das war vor gut drei Jahren, damals ging ich in die 7. Klasse, und das Thema Berufsorientierung kam so langsam in der Schule auf. Im Berufskunde-Unterricht habe ich dann ein Referat über die Aufgaben der Polizei und die Tätigkeiten eines Polizisten gehalten. Von da an hatte ich die Augen und Ohren immer offen. In der 9. Klasse waren wir bei einer Ausbildungsmesse, bei der ich mit einem Einstellungsberater der Bundespolizei gesprochen habe. Er hat mir unter anderem erklärt, welche Anforderungen man dort für die Ausbildung erfüllen muss und wie der Dienstalltag aussieht. Als ich Ihr Stellenangebot im Internet gesehen habe, habe ich mir natürlich gleich die Ausbildungsbroschüre der bayerischen Polizei durchgelesen."

 „Wir haben in der Schule viel darüber erfahren. Außerdem habe ich mir Berufsbilder im Internet durchgelesen."

Die Schnellkritik: Etwas mehr Begeisterung, bitte – und wesentlich mehr Einzelheiten! Nur ein paar karge Stichworte reichen den Interviewern nicht, um sich ein Bild vom Berufswahl-Prozess des Bewerbers machen zu können.

„Haben Sie sich auch auf andere Stellen beworben?"

Hintergrund
Haben Sie Ihre Fühler auch nach anderen Stellen oder Berufen ausgestreckt, ist das grundsätzlich nicht schlimm – ganz im Gegenteil, es kann sogar besonderes Engagement bekunden. Problematisch wird es allerdings, wenn die Prioritäten unklar sind: Steht der Kandidat zu seiner Berufsentscheidung? Findet er die betreffende Behörde überhaupt interessant? Gibt es eine nachvollziehbare Schnittmenge zwischen den in Betracht gezogenen Ausbildungen?

Worauf kommt es an?
Niemand nimmt es einem Berufseinsteiger übel, wenn er in verschiedene Richtungen Ausschau hält. Ein kategorisches „Nein, natürlich nicht" wirkt hier womöglich sogar eher unglaubwürdig. Doch den Eindruck, man klopfe völlig

wahllos überall an, gilt es zu vermeiden. Betonen Sie Gemeinsamkeiten, streifen Sie eventuelle Alternativen nur kurz – erst recht, wenn Sie sich für verschiedene Berufe mit wenigen Überschneidungen bewerben. Kehren Sie schnell zurück zum Wesentlichen, das heißt zu dem Ausbildungsplatz, um den es im Gespräch geht. Betonen Sie, dass diese Bewerbung absoluten Vorrang hat.

> **Wie würden Sie antworten?**
> Bitte formulieren Sie Ihre Antwort schriftlich auf separatem Notizpapier oder mündlich im Partnerdialog, ehe Sie weiterlesen.

Musterantworten

„Ja, ich habe mich nicht nur bei der hessischen Polizei, sondern auch bei Ihren Kollegen in Bayern, Baden-Württemberg und Rheinland-Pfalz beworben. Bei den Polizeien gibt es allgemein immer sehr viele Interessenten, daher kann ich nicht sicher sein, die Stelle bei Ihnen zu bekommen. Bei einer Zusage von Ihnen würde ich meine Ausbildung auf jeden Fall hier absolvieren."

„Ja, ich habe mich auch beim Zoll für den mittleren Dienst beworben. Als ich mich im letzten Jahr über die Polizeiausbildung informiert habe, ist mir der Zoll auch aufgefallen, und die Stellenausschreibung klang ganz interessant. Das wäre für mich aber nur eine Alternative, wenn es bei Ihnen nicht klappen sollte."

„Ja, ich habe mich nicht nur beim Zoll, sondern auch als Zerspanungsmechaniker bei verschiedenen Unternehmen beworben. Ich will einfach sichergehen, dass ich im nächsten Monat einen Ausbildungsplatz habe."

Die Schnellkritik: Zöllner und Mechaniker? Eine gefährliche Kombination: Liegen die angestrebten Berufe so weit auseinander, kann es mit der beruflichen Überzeugung nicht weit her sein. Jobalternativen sollte man nur erwähnen, wenn sie der Stelle ähneln, um die es im aktuellen Gespräch geht.

"Wie steht Ihr Partner, wie stehen Ihre Eltern und Freunde zu Ihrer Bewerbung?"

Hintergrund

Ein stabiles soziales Umfeld hilft in jeder Lebenssituation. Wenn Partner, Angehörige oder Freunde den Kandidaten beim Berufseinstieg unterstützen, ist das ein großer Vorteil – wenn sie ihm Steine in den Weg legen, ein Nachteil. Zwischen den Zeilen lauert hier freilich eine Projektivfrage: Die Personaler achten in erster Linie darauf, ob sich der Bewerber selbst seiner Sache sicher ist.

Worauf kommt es an?

Schildern Sie, wie Ihre Berufsentscheidung im Kreis Ihrer Nächsten aufgenommen wurde. Sollte dies nicht besonders harmonisch geschehen sein, stellen Sie Ihre eigene Überzeugung in den Vordergrund: Private Auseinandersetzungen rauben Zeit und kosten Kraft, doch die Interviewer erwarten, dass man den Kopf für die Ausbildung frei hat. Zur Aufarbeitung von Beziehungsproblemen, Familienstreits und zerbrochenen Freundschaften ist im Vorstellungsgespräch definitiv kein Platz.

Wie würden Sie antworten?
Bitte formulieren Sie Ihre Antwort schriftlich auf separatem Notizpapier oder mündlich im Partnerdialog, ehe Sie weiterlesen.

Musterantworten

„Meine Familie und meine Freunde unterstützen mich wirklich gut. Anfangs war es für sie etwas schwer, da ich für die Stelle umziehen musste. Aber ich habe mir die Sache genau überlegt. Es ist nun mal mein Wunschberuf, und mittlerweile haben sie das auch verstanden. Mein Bruder und meine Eltern haben bereits angeboten, mir beim Umzug unter die Arme zu greifen, und ich weiß, dass ich mich immer auf sie verlassen kann."

„Als ich mit meinem Partner über meine Bewerbung gesprochen habe, hat er mir gleich gesagt, dass er voll hinter mir steht. Er weiß, dass ich mich gut informiert

habe und mir die Ausbildung viel bedeutet. Und er findet es auch richtig, dass ich jetzt ins Berufsleben einsteige."

„Was wissen Sie über den Polizeiberuf/Zollberuf?"

Hintergrund
Niemand bewirbt sich „einfach so" aus Lust und Laune. Die Personaler gehen davon aus, dass sich der Kandidat im Rahmen seiner Berufswahl eingehend mit den Grundlagen des Ausbildungsberufs auseinandergesetzt hat.

Worauf kommt es an?
Wer sich mit den anstehenden Aufgaben identifiziert, weiß, dass er beim Vorstellungsgespräch am richtigen Platz ist – und kann das auch seinen Gesprächspartnern zeigen. Voraussetzung dafür ist eine gründliche Vorarbeit: Ohne zu wissen, was der Beruf erfordert, kann niemand glaubwürdig vermitteln, dafür geeignet zu sein. Frischen Sie Ihre Kenntnisse vor dem Gespräch am besten noch einmal gründlich auf. Die offene Fragestellung lädt zu einem weiträumigen Rundumschlag ein.

> **Wie würden Sie antworten?**
> Bitte formulieren Sie Ihre Antwort schriftlich auf separatem Notizpapier 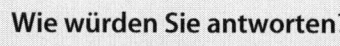 oder mündlich im Partnerdialog, ehe Sie weiterlesen.

Musterantworten

Polizei:
„Allgemein gesagt: Die Arbeit ist menschennah, teambezogen und sehr verantwortungsvoll. Zwischen den Einsatzbereichen gibt es natürlich große Unterschiede. Nach der Ausbildung kann man zum Beispiel im Wach- und Streifendienst der Schutzpolizei arbeiten, bei der Kriminalpolizei, der Wasserschutzpolizei, der Bereitschaftspolizei, der Hubschrauberstaffel oder auch bei den Spezialkräften des Sondereinsatzkommandos. Die bekannte Redensart vom ‚Freund und Helfer' trifft für den Streifendienst wahrscheinlich am besten zu: Hier hat man immer direkt mit den Bürgerinnen und Bürgern zu tun und kümmert sich um die verschiedensten Ange-

legenheiten, von der Ruhestörung bis zum Raubüberfall. Dabei übernimmt man als Repräsentant des Staates eine Menge Verantwortung."

Zoll:
„Beim Stichwort ‚Zoll' denkt man natürlich schnell an Personen- und Gepäckkontrollen, zum Beispiel an Flughäfen oder Seehäfen. Hier stellen die Beamten sicher, dass keine Waren illegal im- oder exportiert werden – etwa Drogen, Waffen, gefälschte Markenartikel oder unversteuerte Zigaretten. Aber solche Kontrollen machen nur einen Teil der Aufgaben aus, mit denen sich der Zoll beschäftigt. Er treibt ja auch einige Steuern ein, zum Beispiel die Energiesteuer. Außerdem gehen Zollbeamte gegen Schwarzarbeit und andere Formen von illegaler Beschäftigung vor. Das finde ich ziemlich wichtig. Neulich habe ich gelesen, dass dem Staat allein durch die Schwarzarbeit pro Jahr über 50 Milliarden Euro verlorengehen. Dafür könnte man eine Menge Straßen oder Kindergärten bauen. Oder im Gegenzug die Steuern senken."

„Welche Tätigkeiten sind typisch für den Polizeiberuf/Zollberuf?"

Hintergrund
Bei der Vorläuferfrage haben Sie zum Berufsbild im Allgemeinen Stellung genommen, jetzt können – und sollten – Sie spezieller werden. Im Mittelpunkt stehen hier konkrete Aktivitäten, mit denen Sie während und nach der Ausbildung konfrontiert werden.

Worauf kommt es an?
Was erwartet Sie in der Ausbildungs- und Berufspraxis? Setzen Sie sich vor dem Gespräch eingehend damit auseinander. Zur Starthilfe können Sie die charakteristischen Tätigkeiten wie Vokabeln mithilfe von Karteikarten lernen. Am überzeugendsten wirken Sie im Interview natürlich, wenn Sie das Aufgabenspektrum frei und lebendig präsentieren können. Die Interviewer merken dann, dass Ihnen Ihr Wunschberuf bereits in Fleisch und Blut übergeht.

Wie würden Sie antworten?
Bitte formulieren Sie Ihre Antwort schriftlich auf separatem Notizpapier oder mündlich im Partnerdialog, ehe Sie weiterlesen.

Musterantworten

Polizei:
„Als Polizist ist man verantwortlich für Recht und Ordnung, man garantiert die Sicherheit der Bürgerinnen und Bürger. Im Einzelnen kann man sich in ganz unterschiedlichen Situationen wiederfinden: Das eine Mal wird man zu einem Verkehrsunfall gerufen, das nächste Mal macht man einen Ladendieb dingfest, später sorgt man bei einem Großereignis dafür, dass alles in geordneten Bahnen abläuft. Ich stelle mir die Arbeit aber nicht so vor wie in einem Krimi, wo rund um die Uhr Schwerverbrecher gejagt werden. Im Polizeialltag geht es doch sicher oft um eher ‚kleine' Dinge: wenn zum Beispiel eine alte Frau ihre Katze vermisst oder jemand eine Lärmbelästigung meldet. Davon abgesehen spielt sich der Polizeialltag ja nicht nur draußen auf der Straße ab, sondern auch im Büro auf der Wache, wo man Protokolle schreibt und Anzeigen aufnimmt."

Zoll:
„Welche Aufgaben man beim Zoll übernimmt, hängt stark davon ab, in welchem Bereich man eingesetzt wird. Es macht sicher einen großen Unterschied, ob ich im Innendienst Unternehmensbilanzen prüfe, an Flughäfen Gepäckstücke kontrolliere oder auf Baustellen gegen Schwarzarbeit vorgehe. In manchen Feldern liegt der Schwerpunkt auf der Verwaltung und Sachbearbeitung, in anderen arbeitet man fast wie ein Polizist. Der Zoll hat ja sogar ein eigenes Kriminalamt, um das organisierte Verbrechen zu bekämpfen. Wenn man versucht, das alles auf einen gemeinsamen Nenner zu bringen, könnte man es vielleicht so ausdrücken: Als Zollbeamter stellt man sicher, dass die geltenden steuer- und abgabenrechtlichen Bestimmungen eingehalten werden."

„Was sind Ihrer Meinung nach die Vor- und Nachteile des Polizeiberufs/Zollberufs?"

Hintergrund
Sie bewerben sich vielleicht für Ihren Traumjob, aber ein wirklichkeitsferner Träumer sind Sie nicht. Daher haben Sie vor Ihrer Berufsentscheidung einen realistischen Blick auf das Berufsbild geworfen und neben vielen interessanten Aspekten sicherlich auch Schattenseiten entdeckt. Natürlich hoffentlich nicht allzu viele!

Worauf kommt es an?
Die beruflichen Pros und Contras haben Sie bereits während der Berufswahl abgewogen – und sind zu dem Schluss gekommen, dass der Beruf Sie anspricht. Geben Sie den Interviewern einen Einblick in Ihre Gedankengänge: Welche Vorteile bietet der Job, welche (wenigen) Nachteile gibt es, und warum fallen diese für Sie nicht besonders ins Gewicht?

> **Wie würden Sie antworten?**
> Bitte formulieren Sie Ihre Antwort schriftlich auf separatem Notizpapier oder mündlich im Partnerdialog, ehe Sie weiterlesen.

Musterantworten

 Polizei:
„Na ja, ich kann mir nicht vorstellen, dass es einen Beruf gibt, der nur Vorteile hat. Die Polizeiarbeit bringt es mit sich, dass man hin und wieder mit Einsätzen konfrontiert wird, die gefährlich oder nicht so leicht zu verarbeiten sind. Darüber sollte man sich im Klaren sein. Auf der anderen Seite wird man genau dafür ausgebildet: dass man in schwierigen Situationen für Recht und Ordnung sorgt. Ich halte den Polizeiberuf für enorm wichtig und verantwortungsvoll. Auch in Bezug auf den Dienstalltag sehe ich vor allem die positiven Aspekte. Sicher, die Arbeit im Schichtdienst ist bestimmt anstrengend, aber auch ziemlich abwechslungsreich: Man bekommt es mit unterschiedlichsten Fällen zu tun, und viel menschennäher kann man wahrscheinlich nicht arbeiten. Ich finde es reizvoll, dass man im Kollegenkreis ein enges

Team bildet. Das ist doch viel besser, als den ganzen Tag isoliert vor dem Computer zu sitzen. In Ihrer Ausbildungsbroschüre werben Sie außerdem mit guten Entwicklungsmöglichkeiten, das würde ich auch als Vorteil nennen."

Zoll:
„Das eine hängt mit dem anderen manchmal eng zusammen, denke ich. Dass man als Zollbeamter im Außendienst viel mit Menschen zu tun hat, Verantwortung übernimmt und immer wieder neue Erfahrungen macht, sind für mich drei klare Vorteile. Auf der anderen Seite kommt es dabei bestimmt regelmäßig zu schwierigen Situationen: Wenn ich zum Beispiel an der Autobahn jemanden anhalte und kontrolliere, der nichts zu verbergen hat, dann wird ihm das unter Umständen nicht gefallen und er fühlt sich schikaniert. Und wer tatsächlich etwas am Zoll vorbeischmuggeln möchte, könnte erst recht unangenehm reagieren. Ein bisschen Geduld, Durchsetzungsvermögen und ein dickes Fell schaden im Zolldienst sicher nicht. Dafür hat man die Chance, sich in einer verantwortungsvollen Rolle für den Staat und die Gesellschaft einzusetzen. Abgesehen davon ist es für mich persönlich natürlich sehr attraktiv, dass ich meine Stärken in Mathematik und mein Interesse an Wirtschaftsthemen einbringen kann."

„Was qualifiziert Sie denn für den Polizeiberuf/Zollberuf?"

Hintergrund
Die Frage ist beinahe ein Wink mit dem Zaunpfahl, sich selbst auf die Schulter zu klopfen. Und gerade daher gefährlich. Natürlich sollten Sie hier Ihre positiven Eigenschaften hervorheben, aber bitte immer auf dem Boden der Tatsachen. Angemessen „geerdet" können Sie den Interviewern schmackhaft machen, wie die Behörde künftig von Ihren Fähigkeiten und Kenntnissen profitieren könnte.

Worauf kommt es an?
Zeigen Sie sich von Ihrer Schokoladenseite. Ein paar Charakterzüge schätzt jeder Arbeitgeber: beispielsweise Leistungsbereitschaft, Teamgeist, Loyalität, Kommunikationsvermögen, Zuverlässigkeit und Flexibilität. Darüber hinaus sollten Sie selbstverständlich auch einige berufsspezifische Qualifikationen nennen, die Ihre Eignung untermauern. Werfen Sie noch einmal einen Blick auf

Das Vorstellungsgespräch

das Anforderungsprofil der Stellenanzeige: Jetzt können Sie schlüssig darlegen, warum dieses Profil wie maßgeschneidert zu Ihnen passt.

Wie würden Sie antworten?
Bitte formulieren Sie Ihre Antwort schriftlich auf separatem Notizpapier oder mündlich im Partnerdialog, ehe Sie weiterlesen.

Musteranworten

Polizei:
„Ich denke, dass ich verantwortungsbewusst, kontaktfreudig und durchsetzungsfähig bin. Es liegt mir, Sachen anzupacken und auf andere Menschen zuzugehen. Ich bin keiner, der am Rand steht und darauf wartet, dass sich die Dinge von allein regeln. Persönlich hat es mich geprägt, dass ich in der Schule vier Jahre lang Klassensprecher war. Dabei habe ich gelernt, Streitfragen in der Gruppe zu regeln und Entscheidungen anderen gegenüber zu vertreten. Außerdem stand in Ihrer Stellenanzeige, dass Sie Wert auf gute Deutschnoten und körperliche Fitness legen. Beides erfülle ich ganz gut, würde ich sagen: In Deutsch habe ich eine 2+ im Zeugnis und in Sport eine 1–."

Zoll:
„Mit den Zielen und Aufgaben des Zolls kann ich mich voll identifizieren! Man kann als Zollbeamter viel dazu beitragen, dass der Staat und die Gesellschaft funktionieren. Die praktische Seite der Zollarbeit kenne ich bisher natürlich nur von der anderen Seite, das heißt zum Beispiel als Tourist am Flughafen. Wenn ich meine Erfahrungen dort zum Maßstab nehme, glaube ich, dass man als Zollbeamter in der Lage sein sollte, mit Stress umzugehen und immer sorgfältig zu arbeiten. Dass man gut mit seinen Kollegen klar kommt und sich untereinander abstimmt, ist sicher auch ziemlich wichtig. Als Vertreter des Staates sollte man außerdem seriös auftreten. Diese Voraussetzungen erfülle ich ganz gut, denke ich. Und in Mathematik bin ich einer der Besten in der Klasse. Außerdem mache ich in meiner Freizeit viel am PC, deswegen fühle ich mich fit für die Computerarbeit. Ich habe gezielt nach einer Ausbildung gesucht, die mir Spaß macht und bei der ich meine Stärken einsetzen kann."

Fragen zur Behörde und zum Ausbildungsverlauf

Was wissen Sie eigentlich über die anvisierte Einstellungsbehörde? Und wie stellen Sie sich die Ausbildung konkret vor? In diesem Kapitel müssen Sie Farbe bekennen und sich weit auf das Terrain der Personaler vorwagen. Damit Sie dabei nicht den Boden unter den Füßen verlieren, sollten Sie vor dem Gespräch Ihr Wissen über die Behörde und den Ausbildungsablauf noch einmal gründlich auf Vordermann bringen. Unnötig zu erwähnen, dass es bei allen abgehandelten Themen eigentlich vor allem um Ihre Bewerbungsmotivation geht: Die abgefragten Fakten kennen die Interviewer schließlich aus dem Effeff.

„Wie ist unsere Behörde organisiert? Wem untersteht sie?"

Hintergrund
Die Organisationsstruktur Ihrer Ausbildungsbehörde können Sie bequem per Internet auskundschaften: Die Landespolizeien, die Bundespolizei und der Zoll dokumentieren ihren Aufbau übersichtlich auf ihren Websites. Als motivierter Bewerber sollten Sie dieses Informationsangebot nicht ignorieren und möglichst viel über Ihren Wunsch-Arbeitgeber in Erfahrung bringen.

Worauf kommt es an?
Prägen Sie sich den Behördenaufbau zur Vorbereitung gut ein und üben Sie, ihn verständlich darzustellen: Welche Hierarchieebenen, welche Abteilungen, welche Dienststellen gibt es? Und wer übernimmt die politische Oberaufsicht? Zur Erinnerung: Der Zoll untersteht dem Bundesfinanzministerium, die Bundespolizei dem Bundesinnenministerium und eine Landespolizei dem Innenministerium des jeweiligen Bundeslands. Je mehr Einzelheiten Sie unterbringen, desto besser.

Das Vorstellungsgespräch

Wie würden Sie antworten?
Bitte formulieren Sie Ihre Antwort schriftlich auf separatem Notizpapier oder mündlich im Partnerdialog, ehe Sie weiterlesen.

Musterantworten

Landespolizei Hessen:

„Die hessische Polizei untersteht dem hessischen Ministerium des Innern und für Sport. Eine Abteilung dieses Ministeriums ist das Landespolizeipräsidium, also die oberste Polizeibehörde in Hessen, der wiederum sieben Polizeipräsidien untergeordnet sind: das Polizeipräsidium Nordhessen in Kassel, das Polizeipräsidium Osthessen in Fulda, das Polizeipräsidium Mittelhessen in Gießen, das Polizeipräsidium Westhessen in Wiesbaden, das Polizeipräsidium Frankfurt, das Polizeipräsidium Südosthessen in Offenbach und das Polizeipräsidium Südhessen in Darmstadt. Jedes Polizeipräsidium beaufsichtigt mehrere Polizeidirektionen. Frankfurt zum Beispiel teilt sich in die Direktionen Nord, Süd, Mitte und Flughafen. Auf der untersten Ebene finden sich dann die einzelnen Polizeireviere. Daneben gibt es noch einige zentrale, für ganz Hessen zuständige Einrichtungen, die direkt dem Landespolizeipräsidium unterstehen: darunter das Landeskriminalamt, die Polizeiakademie und das Bereitschaftspolizeipräsidium."

Bundespolizei:

„Die Bundespolizei ist die Polizei des Bundes. Sie hat ungefähr 40.000 Mitarbeiter und untersteht dem Bundesministerium des Innern, das zurzeit von Thomas de Maizière geleitet wird. Wie ich gelesen habe, wurde die Bundespolizei 2008 neu organisiert. Unter anderem wurde dabei das Bundespolizeipräsidium in Potsdam eingerichtet, das seitdem als oberste Behörde die nachgeordneten Dienststellen der Bundespolizei zentral steuert. Dazu gehören unter anderem die neun Polizeidirektionen. Die sitzen, glaube ich, in Berlin, Pirna, München, Böblingen, Koblenz, Sankt Augustin, Bad Bramstedt, Hannover und am Flughafen Frankfurt. In Sankt Augustin ist auch die Antiterroreinheit GSG 9 der Bundespolizei stationiert; die gehört aber nicht zur Polizeidirektion Sankt Augustin, sondern ist direkt dem Bundespolizeipräsidium unterstellt. Abgesehen von diesen neun Direktionen gibt es noch die Bundesbereitschaftspolizeidirektion in Fuldatal. Jede Direktion ist in verschiedene

Bundespolizeiinspektionen gegliedert, und die unterteilen sich wieder in mehrere Bundespolizeireviere. Die Bundespolizei hat mit den Landespolizeien also formal nichts zu tun, die unterstehen ja den Innenministerien der Bundesländer. Bei Naturkatastrophen oder Großereignissen arbeitet man aber oft mit den Länderkollegen zusammen."

„Wissen Sie, welches Waffenmodell wir als Dienstwaffe nutzen?"

Hintergrund
Vordergründig geht es den Personalern um reines Faktenwissen – anscheinend wollen sie testen, wie umfassend sich der Kandidat vorbereitet hat. Wie so oft haben die Interviewer allerdings auch hier einen Hintergedanken, der ihnen noch ein bisschen wichtiger ist: Sie wollen einschätzen, wie der Bewerber dem Thema Schusswaffen gegenübersteht.

Worauf kommt es an?
Wer seinen Wunschberuf bis ins Ausrüstungsdetail hinein kennt, kann die Interviewer nachhaltig beeindrucken. Waffenfanatiker werden allerdings nicht gesucht, antworten Sie sachlich und schnörkellos. Und falls Sie den Fakt nicht parat haben? Dann machen Sie zumindest deutlich, dass Sie sich mit der Waffenfrage auseinandergesetzt haben. Die Dienstpistole gehört zur Standardausstattung eines Polizisten, und den Umgang damit lernt man im Vorbereitungsdienst. Auch beim Zoll gibt es waffentragende Bereiche.

Wie würden Sie antworten?
Bitte formulieren Sie Ihre Antwort schriftlich auf separatem Notizpapier oder mündlich im Partnerdialog, ehe Sie weiterlesen.

Musterantworten

Landespolizei Nordrhein-Westfalen:
„Ja, das habe ich im Internet gelesen, als ich mich über die Polizei Nordrhein-Westfalen informiert habe. Seit 2005 wird die Walther P99 als Dienstwaffe genutzt, vorher war das Standardmodell, soweit ich weiß, die SIG Sauer P6."

Allgemein:
"Das Waffenmodell ... lassen Sie mich kurz nachdenken ... nein, das kann ich Ihnen leider nicht sagen. Ich weiß natürlich, dass man in der Ausbildung lernt, mit der Schusswaffe umzugehen. Als Polizist trägt man ja eine Dienstwaffe, und mit der muss man im Ernstfall auch umgehen können. Aber an die genaue Modellbezeichnung kann ich mich jetzt nicht erinnern."

"Was wissen Sie über die Geschichte der Bundespolizei?"

Hintergrund
Die Geschichte ihrer Ausbildungsbehörde enthält für Bewerber viele lehrreiche Kapitel. Das gilt insbesondere für die Bundespolizei. In ihrer Historie spiegelt sich die politische Entwicklung Deutschlands von der Nachkriegszeit bis zum vereinten Europa.

Worauf kommt es an?
Eine gute Antwort belegt, dass Sie über das Interesse an der Behörde hinaus auch eine ausgeprägte Allgemeinbildung besitzen. Beenden Sie den Ausflug in die Vergangenheit am besten mit einem Schwenk in die Gegenwart. Dadurch zeigen Sie, dass Sie über die aktuellen Aufgaben ebenfalls gut im Bilde sind.

> **Wie würden Sie antworten?**
> Bitte formulieren Sie Ihre Antwort schriftlich auf separatem Notizpapier oder mündlich im Partnerdialog, ehe Sie weiterlesen.

Musterantwort

*"Die Bundespolizei hieß bis 2005 noch Bundesgrenzschutz. Wie der Name schon sagt, hatte die Behörde ursprünglich die Hauptaufgabe, die deutschen Grenzen zu überwachen und zu schützen. Als der Bundesgrenzschutz 1951 gegründet wurde, galt er zunächst als eine Art Ersatz-Militär, weil es die Bundeswehr noch nicht gab. Nach der Bundeswehrgründung 1955 hat sich der Bundesgrenzschutz dann Schritt für Schritt hin zu einer ‚klassischen' Polizei mit dem Schwerpunkt innere Sicherheit entwickelt. Anfang der 70er-Jahre wurde der Bundesgrenzschutz zum Beispiel in

den Kampf gegen den RAF-Terrorismus einbezogen, in dieser Zeit wurde auch die Antiterroreinheit GSG 9 aufgestellt. In den 90er-Jahren hatte sich die Situation dann so weit verändert, dass der alte Name überhaupt nicht mehr passte: Der Kalte Krieg war vorbei, die innerdeutsche Grenze gab es nicht mehr, und in der EU fielen die allgemeinen Grenzkontrollen weg. Konsequenterweise hat man den Bundesgrenzschutz 2005 in Bundespolizei umbenannt. Heute kümmert sich die Bundespolizei immer noch um den Grenzschutz, aber dieser Aufgabenbereich ist inzwischen einer unter vielen. Die Bundespolizei sichert zum Beispiel auch den Bahnverkehr und den Luftverkehr und ist Teil der deutschen Küstenwache."

„Erklären Sie doch bitte einmal den Begriff ‚Zoll' – schließlich dreht sich die Arbeit der Zollverwaltung doch vor allem darum, oder nicht!?"

Hintergrund

Eine Doppelfrage für Zollbewerber, die es in sich hat: Die Aufforderung, den Begriff „Zoll" zu erklären, zielt ehrlich und schnörkellos auf das berufliche Vorwissen ab. Darauf folgt jedoch eine Fangfrage: Die Bundeszollverwaltung macht weit mehr, als „nur" den Warenverkehr zu überwachen und Zölle einzuziehen.

Worauf kommt es an?

Lassen Sie sich nicht dazu verleiten, nur die Wissensfrage zu beantworten und die irreführende Behauptung unkommentiert stehen zu lassen. Erklären Sie, was es mit dem Begriff „Zoll" auf sich hat – und erläutern Sie dann, dass die Bundeszollverwaltung noch etliche andere Aufgaben übernimmt: Sie überwacht Embargos und die Einhaltung von Artenschutzabkommen, sie bekämpft Schwarzarbeit, treibt Steuern ein und vieles mehr. Näheres zum Auftrag der Zollbehörde finden Sie im Anfangskapitel dieses Buchs.

Wie würden Sie antworten?
Bitte formulieren Sie Ihre Antwort schriftlich auf separatem Notizpapier oder mündlich im Partnerdialog, ehe Sie weiterlesen.

Musterantwort

„Wie ich gelesen habe, ist der Zoll im deutschen Steuerrecht als Steuerart definiert. Diese Steuer wird dann fällig, wenn eine Ware eine Zollgrenze überschreitet, das heißt, wenn sie importiert oder exportiert wird. Der Staat erhebt Zölle aus den verschiedensten Gründen: Er kann damit zum Beispiel die heimische Wirtschaft vor ausländischen Konkurrenzprodukten schützen, er kann gegen Dumpingpreise vorgehen oder einfach nur die Steuereinnahmen erhöhen. Ich würde aber nicht sagen, dass die Bundeszollverwaltung fast nur mit Zöllen zu tun hat. In Ihrer Ausbildungsbroschüre wird die Behörde auch als ‚Wirtschafts- und Einnahmeverwaltung des Bundes' bezeichnet. Das signalisiert ja schon, dass es um viel mehr geht als nur um Zölle. Die Zollverwaltung treibt auch Steuern ein, zum Beispiel die Energie- und die Tabaksteuer. Die dadurch erzielten Einnahmen sind sehr viel höher als die Zolleinnahmen. Außerdem verfolgt der Zoll die Wirtschaftskriminalität. Vor einigen Tagen erst habe ich bei uns einige Dienstfahrzeuge an einer Großbaustelle im Gewerbegebiet gesehen, da ging es wahrscheinlich um mögliche Schwarzarbeit."

„Wie stellen Sie sich die Ausbildung bei uns vor? Haben Sie sich über die Lehrfächer informiert?"

Hintergrund
Polizei- und Zollbewerber sollten nicht nur ihre Einsatzbereiche als „fertige" Beamte kennen, sondern auch die Abläufe und Inhalte ihrer Ausbildung. Sind die Annahmen realistisch, oder könnten naive Wunschvorstellungen eventuell zu einem bösen Erwachen führen? Viele unterschätzen insbesondere den theoretischen Teil der dualen Ausbildung, in dem man unter anderem diverse Rechtsgebiete kennen lernt: Staatsrecht, Strafrecht, Eingriffsrecht, Verwaltungsrecht, Steuerrecht (Zoll) …

Worauf kommt es an?
Erkundigen Sie sich vorab über die verschiedenen Ausbildungsphasen und -inhalte. Die dualen Laufbahnausbildungen bei Polizei und Zoll kombinieren Theorie und Praxis und sind sehr vielseitig, um auf einen abwechslungsreichen Berufsalltag vorzubereiten. Ranken Sie Ihre Antwort um gesicherte Fakten – wer zu sehr ins (falsche) Detail geht, riskiert den Einspruch der Personaler.

Wie würden Sie antworten?
Bitte formulieren Sie Ihre Antwort schriftlich auf separatem Notizpapier oder mündlich im Partnerdialog, ehe Sie weiterlesen.

Musterantworten

Bundespolizei:

„Ich weiß, dass die Ausbildung im mittleren Dienst der Bundespolizei dual organisiert ist. Das heißt, es gibt theoretische und praktische Abschnitte. Am Anfang absolviert man zuerst einmal eine Grundausbildung. Dabei lernt man unter anderem die rechtlichen Grundlagen der Polizeiarbeit kennen, zum Beispiel in den Gebieten Staats- und Verfassungsrecht, Einsatz- und Verkehrsrecht und Öffentliches Dienstrecht. Außerdem steht Unterricht in Polizeidienstkunde, Kriminalistik, Deutsch, Englisch und anderen Fächern auf dem Lehrplan. Abgesehen davon wird man in der Grundausbildung auch praktisch geschult. Die Grundausbildung dauert insgesamt ein Jahr und wird mit der Zwischenprüfung abgeschlossen, danach beginnt die fachtheoretische und fachpraktische Ausbildung. Worum es in den einzelnen Bereichen genau geht, weiß ich noch nicht, das möchte ich ja in der Ausbildung erfahren."

Landespolizei Nordrhein-Westfalen:

„Im gehobenen Dienst der nordrhein-westfälischen Polizei absolviert man ein Bachelorstudium im Fachbereich ‚Polizeivollzugsdienst' an der Fachhochschule für öffentliche Verwaltung. Das Studium ist dual aufgebaut und dauert drei Jahre. Auf Ihrer Internetseite habe ich gelesen, dass sich die Ausbildung in drei Schwerpunkte teilt: An der FH lernt man das nötige Theoriewissen, zum Beispiel in den Fächern Einsatzlehre, Kriminalistik/Kriminaltechnik, Kriminologie, Verkehrslehre/Verkehrsrecht, Staatsrecht/Eingriffsrecht, Strafrecht und Öffentliches Dienstrecht. Am Landesamt für Ausbildung, Fortbildung und Personalangelegenheiten finden außerdem regelmäßige praktische Trainings statt. Dabei erfährt man unter anderem, wie man mit der Dienstwaffe umgeht, wie man Erste Hilfe leistet, wie man Verkehrsunfälle aufnimmt oder in geschlossenen Einheiten vorgeht. In den Praxismodulen wird man im Streifendienst bei der Einstellungsbehörde eingesetzt – hier kann man das, was man gelernt hat, umsetzen."

„Welche Ausbildungsinhalte würden Sie denn besonders interessieren?"

Hintergrund

Wenn der Personalverantwortliche weiß, welche Ausbildungsinhalte Sie besonders ansprechen, kann er Rückschlüsse auf Ihre persönliche Motivation ziehen. Doch Vorsicht ist geboten: Die Frage sieht auf den ersten Blick harmlos aus, kann aber schnell zur Fangfrage werden.

Worauf kommt es an?

Machen Sie sich vorher bewusst, wo Ihre Vorlieben und Interessen liegen. Und tappen Sie im Interview nicht in die Falle: Als Polizei- oder Zollbeamter übernehmen Sie vielfältige Aufgaben und sollten daher sowohl Spezialist als auch Generalist sein. Schwärmen Sie also nicht nur von Ihren Lieblingsfächern, sondern betonen Sie auch die Notwendigkeit, möglichst umfassend vorbereitet zu sein. Schließlich finden Sie den Beruf in all seinen Facetten spannend und wollen nicht nur ein Steckenpferd verfolgen.

> **Wie würden Sie antworten?**
> Bitte formulieren Sie Ihre Antwort schriftlich auf separatem Notizpapier oder mündlich im Partnerdialog, ehe Sie weiterlesen.

Musterantwort

„Ich habe mich natürlich schon mal schlau gemacht, was in der Ausbildung beim Zoll so alles auf mich zukommen würde. In den ersten Monaten geht es vor allem um Rechtskunde, und da würde mich das Steuerrecht besonders interessieren. Ich denke, dass Steuern für uns alle eine entscheidende Bedeutung haben, egal ob als Unternehmen oder als Privatperson. An dem Thema kommt keiner vorbei. Auch in den Medien liest oder hört man ständig etwas darüber. Deswegen wollte ich schon immer wissen, welche Bestimmungen da genau gelten, und ich finde es spannend, dieses Rechtsgebiet in der Ausbildung genauer kennen zu lernen. Aber das ist nur ein Mosaiksteinchen von vielen. Ich glaube, wenn man nur eine Sache gut beherrscht, wäre man beim Zoll falsch aufgehoben. Als Zollbeamter muss man sich ja nicht nur mit Steuergesetzen auskennen, sondern auch mit Sozialgesetzen, mit

dem Zollrecht und vielen anderen Vorschriften. Dann kommt noch die praktische Ausbildung, in der man lernt, die Vorschriften umzusetzen. Ich könnte jetzt nicht sagen, dass ich auf einen Bereich lieber verzichten wollte. An dem Beruf reizt mich ja gerade, dass er so vielfältig ist. Mir und meinen Kollegen würde es bestimmt nicht helfen, wenn ich meine Arbeit nur zur Hälfte erledigen könnte."

Fragen zur Arbeitseinstellung

Die Kategorie „Arbeitseinstellung" dürfte bei so manchem Bewerber Erinnerungen wecken: In einigen Bundesländern finden sich ähnlich klingende Kopfnoten („Arbeitsverhalten", „Mitarbeit") im Schulzeugnis. Die Zensuren beziehen sich auf Fähigkeiten wie Lernbereitschaft, Belastbarkeit und Selbstständigkeit – Fähigkeiten, die auch in der Ausbildung eine Rolle spielen. Die Interviewer nehmen den Faden gern auf: Wie würde sich der Kandidat im Dienst verhalten? Wie geht er mit Stress und Belastung um? Wie einsatzfreudig ist er? Und wie reagiert er in heiklen Situationen?

„Welche Werte und Eigenschaften sind für Sie besonders wichtig im Beruf, und warum ist das so?"

Hintergrund
Werte und Eigenschaften – darauf kommen die Personaler immer wieder gern zurück. Hier tun sie es auf direktem Wege, ohne Ablenkungsmanöver und Verwirrspielchen. Jeder Beruf hat seine Schlüsselqualifikationen, jeder Ausbildungsplatz sein unverwechselbares Anforderungsprofil. Was für den Job essenziell ist, sollten Bewerber nicht für irrelevant halten.

Worauf kommt es an?
Leiten Sie auf Basis persönlicher Erfahrungen 2–3 Aspekte her, die für die gewählte Stelle besonders wichtig sind. Und behalten Sie sie im Hinterkopf: Im weiteren Gesprächsverlauf werden Sie mit Sicherheit noch häufiger in verschiedenster Form gebeten, Ihre Persönlichkeit zu beschreiben. Dann kommt

es gut an, wenn Sie sich die hier genannten Werte und Eigenschaften auch wirklich zuschreiben. Andernfalls stellen Sie sich womöglich selbst ein Bein.

> **Wie würden Sie antworten?**
> Bitte formulieren Sie Ihre Antwort schriftlich auf separatem Notizpapier oder mündlich im Partnerdialog, ehe Sie weiterlesen.

Musterantworten

„Spontan fallen mir zwei Eigenschaften ein, die ich für sehr wichtig halte, nämlich Teambewusstsein und Zuverlässigkeit. Unter anderem in der Schule und während meines Praktikums habe ich gemerkt, wie viel es bringt, wenn man in einer gut abgestimmten Gruppe zusammenarbeitet. Anders herum glaube ich, dass es für ein Team eine ganz schöne Belastung ist, wenn sich jemand abkapselt oder nicht an Abmachungen hält. Aus diesem Grund halte ich auch Zuverlässigkeit für sehr wichtig. Man muss sich aufeinander verlassen können. Bei einer Projektarbeit in der Schule haben wir einmal zu fünft eine Präsentation über erneuerbare Energien ausgearbeitet – ein ziemlich vielseitiges Thema. Jeder von uns hat sich um einen eigenen Bereich gekümmert und wir waren alle abhängig davon, dass jeder seine Aufgabe ernst nimmt."

„Ganz wichtig sind für mich Zuverlässigkeit und Teamfähigkeit. Teamfähigkeit bedeutet, dass man gut mit anderen Menschen zusammenarbeiten kann. Zuverlässigkeit heißt, Absprachen einzuhalten und seine Aufgaben sorgfältig und gewissenhaft zu erledigen. Verantwortung zu tragen ist meiner Meinung nach ohne Zuverlässigkeit nicht möglich."

Die Schnellkritik: Um Missverständnissen vorzubeugen: Dass Zuverlässigkeit und Teamfähigkeit lobenswerte Eigenschaften sind, steht völlig außer Frage. Warum handelt es sich hier dann um ein Negativbeispiel? Weil der Kandidat zu abstrakt, zu wolkig formuliert. Statt sich auf eigene Erfahrungen und den angestrebten Ausbildungsplatz zu beziehen, referiert er trockene Definitionen, die eher nach einem Lexikoneintrag als nach persönlicher Überzeugung klingen.

"Nennen Sie mir bitte drei Eigenschaften, die auf Ihre Person zutreffen. Wie zeigen sich diese Eigenschaften?"

Hintergrund

Gerade eben hat der Kandidat jobrelevante Eigenschaften genannt, nun geht es um ihn selbst. Offensichtlich ist diese Reihenfolge kein Zufallsprodukt – die Personaler wollen beide Auskünfte miteinander abgleichen. Unbedachte Antworten können unangenehme Folgefragen nach sich ziehen: „Sie haben gesagt, dass Kommunikationsvermögen im Beruf sehr wichtig ist. Da stimmen wir Ihnen zu. Warum sollten wir Sie einstellen, wenn Sie nicht kommunizieren können?"

Worauf kommt es an?

Wiederholen Sie nicht einfach nur Ihre Antwort auf die Vorläuferfrage. Umschreiben Sie die soeben angesprochenen Eigenschaften, beziehen Sie sie auf sich persönlich – aber bitte mit beiden Füßen auf dem Boden der Tatsachen. In diesem Sinne dürfen Sie die zweite Teilfrage als Empfehlung verstehen, Ihre Selbsteinstufung mit Beispielen zu unterfüttern.

Wie würden Sie antworten?

Bitte formulieren Sie Ihre Antwort schriftlich auf separatem Notizpapier oder mündlich im Partnerdialog, ehe Sie weiterlesen.

Musterantwort

„Zuerst würde ich sagen, dass ich gern mit Menschen zu tun habe. Mir fällt es leicht, auf Leute zuzugehen und Kontakte zu knüpfen. Ich finde im Allgemeinen immer relativ schnell Anschluss und habe keine Schwierigkeiten, mich in größeren Gruppen einzubringen. Damit würde ich auch eine zweite für mich typische Eigenschaft in Verbindung bringen, nämlich die Fähigkeit, Verantwortung zu übernehmen. Wenn es zum Beispiel in der Schule etwas zu präsentieren gab, war häufig ich die Referentin. Im Mittelpunkt zu stehen, macht mir nichts aus. Eine dritte für mich typische Eigenschaft ist Zuverlässigkeit: Wenn ich mit jemandem etwas ausmache, dann merke ich mir das und halte mich daran."

Das Vorstellungsgespräch

„Gibt es Tätigkeiten, die Sie gar nicht mögen?"

Hintergrund

Eine überlegte Berufswahl beruht auf ehrlicher Selbsteinschätzung. Daher sollten Sie auch Tätigkeiten nennen können, die Ihnen nicht unbedingt liegen – ohne dadurch den Eindruck zu erwecken, dem Job nicht gewachsen zu sein.

Worauf kommt es an?

Obacht, ein vorschnelles „Nein, absolut nicht!" klingt unglaubwürdig! Wer wiederum freimütig über verhasste Unannehmlichkeiten plaudert, begibt sich ebenfalls aufs Glatteis: Die Interviewer könnten auf den Gedanken kommen, es mit einem recht bequemen Bewerber zu tun zu haben, der ungern an seine Grenzen geht. Vielleicht rutscht ihm sogar eine jobrelevante Tätigkeit über die Lippen? Erwähnen Sie daher in erster Linie Aufgaben, die im Berufsfeld nicht besonders wichtig sind – im Fall der Fälle würden Sie sie natürlich trotzdem klaglos ausführen. Verleihen Sie Ihrer Antwort den letzten Schliff, indem Sie dezent auf Ihre Stärken hinweisen.

> **Wie würden Sie antworten?**
> Bitte formulieren Sie Ihre Antwort schriftlich auf separatem Notizpapier oder mündlich im Partnerdialog, ehe Sie weiterlesen.

Musterantworten

„Na ja, das Werbematerial für unsere Behörde sollte wahrscheinlich eher ein begabter Grafiker gestalten, künstlerisch bin ich nämlich nicht gerade besonders talentiert. In der Schule hat mir Kunst zwar immer Spaß gemacht, aber ich habe nie wirklich verstanden, was ein Bild zu einem richtig guten Bild macht. Mir liegt es eher, wenn ich eine konkrete Aufgabe habe und ein klares Ziel, auf das ich hinarbeiten kann."

„Also, wenn ich längere Zeit an reinen Büroarbeiten gesessen habe, muss ich meist erst einmal an die frische Luft. Jeden Tag von 9 bis 18 Uhr nach Schema F Statistiken hoch und runter rechnen, das wäre nichts für mich. Natürlich gehören Routineaufgaben zu jedem Beruf, da sollte man die Zügel nicht schleifen lassen – die

Arbeit ist da, um erledigt zu werden. Aber ich habe es lieber, wenn es Abwechslung gibt und ich mit Menschen in Kontakt komme."

„Können Sie mir eine Situation schildern, in der Sie sehr gestresst waren? Wie sind Sie damit umgegangen?"

Hintergrund
Auch wenn es drunter und drüber geht, arbeiten Sie gewissenhaft und haben Ihr Nervenkostüm voll im Griff? Behaupten kann das jeder. Nach der allgemein gehaltenen Vorläuferfrage möchten die Interviewer jetzt wieder einmal einen konkreten Fall zur Untermauerung hören. Überlegen Sie sich vorher, welche Kostprobe aus Ihrem Erfahrungsschatz Sie zum Besten geben könnten.

Worauf kommt es an?
Zeigen Sie anhand eines Beispiels aus Schule, Praktikum oder Nebenjob, dass Sie das Erfolgsrezept für Anspannungsphasen kennen: durch gute Organisation Druck verringern, klare Prioritäten setzen und die wichtigsten Aufgaben konzentriert abarbeiten. Können Sie dann noch vermitteln, dass Ihnen in der Freizeit der Stressausgleich gelingt, haben Sie diese Hürde bravourös gemeistert.

> **Wie würden Sie antworten?**
> Bitte formulieren Sie Ihre Antwort schriftlich auf separatem Notizpapier oder mündlich im Partnerdialog, ehe Sie weiterlesen.

Musterantwort
„Also, mein Nebenjob als Supermarkt-Kassiererin war gelegentlich schon ziemlich stressig. Mal will ein Kunde wissen, wo die Erdbeeren stehen, mal kommt ein Kollege und fragt nach den Avocados – und währenddessen muss man munter weiterkassieren. Am Anfang konnte ich noch nicht so schnell arbeiten wie meine Kollegen. Das hat die Kunden, die in meiner Schlange gewartet haben, immer ein bisschen nervös gemacht. Aber: Erst kommt die Sorgfalt, dann die Geschwindigkeit. Nachdem ich mich an die Abläufe gewöhnt hatte, lief es immer besser. Ich wusste

zum Beispiel, wie ich mir den Arbeitsplatz optimal einrichte, und habe mich schon morgens über aktuelle Sonderangebote informiert. Einmal sind gleich zwei Mitarbeiter ausgefallen, da war ich den ganzen Tag im Dauereinsatz. Wenn man gut organisiert ist, hat man automatisch weniger Stress. Dass es ab und zu hoch hergeht, finde ich aber auch gar nicht schlimm – ist doch besser, als wenn man sich ständig langweilen würde. Nach Feierabend kann man es sich ja dann gemütlich machen."

„Wie handeln Sie, wenn ein Kollege gefährlich bedroht wird?"

Hintergrund
Das staatliche Gewaltmonopol ist eine Grundlage des Rechtsstaats: Befugte Amtsträger dürfen unter bestimmten Bedingungen „unmittelbaren Zwang" anwenden. Darunter verstehen die einschlägigen Gesetze „jede Einwirkung auf Personen oder Sachen durch einfache körperliche Gewalt, Hilfsmittel der körperlichen Gewalt oder Waffengebrauch."

Worauf kommt es an?
Es gilt das Prinzip der Verhältnismäßigkeit: Beim „unmittelbaren Zwang" sind nur solche Mittel erlaubt, die geeignet, angemessen und erforderlich sind, um einen rechtmäßigen Zweck zu erreichen. Zeigen Sie, dass Sie Ihr Vorgehen verantwortungsbewusst abwägen, aber auch entschlossen handeln können, wenn es die Situation verlangt. Falls es keinen anderen Weg gibt, Ihren Kollegen zu schützen – eine unmissverständliche Ansprache, eine deutliche Geste –, dürfen Sie körperliche Gewalt und in letzter Konsequenz Waffengewalt einsetzen.

> **Wie würden Sie antworten?**
> Bitte formulieren Sie Ihre Antwort schriftlich auf separatem Notizpapier oder mündlich im Partnerdialog, ehe Sie weiterlesen.

Musterantwort

„Ich würde alles tun, was nötig ist, um meinen Kollegen und mich selbst zu schützen! Wie ich genau vorgehe, hängt von der Art der Bedrohung ab. Eventuell reicht

es ja schon, laut ‚Achtung, hier ist die Polizei!' zu rufen, um klarzustellen, dass Beamte vor Ort sind. Vielleicht verwechselt uns der Angreifer ja. Das wäre noch ein vergleichsweise harmloser Fall. Einen schwachen, unbewaffneten Angreifer könnte ich zusammen mit meinem Kollegen eventuell körperlich überwältigen, ohne uns in Gefahr zu bringen. Wenn auch das nicht infrage käme, müsste ich die Waffen nutzen, die mir als Polizist zur Verfügung stehen: also zum Beispiel den Schlagstock oder das Pfefferspray oder letzten Endes auch die Schusswaffe."

„Wie stehen Sie zum Tragen einer Dienstwaffe? In welchen Situationen können Sie sich vorstellen, sie einzusetzen?"

Hintergrund
Im Einsatz kann es zu gefährlichen Situationen kommen, die einen Beamten womöglich zur äußersten Gewaltmaßnahme zwingen: zum Schusswaffengebrauch. Die Dienstwaffe gehört zur Standardausrüstung eines Polizisten; auch der Zoll verfügt über waffentragende Bereiche.

Worauf kommt es an?
Eine Dienstwaffe zu führen, setzt ein Höchstmaß an Verantwortungsbewusstsein voraus. Im Extremfall kann die Waffe das letzte Mittel darstellen, um eine unmittelbare Gefahr für Leib und Leben abzuwehren. Wer unter drastischen Umständen entscheiden muss, ob er zur Waffe greift oder nicht, sollte weder überängstlich noch leichtsinnig sein. Machen Sie deutlich, dass Sie sich zu diesem Punkt Gedanken gemacht haben und fähig sind, Verantwortung zu tragen.

Wie würden Sie antworten?
Bitte formulieren Sie Ihre Antwort schriftlich auf separatem Notizpapier oder mündlich im Partnerdialog, ehe Sie weiterlesen.

Musterantwort

„Ich weiß, dass man in vielen Bereichen beim Zoll Dienstwaffen trägt. Deswegen lernt man während der Ausbildung im mittleren Dienst unter anderem, mit der Waffe umzugehen. Und das ist auch notwendig. Man muss ja nicht gleich an die

Beamten des Zollkriminalamts denken, die gegen Waffenschieber oder ähnlich gefährliche Verbrecher vorgehen. Es kann doch auch bei einer ganz normalen Straßenkontrolle brenzlig werden: Was mache ich, wenn ich einen Drogenschmuggler erwische und der dann plötzlich eine Pistole zieht? Wenn es keine andere Möglichkeit gibt, mein eigenes Leben oder das meiner Kollegen zu schützen, würde ich meine Waffe im Ernstfall einsetzen. Meiner Meinung nach sollte jeder, der eine Dienstwaffe führt, großen Respekt davor haben. Das Tragen einer Waffe verpflichtet einen dazu, verantwortungsvoll damit umzugehen."

Fragen zur Teamfähigkeit (Sozialkompetenz)

Teamfähigkeit heißt das Schmiermittel, das eine Gruppe zum Funktionieren bringt. Eng damit verknüpft sind weitere soziale Kompetenzen wie Verantwortungsbewusstsein, Kommunikationsvermögen, Kritikfähigkeit und Konfliktfähigkeit. Ohne diese Eigenschaften lässt sich beruflich heute kaum ein Blumentopf gewinnen – erst recht nicht bei Polizei und Zoll. Hapert es an der Abstimmung mit den Kollegen, leidet nicht nur das Arbeitsklima: Im Einsatz kann es dann auch schnell gefährlich werden.

„Wie werden Sie von anderen Leuten eingeschätzt, zum Beispiel von Ihren Klassenkameraden?"

Hintergrund
Indem die Interviewer die Eigendarstellung des Kandidaten mit seiner Wahrnehmung „von außen" abgleichen, gewinnt ihre Vorstellung des Bewerbers an Tiefenschärfe. Was denken Ihre Klassenkameraden über Sie, welche Eigenschaften schreiben andere Ihnen zu? Im Rahmen einer Stärken-/Schwächen-Analyse vor dem Gespräch können Sie das von den Betroffenen aus erster Hand erfahren.

Worauf kommt es an?

Eigenschaften wie Zuverlässigkeit, Verantwortungsbewusstsein und Leistungsfähigkeit führen zu positiven Rückmeldungen Ihres Umfelds – beschreiben Sie diese. Sie müssen sich dabei nicht auf Ihre Klassenkameraden beschränken, sondern können auch andere Fürsprecher wie Freunde, Familienmitglieder oder Kollegen aus dem Nebenjob heranziehen. Nennen Sie berufsrelevante Eigenschaften und achten Sie darauf, dass zwischen Fremd- und Eigenbewertung keine großen Lücken klaffen. Eine Prise Selbstkritik, die die Authentizität des Gesagten untermauert, kann zudem nicht schaden.

> **Wie würden Sie antworten?**
> Bitte formulieren Sie Ihre Antwort schriftlich auf separatem Notizpapier oder mündlich im Partnerdialog, ehe Sie weiterlesen.

Musterantworten

„Darüber könnten Ihnen meine Mitschüler wahrscheinlich viel mehr erzählen als ich. Aber wenn Sie mich fragen, glaube ich, dass mich meine Klassenkameraden für aufgeschlossen und zuverlässig halten. Ich lasse keinen im Stich, und mir fällt niemand ein, der bei Gruppenarbeiten oder ähnlichen Dingen nicht gern mit mir zusammenarbeitet. Auch wenn ich manchmal ein bisschen penibel sein kann."

„Grundsätzlich würde ich sagen, dass mich andere für verantwortungsbewusst und motiviert halten. Das haben mir jedenfalls meine Freunde gesagt, die ich vor der Bewerbung gefragt habe, wie sie mich sehen und welche Eigenschaften ich in ihren Augen habe. Manche haben auch gemeint, dass ich gelegentlich ziemlich hartnäckig sein kann. Das finden sie wahrscheinlich nicht immer so angenehm, aber es gehört zu mir."

„Puh, das weiß ich nicht. Das müssten Sie schon meine Klassenkameraden fragen. Ich glaube aber, dass ich bei meinen Mitschülern relativ beliebt bin."

Die Schnellkritik: Wer bei dieser Frage die Absicht der Interviewer nicht erkennt, wirkt unbeholfen – wer sie bewusst ignoriert, erscheint spröde und abweisend. Mit dem blassen Adjektiv „beliebt" kann der Personaler obendrein nicht viel anfangen, der Kandidat hätte besser konkrete Eigenschaften genannt. Zur Orientierung eine kleine Liste positiv besetzter Charakterzüge: aufgeschlossen, zuverlässig, engagiert, hilfsbereit, gründlich, interessiert, kommunikativ, ehrgeizig …

„Arbeiten Sie lieber im Team oder lieber alleine?"

Hintergrund
Schon starten die Interviewer den nächsten Anlauf, sich der Sozialkompetenz des Kandidaten zu nähern. Diesmal greifen sie zu einer besonders trickreichen Strategie: Sie versuchen Teamfähigkeit und Selbstständigkeit gegeneinander auszuspielen.

Worauf kommt es an?
Polizeiarbeit heißt in erster Linie Zusammenarbeit: Man bespricht sich mit Kollegen, geht gemeinsam auf Streife und sichert sich im Einsatz gegenseitig ab. Bei Großveranstaltungen agiert man darüber hinaus oft im Rahmen einer Hundertschaft. Auch die Zoll-Personaler schreiben Teamwork groß – und achten darauf, ob der Bewerber das ebenfalls tut.

Wie würden Sie antworten?
Bitte formulieren Sie Ihre Antwort schriftlich auf separatem Notizpapier oder mündlich im Partnerdialog, ehe Sie weiterlesen.

Musterantworten

„Ich würde mich schon eher als Teamplayer bezeichnen. Auf wichtige Klausuren habe ich mich zum Beispiel fast immer mit anderen zusammen vorbereitet. So konnten wir gut Fragen klären, Ideen austauschen und die Dinge aus ganz unterschiedlichen Perspektiven betrachten. Jeder Mensch hat andere Fähigkeiten. Wenn die Abstimmung stimmt und jeder weiß, was er zu tun hat, kann man in der Gruppe doch viel mehr erreichen als alleine."

„Besonders gern arbeite ich alleine, da habe ich alles selbst unter Kontrolle."

Die Schnellkritik: Teamfähigkeit ist bei Polizei und Zoll Trumpf! Und abgesehen davon: Wer Verantwortung für andere übernehmen will, muss eine Situation auch dann unter Kontrolle haben, wenn er nicht der einzige Anwesende ist.

„Irren ist menschlich – jeder macht doch mal einen Fehler, oder nicht?! Sind Sie deswegen schon einmal in Konflikt mit anderen geraten?"

Hintergrund

Wer arbeitet, macht Fehler – wer keine Fehler macht, tut im Umkehrschluss wohl nicht besonders viel. Ehrlicherweise werden also auch Sie bereits den ein oder anderen Lapsus begangen und andere auf Malheure aufmerksam gemacht haben. Dabei bleiben gelegentliche Konflikte nicht aus, wenn sich einer der Beteiligten auf den Schlips getreten fühlt.

Worauf kommt es an?

„Aus Fehlern wird man klug", sagt ein Sprichwort; die schlechteste Antwort wäre demnach „Ich mache alles richtig!". Gesucht werden starke Persönlichkeiten, die Kritik akzeptieren, Missgeschicke eingestehen und daraus lernen können. Die Interviewer fragen hier übrigens gar nicht ausdrücklich nach Ihren eigenen Fehlern. Sie können also auch erzählen, wie Sie als neutraler Vermittler sachorientiert zur Lösung eines Streitfalls beigetragen haben.

> **Wie würden Sie antworten?**
> Bitte formulieren Sie Ihre Antwort schriftlich auf separatem Notizpapier oder mündlich im Partnerdialog, ehe Sie weiterlesen.

Musterantwort

„Natürlich, jeder macht mal einen Fehler. Und es ist nicht immer klar, wer das gerade ist. Grundsätzlich versuche ich, mögliche Probleme schon früh anzusprechen und zu klären. Dadurch lassen sich viele Konflikte von vornherein vermeiden. Doch das klappt natürlich nicht immer. Wir hatten beispielsweise in der Schule mal das

Problem, dass bei einer ziemlich aufwändigen Gruppenarbeit die Leute ganz unterschiedlich vorbereitet zu den Gruppentreffen kamen – manche hatten viel gemacht, andere ziemlich wenig. Da gab es natürlich gleich den Vorwurf, dass einige wohl nur durchgeschleppt werden wollen. Meine Meinung ist: Man muss solche Probleme offen diskutieren, aber darf nie persönlich werden. Bei uns hat sich herausgestellt, dass nur nicht ganz klar war, wer wofür zuständig ist. Also haben wir das noch einmal genau abgesprochen und darauf geachtet, wer was am besten kann. Danach hat unsere Gruppe super funktioniert. Ich denke, am Ende geht es immer darum, Probleme sachbezogen zu lösen. So gesehen können Konflikte dabei helfen, die optimale Lösung zu finden."

„Was bedeutet Kritik für Sie?"

Hintergrund
Kritik bleibt im Berufsleben nicht aus. Mal kommt sie in Form eines harmlosen Feedbacks daher, mal als schonungslos offene Rüge. Wenn sich der Kandidat von jedem Verbesserungsvorschlag gleich aus der Bahn werfen lässt, wird er es im Beruf schwer haben.

Worauf kommt es an?
Wohl niemand kann glaubwürdig behaupten, über Kritik glücklich zu sein. Team- und konfliktfähige Kandidaten wissen mit kritischen Äußerungen allerdings umzugehen: Sie verstehen sie nicht als persönliche Herabsetzung, sondern als Ansporn zur Verbesserung. Gerade im Vorbereitungsdienst sollte man hellwach sein, wenn erfahrene Beamte einem durch Rat und Tat auf die Sprünge helfen wollen.

> **Wie würden Sie antworten?**
> Bitte formulieren Sie Ihre Antwort schriftlich auf separatem Notizpapier oder mündlich im Partnerdialog, ehe Sie weiterlesen.

Musterantwort

„Na ja, kritisiert wird man ja in der Regel dann, wenn andere unzufrieden sind, weil etwas nicht so gelaufen ist, wie es hätte laufen sollen. Das ist natürlich zuerst einmal nichts Positives. Aber wenn man genau hinhört, kann man die Kritik auch für sich nutzen, weil man erfährt, was man in Zukunft besser machen kann. Eine sachliche Kritik ist immer auch eine Art Hinweis oder eine Hilfe. Über ein Lob würde ich mich natürlich noch mehr freuen, denn das bedeutet, ich habe meine Arbeit gut gemacht. So sehe ich das."

„Wie reagieren Sie auf Kritik? Was ist, wenn man Sie zu Unrecht kritisiert?"

Hintergrund

Kritik steckt jeder hin und wieder ein. Der Hinweis auf Unsauberkeiten oder Patzer, die man selbst oft nicht einmal bemerkt, muss erlaubt sein und sollte nicht gleich zu feindseligen Abwehrreflexen führen. Sachliche Kritik bringt nicht nur das Team weiter, sondern verbessert auch das eigene Arbeitsverhalten.

Worauf kommt es an?

Auf das zweite Element der Doppelfrage – „zu Unrecht kritisieren" – springen Sie besser nicht zu begeistert an: Wird die unberechtigte Kritik als Normalfall angenommen, scheint es mit der Kritikfähigkeit des Bewerbers nicht besonders weit her zu sein. Wann ist Kritik berechtigt? Grundsätzlich immer, solange sie konstruktiv auf eine Verbesserung abzielt. Destruktive Kritik dagegen ist unsachlich, verletzend und vermittelt keine alternativen Ansätze. Sie ist selbst ein Problem, anstatt zur Problemlösung beizutragen.

Wie würden Sie antworten?
Bitte formulieren Sie Ihre Antwort schriftlich auf separatem Notizpapier oder mündlich im Partnerdialog, ehe Sie weiterlesen.

Musterantwort

"Eine sachliche und konstruktive Kritik nehme ich gern an. Das Feedback von anderen finde ich wichtig, denn dadurch kann ich prüfen, wie sinnvoll oder nachvollziehbar mein Vorgehen war. Manchmal ist das, was man selbst für vollkommen logisch hält, für andere ja gar nicht so einleuchtend, wie man denkt. Wenn ich nicht verstehe, was jemand kritisiert, dann frage ich ihn, ob er das noch ein bisschen besser erklären kann. Merke ich, dass jemand etwas nur falsch interpretiert hat, dann versuche ich, meine Perspektive noch einmal klarzustellen. Wenn jemand allerdings einfach nur destruktiv herummeckert und schlechte Laune verbreitet, kann ich damit wenig anfangen. Für mich sollte Sachlichkeit im Mittelpunkt stehen, denn es geht doch immer um ein konkretes Problem und ein bestimmtes Ziel. Jemanden zu kritisieren bedeutet ja nicht, ihn persönlich anzugreifen."

Fragen zu Stärken und Schwächen

Den makellosen Kandidaten ohne Fehl und Tadel gibt es nicht, jeder Mensch hat seine Schwächen. Doch wie geht er damit um? Vor allem im Berufsleben? Ernste Defizite in jobrelevanten Kernbereichen (Muss-Kompetenzen) sehen die Personaler naturgemäß äußerst ungern. Bei geringen Mankos in Randgebieten (Kann-Kompetenzen) drücken sie aber normalerweise ein Auge zu. Lästige Angewohnheiten kann man sich abgewöhnen, fehlende Qualifikationen kann man sich aneignen. Ausschlaggebend ist der Wille, an sich zu arbeiten.

"Welche Stärken haben Sie, und in welchen Situationen zeigt sich das?"

Hintergrund

Wer andere von seinen Talenten überzeugen will, der sollte wissen, wovon er redet. Erst recht im Auswahlinterview – schließlich möchte die Behörde künftig von den Fähigkeiten des Kandidaten profitieren. Die Vorbereitung aufs Vorstellungsgespräch umfasst daher auch eine Stärken-/Schwächen-Analyse; mehr dazu erfahren Sie in Kapitel 2 dieses Buchs (Abschnitt „Die Selbsteinschätzung").

Worauf kommt es an?
Nutzen Sie die Gunst des Augenblicks, selbstbewusst ein wenig Werbung für sich zu betreiben. Aber bitte in moderater Form: Selbstbewusstsein bedeutet „sich selbst bewusst sein" – und das meint unter anderem die Fähigkeit, die eigenen Stärken (und Schwächen) realistisch einzuschätzen. Greifen Sie Fähigkeiten heraus, die Sie für die ausgeschriebene Stelle qualifizieren, und illustrieren Sie Ihre Ausführungen durch Beispiele.

> **Wie würden Sie antworten?**
> Bitte formulieren Sie Ihre Antwort schriftlich auf separatem Notizpapier oder mündlich im Partnerdialog, ehe Sie weiterlesen.

Musterantworten

„Eine meiner größten Stärken ist wahrscheinlich, dass ich sehr leicht mit Menschen ins Gespräch komme. Ich kann sehr diplomatisch sein, habe aber auch keine Schwierigkeiten, meinen Standpunkt deutlich zu machen, wenn es sein muss. Zum Abschluss meines Schulpraktikums sollte ich zum Beispiel vor versammelter Belegschaft meine Eindrücke in einem kurzen Vortrag präsentieren – der Geschäftsleiter fand das so überzeugend, dass er meine Kommunikationsstärke im Praktikumszeugnis ausdrücklich gelobt hat. In meiner Schulklasse wurde ich außerdem zum Klassensprecher gewählt, weil meine Klassenkameraden überzeugt waren, dass ich Probleme ansprechen und gut lösen kann."

„Ich würde mich als sehr kommunikativen Menschen einschätzen. Außerdem arbeite ich gern im Team, bin gründlich, flexibel, konfliktfähig, zielstrebig und effizient. Und ich denke sehr analytisch, kann also auch gut Probleme lösen."

Die Schnellkritik: Eine stattliche Auflistung, die sämtliche Schlüsselkompetenzen berücksichtigt. Leider dürften sich die Interviewer davon nicht im Mindesten beeindruckt zeigen. Eher stellen sie sich die Frage, inwiefern die Selbstwahrnehmung des Kandidaten noch mit der Realität übereinstimmt. Besser: auf die wichtigsten positiven Eigenschaften konzentrieren und konkrete Beispiele geben.

„Wo sehen Sie Ihre Schwächen?"

Hintergrund

Nobody is perfect, jeder Mensch hat seine Schwächen. Wer über eine realistische Selbstwahrnehmung verfügt, kennt seine Mankos und kann sich persönlich weiterentwickeln. Es gilt der Grundsatz: Als Bewerber wird man wegen seiner Stärken eingestellt und nicht deswegen, weil man keine Schwächen hat. Vorausgesetzt, die Stärken lassen sich beruflich ausspielen und die Defizite fallen im Job nicht besonders ins Gewicht.

Worauf kommt es an?

Die Personalverantwortlichen erwarten keinen Seelenstriptease und auch keine Beichte. Beschränken Sie sich auf einen weniger bedeutenden Schwachpunkt und zeigen Sie, dass Sie ihn im Griff haben. Defizite im Bereich der Zusatzqualifikationen können durch Weiterbildungskurse wettgemacht werden, und negativ besetzte Charakterzüge hängen meist eng mit lobenswerten Tugenden zusammen: zum Beispiel Ungeduld mit Zielstrebigkeit, Perfektionismus mit Gründlichkeit, Unordnung mit Kreativität. Durch eine geschickt präsentierte Schwäche lassen sich Stärken hervorheben!

Wie würden Sie antworten?
Bitte formulieren Sie Ihre Antwort schriftlich auf separatem Notizpapier oder mündlich im Partnerdialog, ehe Sie weiterlesen.

Musterantwort

„Ich glaube, meine Ungeduld steht mir manchmal im Weg. Es kommt vor, dass ich zu viel auf einmal erledigen will, und das ist nicht immer gut. Denn es gibt ja meistens Aufgaben, die wichtiger sind als andere, und auf die sollte man sich dann auch

besonders konzentrieren. Deswegen habe ich mir vorgenommen, in Zukunft mehr auf die Prioritäten zu achten."

„Was macht Sie an sich unzufrieden, wie würden Sie sich gern verändern?"

Hintergrund
Das Stichwort „Schwächen" versetzt viele Bewerber in erhöhte Alarmbereitschaft. So mancher greift dann aus Selbstschutz zu verklausulierten Satzbausteinen mit geringer Aussagekraft. Daher gehen die Personaler hier etwas behutsamer vor. Die Frage nach der Unzufriedenheit soll die Zunge des Kandidaten für eine persönlichere Auskunft lösen.

Worauf kommt es an?
Bleiben Sie positiv! Diese Frage ist dafür trotz ihrer negativen Formulierung hervorragend geeignet: Hinter der Unzufriedenheit mit eigenen kleinen Makeln steckt doch im Wesentlichen nichts anderes als eine Kombination von Selbstkritik und Ehrgeiz, und diese Eigenschaften wissen die Personaler normalerweise zu schätzen. Im Prinzip empfiehlt sich hier dieselbe Taktik wie bei der vorangegangenen Frage: erstens, auf einen – nicht direkt berufsrelevanten – Makel konzentrieren. Zweitens zeigen, dass man damit umzugehen weiß. Und drittens, bei Gelegenheit eine positiv besetzte Eigenschaft anklingen lassen.

> **Wie würden Sie antworten?**
> Bitte formulieren Sie Ihre Antwort schriftlich auf separatem Notizpapier oder mündlich im Partnerdialog, ehe Sie weiterlesen.

Musterantworten

„Ich denke, ein bisschen mehr Sicherheit im Umgang mit Computern kann mir nicht schaden. Für mich sind PCs wichtige Hilfsmittel, aber mit den Feinheiten zum Beispiel von Word und Excel kenne ich mich noch nicht so gut aus. Daher habe ich mich im nächsten Monat für einen Computerkurs angemeldet. Ich möchte mich *stärker in die wichtigen Programme einarbeiten, das hilft mir bestimmt auch während der Ausbildung."*

„Meine Klassenkameraden meinen, dass ich manchmal zu gründlich bin, und da haben sie zum Teil sicher Recht. Manchmal komme ich nicht zum Schluss und gehe zum Beispiel eine Hausarbeit noch drei- bis viermal durch, damit alles perfekt aussieht. Das kostet viel Zeit, bringt aber in der Regel gar nicht so viel. Ich habe mir jetzt angewöhnt, immer genau aufzuschreiben, welche Arbeiten ich bis wann erledigt haben will. Danach ist diese Aufgabe für mich abgeschlossen."

„Wie gehen Sie mit eigenen Fehlern um? Können Sie mir ein Beispiel geben?"

Hintergrund
Eine logische Konsequenz aus den vorherigen Fragen: Wenn jeder ab und zu Fehler macht, ist es für den Arbeitserfolg entscheidend, wie er oder sie damit umgeht. Ein musterhaftes Fehlermanagement sieht so aus: eigene Schnitzer offen eingestehen, die Fehler so schnell wie möglich korrigieren und Vorkehrungen treffen, um Ähnliches in Zukunft zu vermeiden.

Worauf kommt es an?
Spricht man Menschen auf ihre Fehler an, gleiten manche schnell ins Extreme ab: Der aggressive Streithahn bläst zum Gegenangriff ohne Rücksicht auf Verluste, das schüchterne Reh flüchtet sich in Passivität – beides keine guten Vorbilder. Schildern Sie anhand einer konkreten Begebenheit, dass Sie in der Lage sind, Fehler selbstkritisch einzusehen und daraus Ihre Lehren zu ziehen.

> **Wie würden Sie antworten?**
> Bitte formulieren Sie Ihre Antwort schriftlich auf separatem Notizpapier oder mündlich im Partnerdialog, ehe Sie weiterlesen.

Musterantwort

„Wie Sie vorhin gesagt haben, Irren ist menschlich. Ich müsste lügen, wenn ich sagen wollte, dass ich alles richtig mache. Ich erinnere mich an mein Praktikum im Steuerbüro, da habe ich mal ein Dokument versehentlich falsch abgeheftet. Wir haben dann dem Klienten einen Brief geschrieben mit der Bitte, uns das Schriftstück zuzusenden – der war natürlich ganz schön irritiert, weil wir es ja schon hatten. Noch dazu war es ein sehr wichtiger Klient, und gerade bei Steuersachen sollte man mit vertrauenswürdigen Unterlagen natürlich besonders sorgfältig umgehen. Der Vorfall ging hoch bis zum Geschäftsführer. Durch Zufall haben wir das Dokument dann einen Tag später wiedergefunden. Peinlich für mich, ich war beim Abheften einfach nicht konzentriert genug, solche Ausrutscher sollten nicht passieren. Natürlich habe ich mich bei allen entschuldigt. Gerade bei Routinearbeiten schaue ich jetzt lieber zweimal hin."

„Was würden Sie als Ihren größten Misserfolg, als Ihre größte Niederlage bezeichnen? Wie sind Sie damit umgegangen?"

Hintergrund

Ein gescheitertes Vorhaben, eine persönliche Pleite: meist das Resultat einer mehr oder weniger langen Kette von Entscheidungen, die sich im Nachhinein als ungünstig herausstellen. Man könnte auch sagen, ein Misserfolg ist ein fortgesetzter Fehler, der größere Dimensionen annimmt. Und da man aus Fehlern klug wird, sind Niederlagen für besonders wertvolle Erkenntnisse gut. Vorausgesetzt, man verfügt über eine realistische Selbstreflexion.

Worauf kommt es an?

Inwiefern andere Leute Schuld am Scheitern waren, interessiert die Interviewer nicht. Ihnen geht es um die Bewältigungsstrategie: Gefestigte Charaktere stehen nach einer Niederlage wieder auf, analysieren die Ursachen selbstkritisch und passen ihr Verhalten an. Wenn Sie nicht ausdrücklich nach einem beruflichen Fehlschlag gefragt werden, können Sie hier auf ein Randgebiet ausweichen; mit Privatschicksalen können die Interviewer freilich wenig anfangen. Schildern Sie sachlich ein unverfängliches Beispiel, das weder die Interviewer bestürzt zurücklässt noch Sie zu umständlichen Rechtfertigungen zwingt. Andererseits sollte der Fall genug Tragweite besitzen, dass Sie daran Ihre Lernfähigkeit demonstrieren können.

> **Wie würden Sie antworten?**
> Bitte formulieren Sie Ihre Antwort schriftlich auf separatem Notizpapier oder mündlich im Partnerdialog, ehe Sie weiterlesen.

Musterantworten

„Mein größter Misserfolg? Da muss ich spontan an mein letztes Schuljahr denken, in dem ich eine entscheidende Physikarbeit ziemlich in den Sand gesetzt habe. Ich bin damals im Unterricht sehr gut mitgekommen und habe deswegen gedacht, dass es reicht, wenn ich zwei Tage vorher mit der Vorbereitung anfange – hat es aber nicht. Wenn diese eine Arbeit besser ausgefallen wäre, hätte ich jetzt eine bessere Note im Abschlusszeugnis. Daraus habe ich zwei Dinge gelernt: Erstens, man darf sich seiner Sache nie zu sicher sein, sondern muss immer das Notwendige tun. Und zweitens, kleine Entscheidungen können große Folgen haben – das Zeugnis lässt sich jetzt nicht mehr ändern."

„Niederlage ist ein großes Wort, aber natürlich habe ich auch schon mal eine Schlappe einstecken müssen. Für ein Schulprojekt haben wir zum Beispiel einmal einen Schülerkiosk organisiert und Snacks verkauft. Den Gewinn wollten wir in die Abschlussfahrt der Stufe stecken. Komischerweise hatten wir anfangs aber gar keinen Gewinn – im Gegenteil, wir mussten sogar draufzahlen. Der Grund war, dass wir uns zu Beginn in der Gruppe oft selbst bedient haben. Und mit den ganzen versteckten Kosten, von der Parkplatzgebühr am Supermarkt bis zum kaputten Toaster, hat keiner von uns gerechnet. Wegen dem Minus in der Kasse gab es eine Menge Ärger in der Stufe. Danach haben wir über alle Einnahmen und Ausgaben von A bis Z genau Buch geführt, und mit der Selbstbedienung war auch Schluss. So haben wir am Ende doch noch ein paar hundert Euro für die Abschlussfahrt zusammenbekommen."

Fragen zu besonderen Qualifikationen

Die wichtigsten Fakten wurden bis hierhin bereits abgehandelt. Sie wissen Bescheid über Ausbildungsinhalte und berufliche Anforderungen, sind charakterlich und fachlich geeignet und haben sich darüber in den vergangenen Minuten angeregt mit den Interviewern unterhalten: sehr gut! Aber noch ist das Gespräch nicht beendet. Durch wertvolle Zusatzqualifikationen können Sie Ihrem Auftritt den letzten Schliff verleihen und die finalen – unter Umständen ausschlaggebenden – Treffer landen.

„Was sagen Sie zu Ihren Fremdsprachenkenntnissen? Können Sie sich auf Englisch verständigen?"

Hintergrund
Welche Fremdsprachen Sie beherrschen, haben Sie bereits in Ihrem Lebenslauf in der Rubrik „besondere Kenntnisse" oder „Zusatzqualifikationen" vermerkt. Wenn Sie einen Sprachkurs absolviert haben, gehört in Ihre Unterlagen außerdem das entsprechende Zertifikat. Viele Behörden legen Wert darauf, dass ihre Nachwuchskräfte über fremdsprachliche Kompetenzen verfügen, vor allem natürlich in der Weltsprache Englisch.

Worauf kommt es an?
Schildern Sie Ihre Kenntnisse im Einklang mit den Bewerbungsunterlagen. Beschreiben Sie möglichst anschaulich, wie Sie Ihre kommunikativen Fähigkeiten praktisch einsetzen bzw. eingesetzt haben – im Urlaub, auf der Arbeit, in der Schule, in der Freizeit. Was Sie noch nicht beherrschen, sehen Sie als Herausforderung, der Sie sich gern stellen: Mit etwas persönlichem Engagement lassen sich fremdsprachliche Defizite leicht ausbügeln.

> **Wie würden Sie antworten?**
> Bitte formulieren Sie Ihre Antwort schriftlich auf separatem Notizpapier oder mündlich im Partnerdialog, ehe Sie weiterlesen.

Musterantworten

„Ich spreche Englisch und Französisch. Meine erste Fremdsprache in der Schule war Englisch, in der 7. Klasse kam als zweite Fremdsprache Französisch dazu. In der 10. Klasse habe ich an einem zweimonatigen Schüleraustausch nach Paris teilgenommen, danach war ich in Französisch eine der Besten in der Klasse. Zu meiner Gastfamilie und einigen französischen Freunden halte ich immer noch Kontakt. Außerdem fahre ich regelmäßig nach Frankreich, auch wenn es nur zu einem Kurzausflug reicht. Französisch liegt mir einfach. In Englisch bin ich vor allem im Mündlichen gut. Wenn ich im Urlaub bin, kann ich mich problemlos unterhalten. Schriftlich würde ich mich aber gern verbessern. Deswegen habe ich mir überlegt, im nächsten Monat einen Intensivkurs zu machen, bevor die Ausbildung beginnt."

„Ja, mündlich bin ich ziemlich gut in Englisch. Ich merke das immer, wenn ich im Urlaub bin, da fällt es mir leicht, nach dem Weg zu fragen oder beim Einkaufen mit den Verkäufern zu reden. Unterwegs kommt es öfter vor, dass ich mich mit wildfremden Leuten auf Englisch über dies und jenes unterhalte. In der Ausbildung würde ich mich am Anfang sicher wohler fühlen, wenn ich Unterstützung hätte – bis man die richtigen Ausdrücke und Formulierungen kennt, dauert es wahrscheinlich ein bisschen."

„Wie haben Sie sich Ihre PC-Kenntnisse angeeignet?"

Hintergrund

PC-Kenntnisse sind im Berufsleben heute fast genauso elementar wie Lesen, Schreiben und Rechnen. Den richtigen Umgang mit den grundlegenden Programmen und Hardwarekomponenten lernt man bereits in der Schule. Abgesehen davon kann man sich natürlich auch in der Freizeit oder bei Nebenjobs wichtige PC-Kenntnisse aneignen. Wie die Sprachkompetenzen sind die Software-Fähigkeiten im Lebenslauf zu nennen und je nach Beherrschungsniveau

abzustufen: So kann man sich als Anfänger „Grundkenntnisse", als Fortgeschrittener „gute Kenntnisse" und als erfahrener Nutzer „sehr gute Kenntnisse" bescheinigen.

Worauf kommt es an?
Vor allem die Office-Anwendungen zur Textverarbeitung (Word), Tabellenkalkulation (Excel) oder Mailverwaltung (Outlook) gehören zur Standardausrüstung am Arbeitsplatz. Verfügt man über entsprechende Kompetenzen, sollte man diese jetzt erwähnen – und gleichzeitig erklären, wie man sie erworben hat: durch die intensive private Nutzung, in der Schule, durch Fortbildungskurse oder bei Jobs bzw. Praktika?

Wie würden Sie antworten?
Bitte formulieren Sie Ihre Antwort schriftlich auf separatem Notizpapier oder mündlich im Partnerdialog, ehe Sie weiterlesen.

Musterantwort

„Ich würde mich als erfahrenen Computernutzer einschätzen. Die wichtigen Office-Programme – also Outlook, Word und Excel – haben wir in den letzten Jahren in der Schule durchgenommen, aber vor allem arbeite ich privat sehr viel damit. Vor ein paar Jahren habe ich angefangen, Bilder mit Photoshop zu bearbeiten, weil ich es spannend fand, was damit alles möglich ist. Und im Internet bin ich sowieso jeden Tag unterwegs, um mich darüber zu informieren, was es Neues gibt."

Stressfragen

Was geht hinter der Fassade eines Bewerbers wirklich vor? Wie robust ist sein Nervenkostüm unter Extrembedingungen? Um das herauszufinden, setzen manche Personaler die Technik der Stressfrage ein. Bei diesem Griff in die Trickkiste geht es nicht immer vollkommen fair zu, doch die oberste Grundregel lautet: kühlen Kopf bewahren, nicht einschüchtern lassen und keine Gegenangriffe starten. Es handelt sich immer noch um eine Prüfungssituation, und eine Stressfrage ist nichts anderes als eine spezielle Form von Prüfungsaufgabe. Bei der die Personaler mit nüchternem Blick beobachten, wie sich der in die Enge getriebene Kandidat verhält.

„Können Sie uns sagen, warum wir uns für Sie entscheiden sollten? Bis jetzt sind wir noch nicht überzeugt."

Hintergrund

Bevor Sie in ernste Selbstzweifel verfallen, halten Sie sich noch einmal deutlich vor Augen, worum es bei Stressfragen geht: nämlich darum, Sie unter Druck zu setzen – Verunsicherung ist Programm. Der hämisch klingende Begleitkommentar „Bis jetzt sind wir noch nicht überzeugt" ist also nicht als Zwischenbewertung Ihres bisherigen Auftritts zu verstehen, sondern als taktisches Mittel. Die Interviewer kennen Ihre Qualifikationen. Betrachten Sie die (vermeintliche) Kritik als Ansporn zu einem überzeugenden Plädoyer in eigener Sache. Wenn Sie diese Erwartung erfüllen, kommen Sie dem Ausbildungsplatz tatsächlich einen großen Schritt näher.

Worauf kommt es an?

Lässt man den zweiten Satz als bloßen „Stresserzeuger" beiseite, kommt die eigentliche Kernfrage zum Vorschein. Und die lautet ziemlich unspektakulär: „Können Sie uns sagen, warum wir uns für Sie entscheiden sollen?" Kein Thema, selbstverständlich können Sie das! Ihre Gesprächspartner sollten sich für Sie entscheiden, weil Sie für den Beruf sehr gut geeignet sind. Was das genau bedeutet, haben Sie in den vergangenen Gesprächsminuten schon einige Male ausgeführt. Jetzt dürfen Sie noch einmal mit persönlichen Kompetenzen, schulischen Qualifikationen, Praktika und anderen Vorkenntnissen auftrumpfen. Aber übertreiben Sie es nicht.

Wie würden Sie antworten?
Bitte formulieren Sie Ihre Antwort schriftlich auf separatem Notizpapier oder mündlich im Partnerdialog, ehe Sie weiterlesen.

Musterantworten

„Den Beruf des Polizisten finde ich äußerst interessant. Speziell Ihr Ausbildungsangebot spricht mich sehr an – deswegen habe ich mich schließlich beworben. Und ich denke, dass ich auch die Voraussetzungen dafür mitbringe. In Ihrer Stellenanzeige stand: Sie suchen Bewerber mit einem guten Schulabschluss, die kommunikationsstark, flexibel, teamfähig, belastbar, motiviert und körperlich fit sind. Und das trifft auf mich zu. Was Polizeiarbeit heißt und wie gewisse Abläufe funktionieren, darüber habe ich mich vor meiner Bewerbung gründlich erkundigt. Beim Tag der offenen Tür im Oktober konnte ich mich über Ihre Behörde genauer informieren, dabei habe ich auch schon mit einem Einstellungsberater gesprochen. Danach stand für mich fest, dass ich die Ausbildung zum Polizeikommissar hier absolvieren will – und daran hat sich nichts geändert. Ich würde mich daher sehr freuen, wenn es klappt."

„Wirklich? Ehrlich gesagt, das überrascht mich ein bisschen. Bis jetzt hatte ich nämlich eigentlich den Eindruck, dass die Stelle sehr gut zu mir passt. Schade, dass ich Sie wohl doch nicht überzeugen konnte. Meine Praktika habe ich bereits erwähnt, meine Schulnoten liegen alle im grünen Bereich, und das Arbeitsklima gefällt mir auch. Aber ich wüsste nicht, was ich Ihnen jetzt noch erzählen sollte."

Die Schnellkritik: Am Anfang zu abgebrüht, am Ende zu wortkarg. Der Kandidat lässt seine Gesprächspartner zunächst sehr offensichtlich ins Leere laufen. Danach hält er es augenscheinlich für überflüssig, seine Qualifikationen noch einmal ins Rampenlicht zu rücken. Ein leichter Hang zur Überheblichkeit lässt sich nicht leugnen. Leider verträgt sich dieses Charaktermerkmal überhaupt nicht mit entscheidenden Kerneigenschaften eines aussichtsreichen Bewerbers: Leistungsbereitschaft, Teamfähigkeit und Kommunikationsvermögen.

„Wer hat Ihnen denn diese Hose ausgesucht?"

Hintergrund
Um es kurz zu machen: Woher ein Kandidat seine Kleidung bezieht, interessiert die Interviewer nicht. Warum fragen sie dann danach? Dafür gibt es zwei mögliche Erklärungen: Entweder, die Behördenvertreter wollen den Bewerber ein-

fach nur aus der Reserve locken. Oder sie halten sein Erscheinungsbild tatsächlich für verbesserungsfähig. Empfehlungen zur angemessenen Kleiderwahl finden Sie zu Beginn des Kapitels „Das Vorstellungsgespräch".

Worauf kommt es an?
Sie haben die Absichten Ihrer Gesprächspartner entschlüsselt? Dann können Sie angemessen antworten. Falls Sie sicher sind, dass die Interviewer Sie nur verunsichern wollen, können Sie sie jetzt beim Wort nehmen. Sie wissen natürlich, wer Ihnen die Hose ausgesucht hat – höchstwahrscheinlich Sie selbst. Damit dürfte das Thema bereits erledigt sein. Wenn Sie hingegen doch einräumen müssen, bei der Kleiderwahl wirklich etwas danebengegriffen zu haben, machen Sie klar, dass daran ein Missverständnis schuld war. Und keine Schludrigkeit.

Wie würden Sie antworten?
Bitte formulieren Sie Ihre Antwort schriftlich auf separatem Notizpapier oder mündlich im Partnerdialog, ehe Sie weiterlesen.

Musterantworten

„Die Hose habe ich mir selbst ausgesucht – genau wie das Sakko, das Hemd und die Schuhe."

„Da muss ich zugeben: Das war ich selbst. Man fragt sich ja vor einem Bewerbungsgespräch immer, was man anziehen soll. Ich habe versucht, mich daran zu orientieren, wie sich die Behörde im Internet und in Broschüren präsentiert. Jetzt muss ich sagen, dass ich die Kleiderfrage wohl doch ein bisschen falsch eingeschätzt habe."

„Warum stellen Sie sich so in den Vordergrund? Machen Sie das immer so?"

Hintergrund
Stopp, einen Schritt zurück: Sie sollen begründen, warum Sie sich in den Vordergrund stellen? Damit wird doch glatt eine heikle Behauptung als Tatsache präsentiert – nämlich, dass Sie sich in den Vordergrund stellen. Solche kleinen Mogeleien sind charakteristisch für Suggestivfragen und sollten nicht unkommentiert bleiben.

Worauf kommt es an?
Eine knifflige Zwickmühle. Sucht man eine Begründung, geht man den Prüfern auf den Leim. Konzentriert man sich auf die letzte Teilfrage („Machen Sie das immer so?"), bleibt der unvorteilhafte Vorwurf im Raum stehen. Widerspricht man rundheraus („Ich stelle mich doch gar nicht in den Vordergrund"), riskiert man die offene Konfrontation – auch die führt hier nicht weiter. Ein eleganter Ausweg: Man drehe die Argumentationsrichtung einfach um und nutze die Unterstellungen der Interviewer für eigene Zwecke. Ein motivierter Bewerber, dem seine Ausbildung wichtig ist, hat doch schließlich einen sehr nachvollziehbaren Grund, im Auswahlverfahren engagiert aufzutreten. Mit Rücksichtslosigkeit hat das nichts zu tun.

> **Wie würden Sie antworten?**
> Bitte formulieren Sie Ihre Antwort schriftlich auf separatem Notizpapier oder mündlich im Partnerdialog, ehe Sie weiterlesen.

Musterantwort
„Also, es ist überhaupt nicht meine Absicht, mich hier in den Vordergrund zu drängen. Aber natürlich ist mir die Ausbildung sehr, sehr wichtig – deswegen will ich im Auswahlverfahren einen möglichst guten Eindruck hinterlassen. Daher versuche ich, mich einzubringen und etwas von mir zu zeigen. Ich hoffe, dass ich dadurch niemandem auf die Füße getreten bin."

Das Vorstellungsgespräch

„Ihr Schulabschluss ist schon ein halbes Jahr her. Warum haben Sie sich nicht schon bei der letzten Einstellungsrunde beworben?"

Hintergrund

Die Bewerbungsfristen der Behörden enden meist schon 10 bis 12 Monate vor dem Einstellungsdatum. Die meisten Stelleninteressenten bewerben sich entsprechend lange vor dem Schulabgang, um einen nahtlosen Übergang in die Ausbildung zu schaffen. „Spätzünder", die sich erst im Jahr des Schulabschlusses um eine Ausbildung im Jahr darauf kümmern, müssen damit rechnen, dass die Personaler nachhaken.

Worauf kommt es an?

Eine „verspätete" Bewerbung ist kein größeres Problem, solange sie nachvollziehbar begründet wird. Obendrein sollte man zeigen, dass man die Zeit bis zum Ausbildungsbeginn mit sinnvollen Beschäftigungen füllt, die einen persönlich oder (noch besser) beruflich weiterbringen. Wer sich im Vorjahr bereits anderweitig beworben, aber reihenweise Absagen kassiert hat, sollte dies nicht an die große Glocke hängen. Das gilt insbesondere dann, wenn der aktuell zur Debatte stehende Beruf in der persönlichen Wunschliste nicht die erste Geige gespielt hat.

> **Wie würden Sie antworten?**
> Bitte formulieren Sie Ihre Antwort schriftlich auf separatem Notizpapier oder mündlich im Partnerdialog, ehe Sie weiterlesen.

Musterantwort

„Als es im letzten Jahr in der Schule in die entscheidende Phase ging, habe ich mich stark aufs Lernen konzentriert, damit mein Abschlusszeugnis so gut ausfällt wie möglich. Das hat sich im Nachhinein auch ausgezahlt, aber leider habe ich die Bewerbungsfristen völlig aus den Augen verloren. Erst im September ist mir das aufgefallen, und da war es schon zu spät. Ich hätte mich mehr um die Bewerbung kümmern müssen, ganz klar. Aktuell mache ich ein Praktikum und einen Englischkurs, um die Zeit bis zum Ausbildungsbeginn zu überbrücken."

„Sie legen Wert auf Teamwork, sagen Sie. Warum können Sie nicht selbstständig arbeiten?"

Hintergrund

Hier werden Sie scheinbar vor die Wahl gestellt: Können und wollen Sie im Team arbeiten? Oder sind Sie in der Lage, eigenständig anzupacken? Doch warum sollte das eine das andere überhaupt ausschließen? An dieser Stelle können Sie ansetzen, denn dafür gibt es keinen vernünftigen Grund.

Worauf kommt es an?

Der Vorwurf mangelnder Selbstständigkeit soll sie zu unbedachten Reaktionen provozieren – nehmen Sie den kleinen Seitenhieb gelassen hin! Lassen Sie sich auch nicht dazu verleiten, einen Rückzieher zu machen und Ihre vorherigen Aussagen zum Thema Teamwork zu relativieren. Ihre Aufgabe lautet: Bringen Sie Mannschaftsgeist und Eigenständigkeit unter einen Hut. In vielen Situationen ist Kooperation Trumpf. Routinetätigkeiten am Schreibtisch beispielsweise erledigt man aber oft im Alleingang am effektivsten.

> **Wie würden Sie antworten?**
> Bitte formulieren Sie Ihre Antwort schriftlich auf separatem Notizpapier oder mündlich im Partnerdialog, ehe Sie weiterlesen.

Musterantwort

„Dass ich Teamwork wichtig finde, stimmt. Ich glaube, dass es als Polizistin sehr wichtig ist, dass man mit anderen zusammenarbeiten kann. Man ist ja praktisch immer mit mindestens einem Kollegen unterwegs, und im Einsatz muss man sich jederzeit aufeinander verlassen können. Das steht aber gar nicht im Widerspruch zum selbstständigen Arbeiten, finde ich. Wie man am besten vorgeht, hängt doch auch von der Aufgabe ab, die man gerade hat. Wenn ich auf der Wache eine Anzeige aufnehme, muss ich dafür nicht unbedingt noch andere Kollegen mit ins Boot holen."

Fragen zur beruflichen Zukunft

Eine Ausbildung verlangt nicht nur Berufseinsteigern einiges ab. Auch die Ausbildungsbehörde investiert viel, um ihren Nachwuchs zu qualifizieren. Manchmal geht sie allerdings leer aus – zum Beispiel, wenn der Azubi die Ausbildung abbricht oder später die Versetzung an einen anderen Dienstort beantragt. Die Personaler schätzen es daher, wenn sich ein Bewerber mit seinen beruflichen Möglichkeiten vor Ort intensiv befasst hat. Denn das signalisiert ihnen, dass er sich mit dem Beruf und der Dienststelle identifiziert.

„Wo sehen Sie sich in drei bis fünf Jahren?"

Hintergrund
Anders ausgedrückt: Wie soll es nach der Ausbildung weitergehen? Ehrgeizigen Kandidaten eröffnen sich meist viele Wege zur Weiterbildung und Spezialisierung. Wer darüber Bescheid weiß, zeigt, dass es ihm mit der Berufswahl ernst ist. Natürlich sollten die beruflichen Zukunftspläne grundsätzlich zur gegenwärtig anvisierten Ausbildung passen. Und darüber hinaus nicht zu festzementiert sein. Denn nicht immer läuft alles nach Plan – flexibel bleiben, heißt die Devise.

Worauf kommt es an?
Welche beruflichen Wünsche und Ziele haben Sie? Mittelfristig wollen Sie natürlich erst einmal Ihre Ausbildung erfolgreich abschließen. Doch der Berufseinstieg steht erst am Anfang Ihrer Karriere. Danach können Sie die nächsten Schritte in Angriff nehmen und sich für höhere Aufgaben qualifizieren. Bleiben Sie dabei realistisch und machen Sie deutlich, dass Sie ein langfristiges Dienstverhältnis im Auge haben. Günstigerweise lässt sich die Frage anschließen, welche Wege zur Weiterqualifikation die Behörde bietet.

Wie würden Sie antworten?
Bitte formulieren Sie Ihre Antwort schriftlich auf separatem Notizpapier oder mündlich im Partnerdialog, ehe Sie weiterlesen.

Musterantworten

„Also, zuerst möchte ich natürlich meine Ausbildung bei Ihnen absolvieren und mit guten Bewertungen abschließen. Das ist mein Ziel, das hat für mich absolute Priorität. Was danach kommt? Interessant wäre zum Beispiel eine Spezialisierung im Bereich des Personenschutzes. Ob das funktioniert, hängt aber natürlich auch davon ab, wie es die Situation in der Behörde zulässt. Irgendwann könnte ich mir auch vorstellen, den Laufbahnaufstieg in den gehobenen Dienst zu versuchen. Aber das ist natürlich Zukunftsmusik, ich bin da nicht eindeutig festgelegt. Auf Ihrer Internetseite habe ich gelesen, dass das Thema Weiterbildung bei Ihnen eine große Rolle spielt. Welche Möglichkeiten gäbe es denn da?"

„Wo ich mich in drei bis fünf Jahren sehe? Ehrlich gesagt: Damit habe ich mich bis jetzt noch gar nicht beschäftigt. Das Einzige, was für mich im Moment zählt, ist der Ausbildungsplatz. Und wenn ich die Zusage bekommen habe, sehe ich zu, dass ich meinen Job so gut wie möglich erledige. Nach der Ausbildung kann ich ja immer noch überlegen, was ich später machen möchte."

Die Schnellkritik: Auf die Abschlussprüfung folgt das große Vakuum? Das könnte zu Missverständnissen führen. Nicht vergessen: Die Personaler suchen motivierte Nachwuchskräfte, die ihre Berufswahl aus Überzeugung getroffen haben und die Ausbildung nicht bloß als Übergangslösung betrachten. Es schadet nicht, den Blick in die Zukunft zu richten: Die Ausbildung ist zwar eine wichtige und wegweisende Episode des Berufslebens – aber nicht die einzige.

„Haben Sie einen Plan B, wenn es mit der Ausbildung bei uns nicht klappt?"

Hintergrund

Finden Ihre Gesprächspartner Sie sympathisch? Im Idealfall ja. So sympathisch, dass sie nun um Ihre gesamte Zukunftsplanung besorgt sind? Das nun wiederum bestimmt nicht. Die Interviewer wollen lediglich herausfinden, wie sicher Sie in Ihrer Berufsentscheidung sind. Kandidaten, die sich ihrer Fähigkeiten bewusst sind und verantwortlich planen, haben ein klares Ziel vor Augen – aber setzen nicht gleich alles auf eine Karte.

Worauf kommt es an?

Ihre Enttäuschung im Fall einer Absage müssen Sie nicht verhehlen: Es handelt sich schließlich um Ihren Wunsch-Arbeitgeber. Doch das Leben geht auch nach einem negativen Bescheid weiter. Eventuell haben Sie noch andere Eisen im Feuer, möglicherweise gibt es weitere interessante Stellenangebote bei anderen Behörden? Für Misstrauen sorgt, wer nach einer Absage die Flinte ins Korn werfen und gleich auf eine ganz andere Tätigkeit umsatteln will. Besonders stark kann der Berufswunsch dann wohl nicht sein.

Wie würden Sie antworten?
Bitte formulieren Sie Ihre Antwort schriftlich auf separatem Notizpapier oder mündlich im Partnerdialog, ehe Sie weiterlesen.

Musterantwort

„Wenn ich den Ausbildungsplatz bei Ihnen nicht bekommen würde, wäre ich mit Sicherheit schon ein bisschen geknickt. Es wäre wirklich schade, weil ich überzeugt bin, dass die Ausbildung hier für mich genau das Richtige wäre. Von dieser Behörde habe ich einen sehr guten Eindruck gewonnen, und ich habe viel Zeit in meine Bewerbung gesteckt. Natürlich weiß ich, dass im Moment auch einige andere Polizeien Ausbildungsplätze im gehobenen Dienst anbieten. Meine Parallelbewerbung hatte ich ja bereits erwähnt. Aber ich müsste mir noch einmal genau überlegen, welche Alternative für mich am ehesten infrage kommt. Ihr Angebot, das muss ich ehrlich sagen, ist für mich am attraktivsten."

Fragen zum Gesprächsausklang

Das Vorstellungsgespräch neigt sich seinem Ende zu. Von Ihren Hard und Soft Skills brauchen Sie nun niemanden mehr zu überzeugen. Jetzt geht es den Personalern nur noch um eine abschließende Einordnung Ihrer Ausbildungsambitionen: Wie war das Gespräch für Sie? Welches Bild von Ihrem potenziellen

neuen Arbeitgeber haben Sie nun? Standen bzw. stehen Sie noch anderweitig in Kontakt zur Behörde, abgesehen vom aktuellen Bewerbungsverfahren?

„Welchen Eindruck haben Sie im Auswahlverfahren von unserer Behörde gewonnen?"

Hintergrund
Eine derart durchschaubare Frage sollte man eigentlich auch mit einer simplen Antwort abhandeln können. Aber im Vorstellungsgespräch herrscht nun einmal keine Waffengleichheit. Jetzt liegt es an Ihnen, das von den Interviewern erhoffte Lob in wohl gewählte Worte zu verpacken, ohne zu plump zu wirken. Falls Sie die Stelle weiterhin reizt, haben Sie bislang natürlich einen sehr guten Eindruck gewonnen, können berichten, was genau Ihnen gefallen hat, und dadurch das Interesse am Ausbildungsplatz abschließend bekräftigen.

Worauf kommt es an?
Lassen Sie das bisherige Bewerbungsverfahren im Allgemeinen und das Gespräch im Besonderen Revue passieren. Bedanken Sie sich für die informative Unterhaltung und heben Sie die für Sie spannendsten Punkte hervor. Für manche Bewerber verläuft das Gespräch mitunter ernüchternd. Negatives Feedback sollte man sich jedoch gut überlegen: Bei unverhohlener Kritik ist der Ausbildungsplatz sehr wahrscheinlich passé.

> **Wie würden Sie antworten?**
> Bitte formulieren Sie Ihre Antwort schriftlich auf separatem Notizpapier oder mündlich im Partnerdialog, ehe Sie weiterlesen.

Musterantworten

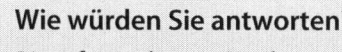

„Ich habe einen sehr positiven Eindruck gewonnen, der meine bisherigen Erfahrungen bestätigt. Als ich das Ausbildungsangebot gelesen habe, hatte ich gleich ein gutes Gefühl, weil ich dachte: ‚Das ist genau das, was ich will'. Vielen Dank, dass Sie sich die Zeit genommen haben, mir die Ausbildung heute so genau vorzustellen. Die Aufgaben, die Sie mir beschrieben haben, entsprechen ziemlich genau dem, *was ich mir vorgestellt habe und was ich kann beziehungsweise lernen möchte. Neben der Ausbildung an sich reizen mich auch die Weiterbildungsmöglichkeiten. Außerdem haben Sie ja gemeint, dass man gute Aufstiegschancen hat, wenn die Leistungen stimmen. Ich kann mir deswegen sehr gut vorstellen, hier zu arbeiten."*

— *„Puh, also ich glaube, ich war ganz schön aufgeregt. Es kann sein, dass mir an der einen oder anderen Stelle die Worte gefehlt haben. Ich habe das Gefühl, dass ich nicht immer das sagen konnte, was ich eigentlich sagen wollte. Aber ich hoffe, dass ich Sie trotzdem überzeugen konnte."*

Die Schnellkritik: Bescheidenheit mag eine lobenswerte Tugend sein, aber dieser Schuss geht leider nach hinten los. Die Interviewer erwarten positive Signale, die vermitteln, dass man weiterhin ernsthaft am Ausbildungsplatz interessiert ist. Hier erhalten sie stattdessen ein negativ grundiertes Feedback, das sich ausschließlich um persönliche Unzulänglichkeiten dreht. Es gibt keinen Grund, sich am Ende des Interviews kleinlaut für das Gesprächsverhalten zu entschuldigen. Es sei denn, man möchte hauptsächlich mit seinen Schwächen in Erinnerung bleiben.

„Haben Sie sich vor der aktuellen Bewerbung schon einmal bei uns beworben?"

Hintergrund
Hartnäckige Kandidaten versuchen gegebenenfalls mehrmals, die erhoffte Zusage bei ihrer Wunsch-Behörde zu ergattern. Sollte dies nicht auf Anhieb geklappt haben, gibt es dafür allerdings Gründe: ein schlechtes Abschneiden im schriftlichen Test, ein unsicheres Auftreten im Vorstellungsgespräch – woran hat es gelegen?

Worauf kommt es an?
Diese geschlossene Frage gibt Ihnen genau zwei Antwortmöglichkeiten: ja oder nein. Im ersten Fall sollten Sie etwas weiter ausholen und die Interviewer ins Bild setzen. Warum hatten Sie beim ersten Mal keinen Erfolg? Woran sind Sie gescheitert? Wie haben Sie eventuelle Schwächen in der Zwischenzeit wettgemacht?

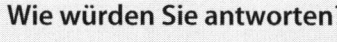

> **Wie würden Sie antworten?**
> Bitte formulieren Sie Ihre Antwort schriftlich auf separatem Notizpapier oder mündlich im Partnerdialog, ehe Sie weiterlesen.

Musterantworten

„Nein, ich habe mich noch nicht bei Ihnen beworben. Das ist das erste Mal, dass ich mich überhaupt für einen Ausbildungsplatz bewerbe, ich habe die Schule ja erst vor kurzem beendet."

„Ja, ich habe mich im letzten Jahr schon einmal bei Ihnen beworben, aber da hat es leider nicht geklappt. Damals bin ich am Sporttest gescheitert, genauer gesagt am Cooper-Test. Nach der Absage habe ich eine Weile gejobbt und eine Sprachreise nach Spanien gemacht – für mich stand fest, dass ich mich hier unbedingt noch einmal bewerben will. An meinen Schwächen habe ich gearbeitet, dank einer guten Vorbereitung fiel mir der Sporttest in diesem Jahr wesentlich leichter. Vielleicht war das letzte Jahr einfach noch nicht der richtige Zeitpunkt, um die Ausbildung zu beginnen. Jetzt fühle ich mich auf jeden Fall bereit dazu."

„Kennen Sie jemanden, der bei uns arbeitet? Was haben Sie denn von ihm erfahren?"

Hintergrund

Die Interviewer wollen klären, ob Sie über persönliche Beziehungen mit der Behörde verbunden sind und wie Sie diese Kontakte genutzt haben. Ein gutes Netzwerk schadet im Berufsleben grundsätzlich nicht. Doch eine zu hohe Dosis „Vitamin B" stößt den Interviewern eventuell sauer auf: Schließlich bewerben Sie sich doch nicht, weil Ihr Onkel, bester Freund oder Vereinskumpan das mit Nachdruck empfohlen hat oder gar Ihre Einstellung durchpauken möchte.

Worauf kommt es an?

Hier lauert ein letztes Fettnäpfchen. Sind Sie nicht gerade mit dem Behördenchef auf du und du, sollten Sie Namen nur mit Bedacht fallen lassen. Wer weiß, ob die Personaler auf Ihren Bekannten gut zu sprechen sind? Haben Sie Ihre

Beziehungen spielen lassen, um Informationen über die Stelle zu erhalten, kann das Ihr Engagement unterstreichen – mehr aber auch nicht. Und schneiden Sie keine behördeninternen Diskussionen oder Gerüchte an. Wenn Sie niemanden kennen, ist das kein Nachteil.

> **Wie würden Sie antworten?**
> Bitte formulieren Sie Ihre Antwort schriftlich auf separatem Notizpapier oder mündlich im Partnerdialog, ehe Sie weiterlesen.

Musterantworten

„Nein, ich kenne niemanden persönlich, der bei der Bundespolizei arbeitet."

„Hier in Baden-Württemberg kenne ich niemanden, aber mein Onkel ist Polizist in Nordrhein-Westfalen. Das war praktisch für mich, weil ich ihn vor meiner Bewerbung lang und breit über die Polizeiausbildung und den Berufsalltag ausfragen konnte. Er hat mir viel erzählt und fand meine Entscheidung sehr gut. Das hat mich natürlich bestärkt."

Fragen, die Sie selbst stellen können

„Wir haben Ihnen bis hierhin eine Menge Fragen gestellt. Jetzt lassen Sie uns den Spieß einmal umdrehen: Möchten Sie denn noch etwas von uns wissen?"

In der Endphase des Interviews geben die Personaler Ihnen das Wort. Betrachten Sie das nicht als reine Höflichkeitsgeste: Sie erhalten dadurch eine günstige Gelegenheit, abschließend noch einmal Ihre Motivation zu bekräftigen. Nutzen Sie diese Chance! Mit Sicherheit ist in den vergangenen Minuten nicht alles zur Sprache gekommen, was Sie wissen wollen. Anschlussfragen nach unklaren Details können natürlich nur Kandidaten stellen, die während des Gesprächs gut aufgepasst haben.

Unproblematische Themen

Professionell vorbereitet, haben Sie sich bereits vor der Unterhaltung wichtige Fragen auf einem Zettel notiert. Viele davon werden bereits beantwortet worden sein, manche noch nicht – die können (und sollten) Sie nun stellen. Vermeiden Sie Belanglosigkeiten, unangemessene Themen (Gehalt, Urlaub) und Wiederholungen, die Sie unaufmerksam wirken lassen. Anstelle von „Warum"-Fragen – die auf Rechtfertigung aus sind – erkundigen Sie sich lieber mithilfe von „wie", „was" oder „wer".

Im Allgemeinen recht risikoarme, zum Nachhaken geeignete Stichpunkte sind: das weitere Vorgehen im Bewerbungsverfahren, Weiterbildungsangebote, der genaue Ausbildungsablauf etc. Konfrontieren Sie Ihre Gesprächspartner zum Ende des Interviews aber nicht noch mit einem ganzen Fragenkatalog. Haken Sie gezielt bei den Angelegenheiten nach, die für Sie interessant sind.

Als Vorschlag ein paar generell unproblematische Themen:

- Welche Einsatzbereiche lernt man während der Ausbildung kennen?
- Gibt es die Möglichkeit, den Vorbereitungsdienst zu verkürzen? Unter welchen Voraussetzungen?
- Mit welchen Problemen muss man rechnen, wenn man während der Ausbildung zum ersten Mal im Streifendienst eingesetzt wird?
- Wer sind die Vorgesetzten? Wen kann man bei Fragen oder Problemen ansprechen?
- Wie verläuft der theoretische Unterricht genau, wo und wie häufig findet er statt?
- Welche Aufstiegschancen hat man nach der Verbeamtung?
- Welche Weiterbildungsmöglichkeiten gibt es?
- Wie gelangt man nach der Ausbildung in einen bestimmten Tätigkeitsbereich?
- Wie viele Ausbildungsplätze bietet die Behörde in diesem Jahr an? Wie viele Bewerber gibt es?

¬ Wie viele Auszubildende arbeiten bei der Behörde insgesamt bzw. am betreffenden Dienstort?

¬ Wann können Sie mit einer Antwort der Behörde rechnen?

Und wenn alles besprochen ist? Dann können Sie es mit Goethes „Faust" halten: „Der Worte sind genug gewechselt, lasst mich auch endlich Taten sehen!" Nun liegt es an den Behördenvertretern, das Gespräch auszuwerten und Ihnen eine Rückmeldung zu geben. Sie können jetzt nur noch eines tun: Sich freundlich für das Gespräch bedanken und das Angebot zum finalen Händeschütteln annehmen.

Unerlaubte Fragen und heikle Situationen

Bei der Auswahl des Polizei- und Zoll-Nachwuchses gelten besondere Maßstäbe: Die Staatsbürgerschaft, das Vorstrafenregister und die Vermögensverhältnisse zählen hier zu den legitimen Einstellungskriterien – anders als in weiten Teilen der Privatwirtschaft. Andere Aspekte des Privatbereichs, zum Beispiel die sexuelle Orientierung, sind jedoch auch für die Behörden tabu. Wird gegen alle Erfahrung dennoch nachgefragt, dürfen Bewerber zur Notlüge greifen oder die Auskunft verweigern. Nach dem Motto „Keine Antwort ist auch eine Antwort" ist Schweigen freilich immer die schlechteste Alternative.

Nationalität, Abstammung

Die Staatsangehörigkeit ist im öffentlichen Dienst ein rechtmäßiges Auswahlkriterium: Manche Beamtenstellen stehen nur deutschen Staatsbürgern offen, andere sind auch für EU-Bürger oder andere Staatsangehörige zugänglich. Die Abstammung, das heißt die ethnische Herkunft, muss man aber nicht aufdecken. Unter Umständen kann das allerdings Vorteile bringen: zum Beispiel, wenn man dank eines Migrationshintergrunds besondere kulturelle oder sprachliche Kompetenzen besitzt.

Familienstand und -planung

Ledig oder verheiratet? Wer damit konfrontiert wird, sollte ehrlich antworten – die Frage nach dem Familienstand darf der Interviewer nämlich ungeniert stellen. Ob Sie allerdings Heiratspläne oder Kinderwünsche hegen, geht ihn wiederum nichts an. Aufgrund dieser Informationen könnten nämlich Rückschlüsse auf die sexuelle Identität oder auf bevorstehende Schwangerschaften gezogen werden – beides muss im Interview nicht aufgedeckt werden.

Sexuelle Identität

Was Sie an dieser Stelle preisgeben möchten, entscheiden Sie allein. Die Homo-, Hetero-, Trans- oder sonstige Sexualität eines Bewerbers hat den Arbeitgeber prinzipiell nicht zu interessieren. Dass Menschen wegen ihrer sexuellen Orientierung im Beruf diskriminiert werden, kommt leider immer noch vor. Obwohl es das 2006 in Kraft getretene Allgemeine Gleichbehandlungsgesetz (AGG) ausdrücklich verbietet.

Schwangerschaft

Weil sie gegen das Gebot der geschlechtlichen Gleichbehandlung verstoßen, sind Fragen nach einer aktuellen oder geplanten Schwangerschaft unzulässig. In der ärztlichen Untersuchung sollten schwangere Bewerberinnen daraus aber kein Geheimnis machen: Nur so kann der Arzt die veränderten Blutwerte richtig einordnen und beurteilen, ob geröntgt werden darf oder nicht.

Gesundheitszustand

Fragen zu Krankheiten oder Behinderungen sind im Auswahlverfahren erlaubt. Die Wahrheit über den Gesundheitszustand kommt ohnehin spätestens in der polizei- bzw. amtsärztlichen Untersuchung ans Tageslicht. Dabei wird man übrigens auch zu einer gesundheitlichen Selbstauskunft gebeten – mutwillige Falschangaben können noch im Nachhinein zur Entlassung führen.

Politische und religiöse Überzeugung

Mit welcher Partei man sympathisiert, wie man zu religiösen Fragen steht, ob man sich gewerkschaftlich engagiert – all das spielt keine Rolle, solange man es auf dem Boden des Grundgesetzes tut! Beamte müssen uneingeschränkt zur freiheitlich-demokratischen Grundordnung stehen. Vertreter antidemokratischer Gruppierungen werden daher nicht eingestellt.

Ehrenamt, Vereinsmitgliedschaft

Ehrenämter und Vereinstätigkeiten beanspruchen Zeit und Energie. Ein künftiger Arbeitgeber kann sie daher als unnötige Konkurrenz zur Diensttätigkeit betrachten – oder andererseits als Beispiele lobenswerten gemeinschaftlichen Engagements. Wägen Sie Vor- und Nachteile ab, die Auskunft ist nicht verpflichtend.

Vermögensverhältnisse

Arbeitgeber im öffentlichen Dienst können verlangen, dass ihre Nachwuchskräfte in „geordneten wirtschaftlichen Verhältnissen" leben. Das heißt: Man darf nicht überschuldet sein, sonst wäre man womöglich manipulierbar oder bestechlich. Geben Sie wahrheitsgemäß Auskunft.

Vorstrafen

Als vorbestraft gilt man dann, wenn sich ein entsprechender Eintrag im Führungszeugnis findet. Und da die Polizei- und Zoll-Personaler dieses Dokument häufig bereits mit der Bewerbung erhalten, wissen sie im Gespräch längst Bescheid. Wer schon einmal mit dem Gesetz in Konflikt gekommen ist, sollte zu seinen Vergehen ehrlich Stellung nehmen. Jugendsünden, die sich nicht im Führungszeugnis niederschlagen, muss man nicht beichten.

Wie retten Sie sich aus der Klemme?

Lampenfieber – nur was für Anfänger? Falsch: Selbst gestandene Hollywoodstars haben vor wichtigen Auftritten Herzklopfen. Eine gewisse Nervosität lässt sich eben manchmal nicht vermeiden, wird auch im Vorstellungsgespräch durchaus akzeptiert und gelegentlich sogar bewusst provoziert. Ein paar bewährte Taktiken, falls Sie in Bedrängnis geraten:

Umschalten. Schuld an der inneren Unruhe ist das Stresshormon Adrenalin, das der Körper in brenzligen Situationen in die Blutbahn schüttet. Dieser Mechanismus hat allerdings auch sein Gutes: Das Adrenalin macht uns wach und aufmerksam und hilft uns, heikle Angelegenheiten konzentriert zu meistern. Zittrigen Händen und weichen Knien beugt man durch Bewegung vor – statt dem Aufzug zum Besprechungsraum die Treppe nehmen, im Sitzen die Beinmuskeln an- und entspannen.

Zeit schinden. Wenn die passende Antwort nicht sofort auf der Zunge liegt: Spielen Sie auf Zeit. Zur Vermeidung unangenehmer Schweigepausen gibt es verschiedene Techniken: Sie können die gestellte Frage in eigenen Worten noch einmal wiederholen („Wenn ich Sie richtig verstanden habe, dann …"), die angeschnittenen Aspekte gegeneinander abwägen – oder einen kleinen Schlenker zu bereits angeschnittenen Themen machen („Ich verstehe Ihre Frage. Dazu möchte ich ganz kurz noch einmal auf meine Antwort von vorhin eingehen …").

Die Fassung wahren. Gelegentlich testen Interviewer mit kleinen Sticheleien, wie leicht sich ein Kandidat aus der Reserve locken lässt. Versuchen Sie, solche Äußerungen als Scherz abzutun, verweisen Sie ganz nüchtern auf Ihre Qualifikationen. Sollte es um private Dinge gehen, lenken Sie die Aufmerksamkeit der Prüfer zurück zu Ihrer Bewerbung. Wenn Sie sich jedoch durch derbe Kommentare vor den Kopf gestoßen fühlen, dann machen Sie darauf aufmerksam.

Kapitel 6

Das Assessment Center

Assessment Center – was ist das? 386

AC-Aufgabenblock 1: Kurzvorträge
und Präsentationen 388

AC-Aufgabenblock 2: Gruppenaufgaben 394

AC-Aufgabenblock 3: Einzelaufgaben 401

Aufgaben zum Üben 404

Gute Tage, schlechte Tage: Absage, und jetzt? 421

Assessment Center – was ist das?

Das Assessment Center – wörtlich übersetzt: „Beurteilungszentrum" – ist ein weitverbreitetes Instrument zur Personalauswahl. Dabei stellen sich die Teilnehmer verschiedenen praxisbezogenen Prüfungen, die vor allem die sozialen und methodischen Kompetenzen auf die Probe stellen. Die Prüfer interessiert: Wie verhalten sich die Stelleninteressenten untereinander, wie gehen sie bei der Problemlösung vor?

Die Bausteine eines ACs

Bei der Konzeption eines Assessment Centers werden je nach Anforderungsprofil unterschiedliche Prüfungsmodule zusammengestellt. Diese AC-Bausteine sind zum Teil einzeln zu absolvieren (Kurzvortrag, Präsentation, Postkorbübung, Abschlussgespräch), zum Teil muss man sie im Kollektiv bewältigen (Vorstellungsrunde, Gruppendiskussion, Rollenspiel). Auch Vorstellungsgespräche und schriftliche Einstellungstests kann man im weiteren Sinne zum Assessment Center rechnen. Sie nehmen jedoch eine klare Sonderstellung im Auswahlprozess ein.

Assessment-Center-Module
- Kurzvortrag/Präsentation
- Vorstellungsrunde
- Gruppenarbeit/Gruppendiskussion (mit oder ohne Präsentation)
- Rollenspiel
- Postkorbübung
- Abschlussgespräch

Ihre Behörde wird Sie sicher nicht mit dem im Folgenden vorgestellten Maximalkatalog an Modulen konfrontieren. Die Auswahlverfahren für den mittleren Dienst sind ohnehin oft bereits nach dem Einstellungstest, dem Sporttest, dem Bewerbungsgespräch und der ärztlichen Untersuchung beendet. Im gehobenen Dienst gehören Assessment Center mit bis zu drei Stationen allerdings zum Standardprogramm. Fragen Sie nach, womit Sie es zu tun bekommen – Hinweise zum Ablauf finden Sie in Kapitel 1 dieses Buchs.

Worauf achten die Prüfer?

Erscheinung und Umgangsformen Ein gepflegtes Äußeres, gute Manieren und ein sicheres Auftreten sind Trümpfe, die immer stechen. Wer offen auf seine Mitbewerber zugeht und eventuell sogar den Smalltalk mit den Prüfern nicht scheut, beweist, dass er keine Berührungsängste hat.

Ausdrucksfähigkeit und Urteilsvermögen Gut, wenn sich ein Kandidat Gehör verschaffen und seine Ansichten verständlich machen kann. Besser, wenn er dabei auch noch nachvollziehbar und zielführend argumentiert. Sachverhalte sprachlich auf den Punkt zu bringen, gehört zu den beruflichen Basisfähigkeiten.

Engagement und Eigeninitiative Beteiligt sich ein Stellenaspirant aktiv an Gruppenaufgaben? Spricht er von sich aus an, was er für wichtig hält? Oder ruht er sich auf der Arbeit anderer aus, muss ständig zum Mitmachen animiert werden und klinkt sich selbst dann nur sporadisch ein?

Berufsmotivation Was überzeugt Sie an der anvisierten Ausbildung, was fasziniert Sie an der Tätigkeit im Staatsdienst? Ihren beruflichen Ehrgeiz können Sie unter anderem während der Selbstvorstellung oder im Einzelgespräch durchblicken lassen.

Sozialkompetenz Ohne Kontaktvermögen, Kommunikationsstärke und Konfliktfähigkeit kommt man im Berufsleben heute kaum auf einen grünen Zweig. Daher haben die Prüfer ein wachsames Auge darauf, wie sich ein Kandidat im Kreis seiner Mitbewerber verhält: Integriert er sich, bringt er sich ein, trägt er zur konstruktiven Lösung von Konflikten bei?

Leistungsfähigkeit und Belastbarkeit Hitzige Gruppendebatten, umfangreiche Postkorbübungen, anspruchsvolle Rollenspiele, komplexe Themenpräsentationen: Im Auswahlverfahren gilt es, auch unter Druck einen klaren Kopf zu behalten und jederzeit sein Bestes zu geben.

Verantwortungsbewusstsein und Zuverlässigkeit Diese Eigenschaften kann man im Assessment Center an verschiedenen Stellen demonstrieren: etwa, wenn es um die Präsentation eines Planspiels geht oder um

> allgemeine Organisationsfragen ("Ich glaube, die Zeit wird knapp – vielleicht sollten wir langsam unser Fazit besprechen?").
>
> **Fachliche Tauglichkeit** Den fachlichen Grundqualifikationen kommen die Personaler zum einen mithilfe von Schulzeugnissen und Arbeitsnachweisen auf die Spur. Zum anderen beobachten sie bei Vorstellungsgesprächen, Gruppenarbeiten und Gruppendiskussionen, ob ein Kandidat die nötigen Vorkenntnisse mitbringt.

AC-Aufgabenblock 1: Kurzvorträge und Präsentationen

Dauer: ca. 5–10 Minuten für einen Kurzvortrag inkl. Vorbereitung; ca. 15–25 Minuten für eine Präsentation inkl. Vorbereitung

Der individuelle Kurzvortrag und seine „große Schwester", die Präsentation, stellen den Einzelnen in den Mittelpunkt. Der Arbeitsauftrag lautet, zu einem vorgegebenen Thema nach kurzer Vorbereitungszeit ein logisch gegliedertes, inhaltlich schlüssiges Referat zu halten.

Die Selbstvorstellung

Oft wird man im Rahmen der Vorstellungsrunde gebeten, in Form einer Selbstpräsentation ein paar Worte über sich zu verlieren. Wie für jede Vortragsform gilt auch hier: Kurze Sätze vermitteln prägnante Informationen, aufgereiht an einem roten Faden. Natürlich sind die Prüfer nicht an jedem Aspekt der Biografie gleichermaßen interessiert. Erwähnen sollte man vor allem den bisherigen Werdegang (Schule, Berufserfahrung), Stärken und Interessen (Lieblingsfächer), die persönliche Ausbildungsmotivation sowie die Zukunftsvorstellungen.

Falls Sie schon vorher wissen, dass im Assessment Center eine Selbstpräsentation ansteht, bleibt Ihnen einige Zeit zur Vorbereitung. Die sollten Sie nutzen!

Üben Sie das freie Sprechen, trainieren Sie Ihre rhetorische Sicherheit vor Freunden, Eltern oder Geschwistern. Legen Sie sich griffige Formulierungen zurecht und vermeiden Sie Negativsätze: besser „Ich möchte das noch lernen" als „Das kann ich nicht", lieber „Ich freue mich auf die Herausforderung" statt „Damit habe ich mich bisher überhaupt nicht beschäftigt". Bleiben Sie auf dem Boden der Tatsachen und versuchen Sie nicht, Ihre Mitbewerber durch übertriebenes Auftrumpfen auszustechen.

Ergebnis- und Themenpräsentationen

Ergebnispräsentationen beziehen sich oft auf vorangegangene Assessment-Center-Aufgaben, zum Beispiel Gruppendiskussionen oder Gruppenarbeiten. Die Prüfer erwarten dann einen kurzen Überblick über den Ablauf und die Ergebnisse: Welche Argumentationslinien bzw. Lösungswege standen gegeneinander, welche Ansichten haben sich durchgesetzt, zu welchen Resultaten ist das Team gekommen? Eine Ergebnispräsentation wird meist nicht alleine, sondern in einer kleinen Vortragsgruppe gehalten. In diesem Fall kommt es auf eine gute Abstimmung der Referenten an.

Falls eine Themenpräsentation gefordert ist, erfahren Sie die Fragestellung meist recht lange im Voraus – häufig bereits im Einladungsschreiben. Anschließend begeben Sie sich selbstständig auf Informationsrecherche, um sich mit dem Sachverhalt vertraut zu machen. Eine themenbezogene Präsentation gleicht strukturell wie inhaltlich einem Schulreferat und lässt sich dank der Vorlaufzeit besonders gründlich vorbereiten. Vielleicht sogar so gründlich, dass Sie zusätzlich noch Powerpoint-Folien oder Handouts anfertigen können? Falls der Einsatz solcher Extras möglich ist, können Sie Ihrem Auftritt dadurch geschickt den letzten Schliff verleihen.

„Ähm, also ..." – 10 Tipps für eine überzeugende Rede

Die mathematische Informationstheorie versteht Kommunikation als Nachrichtenübertragung vom Sender zum Empfänger. Dass dieser Vorgang in der Praxis ziemlich kompliziert sein kann, wussten schon die alten Griechen: Sie entwickelten die Rhetorik, die Kunst der Rede. Geschickte Rhetoriker sprechen nicht nur, sie überzeugen – heute zum Beispiel in Gerichtssälen und Parlamenten. Ausschlaggebend ist dabei zum einen das „was", also der Inhalt des Vortrags, zum anderen das „wie", das heißt die Art und Weise der Vermittlung. Mit ein paar Grundregeln im Hinterkopf können Sie die Prüfer bei Kurzvorträgen und Präsentationen leicht für sich einnehmen.

Tipp 1: Struktur!

Ein guter Vortrag braucht eine klare Gliederung. Sie hilft dem Redner, seine Gedanken zu sortieren, und den Zuhörern, dem Gedankenfluss zu folgen. Oft erhalten Sie begleitendes Informationsmaterial zur Vorbereitung. Ordnen Sie es und sammeln Sie Ihre Ideen, bevor Sie die Kernthese des Vortrags formulieren. In Anlehnung an die antiken Rhetoriker können Sie sich an folgendes Grundschema halten:

- **Einleitung**
  Der Redner bittet um Aufmerksamkeit und stellt sicher, dass alle Anwesenden zuhören.

- **Erzählung**
  Der Redner umreißt den Sachverhalt, um den es geht. Bei einer Selbstvorstellung im AC kann man diesen Part getrost übergehen; wird jedoch z. B. eine Gruppenarbeit analysiert, gehört die knappe Wiedergabe des Arbeitsauftrags dazu.

- **Beweisführung**
  Der Redner kommt zum Kern der Sache. Bei der Präsentation einer Gruppenarbeit oder Gruppendiskussion vollzieht man nun den Arbeits- bzw. Gesprächsverlauf nach, setzt sich mit Thesen und Argumenten auseinander oder präsentiert seinen Lösungsweg zu einem vorgegebenen Problem. Bei einer Selbstvorstellung skizziert man stattdessen den eigenen Werdegang.

- **Schluss**
  Wenn es sich anbietet, steht am Ende der Rede ein knappes Resümee. Darin fasst der Redner die Hauptpunkte des Referats noch einmal zusammen und

zieht eine kurze Bilanz. Abschließend bedankt er sich bei seinem Publikum freundlich für die Aufmerksamkeit.

Beschränken Sie sich – je nach Länge des Vortrags – auf die zentralen Motive und Leitgedanken. Wer zu viel in zu kurzer Zeit sagen will, überfordert seine Zuhörer.

Tipp 2: Klar und verständlich

Umständliche Satzkaskaden, Fremdwort-Feuerwerke und verwirrende Schachtelungen machen dem Publikum das Leben schwer. Kennt der Zuhörer am Satzende den Satzanfang nicht mehr, hat der Redner sein Ziel verfehlt. Manch ein Politiker spricht daher bei öffentlichen Auftritten fast nur noch in simplen Hauptsätzen aus Subjekt, Prädikat und Objekt. So weit müssen Sie natürlich nicht gehen, aber achten Sie auf eine deutliche, verständliche Sprache: logische Satzanschlüsse, klare Argumentationsfolgen, lieber mehrere kurze Sätze als ein endloser Bandwurmsatz, wichtige Informationen nicht in langen Nebensatzreihen versenken.

Tipp 3: Nervös?

Nervosität ist keine Schande und erst recht kein Grund für noch größere Aufregung. Der Großteil Ihres Publikums dürfte ein leichtes Zittern in Ihrer Stimme durchaus nachvollziehbar finden. Wichtig ist, dass der Vortrag nicht unter der Anspannung leidet: Sprechen Sie langsam und deutlich, vermeiden Sie Verlegenheits-Einschübe wie „äh" oder „ja halt". Solche und andere lästige Stress-Automatismen schleichen sich meist unbemerkt ein. Bei einer Generalprobe vorab können Freunde oder Familienmitglieder darauf aufmerksam machen.

Und wenn Sie während des Vortrags einmal nicht weiterwissen? Dann dürfen Sie bedenkenlos zu einem bewährten Stilmittel greifen und eine wortlose „rhetorische" Kurzpause einstreuen. Sie gibt Ihnen die Gelegenheit, Ihre Gedanken zu sammeln, und Ihren Zuhörern etwas Zeit, um das Gesagte sacken zu lassen.

Tipp 4: Rhythmus, bei dem man mit muss

Eine Rede ist kein Wettlauf. Der überhastete Sprechsprint von der Themenvorstellung zum Fazit führt dazu, dass die Inhalte in der Wahrnehmung der Hörerschaft keinerlei bleibenden Eindruck hinterlassen. Gleichermaßen fatal wäre es, ohne Betonung und Tempovariation monoton durch den Text zu leiern. Choreografieren Sie Ihren Vortrag wie ein Konzert: Schnelle und langsame, laute und leisere Passagen wechseln sich ab; wichtige Stellen werden besonders hervorgehoben, eventuell sogar wiederholt und durch anschließende rhetorische Pausen gezielt unterstrichen.

Tipp 5: Der Körper spricht mit

Kommunikation funktioniert nicht nur über Kehlkopf, Zunge und Mund – der ganze Körper spricht mit. Gewiefte Redner machen schon durch ihren Auftritt unmissverständlich klar, dass nun jemand etwas Wichtiges zu sagen hat: Sie bringen sich in Positur und nehmen eine aufrechte, unverkrampfte Haltung ein.

Meist werden Präsentationen im Stehen gehalten. Die Hände dabei in den Hosentaschen zu verstecken, ist ungeschickt – sie werden schließlich gebraucht: Bedachte, präzise Gesten verleihen dem Gesprochenen Nachdruck. Die richtige Dosis an Bewegung (kein ausuferndes Gefuchtel!) können Sie vor dem heimischen Spiegel einüben. Das Rednergesicht sollte keine starre Maske sein, sondern freundlich, seriös und aufgeschlossen wirken. Ein dann und wann eingeworfenes Lächeln lockert die Stimmung auf.

Tipp 6: Das Publikum im Auge behalten

Ein Vortrag ist ein Monolog? So steht es vielleicht im Wörterbuch. In der Praxis ist das jedoch nur die halbe Wahrheit – die Interaktion mit dem Publikum ist die andere Seite der Medaille. Knüpfen Sie gleich zu Beginn durch Blicke in die Runde eine Verbindung zum Publikum und frischen Sie sie regelmäßig auf: Das bezeugt nicht nur Ihre Souveränität, es animiert auch zum aufmerksamen Zuhören. Gleichzeitig merken Sie, ob die Hörerschaft Ihren Ausführungen folgen kann oder ratlose Gesichter eher das Gegenteil befürchten lassen.

Tipp 7: Die Uhr im Auge behalten

Wie, schon vorbei? Die von den Prüfern veranschlagte Vortragszeit zieht häufig schneller vorüber als gedacht. Teilen Sie sich Ihre Redeminuten gut ein, damit Sie im Rhythmus bleiben können und nicht übereilt zum Ende kommen müssen. Wer viel zu kurz redet oder deutlich überzieht, riskiert Abzüge in der Bewertung.

Tipp 8: Ich hab' da mal was vorbereitet ...

Manchmal ist es möglich, eine Präsentation durch Powerpoint-Projektionen, Flipcharts und ergänzende Materialien wie Handouts oder Thesenpapiere zu unterstützen. Nehmen Sie die Chance wahr: So können Sie komplexe Zusammenhänge noch verständlicher aufbereiten und Ihrem Vortrag zusätzlichen Schwung verleihen. Doch verzetteln Sie sich nicht in einem Wirrwarr an Blättern und Grafiken.

Tipp 9: Mit Rückfragen rechnen

Rückfragen am Ende des Vortrags sollten Sie nicht überraschen. Bereiten Sie sich darauf vor, besonders schwierige oder strittige Punkte noch einmal näher zu erläutern.

Tipp 10: Übung macht den Meister

Wie man eine Rede geschickt gliedert und souverän vorträgt, das lässt sich trainieren. Die nötige Sicherheit gewinnt man durch Trockenübungen, etwa vor dem heimischen Spiegel – am besten aber vor Familienmitgliedern oder Freunden, die eine ehrliche Rückmeldung geben können. Clevere Kandidaten haben dabei zugleich die Uhr im Blick, um sich an feste Zeitvorgaben zu gewöhnen.

AC-Aufgabenblock 2: Gruppenaufgaben

Gruppenarbeiten rücken die sozialen und methodischen Fähigkeiten der Teilnehmer in den Vordergrund. Gewünscht ist eine aktive, zielorientierte Beteiligung, nicht zu verwechseln mit selbstdarstellerischer Dominanz: Wer aus einer Gruppenaufgabe eine Solovorstellung machen will, erweist sich als wenig teamtauglich. Und diese Eigenschaft schreiben die Personaler erfahrungsgemäß besonders groß.

Die richtige Strategie: Zielorientiertes Teamwork

Was kommt bei den Prüfern gut an?

- Selbstständig Ideen einbringen, eigene Vorschläge unterbreiten
- Andere Teilnehmer einbeziehen, aufmerksam auf ihre Beiträge und Argumente eingehen
- Moderieren, zwischen unterschiedlichen Standpunkten vermitteln
- Die Führung des Protokolls übernehmen, sich zur Präsentation bereit erklären
- Konstruktiv kritisieren und konstruktive Kritik aufgeschlossen akzeptieren
- Offen, freundlich und seriös auftreten
- Die Aufgabenstellung im Fokus behalten, ein optimales Ergebnis anstreben
- Die Zeitvorgaben beachten, abdriftende Debatten zum Thema zurückführen

Was kommt bei den Prüfern nicht gut an?

¬ Passivität: keine eigenen Vorschläge machen, sich nicht beteiligen

¬ Zeit und Thema aus den Augen verlieren, zu weit abschweifen

¬ Keine klaren Aussagen machen, substanzlos schwafeln

¬ Sich auf Kosten anderer profilieren, Mitbewerber unterbrechen, Diskussionen an sich reißen

¬ Nur die eigene Meinung durchboxen wollen

¬ Auf Kritik eingeschnappt und uneinsichtig reagieren

¬ Unfreundlich bzw. unsachlich argumentieren oder kritisieren

Die Vorbereitungszeit nutzen

Oft räumen die Prüfer etwas Vorbereitungszeit ein, bevor die Diskussionen, Gruppenarbeiten oder Rollenspiele beginnen. Nutzen Sie diese Phase sinnvoll: Sammeln Sie Ideen und Vorschläge, ordnen Sie Ihre Argumente, formulieren Sie einen eigenen Standpunkt. Den müssen Sie nicht auf Gedeih und Verderb bis zum Ende verteidigen – bleiben Sie kritikfähig und offen für andere Ansichten. Doch Sie sollten gedanklich aufgeräumt in die Gruppenarbeit starten. Zwei erprobte Techniken helfen:

¬ **Brainstorming**
   Schreiben Sie alles auf, was Ihnen zu einem Thema in den Sinn kommt. Den inneren Zensor schalten Sie in dieser Phase am besten aus, ausgefeilte Ar-

gumente und stichhaltige Beweisführungen spielen hier noch keine Rolle. Spontane Einfälle, forsche Assoziationen, gewagte Thesen – alles ist erlaubt. Als Ergebnis erhalten Sie eine Aufstellung unverbundener Stichworte, die Sie mithilfe einer Mind-Map strukturieren können.

¬ **Mind-Map**
Eine „Gedankenlandkarte" verleiht Ihren intuitiven Einfällen eine grobe Gliederung: Logisch verknüpfte Stichworte werden durch Linien oder Pfeile verbunden, besonders wichtige Kernpunkte umkringelt oder unterstrichen. So bildet eine Mind-Map in Diagrammform ab, was in Ihrem Kopf vorgeht – einzelne Ideen und Ansätze verdichten sich zu begründeten Meinungen und schlagkräftigen Argumenten.

Die Vorstellungsrunde

Dauer: ca. 3–10 Minuten pro Teilnehmer

Ein Gebot der Höflichkeit: Wenn Fremde miteinander arbeiten wollen, schließen sie erst einmal Bekanntschaft. Ein Assessment Center macht da keine Ausnahme. Bei der obligatorischen Kennenlernrunde übernehmen in der Regel die Prüfer die Initiative: Sie stellen sich mit Namen und Position vor, skizzieren den Ablauf des Assessment Centers und stecken den organisatorischen Rahmen ab. Danach sind die Bewerber an der Reihe, sich entweder selbst (in Form eines Kurzvortrags) oder gegenseitig zu präsentieren. Diese interaktive Variante ist seltener und ein bisschen anspruchsvoller, denn sie beinhaltet eine zusätzliche Vorbereitungsphase, in der sich die Kandidaten untereinander absprechen.

Die Gruppendiskussion

Dauer: ca. 30–45 Minuten

In Gruppendiskussionen achten die Prüfer besonders auf das Teamverhalten, die Urteilsfähigkeit und das Kommunikationsvermögen der Bewerber. Wie gut geht ein Kandidat auf seine Mitbewerber ein, wie aufmerksam hört er ihnen zu?

Wie geschickt drückt er sich aus, wie ausgefeilt sind seine Argumente? Traut er sich etwas zu oder hält er sich eher zurück?

In der Regel dreht sich die Diskussion um einen mehr oder weniger aktuellen gesellschaftsrelevanten Sachverhalt. Was die Themenfindung angeht, haben sich verschiedene Vorgehensweisen eingebürgert: Manchmal bestimmen allein die Prüfer die Aufgabenstellung, gelegentlich stellen sie eine Liste mit mehreren Vorschlägen zur Auswahl. In selteneren Fällen dürfen die Bewerber das Diskussionsthema völlig selbstständig untereinander absprechen.

Der Ablauf

Wenn die Prüfer das Thema vorgeben, verteilen sie zu Beginn meist ein Hinweisblatt mit einer Arbeitsanleitung und bringen das Gespräch nach einer kurzen Einarbeitungszeit in Gang. Oder sie warten, bis es einer der Kandidaten tut: Wer dann seine trödelnden Mitstreiter freundlich auf den Beginn der Diskussionsphase hinweist, zeigt sich von seiner aufmerksamsten Seite. Oft wird außerdem ein Protokollant gesucht, der den Gesprächsverlauf dokumentiert – eine verantwortungsvolle Aufgabe, durch die man Extrapunkte sammeln kann.

Nach dem Start führen die Bewerber die Unterhaltung in Eigenregie. Die Prüfer schreiten für gewöhnlich nur im absoluten Notfall ein, wenn überhaupt nichts mehr vorangeht. In welche Richtung das Gespräch läuft, lässt sich nicht von vornherein planen, bleiben Sie also flexibel. Im Idealfall ergibt sich aus den unterschiedlichen Standpunkten ein konstruktiver Pro-und-Kontra-Schlagabtausch. Zum Schluss erwarten die Prüfer meist eine Zusammenfassung oder eine Präsentation der Gesprächsergebnisse. Freilich findet man nicht immer zu einer allgemein akzeptierten Lösung. In solchen Fällen enthält das abschließende Resümee Übereinstimmungen ebenso wie strittige Punkte, über die man sich nicht einigen konnte.

Das Gesprächsfazit ist entweder von allen Teilnehmern gemeinsam oder von einem Freiwilligen im Alleingang vorzustellen. Wer diese Aufgabe übernimmt, beweist Verantwortungsbewusstsein, Einsatzbereitschaft und Teamfähigkeit – sofern er seinen Part nicht aggressiv an sich gerissen hat. Selbstredend dürfen sich weder Präsentatoren noch Protokollanten während einer laufenden Debatte auf Ihren Vorschusslorbeeren ausruhen!

> **Beispielthemen**
> ¬ Wie gefährlich sind Gewaltspiele am PC?
> ¬ Welche Vor- und Nachteile haben soziale Netzwerke im Internet?
> ¬ Warum kommt es bei Fußballspielen so oft zu Ausschreitungen?

Die Gruppenarbeit

Dauer: ca. 30–45 Minuten

Der Übergang von einer Gruppendiskussion zur Gruppenarbeit ist in der Assessment-Center-Praxis fließend – welche Teamaufgabe kommt schon ohne gemeinsame Absprachen aus? Im Vergleich beider Prüfungsmodule besitzt die Gruppenarbeit jedoch einen deutlich praxisnäheren Zuschnitt: Hier gilt es nicht nur zu debattieren, sondern darüber hinaus konkrete Lösungsstrategien zu entwickeln bzw. kleine imaginäre Projekte auf die Beine zu stellen.

Der Ablauf

Bei den meisten Gruppenarbeiten sind die Arbeitsschritte genau vorgegeben. Rückfragen zur Vorgehensweise sollte man sich daher besser verkneifen. Am besten, man bespricht Unklarheiten im Team, Kooperation ist schließlich Sinn und Zweck einer Gruppenarbeit. Versuchen Sie, zurückhaltende Teilnehmer einzubeziehen und sich gut mit Ihren Mitstreitern abzustimmen. Dem Organisationsvermögen Ihrer Arbeitsgruppe können Sie durch diskrete Hinweise auf die Sprünge helfen („Habt Ihr auch die Zeit im Auge, müssen wir nicht in einer Minute fertig sein?"). Geprüft werden vor allem das Sozialverhalten und das Koordinationsvermögen: Funktioniert die Runde, und zu welchen Ergebnissen gelangt sie?

Falls Sie einmal als Einziger nicht mit einem Vorschlag einverstanden sein sollten: Geben Sie lieber klein bei, statt sich querzulegen und dadurch den Teamerfolg zu gefährden. Wie im Gruppengespräch gibt es übrigens auch hier meist den Posten des Protokollanten und Präsentators zu besetzen – denken Sie darüber nach.

> **Beispielaufgaben**
>
> ¬ **Schulprojekt**
> Sie und Ihre Mitstreiter planen als Polizeiangehörige ein Schulprojekt. Auf der Liste der Themenvorschläge stehen unter anderem Alkoholmissbrauch, Drogenmissbrauch, Verkehrssicherheit, sexuelle Gewalt, körperliche Gewalt, Sachbeschädigung durch Graffiti, psychische Gewalt und häusliche Gewalt. Welche Themen finden Sie am wichtigsten?
>
> ¬ **Höhlenwelt**
> Die Erdoberfläche ist nicht mehr bewohnbar; nun werden Höhlensysteme angelegt. Der Neuaufbau der Zivilisation verläuft alles andere als reibungslos: Die Arbeitslosigkeit steigt, die Kriminalitätsrate ebenfalls, Krankheiten grassieren, die Versorgung ist in jeder Hinsicht unzureichend – und daneben gibt es noch eine Reihe weiterer Probleme. Welche sind am dringendsten und sollten am schnellsten gelöst werden?
>
> ¬ **Betriebsausflug**
> Bitte stellen Sie für Ihre Abteilung eine dreitägige Betriebsreise in eine europäische Großstadt auf die Beine. Überlegen Sie sich, in welche Stadt die Reise gehen soll, wie das Programm vor Ort aussieht und wie Sie die gesamte Tour – von der Abreise zur Rückkehr – organisieren wollen.

Das Rollenspiel

Dauer: ca. 10–15 Minuten

Rollenspiele simulieren fast immer realitätsnahe Arbeitssituationen. In der Regel sind dabei 2–3 verschiedene Charaktere zu besetzen – oft spielt sogar einer der Prüfer mit. Als Ausgangsszenario dient häufig eine heikle soziale Konstellation wie etwa ein Streitgespräch oder ein Vorgang, bei dem man besondere Verantwortung übernehmen muss.

Der Ablauf

Vorab erhalten die Akteure meist ein Aufgabenblatt mit einer Situationsbeschreibung und mehr oder weniger detaillierten Handlungsanweisungen. Die Kandidaten arbeiten sich kurz ein und spielen den Fall dann interaktiv mit einem oder mehreren Partnern durch. Nicht immer geht das reibungslos vonstatten, insbesondere in Konfliktszenarien kommen die rollenbedingten Unterschiede oft voll zum Tragen. Doch eines gilt es zu verhindern: dass die Situation aus dem Ruder läuft. Nur mit Diplomatie und Fingerspitzengefühl kann man einem aufgewühlten Gegenüber den Wind aus den Segeln nehmen und zu einem gemeinsamen Ziel finden, nämlich der einvernehmlichen Bewältigung der Lage. Den Ausschlag geben dabei die sozialen Kompetenzen Konfliktfähigkeit und Kommunikationsvermögen.

Beispielszenarien

¬ **Dienstgruppenleiter**
Sie leiten die Dienstgruppe einer Polizeiwache. Innerhalb kürzester Zeit werden mehrere Fälle gemeldet – nun müssen Sie entscheiden: Wie teilen Sie das vorhandene Personal und die verfügbaren Fahrzeuge so ein, dass nichts Wichtiges auf der Strecke bleibt? (Vergleichen Sie dazu die Musteraufgabe zur Postkorbübung im Kapitel „Aufgaben zum Üben")

¬ **Personalgespräch**
Auch hier schlüpfen Sie in die Vorgesetztenrolle: Sie stellen als Amtsleiter einen altgedienten Mitarbeiter zur Rede, dessen Arbeitsauffassung in letzter Zeit stark zu wünschen übrig ließ. Das Dilemma: Sie müssen ihn unmissverständlich auf seine Fehler und mögliche Konsequenzen hinweisen, wollen ihn aber nicht vor den Kopf stoßen.

¬ **Aktenvortrag**
Bei einem Einsatz gab es Probleme. Nun sollen Sie Ihrem „Vorgesetzten" (sprich: einem Prüfer) berichten, was sich zugetragen hat. Zur Einarbeitung in den Sachverhalt stehen Ihnen verschiedene Dokumente zur Verfügung – doch leider nur wenig Zeit.

Das Mittagessen

Nach zwei Stunden harter Assessment-Center-Arbeit endlich die Füße ausstrecken: Sie haben es sich verdient. Doch die Augen und Ohren der Prüfer – sofern sie am Essen teilnehmen – bleiben weiterhin offen und beobachten das Sozialverhalten der Bewerber genau. Obwohl sie keine „echten" AC-Module darstellen, können Mittagspausen und andere Unterbrechungen daher mit Fug und Recht als Bestandteil des Auswahlverfahrens gelten. Wer jedenfalls schlagartig vom sachlich-seriösen Bewerber zum schlingenden Schreihals mutiert, relativiert den guten Eindruck vom Vormittag und hat seine Chance womöglich schon verspielt.

AC-Aufgabenblock 3: Einzelaufgaben

Die Postkorbübung

Dauer: ca. 30–60 Minuten

Dieser AC-Klassiker stellte früher die Bearbeitung von Posteingangskörben nach. Heutzutage kann es dabei auch um die Abwicklung von E-Mails oder Telefongesprächen gehen. Das Prinzip bleibt das gleiche: Eine Postkorbübung konfrontiert Sie auf einen Schlag mit jeder Menge Anfragen und/oder einlaufenden Aufträgen, die allesamt zur Disposition stehen. Die Zeit drängt. Können Sie auch unter hohem Druck analytisch denken, plausibel handeln und Ihre Arbeit selbstständig koordinieren? Geprüft werden Zeitmanagement, Urteilsvermögen, Organisationsfähigkeit und Entscheidungsfreude.

Die richtige Strategie

Oberstes Gebot: Ruhe bewahren – Sie können nicht alles auf einmal erledigen. Setzen Sie Prioritäten, arbeiten Sie effizient und systematisch. Schlüpfen Sie in die Rolle der handelnden Person, sichten Sie alle vorhandenen Unterlagen und bestimmen Sie nachvollziehbare Richtlinien für die Wichtigkeit der verschiedenen Vorgänge. Die Übersicht über Briefe, Mails und eventuell beigefügte Infomaterialien (Organigramme, Statistiken) behalten Sie leichter, wenn Sie sich beim Durchlesen Notizen machen. Achten Sie auf zeitliche Überschneidungen und inhaltliche Zusammenhänge. Versehen Sie jeden Vorgang mit einem adäquaten Bearbeitungsvermerk.

Eine allgemeingültige Postkorb-Lösung gibt es nicht, aber eine musterhafte Lösungsstrategie: Unterlagen sichten, Relevanzkriterien bestimmen, zielsicher entscheiden. Am besten, Sie sortieren die einzelnen Anliegen in Kategorien ein und arbeiten sie entsprechend ab. Bei der Einteilung hilft das bewährte Eisenhower-Prinzip, benannt nach dem chronisch überbeschäftigten amerikanischen Präsidenten:

	Wichtig	**Nicht wichtig**
Dringend	**Dringend und wichtig:** Sie erledigen die Aufgabe unverzüglich selbst.	**Dringend, aber nicht wichtig:** Sie können die Aufgabe an kompetente Kollegen weitergeben.
Nicht dringend	**Nicht dringend, aber wichtig:** Sie legen einen genauen Termin fest, den Sie persönlich wahrnehmen.	**Nicht dringend und nicht wichtig:** Die Aufgabe lässt sich getrost auf unbestimmte Zeit verschieben – oder gleich in den Papierkorb entsorgen.

Eventuell erhalten Sie im Abschlussgespräch die Gelegenheit, Ihren Postkorb-Lösungsweg kurz zu erläutern. Achten Sie also darauf, Ihre Vorgehensweise durch gute Argumente abzustützen.

Das Abschlussgespräch

Dauer: ca. 30–45 Minuten

Mit dem Abschlussgespräch haben Sie die letzte Station des Assessment Centers erreicht. Nun lassen Prüfer und Geprüfte die Erlebnisse der vergangenen

Stunden Revue passieren. Sie tauschen ihre Eindrücke über den Verlauf des ACs aus, schildern ihre Erfahrungen und besprechen das weitere Vorgehen. Die Unterhaltung findet entweder im Gruppenrahmen oder einzeln mit den Prüfern statt.

Das abschließende Gespräch gibt beiden Seiten noch einmal die Möglichkeit, Fragen zu klären und die gegenseitige Zuneigung zu bestätigen. Am Ende eines langen Prüfungstages wird der Tonfall meist etwas ungezwungener, doch lassen Sie sich nicht aufs Glatteis führen. Sie haben es zwar fast geschafft – aber eben nur fast. Bis zur finalen Verabschiedung verhalten Sie sich nach wie vor: positiv, freundlich, aufmerksam, zuvorkommend und selbstkritisch.

Welche Themen spielen eine Rolle?

Lassen Sie sich von der lockeren Atmosphäre nicht einlullen und bleiben Sie auf der Hut, wenn die Prüfer Folgendes anschneiden:

- **Subjektives Feedback**
  „Wie haben Sie das Bewerbungsverfahren erlebt?" „Was hat Ihnen gefallen, was hat Ihnen nicht gefallen, was würden Sie an unserer Stelle ändern?" Zeigen Sie Anerkennung für die Etappen des Auswahlverfahrens, selbst wenn einige sehr anspruchsvoll oder irritierend gewesen sein sollten. Kritisieren Sie höchstens dezent und nur dann, wenn Sie einen ernstzunehmenden Verbesserungsvorschlag in petto haben.

- **Zufriedenheit mit eigener Leistung**
  „Inwiefern sind Sie mit Ihrer Leistung im Bewerbungsverfahren zufrieden?" Ein gesundes Maß an Selbstkritik ziert Sie auch hier. Nennen Sie, was Ihnen gut oder nicht so gut gelungen ist, ohne aus kleineren Schwächen ein großes Drama zu machen.

- **Meinung über die Mitbewerber**
  „Wie würden Sie Ihre Mitbewerber beurteilen?" Sparen Sie nicht mit Lob, heben Sie Positives hervor. Die negativen Seiten Ihrer Mitstreiter sollten Sie – wenn überhaupt – in diplomatische Höflichkeit verpacken. Gehen Sie nicht ins Persönliche! Sie wollen schließlich niemanden schlechtmachen.

Im Abschlussgespräch erhalten Sie außerdem ein Feedback zu Ihrer Leistung. Betrachten Sie diese Rückmeldung, eine professionelle Fremdbewertung Ihrer Stärken und Schwächen, als willkommenes „Extra": Mit Sicherheit helfen Ihnen die Tipps der Personaler bei künftigen Auswahlverfahren weiter.

Aufgaben zum Üben

Mit den Musterübungen dieses Kapitels können Sie die typischen Stationen eines Assessment Centers vorab schon einmal durchspielen. Dadurch gewöhnen Sie sich an die unterschiedlichen Anforderungen und Abläufe, und Sie eignen sich Lösungsstrategien an, die Sie später auch bei ungewohnten Aufgabenstellungen zum Erfolg führen.

Gruppendiskussion: Themenbeispiel mit Argumentation

Die Aufgabenstellung: „Wie gefährlich sind Gewaltspiele am PC?"

Bevor die Diskussion beginnt, haben Sie 5 Minuten Zeit, sich in Einzelarbeit vorzubereiten. Danach besprechen Sie das vorgegebene Thema selbstständig in der Gruppe. Nach Ablauf der Diskussionszeit von 25 Minuten sollten Sie zu einem Ergebnis gefunden haben. Präsentieren Sie Ihr Fazit abschließend innerhalb von 10 Minuten gemeinsam vor dem Prüfergremium.

Bearbeitungshinweise

Eine breite Allgemeinbildung in den Bereichen Politik, Wirtschaft und Gesellschaft zahlt sich in jeder Gruppendiskussion aus. Vertiefte Vorkenntnisse braucht man dafür in aller Regel jedoch nicht: Meist geht es um geläufige Sachverhalte, zu denen jeder etwas beitragen kann. Dadurch hängt es allein vom Kommunikationsverhalten ab, ob man in der Debatte eine gute Figur macht oder nicht.

In der vorgestellten Diskussionsvariante ist die Gesprächsbilanz zum Schluss im Gruppenrahmen zu ziehen – eine besondere Herausforderung für das kollektive Organisationsvermögen. Helfen Sie sich gegebenenfalls durch dezente Fingerzeige gegenseitig, die Präsentation erfolgreich über die Bühne zu bringen.

Zeitvorgabe:

- 5 Minuten Vorbereitung
- 25 Minuten Diskussion
- 10 Minuten Präsentation

Musterargumente

Welche Aspekte könnten Sie in die Diskussion einbringen?

Standpunkt „gefährlich":

- Gewaltspiele verherrlichen Gewalt.
- Gewaltspiele verklären körperliche Gewalt als jederzeit angemessenes und zielführendes Handlungsmuster.
- Vor allem durch Ego-Shooter, die man in der Ich-Perspektive spielt, wird gewalttätiges Verhalten eingeübt.
- Die Gewaltdarstellung wird immer realistischer, was die Hemmschwellen gegenüber realer Gewalt senkt.
- Manche Spieler verhalten sich wie Suchtabhängige, tauchen in eine Parallelwelt ein und kappen ihre sozialen Kontakte.
- Bei Amokläufen an Schulen haben die Täter häufig Gewaltspiele gespielt.

Standpunkt „ungefährlich":

- Jeder kennt den Unterschied zwischen „echter" und „virtueller" Realität, niemand verwechselt ein PC-Spiel mit dem wirklichen Leben.
- Durch Gewaltspiele kann man vorhandene Aggressionen abbauen.

- Meist geht es nicht nur um Gewalt, sondern auch um Strategie und Geschicklichkeit.
- Alle möglichen PC-Spiele können süchtig machen können, unabhängig davon, ob sie gewalthaltig sind.
- Die soziale Komponente wird oft übersehen: Viele spielen in Teams und/oder tauschen ihre Erfahrungen untereinander aus.
- Da sehr viele Jugendliche Gewaltspiele spielen, ist es nicht auffällig, dass es auch jugendliche Gewalttäter tun.

Gruppenarbeit: Fallbeispiel mit Musterlösung

Die Aufgabenstellung: Leben auf einem fremden Planeten

Diese Gruppenarbeit dauert 50 Minuten. Die ersten 10 Minuten verlaufen in stiller Einzelarbeit: Lesen Sie den Aufgabentext „QV235-Besatzung errichtet Basisstation", machen Sie sich mit den zehn Fragenkarten zum Text vertraut und wählen Sie die drei Fragen aus, die Sie am interessantesten finden.

Anschließend beginnt die 20-minütige Gruppendiskussion, bei der Sie sich gemeinsam auf drei Fragen einigen. Diese Fragen sind in den darauffolgenden 10 Minuten von jedem Teilnehmer schriftlich zu beantworten. Am Ende diskutieren Sie Ihre Ergebnisse und Erfahrungen 10 Minuten lang zusammen mit den Prüfern.

Arbeitsmaterialien:

- Aufgabentext „QV235-Besatzung errichtet Basisstation"
- 10 Karten mit Fragen zum Text

Zeitvorgabe:

- 10 Minuten, um den Text zu lesen und die drei persönlich favorisierten Fragen auszuwählen (stille Einzelarbeit)
- 20 Minuten, um sich innerhalb der Gruppe auf drei Fragen zu einigen (Diskussion)

- 10 Minuten, um die gemeinsam ausgewählten Fragen schriftlich zu beantworten (stille Einzelarbeit)
- 10 Minuten, um die Ergebnisse und Erfahrungen in der Gruppe mit den Prüfern zu besprechen (Diskussion)

Der Text: QV235-Besatzung errichtet Basisstation

New York, 23.5.2043: Das bemannte Raumschiff QV235 hat vor Kurzem den Mars erreicht. Alle bisherigen Erkundungen verliefen erfolgreich, nun hat die Besatzung mit dem Bau einer festen Basisstation begonnen. Nach ihrer Fertigstellung soll die Station zunächst ein internationales Team aus 2.500 Personen beherbergen – darunter Forscher, Techniker, Handwerker und Lehrer. Die ersten Quartiere sind in voraussichtlich zwei Jahren bezugsreif. Neben Wohnungen, Forschungs-, Militär- und Medizineinrichtungen soll es auch eine Schule und einen Kindergarten geben.

Vorgesehen ist, ausgehend von der Basisstation schrittweise den gesamten roten Planeten zu erschließen. Die beteiligten Nationen versprechen sich davon einen vielfältigen Nutzen: Wissenschaftler erwarten, diverse bisher unbekannte Stoffverbindungen zu entdecken und Aufschlüsse über die Entstehung des Sonnensystems zu gewinnen. Außerdem wollen sie untersuchen, unter welchen Umständen Pflanzen, Tiere und Menschen an die Marsatmosphäre gewöhnt werden können. Industrie und Wirtschaft rechnen mit umfangreichen Rohstoffreservoirs – insbesondere mit Vorräten fossiler Brennstoffe, die auf der Erde nahezu erschöpft sind.

Mit dem Forschungsprogramm Mars versucht die Menschheit zum ersten Mal, einen fremden Planeten zu besiedeln. Das Vorhaben gilt als technisch anspruchsvollstes Großprojekt in der Geschichte, das selbst die Mondlandung 1969 weit in den Schatten stellt.

Die Fragenkarten

1. Halten Sie eine Marsbesiedelung in den kommenden Jahrzehnten für möglich?

2. Würden Sie das Marsprogramm befürworten? Warum bzw. warum nicht?

3. Finden Sie es sinnvoll, auf der Marsstation Familien unterzubringen? Oder glauben Sie, dass die Besatzung ohne ihre Angehörigen besser arbeiten könnte?

4. In welcher Funktion würden Sie gern an der Marsbesiedelung teilhaben?

5. Stellen Sie sich vor, die Mars-Siedler stoßen auf fremde Lebensformen: Denken Sie, ein Zusammenleben von Menschen und Außerirdischen wäre möglich und von beiderseitigem Vorteil?

6. Wenn die Menschheit tatsächlich einmal andere Planeten bevölkern sollte: Für wie wahrscheinlich halten Sie dann einen Krieg um die neuen Siedlungsgebiete?

7. Sollte bei der Eroberung des Weltraums jeder Staat für sich arbeiten, oder fänden Sie eine internationale Kooperation sinnvoller?

8. Würden Sie den Schritt wagen, in ein Raumschiff zu steigen und mitten im Universum auf einem anderen Planeten auszusteigen?

9. Glauben Sie, dass die irdischen Lebensgrundlagen in 50 Jahren so weit zerstört sind, dass Menschen auf andere Planeten ausweichen müssen?

10. Finden Sie, dass die Erde der angestammte Platz des Menschen ist? Denken Sie, eine Besiedelung anderer Planeten lässt sich mit der menschlichen Natur und mit religiösen Grundsätzen vereinbaren?

Ein möglicher Lösungsweg

Die Einarbeitung

Nutzen Sie die Vorbereitungszeit: Lesen Sie sich den Text und die Fragen sorgfältig durch und machen Sie sich Stichpunkte, welche Themen Sie warum favorisieren. Sie haben dies bereits getan und nun sind die 10 Minuten um, aber außer Ihnen ist das niemandem aufgefallen? Dann sollten Sie das Heft in die Hand nehmen. Fragen Sie freundlich in die Runde, ob jemand noch etwas Zeit braucht, und weisen Sie darauf hin, dass soeben die Diskussionsphase begonnen hat.

Die Fragenfindung

Die drei „idealen" Fragen gibt es nicht. Wofür Sie sich entscheiden, spielt für die Bewertung keine große Rolle – wichtiger ist, wie Sie sich einbringen und Ihre Wahl begründen. Sie plädieren für Frage 9, weil darin das aktuelle Problem Klimawandel aufgegriffen wird? Mit diesem Argument können Sie sich als gesellschaftlich interessierter, verantwortungsbewusster Bürger positionieren. Oder halten Sie Umweltschutz zwar für wichtig, finden aber Frage 9 viel zu spekulativ, um sie sinnvoll beantworten zu können? Auch dieser Diskussionsbeitrag zeigt, dass Sie sich Gedanken gemacht haben.

Die oberste Grundregel: Begründen Sie Ihre Standpunkte sachlich und nachvollziehbar, bleiben Sie immer kritikfähig und kooperativ! Versuchen Sie, das Gruppeninteresse in den Vordergrund zu stellen: Warum könnten von einer bestimmten Frage alle Teilnehmer profitieren? Im Hinterkopf sollten Sie natürlich behalten, welches Thema Ihnen selbst am meisten liegt.

Musterantworten

Der Text ist nicht besonders kompliziert, und die Fragen lassen sich ohne besondere Vorkenntnisse beantworten. Natürlich können Sie von einem breiten Allgemeinwissen profitieren, insbesondere bei den Fragen 1 und 9. Doch im Mittelpunkt steht nicht Ihre Bildung, sondern Ihr Charakter: Wofür oder wogegen Sie sich aussprechen, verrät den Prüfern viel über Ihre Persönlichkeit. Sind Sie neugierig, in Maßen risikobereit oder ein leichtsinniger Draufgänger (Frage 8)? Können Sie mit Verantwortung umgehen oder sind Sie spaßorientiert, streben den Polizeiberuf aus Verdienstgründen an und wären eigentlich viel lieber Popstar (Frage 4)? Sind sie tolerant oder macht Ihnen alles Angst, was anders ist (Frage 5)? Steckt in Ihnen womöglich ein religiöser Fundamentalist (Frage 10)?

Im Idealfall belegen Ihre Antworten, dass Sie ein interessierter, verantwortungsbewusster, toleranter, am Gemeinwohl orientierter Staatsbürger sind. Wie das gelingen kann, zeigen die folgenden Beispiele. Bitte versuchen Sie nicht, die Musterantworten auswendig zu lernen: Erstens wollen die Prüfer Ihre eigene Meinung kennen lernen, zweitens handelt es sich um eine Übungsaufgabe – in Ihrem Auswahlverfahren geht es höchstwahrscheinlich um ein ganz anderes Thema.

1. **Halten Sie eine Marsbesiedelung in den kommenden Jahrzehnten für möglich?**

Eher nicht. Technisch ist man noch lange nicht so weit, man hat ja noch nicht einmal ansatzweise versucht, andere Planeten mit bemannten Raumschiffen zu erreichen. Wie die Besatzung dabei vor der Strahlung im All geschützt werden soll, ist nur eines von vielen ungelösten Problemen. Abgesehen davon stellt sich die Frage nach der Finanzierung: Wer würde ein derart gigantisches Projekt bezahlen, das bestimmt mehrere hundert Milliarden Euro kosten dürfte, vielleicht sogar viel mehr? Im Moment sehe ich noch nicht, wie sich dieser technische und finanzielle Kraftakt stemmen ließe.

2. **Würden Sie das Marsprogramm befürworten? Warum bzw. warum nicht?**

Befürworten würde ich das Programm dann, wenn die Menschheit zur Besiedelung anderer Planeten gezwungen wird, weil man auf der Erde nicht mehr leben kann. Oder, wenn es dort wichtige Bodenschätze gibt, die man auf der Erde braucht. Oder auch aus wissenschaftlichem Interesse, um unser Verständnis der Naturgesetze oder der Entwicklung des Universums zu verbessern. Das alles wäre schon sinnvoll. Aktuell denke ich aber, dass der Aufwand es nicht wert ist. Das Geld und die Arbeitskraft sollte man lieber einsetzen, um das Leben der Menschen hier auf der Erde zu verbessern.

3. **Finden Sie es sinnvoll, auf der Marsstation Familien unterzubringen? Oder glauben Sie, dass die Besatzung ohne ihre Angehörigen besser arbeiten könnte?**

Wenn jemand lange auf dem Mars lebt, ist es sicher vorteilhaft, wenn er seine Familie um sich hat. Sonst wird er irgendwann unzufrieden, und dann kann er auch nicht mehr gut arbeiten. Aber wenn sich jeder immer nur für kurze Zeit auf der Station aufhält, finde ich es besser, wenn die Familien auf der Erde bleiben. Bei Ölplattformen macht man es ja auch so. Die Reise zum Mars ist gefähr-

lich und das Leben auf der Station sicher nicht besonders komfortabel, von der Kinderfreundlichkeit ganz zu schweigen. Außerdem müsste man dann nicht noch zusätzliche Familienstationen bauen.

4. In welcher Funktion würden Sie gern an der Marsbesiedelung teilhaben?

An dieser Stelle können Sie vieles nennen, solange die Rolle zu Ihnen und Ihrem Berufsziel passt und vorteilhafte Charaktereigenschaften betont. Beschreiben Sie also keine „Spaßtätigkeit", sondern eine gesellschaftsbezogene, verantwortungsvolle Aufgabe: zum Beispiel als Siedlungsvorstand, als Leiter eines Erkundungstrupps – oder natürlich als Polizist. So können Sie herausstreichen, dass Sie sich für Ihren absoluten Wunschberuf bewerben.

5. Stellen Sie sich vor, die Mars-Siedler stoßen auf fremde Lebensformen: Denken Sie, ein Zusammenleben von Menschen und Außerirdischen wäre möglich und von beiderseitigem Vorteil?

Prinzipiell ja, solange die Lebensform friedlich ist. Die Gefahr von Missverständnissen wäre natürlich groß, deshalb müssten alle viel Rücksicht aufeinander nehmen. Wenn die Verständigung klappt, könnte man sicher eine Menge voneinander lernen: Jede Seite hat unterschiedliche Erfahrungen gemacht, verschiedene Technologien hervorgebracht und sich kulturell anders entwickelt.

6. Wenn die Menschheit tatsächlich einmal andere Planeten bevölkern sollte: Für wie wahrscheinlich halten Sie dann einen Krieg um die neuen Siedlungsgebiete?

Das hängt von der politischen Situation auf der Erde ab. Solange es hier Kriege gibt, kann es auch Kriege um andere Planeten geben. Vor allem, wenn militärische, machtpolitische oder wirtschaftliche Interessen hinter der Besiedelung stehen. Es wäre natürlich auch in diesem Fall denkbar, dass die technisch am weitesten entwickelten Länder die Siedlungsgebiete friedlich untereinander aufteilen, weil jeder den anderen jederzeit vernichten könnte – oder weil jeder noch genug Raum für weitere Expansionen hätte. Die weniger entwickelten Nationen würden dann aber wohl leer ausgehen, was auch wieder zu Krisen führen könnte.

7. Sollte bei der Eroberung des Weltraums jeder Staat für sich arbeiten, oder fänden Sie eine internationale Kooperation sinnvoller?

Wenn jeder Staat mit Scheuklappen seinen eigenen Vorteil sucht, ist die Kriegsgefahr immer groß. Zusätzliche Probleme kämen daher, dass die technisch weniger entwickelten Länder ausgeschlossen wären, während die fortschrittlichen Länder alles unter sich aufteilen könnten. Daher wäre eine internationale, am besten globale Zusammenarbeit letzten Endes für alle besser. Auch dabei hätten die Mächtigsten zwar den größten Einfluss, aber die Lösung wäre trotzdem weniger konfliktträchtig.

8. Würden Sie den Schritt wagen, in ein Raumschiff zu steigen und mitten im Universum auf einem anderen Planeten auszusteigen?

Wenn ich damit kein unvernünftig hohes gesundheitliches Risiko eingehen würde und jederzeit zurückfliegen könnte: auf jeden Fall, allein schon aus Neugier. Natürlich würde ich mir das vorher gut überlegen, ich habe ja auch eine Verantwortung gegenüber meiner Familie und meinen Freunden hier auf der Erde. Für einen längeren Aufenthalt müssten selbstverständlich auch die Bedingungen stimmen: Sicherheit, persönliche Entfaltungsmöglichkeiten, ein lebenswertes Umfeld.

9. Glauben Sie, dass die irdischen Lebensgrundlagen in 50 Jahren so weit zerstört sind, dass Menschen auf andere Planeten ausweichen müssen?

Wenn es keinen Atomkrieg gibt, nein. In 50 Jahren wird die Situation sicher nicht so schlimm sein, dass wir nicht mehr auf der Erde leben können. Aber vielleicht haben wir unsere Umwelt bis dahin so weit zerstört, dass sie sich nicht mehr erholen kann. Man spricht ja auch von einem Teufelskreis: Durch die Klimaerwärmung schmelzen die Polkappen, dadurch wird weniger Sonnenstrahlung ins All reflektiert, wodurch die Temperaturen weiter steigen usw. Dann ist die Erde in 150 Jahren vielleicht wirklich unbewohnbar.

10. Finden Sie, dass die Erde der angestammte Platz des Menschen ist? Denken Sie, eine Besiedelung anderer Planeten lässt sich mit der menschlichen Natur und mit religiösen Grundsätzen vereinbaren?

Ich sehe da keinen Widerspruch. Vor 100.000 Jahren gab es Menschen nur in Afrika, heute leben sie auf der ganzen Erde. So könnte es in Zukunft doch auch mit neuen Planeten sein. Ich finde, es liegt in der menschlichen Natur, neugierig zu sein und Unbekanntes zu entdecken. Aus religiöser Sicht könnte man das so formulieren: Der Mensch nutzt seine von Gott gegebenen Fähigkeiten, um die von Gott geschaffene Welt zu erforschen.

Rollenspiel: Beispielszenario mit Strategieplan

Das Szenario: Kollegenkonflikt

Nach acht anstrengenden Dienststunden kehren Sie zurück auf die Wache. Ihren Feierabend haben Sie sich redlich verdient, Ihre Schicht hatte es wirklich in sich: randalierende Fußballfans, aggressive Betrunkene, eine Schlägerei unter Jugendlichen, zu guter Letzt noch ein Verkehrsunfall – viel blieb Ihnen heute nicht erspart. Doch anscheinend ist der Tag noch nicht zu Ende: Auf Ihrem Schreibtisch liegt immer noch kein Bericht zum gestrigen Ladendiebstahl – darum wollte sich Ihr Kollege doch eigentlich längst gekümmert haben. In letzter Zeit nicht das erste Mal, dass er Sie hängen lässt! Sie beschließen, ihn zur Rede zu stellen, und machen sich auf den Weg zum Aufenthaltsraum. Dort finden Sie ihn auf einem Stuhl zwischen Kühlschrank und Kaffeemaschine, demonstrativ in sein Smartphone vertieft. Gesprächsbereitschaft sieht anders aus. Sie wollen die Angelegenheit nun aber endlich klären.

Die Aufgabenstellung

Sie haben 10 Minuten Zeit, um sich in die Situation hineinzuversetzen. In den folgenden 5 Minuten Spielzeit sollten Sie den Konflikt beilegen können. Dabei kommt es vor allem auf soziale Kompetenzen und ein gutes Konfliktmanagement an. Ihr Mitspieler – der nachlässige Kollege – erhält Anweisungen, wie er sich während des Rollenspiels verhalten soll. Davon wissen Sie in einem echten AC natürlich nichts, kalkulieren Sie also möglichst viele Reaktionsvarianten des Spielpartners in Ihre Strategie ein.

Ort:

¬ Der Aufenthaltsraum Ihrer Polizeiwache

Beteiligte Personen:

¬ Sie und ein Mitspieler, der den Kollegen mimt

Anweisung an Ihren Spielpartner:

¬ Ihr Kollege hat eine anstrengende Schicht hinter sich, möchte eigentlich nicht mit Ihnen reden und geht zunächst nicht auf Sie ein.

¬ Als Sie nachhaken, reagiert er eingeschnappt und hält Ihnen erst einmal Ihre eigenen Fehler vor.

¬ Erst nach und nach räumt der Kollege seine Patzer ein und berichtet von einem schweren Krankheitsfall in der Familie, der ihm im Moment viel Kraft und Konzentration raube.

Zeitvorgabe:

¬ 10 Minuten Vorbereitung

¬ 5 Minuten Rollenspiel

Wie gehen Sie vor?

Zuverlässigkeit, Verantwortungsbewusstsein und Teamfähigkeit gelten als Schlüsselkompetenzen für den Polizeiberuf. Aus gutem Grund: Wer im Einsatz leichtfertig handelt, kann andere in große Gefahr bringen. Natürlich fällt die ein oder andere „vergessene" Büroarbeit vergleichsweise weniger ins Gewicht, doch die Summe der Nachlässigkeiten Ihres Kollegen wundert Sie schon. Eigentlich kennen und schätzen Sie ihn als fähigen und pflichtbewussten Beamten. In letzter Zeit scheint er die Zügel allerdings ziemlich schleifen zu lassen. Woran das liegt, können Sie sich nicht erklären – aber Sie wissen, dass es so nicht weitergehen kann.

Konfliktmanagement Stufe 1 – ins Gespräch einsteigen

Fallen Sie nicht gleich mit der Tür ins Haus. Höchstwahrscheinlich hat auch Ihr Kollege einen anstrengenden Tag hinter sich. Fühlt er sich aus heiterem Himmel mit Vorwürfen konfrontiert, dürfte er für eine offene Unterhaltung kaum zu haben sein. Entspannen Sie die Situation. Gehen Sie auf ihn zu, erzählen Sie ihm von Ihren Einsätzen, fragen Sie ihn nach seiner Schicht.

Höchstwahrscheinlich lässt sich das Eis leider nicht so leicht brechen: Laut Spielanweisung wird Ihr Spielpartner Ihre Kontaktversuche kurz angebunden abblocken. Lassen Sie sich nicht abwimmeln – zeigen Sie, dass Sie keinen lockeren Smalltalk führen wollen, sprechen Sie den fehlenden Bericht an. Sollte ihn das unberührt lassen, machen Sie klar, dass es Ihnen ernst ist: In den letzten Wochen haben Sie in vielen Situationen ein Auge zugedrückt, aber jetzt machen Sie sich ernste Sorgen. Bleiben Sie trotz der offenen Worte im Tonfall ruhig und sachlich!

Konfliktmanagement Stufe 2 – das Problem erkennen

Rollengemäß wird Ihr Kollege Ihnen nun ziemlich grantig Ihre eigenen Fehler vorwerfen – so kennen Sie ihn gar nicht! Ganz offensichtlich scheint es ein größeres Problem zu geben. Aber welches? Versuchen Sie, Ihren Mitspieler aus der Reserve zu locken: Wie sieht er die Angelegenheit, was würde er an Ihrer Stelle tun? Hat er gerade irgendwelche Schwierigkeiten, können Sie ihm irgendwie helfen?

Wenn es Ihnen gelingt, eine Vertrauensbasis herzustellen, wird Ihnen der Kollege vom privaten Schicksalsschlag berichten. So erkennen Sie, dass hinter dem Problem der mangelnden Zuverlässigkeit in Wahrheit ein ganz anderes Problem steckt: Ihr Kollege ist weder faul noch unfähig, sondern in Gedanken bei seiner Familie.

Konfliktmanagement Stufe 3 – Lösungen finden

Dass Ihr Kollege private Probleme im Dienst nicht einfach ausblenden kann, ist menschlich und verständlich. Trotzdem sind Sie beide Teil eines Teams, in dem sich jeder auf den anderen verlassen können muss! Wie gehen Sie also mit der Situation um? Der Königsweg zur Konfliktlösung führt über den Konsens, finden Sie einen „gemeinsamen Nenner". Der könnte zum Beispiel darin bestehen, dass Ihr Kollege kurzfristig etwas kürzertritt: Schlagen Sie Ihm vor, Urlaub zu nehmen, damit er sich um seine Familie kümmern kann. Alternativ könnte er den Vorgesetzten bitten, aufgrund der privaten Belastung vorübergehend nur im ruhigeren Innendienst eingesetzt zu werden.

Was aber, wenn Ihr Spielpartner trotz guten Zuredens weiterhin auf stur schaltet? In diesem Fall bleibt Ihnen nur noch übrig, Druck auszuüben und Konsequenzen anzudeuten: Wenn er sich künftig nicht am Riemen reißt, müssen Sie wohl oder übel Ihren Vorgesetzten informieren. Indem Ihr Kollege ignoriert, dass er nicht voll einsatzfähig ist, schadet er letztlich dem gesamten Team.

> **Im Rollenspiel überzeugen Sie, wenn Sie ...**
> - Ruhe und Souveränität ausstrahlen.
> - Ihren Spielpartner ernst nehmen.
> - sachlich diskutieren, schlüssig argumentieren.
> - Einfühlungsvermögen zeigen: Gehen Sie auf Ihr Gegenüber ein, versuchen Sie, seine Lage zu verstehen.
> - in der Sache konsequent bleiben, nicht einfach klein beigeben.
> - auf eine Lösung hinarbeiten, die beiden Seiten hilft.

Postkorbübung: Beispielaufgabe mit Musterlösung

Das Szenario: Nachtschicht

Montagabend, 22 Uhr: Vor zwei Stunden haben Sie Ihre Nachtschicht in der Polizei-Notrufzentrale angetreten. Ihre Aufgabe ist es, einkommende Anrufe entgegenzunehmen und die Einsätze zu koordinieren, wofür Ihnen sechs Beamte in drei Funkstreifenwagen zur Verfügung stehen.

Der Abend verspricht keine besonderen Aufregungen; die Einträge auf dem Dienstplan können Sie mühelos an einer Hand abzählen: Seit 21:30 führen vier Kollegen mit zwei Wagen eine einstündige allgemeine Verkehrskontrolle an einer vielbefahrenen Verbindungsstraße durch, um 23:45 sollen die Einsatzkräfte einen Schwertransport absichern, der auf seinem Weg mehrere enge Kreisverkehre und unübersichtliche Baustellen passiert. Um 1:15 steht schließlich die Kontrolle der Großbaustelle in der Ahornstraße an, wo vor Kurzem Baustoffe und Geräte geklaut wurden.

	Montag, 23. Mai, 22–6 Uhr
21:30–22:30	Allgemeine Verkehrskontrolle an der Schubertallee (zwei Wagen)
23:45–0:45	Begleitung eines Schwertransports Richtung Industriepark Neuenmühl (ein Wagen)
01:15	Routinekontrolle Großbaustelle Ahornstraße (ein Wagen)

Doch dann geht plötzlich alles Schlag auf Schlag. Immer neue Meldungen treffen bei Ihnen ein:

- Am Westbahnhof wurde eine Person beim Umherschleichen um abgestellte Waggons beobachtet – eventuell ein Graffitisprayer?
- Auf der Hauptstraße ist ein LKW frontal mit einem PKW kollidiert. Wahrscheinlich gibt es Verletzte.
- Die Security der Luna Bar meldet eine kleinere Rangelei. Die Situation scheint ruhig und niemand verletzt zu sein, aber einer der Beteiligten möchte Anzeige erstatten.
- Zwei Kontrolleure des regionalen Busunternehmens brauchen Ihre Hilfe, da ein Schwarzfahrer seine Personalien nicht angeben will.
- Frau Müller (88) ist besorgt: Ihr Kater ist verschwunden. Sie hört ein leises Wimmern aus dem Garten. Möglicherweise hat das Tier einen Baum erklettert und kommt nicht mehr herunter.
- Herr Schmidt beschwert sich über eine Ruhestörung: Die Wohnung gegenüber beschalle bei offenem Fenster die gesamte Nachbarschaft mit dröhnender Technomusik.
- Eine junge Frau berichtet völlig aufgelöst, dass ihre Großmutter zu Hause weder ans Telefon geht noch auf die Türklingel reagiert. Ist etwas passiert?

¬ Ein Autofahrer ruft über Mobiltelefon von einem Parkplatz an der Bundesstraße an: Er hat ein Wildschwein angefahren, ist selbst aber unversehrt.

Die Arbeitsanweisung

Ihre Arbeitsgrundlagen sind der Einsatzplan und die eingegangenen Notrufe. Sie haben 30 Minuten Zeit, alle Vorgänge angemessen zu bearbeiten und die Abläufe in Ihrer Dienststelle zu koordinieren. In welcher Reihenfolge würden Sie die verschiedenen Einsätze verplanen? Abschließend präsentieren Sie Ihre Lösung innerhalb von 10 Minuten vor dem Prüfergremium und begründen Ihre Vorgehensweise.

Zeitvorgabe:

¬ 30 Minuten Bearbeitungszeit

¬ 10 Minuten Präsentationszeit

Wie gehen Sie vor?

Ihnen stehen nur drei Funkstreifenwagen und sechs Einsatzkräfte zur Verfügung – zu wenig, um auf alle Anrufe sofort zu reagieren. Die knappen Ressourcen erfordern ein systematisches Vorgehen. Sichten Sie zunächst alle Informationen sorgfältig, verschaffen Sie sich einen Überblick. Und dann bringen Sie Ordnung in das Chaos: Welche Aufgaben haben Priorität, welche nicht? Und warum ist das so?

Auf einem Extrazettel können Sie Ihre Entscheidungen stichpunktartig schriftlich begründen. Dadurch schaffen Sie sich eine Gedächtnisstütze für die abschließende Präsentation, in der Sie Ihre Strategie erklären müssen.

> **Leib, Leben und Gesundheit sind das wichtigste Gut!**
>
> Bei solchen und ähnlichen Szenarien gilt ein allgemeiner Abwägungsgrundsatz: Leib, Leben und Gesundheit gehen vor! Wenn die körperliche Unversehrtheit eines Menschen bedroht ist, muss sofort gehandelt werden.

Ein möglicher Lösungsweg

Die Vorgänge lassen sich leichter disponieren, wenn man sie grob nach ihrer Dringlichkeit ordnet. Ein unverbindlicher Vorschlag:

Besonders dringend

- Verkehrsunfall, evtl. mit Verletzten (zwei Wagen gebraucht)
- Ältere Frau reaktionslos in der Wohnung
- Autofahrer mit Wildschaden

Dringend

- Auseinandersetzung an der Luna Bar
- Auf dem Dienstplan: Begleitung des Schwertransports
- Graffitisprayer am Westbahnhof
- Frau Müllers Kater

Weniger dringend

- Personalien des Schwarzfahrers feststellen
- Ruhestörung durch laute Musik

Verschiebbar

- Auf dem Dienstplan: Kontrolle Großbaustelle Ahornstraße
- Auf dem Dienstplan: allgemeine Verkehrskontrolle Schubertallee

So könnten Sie argumentieren

Grundsätzlich sollte auf alle Meldungen schnellstmöglich reagiert werden. Unwichtige Polizeiaufgaben gibt es nicht. Der Schwarzfahrer zum Beispiel begeht immerhin eine Straftat, und die Nachtruhe von 22–6 Uhr ist gesetzlich geregelt. Im vorgestellten Szenario zwingt die Personalsituation Sie allerdings dazu, die Fälle gegeneinander abzuwägen und sie nacheinander zu verplanen.

Denken Sie an den allgemeinen Abwägungsgrundsatz „Leib, Leben und Gesundheit gehen vor"! Zuerst sollten Sie sich um diejenigen Angelegenheiten kümmern, bei denen Menschen zu Schaden kommen könnten oder bereits gekommen sind. Oberste Priorität hat der Verkehrsunfall; die Unfallstelle muss sofort abgesichert und der Rettungsdienst alarmiert werden. Unverzügliches Handeln erfordert auch der Fall der alten Dame: Dass sie weder ans Telefon noch an die Tür geht, könnte an gesundheitlichen Problemen liegen, möglicherweise braucht die Seniorin dringend ärztliche Hilfe. Der Wildschaden ist ebenfalls nicht zu unterschätzen. Eventuell liegen Autoteile oder das angefahrene Wildschwein auf der Bundesstraße – eine enorme Verkehrsgefährdung.

In der zweithöchsten Kategorie „dringend" ist die Auseinandersetzung an der Luna Bar gut aufgehoben. Die Lage wirkt etwas unübersichtlich und ist möglicherweise brenzliger als angenommen. Bei genauem Hinsehen birgt auch der Schwertransport einigen Zündstoff: Häufig werden für solche Transporte entlang der gesamten Route weiträumig Straßen abgesperrt und Begleitkräfte mobilisiert. Falls die Fahrt unter- oder gar abgebrochen werden müsste, entstünde unter Umständen ein beträchtlicher finanzieller Schaden. Gefährdete Tiere (Frau Müllers Kater) und Sachbeschädigungen (der vermeintliche Graffitisprayer) sind ebenfalls hoch einzustufen.

Die Ruhestörung und das Schwarzfahr-Delikt fallen demgegenüber etwas weniger ins Gewicht. Vernachlässigbar sind die im Einsatzplan vermerkten Routineaufgaben: Die Verkehrskontrolle sollte umgehend beendet werden, die Großbaustelle in der Ahornstraße lässt sich später überprüfen. Es gibt Wichtigeres zu tun!

Der neue Ablauf

Soeben haben Sie die eingegangenen Meldungen mit dem Dienstplan abgeglichen und die Dringlichkeit der Fälle beurteilt. Nun können Sie die Einsätze koordinieren. Der Anfang ist leicht gemacht: Nach der Auflösung der Kontrollstelle Schubertallee können zwei Wagen zum Schauplatz des Verkehrsunfalls fahren, während sich der dritte Wagen zum Haus der älteren Dame begibt. Das nächste freiwerdende Team übernimmt dann den Wildschaden. Ein weiterer Fixpunkt ist die Begleitung des Schwertransports um 23:45.

Der übrige Ablauf muss flexibel koordiniert werden: Sobald ein Team wieder verfügbar ist, übernimmt es den jeweils nächstwichtigen Punkt. Einen exakten Zeitplan können Sie dafür nicht aufstellen. Viel hängt davon ab, wie aufwändig die einzelnen Fälle sind. Welche Angelegenheit dürfte mehr, welche eher weniger Zeit beanspruchen? Die Rettung von Frau Müllers wagemutigem Kater zum Beispiel sollte nicht allzu lange dauern: Steckt er nur irgendwo fest, lässt er sich mit vereinten Kräften sicher schnell befreien. Falls sich das Tier tatsächlich auf den Baum verirrt hat, wäre für seine Bergung die Feuerwehr zuständig. Sie könnten daher erwägen, diesen Auftrag vor dem Westbahnhof-Einsatz zu verplanen – umgekehrt wäre es ungünstiger: Während Sie den Graffitisprayer suchen, dingfest machen und zur Wache transportieren, zieht sich der Kater womöglich ernstere Verletzungen zu. Natürlich können Sie nur mit gleichrangigen Einsätzen auf diese Weise hantieren. Den Wildschaden sollten Sie nicht auf die lange Bank schieben, nur um vorher noch die Personalien des Schwarzfahrers festzustellen.

Gute Tage, schlechte Tage: Absage, und jetzt?

Wer in einem intensiven Auswahlverfahren alles gegeben hat, der möchte auch für seine Mühen belohnt werden. Aber Erfolg lässt sich nicht vollständig planen: Er hängt ab von einer Vielzahl von Einflüssen – Schlaf, private Lebenssituation, Verlauf der Anreise –, die wir nur zum Teil kontrollieren und steuern können. So kann es passieren, dass uns Kopf und Körper im Stich lassen und wir am entscheidenden Tag trotz guter Vorbereitung scheitern. Dann gilt es, auf eine Absage sachlich und professionell zu reagieren.

Wie gehe ich mit einer Absage um?

Wenn ein Absageschreiben ins Haus flattert, ist das für viele niederschmetternd, für manche sogar Anlass zu bohrenden Selbstzweifeln: Schaffe ich solche Auswahlverfahren nicht? Fehlt mir etwa das Zeug für die Ausbildung, tauge ich überhaupt für den Beruf? Doch eine Absage bescheinigt weder charakterliche Fehler noch eine generelle berufliche Unfähigkeit. Vielleicht haben Sie einfach nur einen schlechten Tag erwischt – oder eine extrem starke Gruppe von Mitbewerbern.

Betrachten Sie eine gescheiterte Bewerbung daher nicht als persönliche Katastrophe, sondern als hilfreichen Probelauf. Nutzen Sie das Feedback der Personaler für eine ehrliche Fehleranalyse: Was ist in der Vorbereitung, im Einstellungstest, in der Sportprüfung, im Vorstellungsgespräch oder im Assessment Center schlecht gelaufen, was lässt sich künftig besser machen? Die gesammelten Erfahrungen verschaffen Ihnen im nächsten Auswahlverfahren möglicherweise den entscheidenden Vorsprung.

Wie sage ich einer Behörde ab?

Natürlich können Sie auch in die Situation geraten, selbst eine Absage erteilen zu müssen oder zu wollen: beispielsweise dann, wenn Sie im Nachhinein nicht mit dem Verlauf des Auswahlverfahrens zufrieden sind, wenn Ihnen die Atmosphäre nicht zugesagt hat oder wenn Sie ein anderes Stellenangebot schlicht und einfach mehr reizt. Nennen Sie auf jeden Fall einen triftigen Grund für Ihre Ablehnung; Sie müssen aber kein seitenlanges Entschuldigungsschreiben formulieren. Und stellen Sie sich nicht durch Vorwürfe, Schuldzuweisungen oder leichtsinnige Formulierungen selbst ein Bein. Unter Umständen möchten Sie sich bei der betreffenden Behörde irgendwann ja doch noch einmal bewerben.

Eine Absage könnten Sie wie folgt formulieren:

> Sehr geehrter Herr Brylkow,
>
> im gesamten Auswahlverfahren habe ich die Polizei Musterland als sehr ausbildungsfreundliche Behörde kennen gelernt. Sie haben mir eine spannende Ausbildung mit interessanten Perspektiven geschildert.

Inzwischen hat mich jedoch die Zusage einer anderen Behörde erreicht, die mir eine Ausbildung ermöglicht, die meinen Fähigkeiten und Interessen perfekt entspricht. Daher kann ich Ihr Ausbildungsangebot nicht mehr wahrnehmen.

Ich bitte um Verständnis für meine Entscheidung und möchte Ihnen noch einmal herzlich für Ihr Angebot – und die freundlichen Gespräche mit Ihnen – danken.

Mit freundlichen Grüßen

Jana Pacelli

Anhang

Anhang

Erfahrungsbericht zum Auswahlverfahren der
Polizei Bayern 426

Erfahrungsbericht zum Eignungsauswahl-
verfahren der Polizei Hessen 431

Erfahrungsbericht zum Auswahlverfahren
beim Zoll 438

Erfahrungsbericht zum Auswahlverfahren der Polizei Bayern

Ich hatte mich für die 2. Qualifikationsebene bei der Polizei Bayern beworben. Das Eignungsauswahlverfahren im Freistaat dauert zwei Tage, es war also damit zu rechnen, dass es anstrengend werden würde. Hat sich dann auch bewahrheitet.

Tag 1: Schriftliche Prüfung, Sporttest, Gruppenaufgabe

Die erste Prüfung war für acht Uhr morgens angesetzt. Entsprechend früh klingelte bei mir der Wecker, damit ich es rechtzeitig – Frühstück nicht vergessen – mit dem Auto nach München schaffen würde. Der Einstellungstest fand auf einem Gelände der bayerischen Bereitschaftspolizei in München-Ramersdorf statt, in der Nähe vom Ostbahnhof. Sportsachen hatte ich auch dabei, da man schon am ersten Auswahltag zum Sporttest antreten muss.

Sprachtest

Punkt 1 der schriftlichen Prüfung war ein 90-minütiger Sprachtest am Computer, der sich aus einem Lückendiktat, einem Multiple-Choice-Aufgabenteil und einem Freitext zusammensetzte.

Beim Lückendiktat erschien ein Text auf unseren Bildschirmen, in dem einige Wörter fehlten. Die Prüfer haben uns den vollständigen Text vorgelesen, und wir mussten die fehlenden Begriffe richtig geschrieben in die entsprechenden Leerstellen einsetzen.

Der anschließende Multiple-Choice-Prüfungsteil umfasste verschiedene Kategorien. Zunächst ging es um Wortbedeutungen: Ein Wort wurde vorgegeben,

zum Beispiel „Integration", und dann sollte man unter fünf Antwortvorschlägen den Begriff finden, der dasselbe bedeutet. Bei einer anderen Aufgabe wurden immer fünf Wörter angezeigt, von denen sich vier ähnlich waren, und wir mussten das Wort herausfiltern, das aus der Reihe fiel. Danach erhielten wir einen Text, in dem alle „s"-Laute fehlten, die wir innerhalb von 2–3 Minuten mithilfe eines Auswahlmenüs ergänzen sollten: Heißt es „Idealmaß", „Idealmass", „Idealmas" oder „Idealma's"?

Am Ende des Sprachtests mussten wir einen Freitext bearbeiten. Der Name ist vielleicht ein bisschen verwirrend, weil es nicht darum geht, selbst etwas zu schreiben, sondern darum, einen vorgegebenen Text ohne Auswahlhilfen zu korrigieren. Zu achten war auf alles Mögliche: Kommasetzung, fehlende Buchstaben, falsche Schreibweisen, Groß- und Kleinschreibung und so weiter. Hier hieß es aufzupassen, um nur ja keine Flüchtigkeitsfehler zu machen! Aus Versehen ein Leerzeichen zu viel eingetippt oder einen Buchstaben vergessen – schon hatte man einen Fehler.

Außerdem kann ich mich noch an eine andere Korrekturaufgabe im Sprachtest erinnern: Wir bekamen mehrere Sätze mit unpassenden Konjunktionen, die wir durch passendere Konjunktionen ersetzen sollten. Nicht leicht, weil keine Auswahlmöglichkeiten vorgegeben waren.

Grundfähigkeitstest

Auf den Sprachtest folgte der Grundfähigkeitstest, der ebenfalls am PC stattfand und in mehrere Abschnitte unterteilt war: Konzentration, Mathe, Logik und Merkfähigkeit. In jeder Kategorie fingen die Fragen leicht an und wurden zum Ende hin immer schwerer. Los ging's mit einer Konzentrationsaufgabe: Auf dem Bildschirm erschien ein großes Feld mit mehreren Reihen von einfach gezeichneten Kerzenleuchtern (etwa 20 pro Reihe). Jeder Kerzenleuchter hatte zwischen 0 und 3 Kerzen, die verschieden stark abgebrannt waren. Nun musste man per Mausklick die Leuchter aussortieren, die entweder komplett abgebrannt waren oder überhaupt keine Kerzen hatten. Die Zeit war sehr knapp bemessen, ich habe nur etwa drei Viertel der Aufgaben geschafft. Später haben mir einige erzählt, dass sie nur die Hälfte bearbeiten konnten.

Anhang

Eine weitere Konzentrationsaufgabe bestand darin, eine Zahlenreihe aus drei Kommazahlen von groß nach klein zu ordnen. Insgesamt musste man 30 Zahlenreihen bearbeiten. Dafür hatten wir zwei Minuten Zeit.

In Mathematik mussten wir verschiedene Dreisatzrechnungen lösen. Die Ergebnisse waren am PC einzutragen, für Nebenrechnungen gab es Schmierzettel. An eine Aufgabe kann ich mich noch erinnern: Eine Druckerei stellt ein Jahrbuch zu 5 Euro pro Exemplar her. Die Druckauflage beträgt 3.000 Exemplare. Für die Produktion wird für 8 Tage ein zusätzlicher Arbeiter eingestellt, der einen Stundenlohn von 8 Euro erhält. Welche Mehrkosten fallen dadurch pro Buch an, wenn der Arbeiter 8 Stunden am Tag arbeitet? Symbolrechnen kam zum Glück nicht dran.

Im Logikbereich wurden uns visuelle Analogien gezeigt. Die waren aufgebaut nach dem Schema: Figur 1 verhält sich zu Figur 2 wie Figur 3 zu Figur 4. Die ersten drei Figuren waren abgebildet, die vierte fehlte – die mussten wir nach dem Multiple-Choice-Prinzip selbst bestimmen.

Der Erinnerungsteil begann so: In einer Art Sudoku-Gitter wurden uns die Raumnummern von 20 Dienstzimmern angezeigt, die wir uns in zwei Minuten einprägen sollten. Anschließend mussten wir die Raumnummern innerhalb von drei Minuten in einer Zahlenreihe von 1 bis 100 wiedererkennen. Bei der zweiten Merkaufgabe mussten wir uns den Namen und das jeweilige Einsatzland von 15 Polizisten einprägen. Daraufhin wurden nacheinander einzelne Länder genannt, denen wir mithilfe einer Liste von drei bis fünf Namen den zugehörigen Polizisten zuordnen sollten.

Der Grundfähigkeitstest dauerte 50 Minuten.

Sporttest

Gegen 11 Uhr ging es mit dem Sporttest weiter. Bei der Polizei Bayern sind sechs Disziplinen eingeplant: Sit-ups, Springen über Kleinbank, Bankdrücken, Pendellauf, Cooper-Test und Schwimmtest. Die ersten drei Übungen erklären sich wohl von selbst, bei den anderen Stationen sollte ich wahrscheinlich etwas weiter ausholen: Beim Pendellauf transportiert man Seilknäuel zwischen zwei

Kleinbänken hin und her (auf Zeit). Beim Cooper-Test läuft man 12 Minuten lang Runden in einer Halle und muss eine möglichst weite Strecke zurücklegen. Der Schwimmtest ist ein 100-Meter-Freistilschwimmen.

Ich bin sehr fit und habe viele sportliche Hobbys, deswegen habe ich den Sporttest gut gemeistert. Man darf allerdings nicht die Erschöpfung unterschätzen. Die Schwimmstrecke zum Beispiel ist gut ausgeruht sicher kein großes Problem, aber beim Sporttest gab es zwischen den einzelnen Stationen keine längere Erholungspause. Einige von uns sind am Schwimmtest gescheitert und somit auch durchs Auswahlverfahren gefallen.

Nach dem Sporttest gab es um 13 Uhr Mittagessen.

Gruppenaufgabe

Frisch gestärkt nahmen wir die Gruppenaufgabe in Angriff. Unsere Gruppe bestand aus vier Leuten. Die Aufgabenstellung war, als Polizeiangehörige ein Schulprojekt zu planen. Dafür bekamen wir eine Liste mit zehn Themenvorschlägen: darunter Alkoholmissbrauch, Drogenmissbrauch, Verkehrssicherheit, sexuelle Gewalt, körperliche Gewalt, Sachbeschädigung durch Graffiti, psychische Gewalt und häusliche Gewalt.

Zuerst musste jeder für sich in 12 Minuten ein Ranking der vier (aus seiner Sicht) geeignetsten Vorschläge erstellen. Danach hatten wir wieder 12 Minuten Zeit, um uns in der Gruppe auf eine gemeinsame Themenliste zu einigen. Die Zeit verging rasend schnell, wir sind nicht wirklich zu einem endgültigen Ergebnis gekommen.

Tag 2: Auswahlgespräch und polizeiärztliche Untersuchung

Am zweiten Tag mussten wir zum Auswahlgespräch und zur polizeiärztlichen Untersuchung.

Auswahlgespräch

Für das Interview waren 45 Minuten eingeplant. Zuerst ging es um meinen beruflichen und schulischen Werdegang und meine Berufswahl. Außerdem wurden persönliche Eigenschaften hinterfragt: Haben Sie schon einmal Verantwortung übernommen? Können Sie gut im Team arbeiten? Haben Sie sich schon einmal unfair behandelt gefühlt? Dann wollten die Interviewer noch einiges zu meiner Familie und meinen Hobbys wissen.

Weitere Fragen betrafen die konkrete Polizeiarbeit: Was würde ich tun, wenn ich bei einem Kollegen eine Fahne riechen würde? Eine weitere Situation: Ein 13-Jähriger wird in einem Laden beim Stehlen erwischt. Der Junge sagt, dass er zu Hause verprügelt werden würde, wenn seine Eltern davon Wind bekämen. Wie würde ich mich verhalten? „Fiese" Fragen und Fachwissensfragen zur Polizei allgemein oder speziell zur Polizei Bayern kamen nicht vor.

Polizeiärztliche Untersuchung

Bei der polizeiärztlichen Untersuchung musste man zuerst eine Urinprobe abgeben, dann ging es zum Zahnarzt, es folgten ein Sehtest, ein Hörtest und ein Lungenvolumen-Test. Bei einer EKG-Untersuchung mussten wir außerdem einige Minuten lang auf dem Fahrrad-Ergometer radeln, wobei Blutdruck und Puls gemessen wurden.

Zum Schluss hat sich der Arzt noch ein Bild vom allgemeinen Gesundheitszustand gemacht – Beweglichkeit, Allergien und so weiter. Die Ergebnisse bekam man nicht sofort, die Daten mussten erst noch ausgewertet werden. Falls man den Einstellungstest in Bayern übersteht, muss man am Einstellungstag übrigens noch einmal beim Polizeiarzt antreten – in der Zwischenzeit kann sich schließlich noch eine Menge ändern.

Erfahrungsbericht zum Eignungsauswahlverfahren der Polizei Hessen

Die Ausbildungsplätze bei der Polizei Hessen sind ziemlich beliebt, aber leider nicht besonders zahlreich. Man muss sich gegen viele Mitbewerber durchsetzen. Ob man es schafft oder nicht, hängt vom Eignungsauswahlverfahren – kurz EAV – ab. Im Vorfeld hatte ich darüber schon einiges gehört, aber um es beurteilen zu können, muss man es selbst mitgemacht haben. Eines kann ich sagen: Wenn man weiß, was einen erwartet, spart man sich eine Menge Stress.

Das EAV ging über zwei Tage. Am ersten Tag bestand unser Programm aus einem computergestützten psychologischen Testverfahren, einem Sporttest, einer Gruppenaufgabe und einem Einzelgespräch (Interview). Meine Tasche hatte ich schon am Vortag gepackt. Ich musste richtig früh raus, um es per Bahn und Bus rechtzeitig zur hessischen Polizeiakademie in Wiesbaden zu schaffen, wo es um 7 Uhr losgehen sollte. Als ich ankam, fand ich mich in einem Grüppchen von ungefähr 20 Bewerbern wieder – die meisten genauso aufgeregt wie ich. Zuerst gab es vom „Empfangskomitee" ein paar Worte zur Begrüßung: Sie haben uns den Ablauf des EAV kurz vorgestellt und auf die nächsten eineinhalb Tage eingestimmt. Danach ging es auch schon zum Computerraum.

Psychologisches Testverfahren

Der Startschuss für das computergestützte psychologische Testverfahren fiel gegen halb acht, nachdem sich die Prüfer vorgestellt und das Verfahren erklärt hatten. Ihre Vorgabe war: die Arbeitsanweisungen genau durchlesen, gut nachdenken und dann im vorgegebenen Zeitfenster antworten (natürlich möglichst richtig). Bei weiteren Fragen stünden sie zur Verfügung, hieß es. Aber später hat kaum noch jemand nachgehakt, alle wollten den Test schnell hinter sich bringen.

Die ersten Aufgaben drehten sich um Sprachverständnis und Gedächtnisleistung. Im Sprachteil mussten wir Analogien bilden oder bestimmen, welches Wort welche Bedeutung hat bzw. welches Wort nicht in eine Begriffsreihe passt. Beim Merkfähigkeitstest wurden am Bildschirm in schneller Folge verschiedene Formenpaare eingeblendet. Danach erschien immer eine einzelne Figur, und wir mussten aus 5 Antworten die zugehörige Partnerfigur wählen.

Weiter ging es mit Mathematik und vielen Aufgaben zu den Grundrechenarten (z. B. 12 × 12 = ?). Außerdem mussten wir Zahlenreihen fortsetzen, die nach bestimmten Regeln aufgebaut waren.

Danach folgte ein ziemlich eigenartiger Konzentrationstest. „Schnell und sorgfältig arbeiten!", meinten die Prüfer. Leichter gesagt als getan! Wir mussten innerhalb kurzer Zeit verschiedene Kreis-Dreieck-Kombinationen erkennen und bestimmte Tasten am Computer drücken – wegen des hohen Zeitdrucks hatte ich am Ende einige Fehler. Allerdings nicht als Einziger.

Der nächste Schwerpunkt waren so um die 130 Persönlichkeitsfragen, bei denen man sich selbst einschätzen musste. Gefragt wurde zum Beispiel, ob man lieber alleine arbeiten würde oder im Team. Auch hier lief die Uhr. Um sich nicht in Widersprüche zu verheddern, sollte man möglichst ehrlich antworten.

Zum Schluss wurden die Deutschkenntnisse durch einen Lückentext getestet. Den vollständigen Originaltext konnte man sich höchstens dreimal über Kopfhörer vorlesen lassen, danach musste man die auf dem Bildschirm fehlenden Wörter richtig eingetippt haben. Zum größten Teil handelte es sich um bekannte Begriffe, die man selten schreibt, die aber bei Polizeiprotokollen wichtig sein könnten (u. a. „Portmonee", „Zylinder", „Aggregat").

Nach gut 2,5 Stunden war der erste Prüfungsteil vorbei. Für jeden Aufgabenblock galt ein bestimmtes Zeitlimit. Obwohl einige echte „Brocken" dabei waren, hatte ich keine größeren Probleme, weil ich Vieles schon aus der Vorbereitung kannte. Meistens konnte ich die Lösung sogar noch einmal nachprüfen. Wichtig ist, sich nicht aus der Ruhe bringen zu lassen und konzentriert zu bleiben.

Nach dem Test war Geduld gefragt: Ob man bestanden hatte, erfuhr man erst um kurz nach 11. Für manche war der Tag da schon zu Ende, für mich ging es direkt weiter zum Sporttest. Mittlerweile war unser Grüppchen auf 15 Leute zusammengeschmolzen. Mit manchen habe ich mich gleich gut verstanden, andere waren einfach nur ziemlich unfreundlich. Konkurrenzdruck halt.

Sporttest

Am Anfang haben uns zwei nette Prüfer die Übungen vorgemacht und uns die Möglichkeit gegeben, die einzelnen Disziplinen – Achterlauf, Bankdrücken, 5er-Sprunglauf und Wendelauf – zu üben. Gut, dass ich gleich mit dem Training angefangen hatte, als die Einladung zum EAV auf dem Tisch lag. Dreimal pro Woche Joggen und dazu Fitnesstraining im Studio – das hat sich im Sporttest bezahlt gemacht, auch wenn ich nicht der Austrainierteste von allen war. Aber selbst unsere Supersportler hatten Probleme. Schon der Achterlauf zu Beginn ging ziemlich auf die Muskeln. 30 Kilo Bankdrücken hört sich leicht an, aber nach 25 Wiederholungen brennen die Arme. 500 Meter laufen? Machbar, keine Frage, aber wenn man in einer stickigen Halle ständig beschleunigen und wieder abbremsen muss, fällt einem alles schwerer als gedacht. Einige hatten dummerweise keine Langarm/Langbein-Sachen dabei, die haben sich beim Achterlauf die Ellbogen und Knie aufgescheuert. Achtet darauf, was in der Einladung steht oder was euch sonst noch von offizieller Seite zum EAV gesagt wird – es hat seinen Sinn!

Die Atmosphäre war viel lockerer als im Computertest. Man konnte auch mal einen Spruch machen und es wurde nicht bürokratisch genau darauf geachtet, ob man wie vorgegeben im Ziel abklatscht oder einfach nur einläuft. Nach anderthalb Stunden war die Sportprüfung vorbei, und wir hatten von 12:30 bis 13:15 Mittagspause. Genug Zeit zum Erholen, Duschen, Essen und Schwätzen. Und natürlich zum Umziehen, klar: Aus den verschwitzten Trainingsklamotten wollte ich so schnell wie möglich raus. Für die nächsten Prüfungen wären die auch nicht die richtige Wahl gewesen, dafür hatte ich mir Jeans und Hemd eingepackt. Dazu vielleicht nicht unbedingt die ausgelatschten Turnschuhe, dann passt es.

Gruppenaufgabe

Bei der Gruppenaufgabe saßen gleich acht Beobachter mit im Zimmer, die uns die ganze Zeit nicht aus den Augen ließen. Zur Einführung hieß es, dass man sich aktiv beteiligen sollte, da man sonst (logischerweise) nicht beurteilt werden könnte. Die Aufgabenstellung: Wir mussten diskutieren, ob ein Leben in einer Unterwasserwelt möglich wäre. Dazu wurden uns 15 Probleme vorgegeben, bei denen wir entscheiden sollten, welche davon am wichtigsten wären (Arbeitslosigkeit, Umwelt …). Wir hatten 5 Minuten Vorbereitungszeit, um uns selbstständig Ideen und Stichpunkte zu notieren, und sollten dann unaufgefordert mit der Diskussion beginnen.

Einige haben schon nach kurzer Zeit angefangen, miteinander zu reden, was nicht so gut ankam. Irgendwann hatten die meisten ihren Notizblock beiseitegelegt und warteten darauf, dass jemand den ersten Schritt macht. Da habe ich mich in die Offensive gewagt und gefragt, ob alle schon fertig wären und wir anfangen könnten. Manche haben mit den Augen gerollt, wahrscheinlich hätten sie selbst gern die Initiative ergriffen. Aber ich glaube, die Prüfer fanden mein Auftreten ganz gut. Also habe ich noch einmal kurz die Aufgabenstellung zusammengefasst und meine Lösungsansätze vorgestellt. Das hat die Diskussion in Gang gebracht, und die anderen sind eingestiegen. Einer schlug vor, den Gesprächsverlauf zu protokollieren und Stichpunkte zu den wichtigsten Vorschlägen zu sammeln, damit wir es bei der abschließenden Ergebnispräsentation vor der Kommission leichter hätten. Eine gute Idee: So war es am Ende ziemlich einfach, den Gesprächsverlauf zusammenzufassen und unseren Lösungsweg zu skizzieren.

Insgesamt war die Diskussion flüssig und die Atmosphäre gut. Trotzdem haben einige in der mehr als halbstündigen Unterhaltung höchstens zweimal den Mund aufgemacht. Auf der anderen Seite haben zwei Kandidaten fast ununterbrochen geredet, was eindeutig zu viel war. Ich habe versucht, mich einzubringen, ohne zu sehr in den Vordergrund zu drängen. Das ist, glaube ich, auch das Wichtigste: selbstbewusst auftreten und gute eigene Vorschläge machen, ohne überheblich zu werden und andere an die Wand zu fahren. Man sollte darauf eingehen, was die anderen sagen. Wenn man kritisiert wird, sollte man

das akzeptieren oder sachlich ein gutes Gegenargument bringen, ohne sich etwas aus den Fingern zu saugen. Wer nicht sachlich diskutieren, sondern nur im Mittelpunkt stehen will, macht sich bei den Prüfern unbeliebt. Pluspunkte bringt es auch, wenn man seine Mitbewerber mit Namen anspricht. Natürlich ohne so zu tun, als spräche man mit seinen besten Freunden.

Einzelgespräch

Um die Prozedur zu beschleunigen, fanden die Einzelinterviews in mehreren Räumen parallel statt. Trotzdem mussten einige von uns volle zwei Stunden auf ihren Einsatz warten. Zum Glück war ich schon nach „nur" einer Stunde dran. Als ich in den Interviewraum kam, in dem mich zwei Beamte der Auswahlkommission erwarteten, haben mir ganz schön die Beine gezittert. Oder kam das noch vom Sporttest? Bei den ersten Fragen wurde ich jedenfalls gleich ruhiger, da ich mir den Ablauf im Großen und Ganzen genau so vorgestellt hatte. Es ging um Hobbys, Partner, Freunde, aber vor allem natürlich um mich: Warum ich zur Polizei will, wie ich mir den Polizeialltag vorstelle, was die Vor- und Nachteile des Berufs sind, ob ich Probleme mit dem Waffengebrauch habe, was einen guten Polizisten ausmacht, was mich selbst ausmacht, wie ich mich unter Stress und in Konflikten verhalte usw. Bei einer Frage haben die Prüfer ganz genau aufgepasst: „Ein Kollege wird lebensgefährlich bedroht. Wie handeln Sie?" Hier wollten sie hören, dass man die Schusswaffe einsetzen würde, wenn das eigene Leben oder das eines Kollegen in Gefahr wäre. Zu solchen Extremsituationen kann es bei der Polizei kommen, aber natürlich muss der Grundsatz der Verhältnismäßigkeit immer gewahrt bleiben.

Meine Tipps zum Einzelgespräch: Die Wahrheit sagen, offen und ehrlich bleiben. Wenn sich jemand verstellt, merken es die Interviewer. Und man hat ja schon beim Computertest Angaben zu seiner Persönlichkeit gemacht – schlecht, wenn man sich dann im Einzelgespräch widerspricht. Zur Vorbereitung sollte man sich gut überlegen, was es bedeutet, Polizist zu sein, warum man Polizist werden will und warum man dafür geeignet ist.

Auffällig war, dass die Unterhaltungen unterschiedlich lang dauerten. Die angekündigten 30 Minuten wurden nicht immer eingehalten, bei manchen waren es nur 20 Minuten, bei mir knapp eine Dreiviertelstunde.

Zum Schluss dann der Moment der Wahrheit: Nacheinander bat man uns in ein Zimmer, um uns die Endergebnisse mitzuteilen. Zu zehnt waren wir in die Einzelgespräche gestartet, drei bekamen eine Absage, drei andere eine Zusage, dann wurde ich mit den drei restlichen Übriggebliebenen aufgerufen. Die Verantwortlichen der Auswahlkommission gratulierten uns – wir hatten als Beste abgeschnitten! Sie sprachen dann noch über Tätowierungen, Radikalismus und politische Einstellungen, und wir konnten unseren Wunsch-Einsatzort angeben. Um kurz nach 18 Uhr ging es endlich nach Hause. Erholung war angesagt und bitter nötig.

Polizeiärztliche Untersuchung

Am nächsten Morgen stand die letzte „Prüfung" an, die Untersuchung beim polizeiärztlichen Dienst. Also wieder auf nach Wiesbaden. Da ich die Einstellung eigentlich schon in der Tasche hatte, war ich umso nervöser. Am Ende entscheidet der Polizeiarzt, ob man diensttauglich ist oder nicht – wenn der einen nicht durchwinkt, waren die Leistungen vorher umsonst. Respekt hatte ich vor allem vor dem Belastungs-EKG. Außerdem war ich mir nicht sicher, ob mein Oberarm-Tattoo akzeptiert werden würde. Manche Mitbewerber meinten, das sei okay, andere hielten es für ein K. o.-Kriterium.

Die Untersuchung bestand aus mehreren Stationen, die man im Großen und Ganzen vom Hausarzt kennt: Beim Sehtest wurde kontrolliert, ob man irgendeine Farbenfehlsicht hat (z. B. Rot/Grün-Blindheit), ob man (auch bei schlechtem Licht) ausreichend sieht und so weiter. Beim Hörtest musste man Töne erkennen, die über Kopfhörer – abwechselnd links und rechts – eingespielt wurden. Alles kein Problem. Dass mein Body-Mass-Index (BMI) im grünen Bereich liegt, konnte ich mir schon vorher ausrechnen: Mit 76 Kilo bei knapp 1,80 Metern liege ich deutlich unter der BMI-Höchstgrenze von 27,5. Da in meiner Krankenakte bis auf zwei Knochenbrüche und eine Blinddarmentzündung nicht viel zu finden ist, habe ich mir um meinen allgemeinen körperlichen Zu-

stand auch keine Gedanken gemacht. Der Lungenfunktionstest und das Drogenscreening sind ebenfalls „sichere Bänke", solange man clean ist und kein starkes Asthma hat.

Das Belastungs-EKG auf dem Fahrrad-Ergometer war dann allerdings ein anderes Kaliber; einer aus unserer Gruppe war daran bereits in Thüringen gescheitert. In Zwei-Minuten-Abständen wurde die zu tretende Wattzahl um 25 erhöht, bis man bei 150 Watt angekommen war, wobei der Puls nicht über 150 klettern durfte. Das hatte ich vorher im Studio trainiert, aber durch die Aufregung standen noch ein paar Schläge mehr auf dem Display. Gereicht hat es trotzdem. Aber was ist mit meinem Tattoo? In Sommeruniform (Kurzarmhemd) sollte das nicht zu sehen sein, hatte man mir vorher gesagt. Meines reicht genau bis zum Ärmelende – bei stärkeren Bewegungen kann man einen kleinen Teil davon sehen. Aber auch hier lief alles gut: Die Tätowierung ist kein Problem.

Den „krönenden Abschluss'" bildete das Gespräch über meinen körperlichen Zustand, bei dem auch eine gesundheitliche Selbstauskunft gefordert war. Meine leichte Roggenallergie und die Krankenhausaufenthalte haben den Arzt allerdings nicht weiter beeindruckt. So glatt ging es nicht bei allen: Zwei andere wurden für nicht diensttauglich befunden. Zumindest bei einem hat es mich nicht gewundert – der war sichtbar angeschlagen zur Untersuchung angetreten.

Nach gut 2,5 Stunden war alles vorbei, ich musste nur ein paar Tage später noch einmal zum Hausarzt, um dem PÄD ein Röntgenbild meiner Lunge vorlegen zu können. Einige Wochen später hatte ich dann die Zusage im Briefkasten: als einer von weniger als 600 Polizeianwärtern, die in diesem Jahr ihre Ausbildung bei der hessischen Polizei beginnen dürfen.

Erfahrungsbericht zum Auswahlverfahren beim Zoll

„November Rain" im Radio, Novemberregen auf der Straße: hoffentlich kein schlechtes Omen für meinen schriftlichen Einstellungstest bei der Oberfinanzdirektion Rheinland in Köln? Immerhin war zumindest schon mal die Vorauswahl überstanden, was angeblich nur die Hälfte der Bewerber beim Zoll schafft – positiv denken! Nun also der laut Einladung dreistündige Eignungstest.

Schriftliche Prüfung

Nach der eher sachlichen Begrüßung durch die anwesenden Zollprüfer ging es auch schon los. Inhaltlich würde ich sagen: mittleres bis höheres Niveau, schwer war unter anderem der Matheteil. Neben einfachen Rechnungen zu den Grundrechenarten und ein paar Textaufgaben mit Dreisatz bekamen wir es auch mit Zins- und Prozentrechnungen zu tun. Nicht überraschend, dass man das beim Zoll beherrschen muss, also hatte ich es vorher gut geübt.

Im Abschnitt Sprachverständnis war die Aufgabe „Gesetzestexte anwenden" mit am kompliziertesten, die einiges an Konzentration verlangt. Darüber hinaus mussten wir eine Erörterung schreiben. Die Gliederung und Formulierung der Argumente ging mir leicht aus der Feder, aber dieses dauernde Auf-Rechtschreibfehler-Achten hat mich aus dem Fluss gebracht. Genauso war es bei der Postkorbübung, in der wir einen ganzen Stoß unterschiedlicher Schreiben auswerten und nach Wichtigkeit sortieren mussten. Abgerundet wurde der Einstellungstest durch Wissensfragen zu Wirtschaft, Politik, Kultur etc.

Wer im Zahlen- und Sprachverständnis ausreichend punktet und mindestens 50 von 100 Punkten erreicht, schafft es zur nächsten Zoll-Auswahletappe: der mündlichen Prüfung.

Mündliche Prüfung

Drei Monate Wartezeit später stand dann der mündliche Teil des Auswahlverfahrens an. Dank Anzug und Krawatte war ich kleidungstechnisch auf der sicheren Seite, als Mitglied der Sakko-und-Stoffhose-Fraktion kommt man (zumindest im mittleren Dienst) natürlich auch über die Runden. Von den Kandidaten in Jeans und Pulli habe ich später allerdings keinen mehr wiedergesehen …

Die mündliche Prüfung bestand aus zwei Teilen, einem Gruppengespräch und einem Einzelgespräch. Für die Gruppendiskussion haben wir zu fünft eine Runde gebildet, bekamen von einem Moderator ein Thema vorgestellt und durften dann darüber reden. Hier sind Meinungsfreude und aktives Einbringen gern gesehen. Man sollte zu politischen Themen einen Standpunkt vertreten können.

Im Einzelgespräch beim Zoll ging es um die üblichen Fragen: Warum wollen Sie beim Zoll anfangen, was zeichnet Sie aus, was wissen Sie über den Zoll? Die wichtigsten Infos zum Zoll findet man übrigens leicht im Internet, die sollte man sich auf jeden Fall vorher anschauen. Ein Zollbeamter macht ja mehr als nur an der Grenze zu stehen und Koffer zu kontrollieren. Die Personalverantwortlichen wollen wissen, ob man sich für seine Berufswahl auch wirklich mit dem Zollberuf beschäftigt hat. Wichtig ist dabei, die Zollprüfer von seiner Motivation zu überzeugen: „Mitläufer", die nur einen sicheren Beamtenjob wollen, werden ausgesiebt. Für mich sollte es zwei Monate später mit dem Sporttest weitergehen.

Sporttest

Station 1 beim Zoll-Sporttest war das gute alte Bankdrücken, nach dem es – sozusagen in umgekehrter Richtung – mit dem Bankziehen weiterging. Es folgte ein Hochsprung aus dem Stand, danach galt es beim Wendelauf zwischen zwei Kästen zweimal hin und her zu laufen. Bis hierhin war alles trainierbar, keiner hatte Probleme. Anders als beim Hindernisparcours, der war eine echt harte Nuss: Durch ein Kastenteil kriechen, über eine umgedrehte Bank laufen,

Sprossenwände erklettern und einen Turnkasten überhangeln, das alles noch dazu auf Zeit – da gab es einige Schwierigkeiten. Teilt euch die Kraft gut ein, die Prüfer sagen die Zwischenzeiten regelmäßig durch.

Nach dem kollektiven Abbauen(!) und einer kurzen Pause ging es ab auf die Bahn zum 2.000-Meter-Lauf. Dank fleißigem Joggen vor dem Test für mich kein Problem, die Mindestanforderung von 12 Minuten zu schaffen. Ein Durchschnittstempo von 10 km/h sollte für jeden machbar sein. Trotzdem hatte man bei manchen den Eindruck, sie müssten gerade den Hawaii-Triathlon hinter sich bringen, und einer schaffte es tatsächlich nicht. Dabei darf man sogar einige Meter spazieren gehen, solange man nicht stehenbleibt. So gnädig ist der Zoll. Überhaupt war die Atmosphäre beim Sporttest super, auch dank der echt freundlichen Prüfer. Wenn man eine Disziplin knapp versägt hat, bekam man meist noch eine zweite Chance. Die brauchte ich glücklicherweise nicht.

Nach dem Sporttest war wieder einmal Warten angesagt. Erst eine Woche, dann noch eine, dann noch eine … Zeit für einen Anruf bei der OFD: Die endgültige Entscheidung könne man erst dann treffen, wenn alle Sporttests gelaufen seien, nämlich Ende Juni. Na, vielen Dank. Und wenn es nicht klappt mit der Stelle? Dringende Empfehlung: Haltet eure Augen für mögliche Jobalternativen offen, damit es nach einer eventuellen Absage trotzdem weitergeht. Die Zusage traf bei mir erst einen guten Monat vor dem Ausbildungsbeginn ein.

Das Prüfungspaket zum Einstellungstest

Details zu den Prüfungsthemen: Testinhalte der Landespolizeien, der Bundespolizei, des Zolls und des Justizvollzugs

Die realistische Prüfungssimulation: mit 5 Musterprüfungen, vielen Original-Testfragen, kommentierten Lösungen und ausführlichen Bearbeitungshinweisen

Aufgabentypen und Lösungsstrategien: u. a. Sprachbeherrschung, Mathematik, Logik, Konzentration, Merkfähigkeit, Allgemeinwissen

Der Eignungstest / Einstellungstest zur Ausbildung bei Polizei und Zoll
820 Seiten – ISBN 978-3-95624-040-9 – Preis: 39,90 €

Fit für den Sporttest?

Die Disziplinen und Anforderungen: Was die Landespolizeien und die Bundespolizei im Sporttest verlangen

Kraft- und Ausdauertraining: die besten Übungen für Einsteiger und Fortgeschrittene, mit ausführlichen Trainingstipps

Ihr persönlicher Trainingsplan: maßgeschneiderte Trainingsprogramme im praktischen Kleinformat zum Herausnehmen

Der Sporttest zur Ausbildung bei der Polizei
300 Seiten – ISBN 978-3-95624-046-1 – Preis: 29,90 €

Kontakt

Ausbildungspark Verlag	Telefon (069) 40 56 49 73
Kundenbetreuung	Telefax (069) 43 05 86 02
Bettinastraße 69	E-Mail: kontakt@ausbildungspark.com
63067 Offenbach	Internet: www.ausbildungspark.com

Ausbildungspark Verlag

Bettinastraße 69 • 63067 Offenbach
Tel. (069) 40 56 49 73 • Fax (069) 43 05 86 02
E-Mail: kontakt@ausbildungspark.com
Internet: www.ausbildungspark.com

Copyright © 2017 Ausbildungspark Verlag – Gültekin & Mery GbR.
Alle Rechte liegen beim Verlag.
Das Werk, einschließlich aller seiner Teile, ist urheberrechtlich geschützt. Jede Verwertung außerhalb der engen Grenzen des Urheberrechtsgesetzes ist ohne Zustimmung des Verlages unzulässig und strafbar. Das gilt insbesondere für Vervielfältigungen, Übersetzungen, Mikroverfilmungen und die Einspeicherung und Verarbeitung in elektronischen Systemen.

Mit Ausbildungspark erfolgreich bewerben

Der Eignungstest / Einstellungstest zur Ausbildung

Sicher durch den Einstellungstest: Originale Prüfungsmappen speziell für Ihren Ausbildungsberuf ermöglichen die optimale Testvorbereitung. Inklusive Musterprüfungen und ausführlich erklärten Lösungswegen.

Polizei und Zoll
ISBN 978-3-95624-040-9
39,90 €

Technischer öffentlicher Dienst
ISBN 978-3-95624-039-3
39,90 €

Öffentlicher Dienst (Verwaltung)
ISBN 978-3-941356-21-4
39,90 €

Kaufmann / Kauffrau für Büromanagement
ISBN 978-3-95624-020-1
39,90 €

Bankkaufmann, Kaufmann für Versicherungen und Finanzen
ISBN 978-3-941356-47-4
39,90 €

Fachinformatiker, Informatikkaufmann, IT-System-Kaufmann
ISBN 978-3-95624-036-2
39,90 €

Kaufmann für Spedition und Logistikdienstleistung, Fachkraft für Lagerlogistik, Fachlagerist
ISBN 978-3-95624-033-1
39,90 €

Industriekaufmann / Industriekauffrau
ISBN 978-3-941356-67-2
39,90 €

Kfz-Mechatroniker, Land- und Baumaschinenmechatroniker, Zweiradmechatroniker, Karosserie- und Fahrzeugbaumechaniker
ISBN 978-3-941356-50-4
39,90 €

Mechatroniker, Industriemechaniker, Zerspanungsmechaniker, Fachkraft für Metalltechnik, Maschinen- und Anlagenführer
ISBN 978-3-941356-68-9
39,90 €

Elektroniker, Elektroniker für Betriebstechnik, IT-System-Elektroniker, Elektroniker für Geräte und Systeme
ISBN 978-3-95624-035-5
39,90 €

Anlagenmechaniker für Sanitär-, Heizungs- und Klimatechnik, Tischler, Zimmerer (Handwerksberufe)
ISBN 978-3-941356-19-1
39,90 €

Gesundheits- und Krankenpfleger, Altenpfleger, Gesundheits- und Kinderkrankenpfleger, Physiotherapeut
ISBN 978-3-95624-001-0
39,90 €

Steuerfachangestellter, Rechtsanwaltsfachangestellter, Rechtsanwalts- und Notarfachangestellter
ISBN 978-3-95624-003-4
39,90 €

Hotelfachmann, Koch, Restaurantfachmann, Fachkraft im Gastgewerbe, Fachmann für Systemgastronomie, Konditor, Bäcker
ISBN 978-3-95624-008-9
39,90 €

Automobilkaufmann, Immobilienkaufmann, Tourismuskaufmann, Veranstaltungskaufmann, Sport- und Fitnesskaufmann
ISBN 978-3-95624-011-9
39,90 €

Medizinischer Fachangestellter, Zahnmedizinischer Fachangestellter, Zahntechniker, Pharmazeutisch-kaufmännischer Angestellter
ISBN 978-3-95624-006-5
39,90 €

Gärtner, Forstwirt, Landwirt, Florist, Fachkraft Agrarservice
ISBN 978-3-95624-013-3
39,90 €

Mediengestalter, Gestalter für visuelles Marketing, Kaufmann für Marketingkommunikation, Technischer Produktdesigner
ISBN 978-3-95624-015-7
39,90 €

Kaufmann im Einzelhandel, Verkäufer, Fachverkäufer, Kaufmann im Groß- und Außenhandel, Handelsassistent
ISBN 978-3-95624-034-8
39,90 €

So bestehen Sie Ihren Sporttest

Alle Disziplinen und Anforderungen, die besten Übungen zum Kraft- und Ausdauertraining, maßgeschneiderte persönliche Trainingspläne und Test-Countdown.

Der Sporttest zur Ausbildung bei der Polizei
+ Extraheft Trainingspläne
ISBN 978-3-95624-028-7
29,90 €

Der Sporttest zur Ausbildung bei Feuerwehr und Bundeswehr
+ Extraheft Trainingspläne
ISBN 978-3-95624-005-8
29,90 €

Erfolgreich bewerben

Wie überzeugen Sie mit Anschreiben, Lebenslauf & Co.? Worauf kommt es an im Vorstellungsgespräch und im Assessment-Center? Die Ausbildungspark Bewerbungshandbücher verraten es.

Die Bewerbung zur Ausbildung bei Polizei und Zoll
ISBN 978-3-95624-022-5
29,90 €

Die Bewerbung zur Ausbildung bei Feuerwehr und Bundeswehr
ISBN 978-3-95624-023-2
29,90 €

Die Bewerbung zur Ausbildung im öffentlichen Dienst (Verwaltung)
ISBN 978-3-95624-043-0
29,90 €

Die Bewerbung zur Ausbildung im technischen öffentlichen Dienst
ISBN 978-3-941356-15-3
29,90 €

Die Bewerbung zur Ausbildung zum Bankkaufmann und Kaufmann für Versicherungen und Finanzen
ISBN 978-3-95624-018-8
29,90 €

Die Bewerbung zum Studium
ISBN 978-3-941356-02-3
24,90 €

Testtrainer Mathematik

Sicher rechnen im Eignungstest und Einstellungstest. Kompakt und verständlich erklärt der Testtrainer Mathematik die gängigen mathematischen Testaufgaben – und zeigt, wie man sie löst.

Testtrainer Mathematik
ISBN 978-3-95624-027-0
12,95 €

Testtrainer Deutsch

Rechtschreibung, Grammatik, Sprachverständnis, Wortschatz, Ausdrucksvermögen: Der Testtrainer Deutsch liefert zahlreiche Originalaufgaben, kommentierte Lösungen, verständlich erklärte Regeln und hilfreiche Tipps.

Testtrainer Deutsch
ISBN 978-3-95624-042-3
12,95 €

Die Bewerbung zur Ausbildung

**Anschreiben, Lebenslauf, Online-Bewerbung –
die besten Bewerbungsmuster für über 40 Berufe**

Der Türöffner zum Ausbildungsplatz: Erfahren Sie, wie Sie aussagekräftige Bewerbungen verfassen, die Ihre Stärken wirksam transportieren! Maßgeschneiderte Musterbeispiele mit Tipps aus der aktuellen Bewerbungspraxis zeigen, wie Sie überzeugen – egal ob per Online- oder Post-Bewerbung.

**Schritt für Schritt zur Wunschausbildung –
so schaffen Sie den Berufseinstieg!**

Die Bewerbung zur Ausbildung
ISBN 978-3-95624-017-1
24,95 €

Das Vorstellungsgespräch zur Ausbildung

**Die häufigsten Fragen, die besten Antworten –
sicher zum Ausbildungsplatz**

Die Pflichtlektüre fürs Bewerbungsgespräch: Praxisnah und verständlich zeigt dieses Handbuch, wie sich Ausbildungsbewerber in ihrem Auswahlinterview sicher in Szene setzen. Ohne Standardfloskeln – denn nur individuelle Antworten überzeugen den Personaler!

**Über 100 Originalfragen mit Beispiel-Antworten,
Tipps und Kommentaren!**

Das Vorstellungsgespräch zur Ausbildung
ISBN 978-3-95624-000-3
19,95 €

Der Testtrainer

Testerfolg ist keine Glückssache!

Das unverzichtbare Kompendium für Ausbildung, Studium und Beruf mit mehr als 2.500 Aufgaben aus sämtlichen Themengebieten. Geeignet für alle Arten von Eignungs- und Einstellungstests, Fähigkeits- und Intelligenztests.

**Bekämpfen Sie Prüfungsstress und Unsicherheit durch gezieltes Training
– für eine Prüfung ohne böse Überraschungen!**

Testtrainer
ISBN 978-3-941356-03-0
19,95 €